Das Verhältnis von Kirche und Theater

Christine Schnusenberg

Das Verhältnis von Kirche und Theater

Dargestellt an ausgewählten
Schriften der Kirchenväter und
liturgischen Texten bis auf
Amalarius von Metz (a.d. 775-852)

WIPF & STOCK · Eugene, Oregon

Wipf and Stock Publishers
199 W 8th Ave, Suite 3
Eugene, OR 97401

Das Verhältnis von Kirche und Theater
Dargestellt an ausgewählten Schriften der Kirchenväter
und liturgischen Texten bis auf Amalarius von Metz (a.d. 775-852)
By Schnusenberg, Christine C.
Copyright©1981 by Schnusenberg, Christine C.
ISBN 13: 978-1-5326-1687-7
Publication date 12/30/2016
Previously published by Peter Lang, 1981

WIDMUNG

Diese Dissertation sei Jackie H.Y. Liu, einer begabten chinesischen Studentin zum Andenken und Vermächtnis gewidmet. Ihre hohen akademischen Lebensziele liessen sich infolge tragischer, cross-cultural Lebensumstände, die sich mit dieser Arbeit verwebten und mich 1971 unverhoffterweise während meiner Forschungsarbeiten in den Fernen Osten führten, nie verwirklichen.

GELEITWORT

Meinem Dissertationsgremium weiss ich mich für Kritik, Verständnis und Geduld zu grösstem Dank verpflichtet: Herrn Professor Kenneth J. Northcott, auf dessen Anregung diese Arbeit entstanden ist, Herrn Professor Bernard McGinn (Divinity School) für seine wertvolle Einführung in die Patristik, verbunden mit unentbehrlichen bibliographischen Hinweisen und Herrn Professor Samuel P. Jaffe, für seine stete Ermunterung und Aufgeschlossenheit. Dank gebührt auch Herrn Professor W. Braxton Ross, Jr. (Department of Classics) für seine aufschlussreiche Einführung in die Paläographie und Herrn Professor Langdon B. Gilkey (Divinity School) für seine einführenden Vorlesungen in Dogmatik und Kirchengeschichte, da sie die Problemstellung dieser Arbeit besonders in den Anfangsstadien erhellen halfen. Aufschlussreiche Hinweise von soziologischer Seite verdanke ich Herrn Professor James Luther Adams (Divinity School), als dessen Assistentin ich arbeiten durfte. Hervorheben möchte ich auch insbesondere die anregenden Seminare in Religionsgeschichte und Phänomenologie von Herrn Professor Mircea Eliade und Herrn Professor Paul Ricoeur (Divinity School). Sie gaben dieser Arbeit weitere Richtung.

Geschätzt habe ich ein Stipendium der University of Chicago, das mein Studium finanzieren half. Anerkennen möchte ich ferner die freundliche Hilfsbereitschaft der Bibliothekarinnen und Bibliothekare von Regenstein Library, Newberry Library und the Library of the Lutheran School of Theologie at Chicago. Auch danke ich Mrs. Phyllis Crawford, Dissertation Office, für ihre Bereitwilligkeit und Mühe, das in einer ihr fremden Sprache gehaltene Manuskript zu tippen.

Da der nicht rein akademische 'Lebenssitz' sich oft mit wissenschaftlichen Arbeiten verwebt, sie fördern und bereichern, aber auch hemmen kann, so möchte ich an dieser Stelle ganz besonders Herrn Professor Paul Meier (Department of Statistics) für aufrichtiges Interesse an Problemen im student-life-sector, und sein Bemühen, solche Probleme klären zu helfen, danken. Hervorheben möchte ich auch die vielen anregenden cross-cultural Gespräche mit internationalen Studenten vom International House at the University of Chicago, da sie gewissermassen die Problemstellung dieser Arbeit erhellen halfen.

Den Jesuiten von Creighton University in Omaha, Nebraska, Dr. and Mrs. Albert B. Lorincz sowie Mr. and Mrs. William R. Hood, Bellevue, Nebraska, sei an dieser Stelle für ihre Aufgeschlossenheit und Förderung gedankt.

Dem verstorbenen Herrn Professor Dr. Georg Raederscheidt, Leiter der Landjugendakademie Fredeburg, i.W., Deutsche Bundesrepublik, gebührt für sein unermüdliches Bemühen um Bildung und Werdegang der deutschen Jugend der Nachkriegsjahre grösste Anerkennung und aufrichtiger Dank.

Meinen Eltern und Geschwistern, meinen Onkeln, den Franziskanerpatern Alfons Schnusenberg und Angelus Aschoff, sowie allen, die auf Gut Gewekenhorst in St. Vit, Nordrhein-Westfalen, mein Leben so bereichert haben, möchte ich zum Abschluss dieser Arbeit meinen herzlichsten Dank aussprechen.

INHALTSVERZEICHNIS

Seite

Einleitung 17

I. Kapitel - Religiöse Aspekte der römischen Kultur 21

Götter- und Kaiserkult 21
Die Bildungsfunktion der Bühne 23
Mass- und Sittenlosigkeit 24
Das Theater in der Literatur der Kirchenväter 27
  Die Apostolischen Kirchenväter 27
  Die Apologeten 27
  Die Alexandriner 28
  Die Kirchenväter und andere Schriftsteller des Westens 29
    Tertullian (160-230 n. Chr.) 29
    Apologeticum (197 n. Chr.) 29
    De Spectaculis (197-200 n. Chr.) 30
    De Idololatria (201-211 n. Chr.) 32
      Tertullians theologischer Grundriss 33
      Tertullians Einfluss auf die Theaterkritik 34
    Cyprian (200-250 n. Chr.) und Novatian (210-258) 34
    Arnobius (300 ? n. Chr.) und Lactantius (260-340) 35
    Ambrosius (339-397 n. Chr.) und Prudentius (348-410) 36
    Augustin (354-430 n. Chr.) 37
    Salvianus von Marseilles (400-480 n. Chr.) 39
    Das Theater in Gallien 39
    Cassiodorus (487-583 n. Chr.) 40
    Isidore von Seville (um 560-633 n. Chr.) 40
  Das Theater in den Schriften der Ostkirche 41
    Cyrill von Jerusalem (315-386 n. Chr.) 41
    Gregor von Nazianzen (325-390 n. Chr.) 41
    Gregor von Nyssa (331-394 n. Chr.) 42
    Johannes Chrysostomus (354-407 n. Chr.) 42
    Narsai (399-502 n. Chr.) 42
    Jacob of Serugh (451-521 n. Chr.) 43
Das Theater nach den kirchlichen Konzil- und Synodenerlassen bis 742 n. Chr. 44
Ergebnis 47
Anmerkungen 48

II. Kapitel - Die liturgische Tradition 57

Die Bedeutung der Liturgie 57
  Die Liturgie als gottesdienstlichen Akt 57
  Die Liturgie als Bildungsmittel 57
  Die Liturgie als Literatur 58
Die Liturgie in chronologischen Sicht 59

Die jüdische Tradition	59
Liturgische Quellen bis zum zweiten Jahrhundert n. Chr.	59
Die Liturgie des dritten Jahrhunderts n. Chr.	60
Die Kirchenordnungen	60
Die Liturgie im vierten und fünften Jahrhundert n. Chr.	61
Die Liturgischen Zentren	63
Die östliche Kirche	63
Die dramatische Gestaltung der Liturgie	63
Jerusalem	64
Kyrillus von Jerusalem	64
Peregrinatio Aetheria	64
Antiochien	65
Chrysostomus	65
Alexandrien	66
Basileios der Grosse	66
Edessa und Nisibis	66
Tatian	66
Ephrem	67
Die Klemensliturgie	68
Die Persische Anaphora	68
Isidor von Pelusium	68
Theodore von Mopsuestia	69
Narsai	74
Pseudo-Dyonisius der Aeropagita	78
Die byzantinische Liturgie	78
Gregorius von Nazianzen	78
Maximos Konfessor	79
Sophronius, Patriarch v. Jerusalem	80
Germanos, Patriarch v. Konstantinopel	81
Ergebnis	83
Die westliche Liturgie	84
Die gallikanische Liturgie	85
Die mailändische Liturgie	85
Die gallische Liturgie	85
<u>Expositio Antiquae Liturgiae Gallicane</u>	86
Die afrikanische Liturgie	90
Die römische Liturgie	91
Papst Silvester	91
<u>Libelli</u> - Papst Innozenz I	91
Die ersten Sakramentarien	91
Ergebnis	92
Gesamtergebnis	93
Anmerkungen	94
III. Kapitel - Die Tradition der Allegorischen Methode	105
Die Wesensbedeutung der Allegorie	105

Allgemeine Einführung	105
Definition	105
Die griechische Tradition	105
Die jüdische Allegoristik	107
Philo von Alexandrien	107
Das Frühchristentum	109
Klemens von Alexandrien	110
Origenes	110
Die lateinischen Kirchenväter	111
Hilarius von Poitiers	111
Rufinus Tyrannius v. Aquila	112
Ambrosius	112
Hieronymus	114
Augustin	115
Rhetorik und Schriftauslegung	115
Die Tradition des Zeichenbegriffes	116
Das Zeichen als Ableitung	116
Das Zeichen in Semantik und Sprachphilosophie	117
Das Zeichen im Neuplatonismus	118
Das Zeichen bei Augustin	119
Die allegorische Auslegung bei Augustin	121
Cassianus, Eucher von Lyon und Cassiodorus	123
Papst Gregor der Grosse	125
Isidore von Seville	125
Beda der Venerabele	126
Zusammenfassung	127
Anmerkungen	128
IV. Kapitel - Amalarius von Metz	**137**
Die Liturgiereform unter Pippin und Karl dem Grossen	137
Biographischer Auszug	142
Werke	146
Die Frühwerke (812-15)	146
<u>Epistula Venerabilis Abbatis ad Amalarium</u>	147
<u>Epistula Amalarii ad Petrum abbatem nonatulam</u>	147
<u>Missae Expositionis Geminus Codex I et II</u>	150
<u>Codex seu schedula altera</u>	152
<u>Canonis Missae Interpretatio</u>	152
Hauptwerke (823)	154
<u>Epistula Amalarii ad Hilduinum</u>	154
<u>Liber Officialis</u>	156
Liber I	158
Dramatische Vergegenwärtigung	159
Die Darstellung des vierfachen Schriftsinnes	160
Ergebnis	165
Liber II	166

Ergebnis	167
Liber III	167
Liber IV	169
Spätwerke (831-51)	174
Eclogae de Ordine Romano	174
Prologus de Antiphonarii	175
Liber de Ordine Antiphonarii	177
Ergebnis	178
Verurteilungsgründe gegen Amalarius	180
Anmerkungen	183

V. Kapitel - Amalarius Dramatische Interpretation der Liturgie — 193

Introitus: Menschwerdung und Wiederkunft Christi	194
Kyrie eleison	199
Gloria	201
De Prima Oratione	203
De Sessione de Episcopi	203
Dramatische Analyse	205
Lectio: Leben und Wirken Christi	206
Responsorium	208
Responsorium et Tractus	209
Alleluia	210
Tractus et Alleuia	210
Dramatische Analyse	210
Evangelium: De Diaconi Ascensione in Tribunal	212
Dramatische Analyse	214
Missae Expositionis Codex I et II	215
Lectio	215
Responsorium	215
Alleluia	216
Ergebnis	218
Offertorio: Passio Christi	219
De oblatio legali	219
De oblatio Christi	220
De oblatio nostra	221
De offeranda Vir erat in terra	226
Secreta	227
Dramatische Analyse	228
De ymnus ante Passionem Domini	228
Sanctus-Hymnus	230
De "Te igitur" usque "Hanc igitur"	232
Dramatische Analyse	237
De Institutione Dominica	237
De Ascensione Christi in Crucem	238
De Corpore Domini post emissum spiritum	241
Dramatische Analyse	246

De Officio quod memorat requiem Domini in Sepulchro	247
Pater noster	247
De praesentatio patena	248
Dramatische Analyse	252
Confractio et Benedictio	253
De preaesentatione subdiacorum	253
Patena	253
Pax Domini et Fractio	255
Agnus Dei	257
Benedictio	260
Dramatische Analyse	262
Gesamtergebnis	263
Anmerkungen	264
VI. Kapitel - Gesamtergebnis	273
Appendix	279
Ausgewähltes Literaturverzeichnis	281

ABKÜRZUNGEN

BKV	Bibliothek der Kirchenväter
CC	Corpus Christianorum seu nova Collectio
CPh	Classical Philology
CR	Classical Review
CSCO	Corpus Scriptorum Christianorum Orientalium
CSEL	Corpus Scriptorum Ecclesiasticorum Latinorum
DACL	Dictionnaire d'Archéologie Chrétienne et de Liturgie
DVJS	Deutsche Vierteljahresschrift für Literaturwissenschaft und Geistesgeschichte
FMST	Früh-Mittelalterliche Studien
JbLw	Jahrbuch für Liturgiewissenschaft
JEGP	Journal of English and Germanic Philology
LThK	Lexikon für Theologie und Kirche
LQ	Liturgiegeschichtliche Quellen
Mansi	J.D. Mansi, Sacrorum Conciliorum, Nova et Amplissima Collectio
MLR	Modern Language Review
PG	J.-P. Migne, Patrologiae Cursus Completus: Series Graecae.
PL	---. Patrologiae Cursus Completus: Series Latina.
RAC	Reallexikon für Antike und Christentum
RB	Revue Bénédictine
RGG	Die Religion in Geschichte und Gegenwart
RTHAM	Recherches Théologique Ancienne et Medievale
TAPA	Transactions of the American Philological Association
ZfkTh	Zeitschrift für katholische Theologie
ZfwTh	Zeitschrift für wissenschaftliche Theologie
ZfdA	Zeitschrift für deutsches Altertum und deutsche Literatur
VC	Vigilae Christianae
WW	Wirkendes Wort

EINLEITUNG

Die vorliegende Arbeit ist aus der Fragestellung nach dem negativen Verhältnis der Kirchenväter zum römischen Theater und dem sich angeblich daraus ergebenden Theatervakuum von etwa 400 Jahren (ca. 530-930 n. Chr.), der Zeit also, die zwischen dem Ende des organisierten römischen Theaters und dem Erscheinen der 'Quem-Quaeritis-Tropen' liegt, erwachsen. Während jüngste Forschungsarbeiten[1] sich einerseits erneut mit dem Phänomen des liturgischen Dramas und andererseits mit der Negierung des Theaters von seiten der Kirchenväter befasst haben, liegen weder Arbeiten, die sich mit den kulturellen und theologischen Ursachen, die Anlass zu einer so grossen und langen Auseinandersetzung gaben, vor, noch solche, die sich mit dem Anfangserscheinen des liturgischen Dramas als ganze, in sich geschlossene, aesthetische Form befassen. Diese Dissertation bewegt sich zwischen diesen beiden problematischen Polen und versucht sie verbindend, statt trennend zu behandeln. Der historisch-methodische Ansatzpunkt ist dabei das römische Theater und die römische Kultur überhaupt, zu dessen Ausdrucksformen es gehörte, und die judaeo-christlichen Kultformen, die sich ebenfalls in der römischen Kultur manifestierten, und nicht die um viele Jahrhunderte später erscheinenden 'Quem-Quaeritis-Tropen'.

Das Resultat des Forschungsansatzes, eine textliche Untersuchung der Synoden- und Konzilerlasse bis etwa 750 n. Chr., bestätigte die offizielle Verneinung des römischen Theaters. Hiernach drängte sich dann die Frage nach der Ursache einer solch negativen Haltung auf, was Anlass zur Sichtung ausgewählter patristischer Texte gab. Für ein tieferes Verständnis dieses Problems war aber sowohl eine Auseinandersetzung mit der Theologie der Kirchenväter als auch mit der Kultur, in der dieser Konflikt ausgetragen wurde, erforderlich. Weiterhin schien dann eine Untersuchung der verschiedenen Kultformen, die aus dem Christentum selbst erwachsen waren, unumgänglich. Diese weiteren Forschungsarbeiten führten auch in sogenannte Grenzgebiete der Germanistik wie Kirchengeschichte, Hermeneutik, Exegese, Liturgie-, Religions- und Kunstwissenschaft, sowie Anthropologie und Soziologie.

An die These von Hardison anknüpfend, die u.a. darin bestand, die dramatischen Qualitäten der Liturgie nach Aristoteles 'Poetik' an Beispielen von Amalarius von Metz zu rechtfertigen, wandte ich mich auch den Werken dieses Karolingers zu, die jedoch zunächst unverständlich und verschlossen blieben. Nach den vorliegenden komplizierten und oft paradoxen Untersuchungen von Texten, begannen sich jedoch die Werke von Amalarius allmählich zu lichten, und in gewisser aesthetisch schöner Form erstand ein liturgisches Drama, das eine in sich bewegte und harmonische, aber auch geheimnisvolle Welt widerspiegelte, eine Welt, die in ihrer eigenen Form aus der römischen Kultur und patristischen Tradition gespeist wurde, aber auch im Einklang mit der germanischen Wunderwelt stand.

Die Spannung dieser Untersuchung, die sich aus den beiden Polen dieses Problems, hier der römisch-christlichen Konfliktssituation und dort Amalarius von Metz in der nach neuen Formen suchenden Karolingerzeit, ergab, hat jedoch vielleicht dazu beigetragen, einerseits neues Licht auf das lange Dunkel des sogenannten Theatervakuums zu werfen und andererseits das liturgische Drama als eigene, aesthetische Form werten zu helfen. Es sollte jedoch nicht als isoliertes Phänomen, sondern in wesentlicher Verbindung zu anderen literarischen und künstlerischen Ausdrucksformen stehend, hier besonders der althochdeutschen Dichtungsgattung der Evangelienharmonie, betrachtet werden.

Aus dem Endresultat dieser Forschungsergebnisse haben sich erneut die Fragen ergeben: Was ist Drama und wo liegen die Ursachen seiner Anfänge? Aus diesem Grunde ist eine kurze Abhandlung über die Definition des Gattungsbegriffes Drama erforderlich.

Das Wort 'Drama', wie es in der heutigen Literaturwissenschaft der Germanistik verstanden wird, entstammt in Deutschland ja eigentlich erst der Mitte des 18. Jahrhunderts. Bis dahin waren Aufführungen als 'Schauspiel' oder 'Spektakel' bezeichnet worden. In althochdeutscher Zeit, der Zeit also, die uns hier am meisten interessiert, ist das Wort 'Drama' gar nicht belegt, wohl aber 'spil', und zwar wird es von 'spectaculum', 'ludus' abgeleitet.[2] Das würde aber dann heissen, dass der Begriff 'Spiel' oder 'Schauspiel' eine 'Handlung' viel wesentlicher, wenigstens in der deutschen Wortgeschichte, bezeichnet, als das später entlehnte Wort 'Drama'. Auf der anderen Seite steht die griechische Definition von δρᾶμα dem Begriff der λειτουργία durchaus nahe, da beide sich auf einen öffentlichen Akt oder eine besondere Handlung beziehen.[3] Von dieser Grundbedeutung her brauchten Liturgie und Drama aber auch nicht im Widerspruch zu stehen. Im Rahmen dieser Arbeit soll Drama folgendermassen definiert und verstanden werden: "Ein aktivierter Handlungsstoff in nachgeahmter Darstellung mit gegebenenfalls epischen Einschüben – Personen, Gegenstände und Zuschauer umschliessend, deren Wechselwirkung und Subtilitäten der inneren Bezogenheit von Handlung zu Handlung variieren." Eine solche Definition steht weder im Widerspruch zu Aristoteles 'Poetik' noch zu Brechts 'Kleines Organon'.[4]

Die zusammengestellten Texte mögen diese Arbeit wie ein Kompendium erscheinen lassen. Die Textauswahl sollte jedoch als harmonisches Ganzes eines paradoxen Problems sowie der Kontinuität des liturgischen Dramas gewertet werden, das in seiner Vielschichtigkeit auf weitere Interpretationen wartet.

Textkritische Schwierigkeiten ergaben sich besonders aus den byzantinischen und gallischen Texten, da ihre Verfasser- und auch Datierungsfragen vielleicht nicht haltbar sind. Neue Ausgaben und Uebersetzungen wären hier dringend erforderlich. Hanssens kritische Ausgabe von Amalarius liturgischen Werken war eine unentbehrliche Hilfe. Unregelmässigkeiten im Schriftbild, die auf die Handschriften zurückgehen und vom Herausgeber übernommen wurden, erscheinen unverändert in den Zitaten dieser Arbeit. Auch andere abweichende Formen werden nicht weiter erläutert. Quellenangaben in den Zitaten sind in den jeweiligen Fussnoten in

Klammern angegeben. Die kritischen Textausgaben der Primärquellen werden nur bei längeren Zitierungen, wenn es klarheitshalber erforderlich ist oder wenn ihre Kommentare unsere Problemstellung besonders erhellen, in den Fussnoten angegeben. In allen anderen Fällen erscheinen sie nur im Literaturverzeichnis.

ANMERKUNGEN

1 Siehe besonders: O. B. Hardison, Jr., Christian Rite and Christian Drama in the Middle Ages: Essays in the Origin and Early History of Modern Drama (Baltimore: The Johns Hopkins Press, 1965); Fletcher Collins, Jr., The Production of Medieval Church-Music-Drama (Charlottesville: University of Virginia Press, 1972); David M. Bevington, comp., Medieval Drama (Boston: Houghton Mifflin, 1975); Werner Weismann, Kirche und Schauspiele im Urteil der lateinischen Kirchenväter unter besonderer Berücksichtigung von Augustin, Cassiciacum Nr. 27 (Würzburg: Augustinus Verlag, 1972). Weitere Hinweise im Literaturverzeichnis.

2 Kluge Etymologisches Wörterbuch, 20. Aufl., s. v. "Drama"; Lewis and Short A Latin Dictionary, 1966 ed., s. v. "drama"; Graff Althochdeutscher Sprachschatz, 1963 Nachdruck, s. v. "spil"; Grimms Deutsches Wörterbuch, 1862 Aufl, s. v. "Spiel."

3 Lidell and Scott A Greek-English Lexicon, 9th ed., s. v. δρᾶμα and s. v. λειτουργία.

4 Aristoteles Poetik 6.2. und Bertolt Brecht, Kleines Organon, par. 60, 65, 70 und Nachtrag.

I. KAPITEL

RELIGIÖSE ASPEKTE DER RÖMISCHEN KULTUR[1]

GÖTTER- UND KAISERKULT

Götter- und Kaiserkult gehörten zum Wesen des Römischen Reiches. Sie waren die innerste Komponente der römischen Staatsreligion, eng verbunden mit dem Entstehungsmythos Roms. Das Dreigestirn Juppiter, Mars und Quirinus lenkte den Glauben an das Gedeihen und den Ruhm Roms von Romulus bis Diokletian und Symmachus. Die Errichtung des Viktoriaaltars durch Augustus um 29 v. Chr. veräusserte den Glauben an die Geschichtlichkeit der Götter, sowie das im 'Mos Maiorum' und 'Pax Deorum' verwurzelte Siegesbewusstsein der Römer. Diese, sich aus Wechselwirkung von Religion und Staatswesen ergebenden ideellen Werte kommen besonders bei den römischen Dichtern und Schriftstellern um die Zeitenwende zum Ausdruck. Cicero hebt den sakralen Ursprung Roms hervor, wenn er schreibt:

> ... mihique ita persuasi Romulum auspiciis Numam sacris constitutis fundamenta iecisse nostrae civitatis, quae numquam profecto sine summa placatione deorum immortalium tanta esse potuisset.[2]

Auch das weitere Wohlergehen des Staates hängt vom Beistand der unsterblichen Götter ab:

> ... deos denique immortales huic invicto populo, clarissimo imperio, pulcherrimae urbi contra tantam vim sceleris praesentes auxilium esse laturos.[3]

Diese Auffassung von der Vorherrschaft der Götter findet sich auch bei Livius:

> Deserta omnia, sine capite, sine viribus, dii praesides ac fortuna urbis tutata est.[4]

Der römische Historiker versichert, dass die Götter den Staat nicht desertieren, sondern seine Harmonie und seinen Reichtum erhalten werden.

> Nunc dii immortales, imperii Romani praesides ... iidem auguriis auspiciisque et per nocturnos etias visus omnia laeta prospera portendunt.[5]

Die Auffassung der ewigen Werte Roms kommt aber besonders bei Vergil im Nationalepos der 'Aeneid' zum Ausdruck, wo Juppiter der Venus versichert, dass er Rom von allen räumlichen und zeitlichen Begrenzungen befreit habe: " ... his ego nec metas rerum nec tempora pono; imperium sine fine dedi."[6] Diese poetische Vision Vergils gibt Ausdruck von der tiefen Verwurzelung des Götterglaubens im Römischen Reich, die Rom nach Vergil zur Ewigen Stadt werden lässt. Das Hervorbrechen dieses Glaubens kommt nochmals besonders in der Auseinandersetzung um den Viktoriaaltar zum Ausdruck. In seinem Ringen um das Erhalten des Götterglaubens, weist der alte Römer Symmachus in der 3. 'Relatio' auf die vielen Siege hin, die die römische Viktoria dem Kaiser verliehen habe:

> Multa Victoriae debet aeternitas vestra et adhuc plura debebit. Aversentur hanc potestatem, quibus nihil profuit, vos amicum triumphis patrocinium nolite deserere.[7]

Der Viktoriaaltar war die äussere Manifestierung der römischen Siegestradition unter Beistand der Götter, und er gehörte daher zu Roms sakralem Brauchtum. " 'Consuetudinis amor magnus est' ",[8] ist die weitere Begründung Symmachus.

Eng verbunden mit diesem Siegesbewusstsein und Siegeskult war die Figur des römischen Kaisers. Als 'Pontifex Maximus' wurde er sowohl zum Stellvertreter der Götter, als auch zum Hüter des 'Mos Maiorum'. Aus dieser Verankerung von Götterglauben und Staatswesen waren die Triumphzüge der Kaiser im besonderen Sinne eine Objektivierung der 'Res Publica', die aus dem Grundwerk des 'Mos Maiorum' erwachsen war und sich durch den 'Pax Deorum' in ständiger Erneuerung bestätigte. Bei diesen Triumphzügen und Festen wurde der Kaiser zum Mittel- und Höhepunkt, um den alle Kräfte des Reiches konvergierten. Den 'Pax Deorum' zu erhalten, durch den das Gedeihen des Staates gewährleistet wurde, war der eigentliche Zweck der gesamten kultischen Staatsordnung, in deren Mittelpunkt der kaiserliche, und somit der römische Triumph stand. Ein wesentlicher Bestandteil dieses Kultes, und somit des gesamten Staatswesens, war das römische Theater, das in seiner Funktion religiöse und liturgische Bedeutung hatte.[9]

Der Ursprung des römischen Theaters ist in tänzerischen Aufführungen wie 'Liberalia' und 'Lupercalia' zur Ehrung und Beschwichtigung der Götter bei Ausbruch einer Pest im Jahre 364 v. Chr. zu suchen.[10] Es war daher seit seinem Ursprung mit dem sakralen 'Mos Maiorum' und 'Pax Deorum' aufs engste verbunden. Nach dieser sozusagen ersten öffentlichen Manifestierung fanden die Aufführungen zunächst auf offener Bretterbühne, oft in Verbindung mit dem Zirkus statt. Sie wurden aber auch, wie Hanson gezeigt hat, in der Nähe von sakralen Stätten, in erster Linie von Tempeln aufgeführt. Die Darstellungen erfolgten somit in Gegenwart der Götter (in 'conspectu dei').[11] Im Jahre 58 v. Chr. erstand das erste hölzerne Theater in Rom, und drei Jahre später, um 55 v. Chr., erbaute Pompeius das erste Theater aus Stein, das mit dem Tempel der Göttin Venus nicht nur aufs engste verbunden, sondern auch ihr zu Ehren geweiht war.[12] Durch die Errichtung von besonderen Gebäuden wurde dem Theater nicht nur ein dauerhafter und offizieller Platz im römischen Staat zugewiesen, sondern durch die Verbindung mit dem Venustempel fand seine sakrale Bedeutung räumlich, sichtbaren Ausdruck, die sich nach und nach durch weitere Theaterbauten im ganzen Römischen Reich manifestierte.[13] Kaiser Hadrian liess, z.B. im Jahre 135 n. Chr. auch in Jerusalem ein Theater erbauen.

Neben diesen massiven Zeugnissen der Architektur finden sich weitere aufschlussreiche Bestätigungen in der Bild- und Formenkunst. In Formen für Festkuchen, die bei Festlichkeiten zu Ehren der Götter und Kaiser verteilt wurden, finden sich Szenenbilder der zu folgenden Spiele. Solche Bilder sind ebenfalls in Reliefs manifestiert, in der Malerei der Tonkunst festgehalten und kommen auch in Mosaiken zum Ausdruck. Auch Kissen und Stühle sind mit Bildern der Gottheiten versehen.[14] In den meisten Fällen handelt es sich hierbei um Abbildungen von Tragödien- und Komödienszenen, Götterbildnissen und Triumphzügen der Kaiser. Solche Darstellungen sind aber keineswegs leere Veräusserlichungen, sondern sie weisen vielmehr auf die Gegenwart der dargestellten Gottheiten.[15]

Die Bildungsfunktion der Bühne

Der Stoff der szenischen Darstellungen ist Ausdruck der römischen Tradition und erfüllt eine wesentlich bildende Aufgabe. Lactantius und Augustin lassen besonders die Bildungsfunktion des Theaters erkennen. Lactantius weist daraufhin, dass den Römern das Wissen um die Mythen durch die Bühne vermittelt worden sei, denn er führt aus:

> ... quomodo se rapinis et fraudibus abstinebunt qui Mercuri furta noverunt docentis non fraudis esse decipere, sed astutiae? quomodo libidines coercebunt qui Iovem Hercules Liberum Appollinem ceterosque venerantur, quorum adulteria et stupra in mores et feminas non tantum doctis nota sunt, sed exprimuntur etiam in theatris atque cantantur, ut sint omnibus notiora?[16]

Hiernach versteht nicht nur die Gelehrtenschicht den Inhalt, sondern durch die Bühne, in Darstellungsgebilden, wird er allen Sozialschichten verständlich gemacht. In der folgenden Stelle hebt Lactantius den kultischen Zweck der Bühne besonders hervor, indem er die Nachahmung des Gottes als höchste religiöse Kultform herausstellt. Er fährt fort:

> ... possuntne inter haec iusti esse homines, qui etiamsi natura sint boni, ab ipsis tamen diis erudiantur ad inustitiam? ad placandum enim deum quem colas iis rebus opus est, quibus illum gaudere ac delectari scias. Sic fit ut vitam colentium deus pro qualitate numinis sui formet, quoniam religiosissimus est cultus imitari.[17]

Diese schöpferische Verbindung von Kult- und Darstellungsform im lebendigen Bild der Nachahmung[18] wird sich auch später in der christlichen Liturgie beobachten lassen. Auch Augustin stellt heraus, dass den Römern Vergils Nationalepos, die 'Aeneid', eher durch die Bühne, als durch Lektüre bekannt gewesen sein dürfte, denn es heisst in einer seiner Osterpredigten:

> ... nostis enim hoc prope omnes, atque utinam pauci nossetis. Sed pauci nostis in libris, multi in theatris, quia Aenas descendit ad inferos, et ostendit illi pater suus animas Romanorum Magnorum venturas in corpora ... [19]

Neben diesem konkreten Hinweis, gibt Augustin ja auch an anderen Stellen Aufschluss darüber, dass er die Bühne aus eigener Erfahrung kannte. [20]

Mass- und Sittenlosigkeit

Neben seiner liturgisch-bildenden Bedeutung erfüllte das Theater aber auch unterhaltende Funktion, wobei es in gewisse Masslosigkeit, die ein Verstoss gegen den sakralen 'Mos Maiorum' war, ausartete. Tacitus beklagt, dass durch die Errichtung eines dauerhaften Theaters die alten Gesetze, die zur Verhütung von Trägheit und Masslosigkeit erlassen worden wären, missachtet worden seien, was zur Gefährdung der Jugend und Demoralisierung ganzer Stände geführt habe. Tacitus fasst diese Zeitumstände in den 'Annalen' folgendermassen zusammen:

> Nerone quarum Cornelio Cosso consulibus quinquennale ludricum Romae institutum est ad morem Graeci certaminis, varia fama, ut cuncta ferme nova. quippe erant qui Gn. quoque Pompeium incusatum a senioribus ferrent quod mansuram theatri sedem posuisset. nam antea subitariis gradibus et scaena in tempus structa ludos edi solitos, vel si vetustiora repetas, stantem populum spectavisse, ne, se consideret theatro, dies totos ignavia continuaret. Spectaculorum quidem antiquitas servaretur, quoties praetores ederent, nulla cuniquam civium necessitate certandi. ceterum abolitos paulatim patrios mores funditus everti per accitam lasciviam, ut quod usquam corrumpi et corrumpere quest in urbe visatur, degeneretque studiis externis iuventus, gymnasia et otia et turpis amores exercendo, principe et senatu auctoribus, 'ut' proceres Romani specie orationum et carminus scaena polluantur. quid superesse nisi ut corpora quoque nudent meditentur? an iustitiam auctum iri et decurias equitum egregium iudicandi munus expleturos, si fractos sonos et dulcedinem vocum perite audissent? noctes quoque dedecori adiectas ne quod tempus pudori relinquatur, sed coetu promisco, quod perditissimus quisque per diem concupiverit, per tenebras audeat. [21]

Perversion der alten Gesetze und Ausschweifung sind Tacitus Hauptanklage, die dann auch bei anderen klassischen Schriftstellern zum Ausdruck gebracht wird. Juvenal beschreibt den Zustand am besten mit seinem berühmten Ausspruch über "Brot und Spiele", die er in seiner 10. Satire wie folgt zusammenfasst:

> ... nam qui dabat olim imperium fasces legiones omnia, nunc se continet atque duas tantum res anxius optat, panem et circenses. [22]

Ein weiterer Beweis dieser Ausartung ist in einem aus dem Jahre 354 n. Chr. vom Kalligraphen Furius Dionysius Philocalus verfassten Kalender gegeben,[23] wo die Staatsfeste verzeichnet sind, wie sie in Rom und Konstantinopel gefeiert wurden. Müller fasst diesen Kalender folgendermassen zusammen:

> Im ganzen werden 175 Spieltage aufgeführt. Das ist reichlich 10 Prozent mehr, als zu Marc Aurels Zeit üblich waren.
> ... Von jenen 175 Spieltagen entfallen nun 10 auf Gladiatorenkämpfe- 'munera', 64 auf circensiche und 101 auf szenische Spiele-'ludi', und von den 165 'ludi' gelten der Feier glücklicher Ereignisse 54, Geburtstagen von Kaisern 19, Regierungsantritten 2, während zu Ehren heidnischer Götter an 90 Tagen teils Zirkus-, teils Bühnenspiele veranstaltet werden.[24]

Diese Analyse lässt erkennen, dass fast die Hälfte des Jahres offiziell für Theaterspiele vorgesehen waren. Spielgeber waren gewöhnliche Kaiser, Prätoren, reiche Bürger und Priester.[25] Von Symmachus wissen wir, dass ausserdem noch Spiele sowohl in beiden Hauptstädten als auch in einzelnen Provinzen veranstaltet wurden. In seiner, an die Kaiser Theodosius und Arkadius gerichtete, '6. Relatio' bittet Symmachus, ihr Versprechen, Theatertruppen zu senden, zu halten, um das Volk nicht zu enttäuschen. Er beschreibt die freudige Erwartung wie folgt:

> ... orat igitur clementiam vestram, ut post illa subsidia, quae victui nostro largitas vestra praestavit, etiam curules ac scaenicas voluptates circo et Pompeianae caveae suggeratis. his enim gaudet urbana laetitia, cuius desiderium pollicitatione movistis. expectantur cotidie nuntii, qui propinquare urbi muners promissa confirment.[26]

Das römische Volk war nach diesen Belegen zu urteilen, von einer gewissen Unterhaltungslust befallen, die, obgleich sie auch ihre sozio-ökonomische Beweggründe hatte,[27] wegen ihrer Masslosigkeit, die ja ein Verstoss gegen den 'Mos Maiorum' war, von den Göttern hätte missbilligt werden können. Ausser diesen Spielen gab es auch noch einen vollentwickelten Mimus, der sich grosser Beliebtheit erfreute und oft die Dimensionen eines ganzen Dramas hatte.[28]

Mit diesen kurzen Ausführungen wurde versucht, den komplizierten Hintergrund der römischen Staatsreligion, deren kultische Ordnung sich aus ihrer innersten Komponente, dem Götter- und Kaiserkult, ergab, und zu deren wesentlichen Bestandteil das römische Theater gehörte, aufzuzeigen. Von diesem eigentlichen religiösen Sinn des römischen Staatswesens, sollten wir sowohl die Polemik der Kirchenväter, als auch die der Römer zu verstehen versuchen. Eines der ergreifendsten Zeugnisse dieser Auseinandersetzung ist der Streit um den Viktoriaaltar (354-396 n. Chr.), ein Symbol des römischen Selbstbewusstseins und der im Götterglauben verwurzelten römischen Siegeskraft, der in Symmachus '3. Relatio' und in den 'Briefen' 17, 18 und 57 des Bischofs Ambrosius seine Zuspitzung fand. Da der ganze Konflikt hier besonders greifbar wird, aus dem heraus auch die Polemik um das Theater besser verstanden werden kann, soll die Diskussion über die religiösen Aspekte der römischen Kultur mit Zitaten aus diesen Texten abschliessend unterstrichen werden. Symmachus bittet in seiner an die Kaiser Valentinianus, Theodosius und Arkadius gerichteten '3. Relatio' um Wiedereinführung der alten Religion, da sie dem Staat so lange nützlich gewesen war: "Repetimus igitur religionem statum, qui rei publicae diu profuit."[29] Auch das Bild der alten Roma selbst wird provoziert, um sie für das alte Brauchtum des Reiches plädieren zu lassen:

> Romam nunc potemus adsistere atque his vobiscum agere sermonibus: Optimi principum, patres patria, reveremini annos meos, in quos me pius ritus adduxit! Utar caerimoniis avitis; neque enim paenitet. Vivam meo more, quia libera sum! Hic cultus in leges meas orbem redegit, hac sacra Hannibalem a moenibus, a Capitolio Senonas ieppulerunt.[30]

Aus diesen Sätzen spricht eine Universalvision, die nach Konstantin das Erbe der Kirche wurde, und die bei Symmachus nochmals intensiver zum Ausdruck kommt:

> Ergo diis patriis, diis indigetibus pacem rogamus. Aequum est, quidquid omnes colunt, undum putari. Eadem spectamus astra, commune caelum est, idem nos mundus involvit. Quid interest, qua quisque prudentia verum requirat? Uno itinere non potest perveniri ad tam grande secretum...[31]

Die visionäre Schau des Symmachus konnte jedoch noch nicht in der konkreten Situation der römischen Welt, wo das häretische Christentum erst zu atmen begann, und die Götter der Römer als apostate Engel gewertet wurden, fussfassen. Die Vertreter der römischen Staatsreligion und der christlichen Lehre standen sich kompromisslos gegenüber, was in dieser Situation besonders durch den 17. 'Brief' des Bischofs von Mailand exemplifiziert werden kann, wo es einführend heisst:

> Cum omnes homines, qui sub dicione Romana sunt, vobis militent, imperatoribus terrarum atque principibus, tum ipsi vos omnipotenti deo et sacrae fidei militatis. Aliter enim salus futa esse non peterit, nisi unuquisque deum verum, hoc est, deum Christianorum, a quo cuncta reguntur, veraciter colat; ipse enis verus est deus, qui intima veneretur. 'Dii enim gentium daemonia', sicut scriptura dicit.[32]

Hier ist der Kern der Konfliktssituation, aus dem heraus sich die fast unverwüstliche Polemik der Kirchenväter gegen das Theater, sowohl im Westen, als auch im Osten entwickelte, die Situation, die immer als Hintergrund im Kampf gegen die Schauspiele gesehen werden muss, will man dieser Lage einigermassen gerecht werden. Nachstehend soll ein Querschnitt von Texten auf diesen Konflikt hin von seiten der kirchlichen Polemik analysiert werden.

DAS THEATER IN DER LITERATUR DER KIRCHENVÄTER[33]

Die Apostolischen Kirchenväter

Die literarischen Zeugnisse der Väterzeit erstrecken sich etwa auf die Periode von 96-140 n. Chr.[34] Diese Zeit, sich unmittelbar an das Apostolische Zeitalter anschliessend, ist hauptsächlich noch im Sinne des primitiven Kerygmas, um das sich eine neue Gemeinschaft mit vorwiegend eschatologischer Orientierung bildete, zu verstehen. Als eine solche neue Gemeinschaft begann sie sich als irdische Manifestation in Heilsplan Gottes zu betrachten und musste sich daher auch in neuen Formen und Symbolen zu verstehen und auszudrücken versuchen. Eine ihrer ersten Ausdrucksformen war die Liturgie. Nach und nach, besonders in der Auseinandersetzung mit den Gnostikern, begann es für die Kirche erforderlich zu werden, sich öffentlich zu identifizieren.[35]

Mit den Christen begann sich aber auch im Römischen Reich eine neue Gemeinschaftsform zu bilden, deren Gott sich nicht so ohne weiteres in die Reihe der römischen Götter einreihen liess.[36] Ihre Weigerung, sich den kultischen Staatsordnungen zu fügen, verstiess nicht nur gegen den sakralen 'Mos Maiorum' der Römer, sondern bedrohte auch vielmehr den 'Pax Deorum'. Durch eine solche Weigerung wurden sie unumgänglich zu Häretikern und zur Gefahr des Staates.[37] Dagegen war das römische Staatswesen ja Ausdruck einer Kultur, die die Kirche im Prinzip wegen 'idolatria' nicht bejahen konnte. 'Idolatria' wurde auch der erste Angriffspunkt der Kirche in der römischen Kultur, und ihre Polemik verschärfte sich immer mehr um diesen Punkt. Mit den Verteidigungsschriften der Apologeten begann sich eine offizielle Polemik, die in krasser Negation die kultische Ordnung der römischen Staatsordnung ablehnte, da die Götter der Römer für die Christen keineswegs tote Gegenstände waren, sondern es sich für sie um apostate Engel handelte, die durch Täuschung Dichter und Mythologen, sowie auch Staatsmänner irregeführt hatten, herauszubilden. Die Dämonologie begann sich hier als wichtiger Punkt der Patristik abzuzeichnen. Und von dieser Sicht des Dämonenglaubens muss das kompromisslose Verhalten der Väter dem Theater gegenüber verstanden werden.[38]

Die Apologeten[39]

Die erste, erhaltene, an Kaiser Hadrian gerichtete 'Apologie' des 'Aristides' (117-138 n. Chr.)[40] und Justins 'Apologie' (etwa 146-161 n. Chr.)[41] sind wohl die frühesten Zeugnisse einer Auseinandersetzung mit 'idolatria'. Die dann folgenden Schriften bezeugen bereits den besonderen Kampf gegen das Theater. Am schärfsten und ausführlichsten ist darin Justins Schüler 'Tatian'. In seiner Schrift 'Oratio contra Graecos', die um etwa 177 n. Chr. festzulegen ist, bezeichnet er das Theater als dem Teufel zugehörig und kritisiert in besonderer Weise den Schauspieler.[42] 'Athenagoras übt in seiner 'Legatio' (177 n. Chr.) scharfe Kritik an der Brutalität der Schauspiele.[43] Und 'Theophilus' verwirft in 'Ad Autolocum'

(180-181 n. Chr.) den lügenhaften Pomp des Theaters, der nur durch Aneignen der christlichen Wahrheit korrigiert werden kann.[44] Nach der Mitte des zweiten Jahrhunderts bildet sich allmählich eine gewisse Dialektik von Lüge und Wahrheit, einem Theater der Dämonen und einem Theater Gottes, heraus, die sich in immer umfangreicheren Dimensionen manifestieren wird.[45]

Die Alexandriner

'Klemens von Alexandrien' (150-215 n. Chr.), ein christlicher Gnostiker, sah im Evangelium ein machtvolles Transformationsmittel, durch das die lügenhafte Welt erneuert werden konnte. In seiner 'Mahnrede an die Heiden' (Proteptikos) versucht er die Bewohner Alexandriens von dem Unsinn und den leeren Fabeln ihrer Mythen und Geschichte zu überzeugen. Ihre trughaften Mysterien und dramatischen Kompositionen führten nur zu menschlicher Miserie. Er führt aus, dass Kithairon und Helikon und mit ihnen die Dramen der faselnden Dichter im Sinne von Bacchus, sowie der ganze damit zusammenhängende Teufelsdienst durch Christus überholt worden seien. Christus, der Logos der ewigen Wahrheit, sei der "wirkliche Athlet, der nun im Theater des Universums gekrönt werde."[46] In seiner anderen Schrift 'Der Erzieher' (Paedagogus) kritisiert Klemens besonders die üppigen Zustände der Alexandriner, insbesondere aber auch das Theater. Er hält den Christen vor, dass Christus, ihr Lehrer, sie nicht ins Theater führen werde, da es ein Sitz des Uebels, eine gegen Christus gerichtete Versammlung voller Verwirrung und Schlechtigkeit sei. Da der Christ nicht zwei Herren dienen könne, soll er dem Theater fern bleiben. Hier fängt bei Klemens deutlich die Kontur einer christlichen Versammlung im Gegensatz zu der Zusammenkunft der Bösen im Theater hervorzustechen, ebenso bildet sich ein "Gegenmysterium" heraus.

Bei 'Origenes' (185-254 n. Chr.), Klemens Schüler, ist eine besonders scharfe Polemik gegen Abgötterei und Kaiserkult belegt. Sie entwickelt sich aus der Dämonenlehre seines theologischen Weltbildes vom Abfall der Materie. In seiner Auseinandersetzung mit Celsus verwirft er Abgötterei und Kaiserkult als 'idololatria' aus folgenden Gründen:

> ... Wir aber lehren das von allen Dämonen und sagen, dass sie ursprünglich keine Dämonen waren, sondern das erst wurden, als sie von dem zum Guten führenden Weg abwichen; und eine Gattung derjenigen Wesen, die von Gott abgefallen sind, ist eben die der Dämonen. Deshalb "darf, wer Gott verehrt, nicht den Dämonen dienen", ... Deshalb sind wir entschlossen, den Dienst der Dämonen wie die Pest zu fliehen, unter "Dienst der Dämonen" aber verstehen wir den ganzen bei den Griechen üblichen Gottesdienst an "Altären und Götterbildern und in Tempeln der Götter."[47]

Für Origenes sind die heidnischen Götter von der Wahrheit abgefallene Engelsmächte. Er weist dabei auf Celsus, der den Dämonen irrtümlicherweise opfert, da er ja die Wahrheit nicht kennt. Hier schreibt er:

> ... Und aus solchen Gründen mag Celsus in seiner Unkenntnis Gottes immerhin den Dämonen Dankopfer darbringen. Wir aber, die wir dem Schöpfer des Weltalls "Dank sagen ..."[48]

Hier wird besonders die Dialektik von Wahrheit und Lüge deutlich. Auch den Kaiserkult sieht Origens ursprünglich in der dämonischen Perversion verwurzelt. Es heisst:

> ... als auch die über die Menschen herrschenden Fürsten und Könige, da auch diese nicht ohne dämonische Kraft ihre irdischen Würden erhalten haben ... Ist aber - wie andere meinen, welche sagen, "Bei dem Glücke der römischen Kaiser schwören heisst soviel als bei seinem Dämon schwören" - das, was man "das Glück des Kaisers nennt, ein Dämon", so müssen wir auch in diesem Fall lieber sterben.[49]

In dieser, vom dämonischen Lügenwerk durchsetzten Welt, wird die Absagungsformula bei der Taufe zu einem besonders aktivem Bestandteil des Taufgelübdes, das eine besondere Absagungsformula von dem "Teufel und all seinem Pomp" einschliesst.[50]

Die Kirchenväter und andere Schriftsteller des Westens

Tertullian (160-230 n. Chr.)

Tertullian nimmt als erster lateinischer Kirchenvater eine bedeutende Schlüsselstellung in der Kirche des Westens ein. In seinen Schriften 'Apologeticum', 'De Spectaculis' und 'De Idololatria' lässt sich die normative Haltung der Kirche dem römischen Staatswesen, und insbesondere dem Theater gegenüber, erfassen. Aus diesem Grunde sollen sie hier ausführlicher behandelt werden, denn Tertullian ist ja von jahrhundertelangem Einfluss auf die Theorie und Theologie des Theaters gewesen.

Apologeticum (197 n. Chr.)

Mit dieser, an den Vizekonsul Afrikas gerichtete Schrift gehört Tertullian noch in die Reihe der Apologeten, und sie lässt die Konfliktssituation zwischen Römern und Christen deutlich verspüren. Tertullian rechtfertigt das Christentum im römischen Staat von ethischer Seite und auf Grund der Wahrheit, und führt aus, dass die Christen, genau wie der Vize-Konsul selbst, auch Menschen seien:

> Vociferatur homo: "Christianus sum", Quod est dicit; tu vis audire quod non est. Veritatis extorquendae praesides de nobis solis mendacium elaboratis audire.

> Homo es et ipse, quod et Christianus. Qui non potes facere, non debes credere. Homo est enim et Christianus, et quod et tu.[51]

Er argumentiert weiter, den Christen könne nicht nachgewiesen werden, dass sie dem Staate schädlich seien. Da ihre Beweggründe einer höheren Moral entsprängen, seien sie, im Gegenteil, viel bessere Staatsbürger als die Heiden. Tertullian kontrastiert anschaulich die Tugenden der neuen Gemeinde unter dem neuen Gesetz mit den Lastern der Sittenlosigkeit und dem Götzendienst der heidnischen Bürger. Beschwörend fragt auch er den römischen Senat, wo die alten Gesetze geblieben seien, die zur Einschränkung von Luxus und Schaustellung erlassen worden seien, und scharf greift er bereits hier das Bestehen von dauerhaften Theatergebäuden an, die der Abgötterei, verbunden mit Sittenlosigkeit, einen beständigen Platz in der römischen Kultur gesichert hätten. Er schreibt:

> ... Quonam illae leges abierunt sumptum et ambitionem comprimentes ... quae patricium, quod decem pondo argenti habuisset, pro magno ambitionis titulo senatu submovebant, quae theatre stuprandis moribus orienta statim destruebant, ... Video et theatra nec singula esse nec nuda ...[52]

Tertullian fällt hier mit seiner Polemik in die Reihe der klassischen Schriftsteller wie Tatius, wozu zu bemerken wäre, dass es sich immerhin um alte, auf Göttern fussende Gesetze handelt, was hervorhebt, dass nicht alle Einrichtungen des römischen Staates blindlos verworfen werden, obgleich diese Haltung ja an sich eine paradoxe ist. Seine weitere Polemik richtet sich gegen die Verfolger, die den Christen vorwerfen, dass sie weder die römischen Götter anbeteten, noch den Kaisern opferten:

> "Deo", iniquitis, "non colitis et pro imperatoribus sacrificia non penditis", ... Itaque sacrilegii et maiestatis rei convenimur. Summa haec causa, immo tota est ...[53]

Tertullian begründet dieses häretische Verhalten damit, dass die Christen den Trug dieser Götterbildnisse als Perversionsobjekte und Werkzeuge des Teufels durchschaut hätten, und diese Einsicht allein berechtige Opferungsweigerung. Im 'Apologeticum' wird somit die ganze Spannung, in der sich Tertullian und das Christentum überhaupt befindet, spürbar.

De Spectaculis (197-200 n. Chr.)

Diese Schrift, die sich in erster Linie mit dem Theater auseinandersetzt, ist direkt an die Christen gerichtet. Es handelt sich dabei um eine öffentliche Anklage des häufigen Theaterbesuches der Christen, was einer Anerkennung von heidnischen, das heisst, teuflischen Werten entspricht. Er definiert 'idololatria' als Perversion der wahren Welt, was als grösste Beleidigung des Geschöpfes seinem Schöpfer gegenüber zu verstehen ist:

> ... Proinde aurum aes argentum ebur lignum et quaecumquae fabricandis idolis materia captatur quis in saeculo posuit nisi saeculi auctor deus? Numquid summa offensa penes illum idololatria. 54

Theaterbesuch ist demnach Missbrauch der Schöpfung durch das Geschöpf, ist Apostasie.

Es gab Christen, denen es von der Schrift, besonders den zehn Geboten her zwar einleuchtete, den Göttern und dem Kaiserkult abzusagen, die es aber nicht wahrhaben wollten, dass sie auf Grund der gleichen Gebote auch dem Theater fernbleiben sollten. Sie argumentieren, dass solche Gebote ja überhaupt in der Schrift nicht formuliert seien. Tertullian gibt diese Argumente folgendermassen wieder:

> Quorundam enim, fides aut simplicior aut scrupulosior ad hanc abdicationem spectaculorum de scripturis auctoritatem exposcit, et se in certum constituit, quod non significanter. neque nominatim denuntietur servis dei abstinentia eiusmodi. plane nusquam invenimus, quaemadmodus aperte positum est: "non occides, non idolum coles, non adulterium, non fraudem admittes," ita exerte definitum: non ibis in circum, non in theatrum agonem, munus non spectabis. 55

Gegen diesen Einwand hat Tertullian ein Zitat aus dem Alten Testament zur Hand:

> Sed invenimus ad hanc quoque speciem pertinere illam primam vocem David: "felix vir," inquit, "qui non abiit in concilium impiorum et in via peccatorum non stetit nec in cathedra pestium sedit. 56

Wie bei Klemens von Alexandrien wird hier das Theater mit einer teuflischen und unreinen Versammlung verglichen. Tertullian geht noch weiter und fügt hinzu, wenn in der Schrift bereits "eine Handvoll von Juden" als "gottlose Zusammenkunft" bezeichnet werde, wieviel mehr dann diese grosse Heidenversammlung. Er sagt dazu wörtlich:

> ... Minus impii ethnici, minus peccatores, minus hostes Christi quam tunc Iudaei? quid quod et cetera congruunt? nam apud spectacula et in cathedra sedetur in via statur; ...57

Den Christen, die nun noch immer nicht überzeugt sind, legt Tertullian dann das Taufsiegel nahe, mit dem sie dem Teufel und all seinem Pomp abgesagt hätten, und zu diesem Pomp gehöre das Theater mit all seiner Abgötterei. 58 Besonders von Varro abhängend, geht Tertullian dann auf den Ursprung und die religiös-liturgische Bedeutung des Theaters ein. Die 'ludi' seien ursprünglich Tänze und Spiele zu Ehren der Götter gewesen, was beweise, wie tief verwurzelt die Abgötterei des Theaters sei. Sogar die verschiedenen Spiele selbst seien nach Göttern benannt worden, wie beispielsweise 'Liberalia' auf 'Liber' (Bacchus) oder 'Consualia' auf 'Neptuna'. 59 In der Beschreibung der sakralen Bedeutung des von Pompeius errichteten Theaters erreicht Tertullians polemische Rhetorik ihre Höhe:

> ... a loci vitio theatrum propris sacrarium Veneris est. hoc denique
> modo id genus operis in saeculo evasit. ... itaque Pompeius Magnus
> solo theatro suo minor cum illam arcem omnium turpidium extruxisset,
> veritus quandoque memoriae suae censoriam animadversionem. Veneris
> aedem superposuit et at dedicationem edicto populum vocans non thea-
> trum, sed Veneris templum nuncupavit, cui subiecimus, inquit, gradus
> spectaculorum. ita damnatum et damnandum, opus templi titulo prae-
> texit et disciplinam superstitione delusit. sed Veneri et Libero convenit.
> duo iste daemonia conspirata et coniurata inter se sunt ebrietas et libi-
> dinis. itaque theatrum Veneris Liberi queque domus est. ... et est
> plane in artibus quoque scaenicis Liberi Veneris patronicum. [60]

Tertuliian interpretiert das Theater Pompeius, und damit das Theater überhaupt, als Wohnstätte der Götter 'Venus' und 'Liber', und somit als Stätte, wo Abgötterei und Sittenlosigkeit zwanglos und öffentlich zusammenkommen. Er sieht darin eine doppelte Verschwörung der Dämonen. Aus einer solchen Theologie lässt sich folgern, dass die Dämonen keineswegs als nur theologisch-abstrakte Spekulationen galten, sondern um eine die tägliche Welt durchsetzende wirkliche und auch bildliche Macht.

Jedoch verwirft Tertullian, wie es auch bei den Gesetzen beobachtet werden konnkonnte, das Theater nicht als solches, denn er gibt zu, dass es ursprünglich, wie die ganze erschaffene Welt, recht gute und schöne Seiten gehabt habe, die aber dann durch die Dämonen pervertiert worden sei. Es ist darum für Tertullian wichtig, dass die Welt nicht nur im Sinne der wahren Erschaffung durch den Schöpfer, sondern auch in ihrer dämonischen Perversion erkannt und betrachtet wird.[61] Er führt aus:

> Sint dulcia licebit et grata et simplicia, etiam honesta quaedam. Nemo
> venenum temperat felle et elleboro, sed conditis pulmentis et bene
> saporatis, et plurimum dulcibus id mali inicit. Ita et diabolus letale
> quod conficit rebus dei gratissimis et acceptissimis imbuit.[62]

Gegen die Folie der pervertierten heidnischen Welt des römischen Theaters hält Tertullian die 'spectacula' der Schöpfung und Kirche: die Welt, wie Gott sie erschaffen hat: den Lauf der Zeiten, den Wechsel der Jahreszeiten, das kommende Weltende; das kommende Schauspiel und die Herrlichkeit des Letzten Gerichtes; die literarischen und dichterischen Schöpfungen der Kirche selbst, die den Christen erfreuen können.[63]

De Idololatria (201-211 n. Chr.)

In dieser Schrift wird besonders deutlich, dass die Auseinandersetzung mit dem Theater ihre Schärfe durch idolatria erhält, Beginn kennzeichnet Tertullian den Götzendienst als Kapitalsverbrechen der Menschheit ('principae crimen'), das alle

andere Sünden wie Ehebruch, Betrug, Trunksucht und Unzucht einschliesst. Der
folgende Schlüsseltext gibt besonders Aufschluss über Tertullians theologische
Einstellung zu 'idololatria':

> Principale crimen generis humani, summus saeculi reatus, tota cause
> iudicii idololatria. nam etsi suam speciem tenet unumquodoque delictum,
> etsi suo quodque nomine iudicio destinatur, in idololatria fraudem deo
> facit, ... ut fraudi etiam contumeliam coniungat. ... in illa etiam cani-
> tas, cum tota eius ratio vana sit. in illa mendacium, cum tota substan-
> tia eius mendax sit. ita fit, ut omnia in idololatria et in omnibus idolo-
> latria deprehendatur... [64]

'Idololatria' bedeutet hiernach Selbstverrat des Menschen und Zusammenarbeit
mit apostaten Engeln ('fraudem deo facit'), ist Apostasie. Da das Theater wesentlich mit 'idololatria' verbunden ist, denn es gibt nur 'eine idololatria', ist Tertullian unerbittlich in seiner Forderung, das Theater zu meiden.[65] Diese Polemik
Tertullians gegen das Theater kann nur dann richtig eingeschätzt werden, wenn
man sie im Zusammenhang mit seiner Theologie, die sich aus der konstanten
Spannung, die zwischen Christentum und Staat bestand, ergab, sieht.

Tertullians theologischer Grundriss

Tertullian verstand Heilgeschichte und Erlösung im rechtlichen Sinn. 'Lex, satisfactio, meritum' waren die dreifache Basis seiner Soteriologie, die normativ für
die Kirche des Westens wurde. Das Verhätlnis von Gott und Mensch wurde gesetz-
lich gesehen, und zwar ergab es sich aus der Gottesfurcht, wobei die Furcht des
Menschen wiederum zur Ehre Gottes wurde. Um diese Haltung zu verstehen, muss
besonders Tertullians Sünden- und Tauftheologie berücksichtigt werden. In seinem
Werk 'Adversus Marcion' (207-208 n. Chr.) kategorisiert er nach der Grundlage
der Schrift die sieben Todsünden als: Götzendienst, Fluchen, Mord, Ehebruch, Unzucht, Betrug und flasches Zeugnis.[66] Diese Kategorie der Sünden ist unvergeb-
lich, d.h., es gibt für sie keine Busse oder Genugtuung 'nach' der Taufe, und nur
Gott allein kann einen solchen Sünder durch einen besonderen Gnadenakt noch retten.
Die Möglichkeit eines zweiten Sühnemittels nach der Taufe gibt es nach dieser
Theologie nicht mehr, wie es zum Beispiel noch bei den lässlichen Sünden der Fall
ist.[67] Darum soll die Taufe nicht leichtfertig und nicht ohne lange und gründliche
Vorbereitung empfangen werden, denn der Mensch wird nicht getauft, damit er zu
sündigen aufhört, sondern weil er zu sündigen aufgehört hat.[68] Nach der Taufe
aber soll der Christ das Gesetz halten, die gebührende 'satisfactio' durch Gehor-
sam leisten,[69] um sich die Gnade Gottes ('meritum') zu verdienen. Ist das nicht
der Fall, so handelt der Mensch gegen den Willen Gottes, hört auf Christ zu sein,
und fällt somit unter den Zorn und die Strafe Gottes, wovon ihn keine Werke und
Verdienste befreien können.

Betrachtet man nun die Stellungnahme Tertullians von dieser Seite, so rückt seine rigoristische Haltung in ein anderes Licht. 'Idololatria' wurde als Kapitalsverbrechen, d.h., als Häufung von mehreren Todsünden verstanden. Der einmalige Besuch des Theaters wurde somit einer Häufung von mehreren schweren Sünden gleichgesetzt, und war somit tödliches Gift für den getauften Christen, denn die Schauspiele gehörten dem Pomp des Teufels an, dem der Christ aus freiem Willen abgesagt hatte.[70] Die Taufe konnte nicht wiederholt werden, und eine weitere Vergebung durch Verdienst und Anstrengung des Menschen war von hier an nicht mehr möglich. Das bedeutet nun, dass der Christ, der ins Theater ging, offiziell nicht mehr Mitglied der christlichen Gemeinschaft aus eigener Willensentscheidung sein konnte. Theaterbesuch unter diesen Umständen war 'idololatria', d.h., offene Apostasie und freier Willensentscheid gegen Gott, denn für Tertullian war der Christ auch nach dem Sündenfall noch frei.

Die Polemik Tertullians muss im Gesamtkonflikt der späten Antike gesehen, insbesondere von seiner Theologie her verstanden werden. Bereits klassische Schriftsteller hatten die Masslosigkeit der Bühne als Verstoss gegen den römischen 'Mos Maiorum' kritisiert.[71] Aber Masslosigkeit war nur ein Teil des Hauptangriffspunktes für Tertullian, denn sie war als solche im Kapitalsverbrechen von 'idololatria' selbst enthalten. 'Idololatria' entsprach dem Gesamtweltbild der Dämonen (wurde nicht als religiöse Erfahrung gewertet), war Anbetung apostater Engel und Teilnahme am Akt ihrer Perversion im Heiligtum der Venus, d.h., im Theater Pompeius oder Theater überhaupt. Sie war der Ansatzpunkt einer scharfen religiösen Auseinandersetzung, die vom dramatischen Gesichtspunkt dialektisch nur durch ein der Kirche eigenes Drama oder dem Theater gelöst werden konnte.[72]

Tertullians Einfluss auf die Theaterkritik

Tertullians 'Theologie des Theaters', wenn wir es hier einmal so nennen dürfen, wurde normativ für die Kirche des Westens. Sie unterschied sich auch nicht von den Vätern des Ostens. Ihre Begründung lag in der Gesamtauseinandersetzung zwischen römischem Staat und christlicher Kirche. Unglücklicherweise wurde sie später nicht nur kritiklos von der weiteren Theologie und Haltung der Kirche, sondern auch von Theater- und Literaturkritik, sowie von Historikern übernommen, die oft ihre Kritik auf einen Satz Tertullians aufbauten, wie es besonders bei Gibbon geschah.[73] Aus diesem Grunde schien mir diese, obgleich elementare Einführung, eines neuen und besseren Verständnisses wegen, unerlässlich zu sein.

Cyprian (200-250 n. Chr. und Novatian (210-258)

Nach Tertullian war 'Cyprian' bis auf Augustin der einflussreichste Kirchenlehrer des lateinischen Christentums. Seine Werke lassen den grossen Einfluss Tertullians erkennen. Besonders in seinen Briefen verurteilt er das Theater und sieht dagegen in der Kirche die Einrichtung, wo der Christ sich erfreuen kann. [74] Der Schismatiker und erste Gegenpapst 'Novatian' bezeichnet in seiner gleichnamigen Schrift 'de speculis idololatria' als Mutter der Schauspiele. "'Idololatria ... ludorus omnium mater est'."[75] Dagegen beschreibt auch er das viel grössere 'spectacula', das den Christen sowohl in der wahren Schönheit der Welt als auch in der Schrift erwartet, "Habet Christianus spectacula meliora, si velit."[76] Auch bei diesen beiden Autoritäten lässt sich feststellen, dass sich mit der Polemik gegen das Theater, gleichzeitig eine Vorstellung über ein kirchliches Theater, das die Werke Gottes widerspiegelte, zu bilden begann.

Arnobius (300? n. Chr.) und Lactantius (260-340)

Die Umorganisation des römischen Staates in ein Tretarchat unter Diokletian (284-305 n. Chr.) brachte auch eine Erneuerung der römischen Staatsreligion mit sich. Die Abhängigkeit an den Schutz und den Beistand der Götter in der römischen Geschichte wurde erneut herausgestellt. In dieser religiösen Intensivierung wurden die beiden 'Augusti', Diokletian und Maximian vergöttlicht und unter den besonderen Schutz der beiden Hauptgötter, Jupiter und Herkules, gestellt, deren irdische Stellvertreter sie auch gleichzeitig waren. Während dieser religiösen Erneuerung der Römer wurden natürlicherweise die Christen, die sich besonders in den höheren Sozialschichten, im Heer und im Senat selbst mehrten, eine erneute häretische Gefahr, die den 'Pax Deorum' der Römer bedrohten. [77] In diese Zeit fallen die beiden 'Apologien' des 'Arnobius' und 'Lactantius'.

Arnobius war zunächst eifriger Gegner des Christentums, konvertierte spät im Leben zur christlichen Religion, wonach er eine aus sieben Büchern bestehende Apologie 'Adversus Nationes' (etwa 300-303 n. Chr.) verfasste. Er verteidigte die Christen gegen den Vorwurf, sie hätten den Zorn Gottes über die Römer gebracht. Seine besondere Polemik richtete sich gegen den römischen Entstehungsmythos, Polytheismus, Theater, Tempel, sowie Kult des ganzen Staatswesens. Nach einem Angriff auf den Ursprung des römischen Namens, richtet er sich besonders gegen die Einrichtung des Theaters, das, unter seinen Besuchern alle Sozialschichten zusammenfassend, ein besonderes Betätigungsfeld der Dämonen ist. Arnobius schreibt in einer aufschlussreichen Stelle folgendermassen:

> Sed poetis tantummodo licere voluistis indignas de dis fabulas et flagitiosa ludibria comminisci? quid pantomimi vestri, quid histriones, quid illa mimorum atque exoleti generis multitudo? ... sedent in spectaculis publicis sacerdotum omnium magistratumque collegia, pontifices maximi et maximii curiones, sedent quindecimviri laureati et diales cum apicibus flamines, sedent interpretes augures divinae mentis et voluntatis, nec non et castae virgines, perpetui nutrices et conservatrices ignis, sedet cunctus populus et senatus, consulatibus functi patres, diis proximi atque augustissimi reges: et quod nefarium esset auditu, gentis illa genetrix Martia, regnatoris et populi procreatrix amans saltatur Venus ... [78]

Arnobius beschreibt hier die ganze, im Mythos wurzelnde hierarchische Ordnung
Roms, die auch im Theater den Göttern Tribut zahlt. Die einzige Lösung zu diesem Problem ist ihm die Vernichtung des Theaters und die Verbrennung der Bücher, denn er führt aus:

> ... dissolvere theatra haec potius, in quibus infamiae numinum propudiosis cotidis publicantur in fabulis. Nam nostra quidam scripta cur ignibus meruerunt dar?[79]

Diese 'Apologie' entspricht den Umständen der Mythoserneuerung und ist nicht als Replika der früheren griechischen Apologien zu verstehen. Dieser Aspekt, so meine ich, verdient grosse Beachtung, da er sich auf eine intensive Religionserneuerung unmittelbar vor der Konstantinischen Bekehrung bezieht.

Bei 'Lactantius' findet sich eine gleiche Polemik. Er war Schüler des Arnobius und wurde von Diokletian als Lehrer der Rhetorik nach Nikomedeia berufen. Während seiner Zeit am Hofe Diokletians konvertierte er zum Christentum und polemisierte danach in seiner Apologie 'Divinarum Institutiones' gegen die heidnische Staatsreligion. Auch hier lässt sich die christliche Interpretation des römischen Theaters abermals klar erfassen. Sie ist auch ein Beweis, dass sich die christliche Polemik nicht in erster Linie gegen die Masslosigkeit, sondern vielmehr gegen die im Theater verwurzelte 'idololatria' richtet. Lactantius schreibt:

> ... Vitanda ergo spectacula omnia, non solum ne quid vitiorum pectoribus insidat, quae sedata es pacifica esse debent sed ne cuius nos voluptatis consuetudo deleniat, et a deo atque a bonis operibus avertat.[80]

Beide 'Apologien' geben Zeugnis von einem regen Theaterbesuch zu Beginn des fünften Jahrhunderts, was auch für die weitere Entwicklung der Liturgie und ihren Darstellungsformen bedeutend sein dürfte.[81]

Zu Beginn des fünften Jahrhunderts, nach der Bekehrung Konstantins, begann sich langsam eine christliche Kultur abzuzeichnen, die sich sowohl politisch-ökonomisch, als auch in Kunst, Literatur und Architektur der christlichen Baukunst manifestierte. In dieser Doppelkultur, die ja keineswegs ohne Konflikt blieb, wie besonders im Streit um den Viktoriaaltar gezeigt werden konnte,[82] blieb das römische Theater ein tief verwurzeltes Phänomen und ein Problem für die Kirche.

Ambrosius (339-397 n. Chr.) und Prudentius (348-410)

Der Bischof von Mailand beklagt den häufigen Theaterbesuch und schreibt.

> Utinam hac interpretatione possimus revocare ad diversa circensium ludorum atque theatralium spectacula festinantes.[83]

Ebenfalls wird in der christlichen, allegorischen Dichtung des 'Prudentius' ein
aktives Theater beschrieben:

> "Dicis licenter haec poetas fingere;
> Sed sunt et ipsi talibus mysteriis
> Tecum dicati quodque describunt colunt.
> Tu cur piaclum tam libanter lectitas
> Cur in theatris te vidente id plauditur?
>
> "Cygnus stuprator peccat inter pulpita,
> Saltat Tonantem tauricornem ludius;
> Spectator horum pontifex summus sedet
> Ridesque et ipse, nec negando diluis
> Cum fama tanti polluatur numinis.
>
> "Cur tu, sacrate, per cachinnos solveris,
> Cum se maritum Alcmenae deus?
> Meretrix Adonem vulneratum scaenica
> Libidinoso plangit adfectu palam,
> Nec te lupanar Cypridis sanctae movet?[84]

Für unsere Studie ist, so meine ich, Prudentius auch besonders aufschlussreich,
da er, selbst ein Dichter und den biblischen Stoff verwendend, die römische, dramatische Dichtung aus Gründen der 'idololatria' verwirft.

Augustin (354-430 n. Chr.)

Der Fall Roms erschütterte Heiden und Christen in gleichem Masse. Diese Katastrophe fand auf beiden Seiten religiöse Interpretation, denn die Römer beschuldigten die Christen, ihre Weigerung, den alten Göttern zu opfern, habe die Katastrophe durch den Zorn der Götter herbeigeführt, während die Christen die Kausalität
im teuflischen Grundwerk des Römischen Reiches selbst sahen. Für sie war die
Zerstörung Roms ein Strafgericht Gottes. Dieses Paradox der gegenseitigen Beschuldigung aus religiösen Gründen, weist abermals auf den tief verwurzelten Konflikt, der hier ausgetragen wurde, hin. Augustins umfassendes Werk 'De Civitate
Dei' ist abermals eine grosse Auseinandersetzung mit dem heidnischen Kult und
der ganzen römischen Kultur. Augustin polemisiert besonders gegen den Ursprung
der 'idololatria', und damit verbunden gegen das Theater. Er vergleicht das Theater, das zur Abwehr einer Pest durch den Beistand der Götter entstanden war,
selbst mit einer geistigen Pest. Seiner Bedeutung wegen soll der die Polemik zusammenfassende Text nachstehend zitiert werden:

> ... ludi scaenici, spectacula turpitudinum et licentia vanitatum, non
> hominum vitiis, sed deorum vestrorum iussis Romae instituti sunt.
> Tolerabilius divinos honores deferretis illi Scipioni quam deos huius
> modi coleretis. Neque enim erant illi dii suo pontifice meliores. Dii

> propter sedandam corporum pestilentiam ludos sibi scaenicos exhiberi
> iubebant: pontifex autem propter animorum cavendam pestilentiam ip-
> sam scaenam constitui prohibebat. ... Neque enim et illa corporum
> pestilentia ideo conquievit, quia populo bellicose et solis antea ludis
> circensibus adsueto ludorum scaenicorum delicata subintravit insania;
> sed astutia spirituum nefandorum praevidens illam pestilentiam iam
> fine debito cessaturam aliam longe graviorum, qua plurimum gaudet,
> ex (hac) occasione non corporibus, sed moribus curavit inmittere, quae
> animos miserorum tantis obcaecauit tenebris, tanta deformitate foeda-
> vit, ut etiam modo (quod incredibile forsitan erit, si a nostris posteris
> audietur) Romana urbe vastata, quos pestilentia ista possedit atque inde
> fugientes Carthaginem pervenire potuerunt, in theatris cotidie certatim
> pro histrionibus insanirent. [85]

Götterursprung und Theater sind für den Bischof von Hippo tödliches Gift und eine wahnsinnige Einrichtung. Augustin richtet sich auch besonders gegen die im Götterkult verwurzelte Sittenlosigkeit, die einen gefährdeten Einfluss auf die Jugend ausübt, was er auch aus eigener Erfahrung kannte.[86] Seine Polemik wird hier fast ironisch:

> ... Caelestia virgini et Berecynthiae, matri omnium.
> ... Quas si inlecta curiositate adesse potui circumfusa, saltem offensa
> castitate debuit abire confusa. Quae sunt sacrilegia, si illa sunt sacra?
> Aut quae inquinatio, si illa lavatio?[87]

Selbst die Zerstörung der Theaterbauten führt Augustin auf Abgötterei und Sittenlosigkeit zurück. Hier schreibt er:

> ... nisi forte hinc sunt tempora mala, quia per omnia pene civitates
> cadunt theatra ... cadunt et fora vel moenia, in quibus demonia cole-
> bantur. Unde enim cadunt, nisi inopia rerum quarum lascivio et sacri-
> lego usu constructa sunt.[88]

Im Grunde ist auch hier der theologische Grund eine lebendige Dämonologie, der Augustin seinen Kampf ansagt, wie er bei Origenes, Ambrosius und Tertullian oder Arnobius und Lactantius beobachtet werden konnte. Augustin verurteilt aber nicht nur, sondern weiss auch zu differenzieren. Er unterscheidet zwischen höheren und niederen Formen des Theaters, die im 'curriculum' der Schulen zur Erziehung der Jugend angewandt wurden.[89] Eine weitere Stelle seiner positiven Einstellung zur dramatischen Kunst und der Figur des Schauspielers überhaupt, kann aus seinem Werk 'De Doctrina Christiana' belegt werden. In seiner langen Erklärung über Sachen ('res') und Zeichen ('signum') die zum Verständnis der Schrift, sowie zur Darstellung und Auslegung des Verstandenen notwendig sind, erwähnt Augustin auch den Schauspieler, der durch Bewegung des Körpers, besonders der Glieder und Augen, denen Zeichen zu geben versucht, die ihn verstehen können. Seine aufschlussreiche Bemerkung lautet folgendermassen:

> Signorum igitur, quibus inter se homines sua sensa communicant,
> quaedam pertinent ad oculorum sensum, pleraque ad aurium, paucis-
> sima ad ceteros sensus. ... Et quidam motu manuum pleraque signifi-
> cant: et histriones omnium membrorum motibus dant signa quaedam
> scientibus, et cum oculis eorum quasi fabulantur. [90]

Diese positive Einstellung Augustins zur eigentlichen dramatischen Kunst trägt zum besseren Verständnis des sich später entwickelnden liturgischen Drama des Westens bei. [91]

Salvianus von Marseilles (400-480 n. Chr.)

Nach Augustin wird die Literatur, die ein noch bestehendes Theater bezeugt, immer spärlicher. Salvianus schildert in seinem Werk 'De Gubernatione' (440 n. Chr.) noch einmal die sittlichen Zustände Roms, die Abgötterei und den Teufelsdienst im Theater, an dem offensichtlich auch noch immer die Christen teilnehmen. Er schreibt:

> Nam per turpitudines criminosas aeterna illic salus Christianae plebis
> exstinguitur et per sacrilegas superstitiones maiestas divina violatur.
> dubium enim non est quod laedunt deum, utpote idolis consecratae. Co-
> litur namque et honoratur Minerva in gymnasiis Venus in theatris Nep-
> tunus in circis Mars in harenis Mercurius in palastris, et ideo pro
> qualitate auctorum cultus est superstitionum. ... Alibi est impuditia
> alibi lascivia, alibi intemperantis alibi insania, ubique daemon, imno
> per singula ludicrorum loca, universa daemonum monstra. [92]

Für Salvian ist Theaterbesuch in krasser Bedeutung, Auflehnung gegen Gott, und er polemisiert besonders gegen die Christen, die den Gottesdienst zugunsten eines Theaterbesuches verlassen. Die Sittlichkeit der Germanen sieht er darin, weil ihnen ein Theater fehlt.

Das Theater in Gallien

Literarische Zeugnisse über das Bestehen des Theaters in Gallien finden sich in der Dichtung des 'Sidonius', wo ein Theater in 'Narbo' in Verbindung mit dem kulturellen Glanz der Stadt erwähnt wird. [93] Weiterhin berichtet die 'Vita des Hilarius' von dem Abbruch eines Theaters in Arles von dessen Reste wahrscheinlich eine Basilika erbaut wurde. Es heisst hier:

> Qui basilicis praepositus construendis, dum marmorum crustas et
> theatri pro scenia celsa deponeret, fidei opere nudans loca luxuriae,
> quod sanctis parabat ornatibus, subito molarum funibus ruptis impetus

> desuper marmoris venientis stantis pedem cum extrema digitorum
> ... 94

Auf diese Weise wurde die Umformung des Theaters räumlich und konkret sichtbar. Die Predigten des Bischofs 'Caesarius von Arles' (470-543 n. Chr.) weisen noch auf ein Theaterleben hin, da er die Gläubigen vor Theaterbesuchen wie folgt warnt:

> Noveritis nos tristes esse vel anxios, et ideo venite, dissimulemus nos, aut ad circum aut ad theatrum euntes, aut ad tabulam ludentes, aut in aliquibus nos venationibus exercentes. ... ac si dum de crudelissimis theatris ad crudeliores conscientias quasi de malis ad peiora redeunt, requiem in se habere non possunt. 95

Auch für Caesarius ist das Theater ein Werkzeug des Teufels, da es dem Christen keinen Herzensfrieden bringen kann.

Cassiodorus (487-583 n. Chr.)

Die Briefe dieses römischen Staatsmanns gehören zu den letzten Zeugnissen eines ausgehenden Theaters in Rom. Er beschreibt noch den 'tribuni voluptatum', einen städtischen Beamten, der die Bühne verwaltete. 96 Diese Beschreibung weist aber bereits daraufhin, dass das Theater der alten Ordnung nicht mehr bestand. Er führt aus:

> Quamvis artes lubricae honestis moribus sint remotae et histrionum vita vaga videatur efferri posse licentia, tamen moderatrix providit providit antiquitas, ut in totum non effluerunt, cum et ipsae judicem sustinerent, Anninistranda est enim sub quadam disciplina exhibitio voluptatum. Teneat scaenicos si non verus, vel umbratilis ordo iudicii. 97

Da Cassiodorus sich um 530 n. Chr. in ein Kloster zurückzog, ist anzunehmen, dass es sich um eine Schilderung vor diesem Zeitpunkt handelte.

Isidor von Seville (um 560-633 n. Chr.)

Bei diesem spanischen Kirchenlehrer wird das Theater bereits als der Vergangenheit angehörend beschrieben:

> ... Theatrum est quo scena includitur, semicirculi figuram habens, in quo stantes omnes inspiciunt. Cujus forma primum rotunda erat, sicut et amphitheatri, postea ex medio amphitheatro theatrum factum est ... 98

Auch eine weitere technische Beschreibung ist im Imperfekt gehalten:

> ... Scena autem erat locus infra theatrum in modus domus instructa cum pulpito ... quod pulpitum "orchestra" vocabatur, ubi cantabant comici, tragici, atque saltabant histriones et mimi. [99]

Isidor betont aber auch an einer anderen Stelle, dass die Schlechtigkeit der Bühne nicht auf die Menschen, sondern auf die Dämonen zurückzuführen sei, da sie das Theater eingeführt hätten, denn er bemerkt dazu:

> ... Haec quippe spectacula crudelitatis. ... non solum hominum vitiis, sed de daemonum jussis instituta sunt. [100]

Es wäre hiernach zu schliessen, dass das römische Theater, wie es durch die Gunst der Götter seit 364 v. Chr. bestanden hatte, im Westen um 600 n. Chr., die Zeit, die mit dem Pontifikat Papst Gregors des Grossen zusammenfällt, nicht mehr existierte.

Das Theater in den Schriften der Ostkirche

Unabhängig voneinander gehen die Kirchenväter in Ost und West gleich scharf in ihrer öffentlichen Polemik gegen das Theater vor. 'Idololatria', die bereits bei den griechischen Apologeten der polemische Ansatzpunkt war, ist auch hier die Basis des Kampfes, der von anderen syrischen und griechischen Kirchenlehrern weitergeführt wird.

Cyrill von Jerusalem (315-386 n. Chr.)

kritisiert und verwirft in seinem mystagogischen Katechismus das Theater als diabolisch und bezeichnet es als wahnsinnig. Er mahnt die Christen dem Theater wegen des teuflischen Pomps fernzubleiben. [101] Da es zu Zeiten Cyrills noch ein Theater in Jerusalem gab, bestätigt ebenfalls die Kirchengeschichte des Sozomen. [102]

Gregor von Nazianzen (325-390 n. Chr.)

gibt in seinen apologetischen Schriften einen Einblick in die Verhältnisse der Bühne als Mittel der Christenverfolger und erwähnt in seiner Polemik gegen die Sittenlosigkeit des Theaters auch die Verspottung der Christen in dramatischen Vorstellungen. [103]

Gregor von Nyssa (331-394 n. Chr.)

weist insbesondere auf den didaktischen Sinn der Mythen, die zur Darstellung kamen, und polemisiert wie Johannes Chrysostomus besonders gegen den Schein und die Maske der Bühne.[104]

Johannes Chrysostomus (354-407 n. Chr.)

ist am schärfsten und ausführlichsten im Ton seiner Polemik, denn in Antioch, wie in Konstantinopel war das Volkswesen vom Theater durchtränkt. Seine Predigt 'Adversus eos qui ecclesia relicta ad circenses ludos et theatra transfugerunt'[105] ist besonders aufschlussreich. Er beschreibt das Theater als Haus des Lasters und der Perversion und richtet seine Polemik besonders gegen die Christen, die sonntags oder sogar am Osterfest nach der Predigt die Kirche verlassen, um ins Theater zu gehen, was sie zu Kaptiven des Teufels werden lässt. Er polemisiert fast wie Tertullian:

> ... tunc tu, relicta ecclesia et sacrificio spirituali, fratrumque coetu ... jejunii gravitate, captivus a diabolo ad illud spectaculum abductus es? Haccine feranda? Haccine tolenranda?[106]

Während Chrysostomus über die Christen, die in Zukunft die Kirche zugunsten des Theaters verlassen werden, den Bann der Exkommunikation aussprechen wird, bezeichnet er die Liturgie 'selbst als theatrum non ficitium et spirituale'.[107] Die Liturgie ist mit anderen Worten das wahre und geistige Theater. Mit dieser Schlüsseldefinition des Kirchenlehrers von Antiochien und des Patriarchen von Konstantinopel bestätigt sich die Auffassung eines konkreten Doppeltheaters.

Narsai (399-502 n. Chr.)

'Die liturgischen Predigten' des Narsai. Narsai, ein syrischer Kirchenlehrer,[108] verwirft in seiner Predigt über die Taufe das Theater als übles Mysterium, und in einer sehr bildhaften Sprache malt er die Arbeit Satans unter den Menschen aus:

> ... and let us turn away our faces from their mysteries which are full of wickedness. Full of wickedness is the invention of the Evil One and of them that listen to him; and diseases of iniquity are hidden in the error of his craft. His inventions are the circus and the stadium and the theaters, and the riotous sounds of the songs which he has composed and written. His errors are soothsayings and witchcrafts of all sorts: eye-winking and ear-tickling and street accosting. These things the disciple of the truth renounces when he becomes a disciple ...[109]

In einer ebenso bild- und lebhaften Sprache schildert Narsai später das Mysterium, das in der christlichen Liturgie zum Ausdruck kommt.[110]

Jacob of Serugh (451-521 n. Chr.)

Die Predigten des Bischofs von Batnan (518) weisen ebenfalls noch auf ein reges Theater hin.[111] Sein Hauptangriff richtet sich auf den mytischen Ursprung, besonders auf die Umwandlung, die durch den Schauspieler stattfindet. Diese Predigten enthalten aber auch einige Beschreibungen über das Theater. Jacob beschreibt wie Frauen auf der Bühne durch männliche Schauspieler dargestellt werden;[112] dass es sich um eine Steinbühne handelt, worauf der Schauspieler tanzt,[113] dass die Lehre der Mythen, die durch die Schauspieler dargestellt werden, durch einen 'chorus' beantwortet werden.[114] Gegen das Thema der Umwandlung und gegen den Tanz, stellt er die Auferstehung des Lazarus.[115] Die Christen, die vorziehen ins Theater zu gehen, entgegnen dem Bischof, dass sie nicht in die Schauspiele gingen, um zu glauben, sondern um zu lachen, denn auch sie durchschauten den Schein der Mythen und der Bühne.[116] Aber Jacob von Serugh predigt, "Let thy meeting place be here (in the Church)".[117] Es ist besonders in Mesopotamien und Ostsyrien, wo sich eine dramatische Darstellungsmethode der Liturgie beobachten lässt.[118]

DAS THEATER NACH DEN KIRCHLICHEN KONZIL- UND SYNODENERLASSEN BIS 742 N. CHR.

Die Stellungnahme der Kirchenväter zum Theater wurde auch in den kirchlichen Erlassen präzise formuliert und offiziell adoptiert. Eine Untersuchung der Synoden- und Konzildokumente hat gezeigt, dass die Anzahl der Erlasse, die kirchenrechtlich die Stellung der Kirche festlegen, am zahlreichsten zwischen den Jahren 272 bis 445 n. Chr. belegt werden kann.

Das Konzil von Eliberitanum um etwa 300 n. Chr., fasst in seiner Definition (can. 1) 'idololatria' als 'crimen principale' zusammen, die folgendermassen lautet:

> Placuit inter eos, qui post fidem baptismi salutaris, adulta aetate, ad templum idololatraturus accesserit & fecerit, quod est crimen principale (quia est summum scelus) placuit e nec in fine eum communione ascipere. [119]

Nachstehend folgt ein kurzer Ueberblick bis etwa 700 n. Chr. der für unsere Untersuchung bedeutenden Formulierungen kirchlicher Beschlüsse:

> '269 n. Chr.: Concilium Antiochum'. Eos vero qui non laudarent, nec, ut in theatris fieri solet, oraria contuterent, necque una cum fautoribus ipsius, viris ac mulierculis indecore auscultantibus exclamarent atque exsilirent; sed cum gravitate ac modestia contumeliis afficiebat. [120]

> '314 n. Chr. Concilium Arles': Can. 5. De theatricis, et ipsos placuit quamdiu agunt a communione separari. [121]

> '325 n. Chr. Concilium Nicaeni, Can. 10': Verum invidiae probitatis hosti ... omnisque impietatis fautori diabolo nequaquam harum rerum spectaculum tolerandum vindebatur... [122]

> '343-381 n. Chr. Concilii Laodiceni, Ca. 54': Quid non oporteat sacerdote aut clericos quibuscumque spectathemlici ingrediantur, exurgere eos convenit, atque inde discendere. [123]

Das Konzil von Carthage im Jahre 397, an dem auch Augustin, Bischof von Hippo, teilnahm, spricht von 'transferri devotionis', was einen Wechselbesuch zwischen Theater- und Kirchenbesuch der Christen andeutet. Dieser Text lautet folgendermassen:

> '397 n. Chr. Concilium Carthage (Novatianorum), Can. 61': Necnon & illud petendum ut spectacula theatrorum, ceteorumque ludorum die dominica vel ceteris religionis Christianae diebus celeberrimus amoveantur; maxime quia sancti paschae octavarum die populi ad cirum magis quam ad ecclesiam conveniunt, debere transferri devotionis eorum dies ... si quando occurrerint, net oportere etiam quamquam Christia-

> norum cogi ad haec spectacula: maxime, quia in his exercendis quae
> contra praecepta Dei sunt, nulla persecutionis necessitas quoquam
> adhibenda est: sed, uti, oportet, homo in libera voluntate subsistat sibi
> divinitus concessa. Cooperatorum enim maxime periculum considerandum est, qui contra praecepta Dei magno terrore coguntur ad spectacula convenire. [124]

Dieser Text ist besonders aufschlussreich, da aus ihm heraus eine Uebertragung religiöser Erfahrung deutlich wird. Ein anderes afrikanisches Konzil, ebenfalls unter Mitwirkung Augustins, verbietet den Theaterbesuch wegen Blasphemie:

> '419 n. Chr. Concilium Carthagenese; Can. 15': Placuit, ut filii sacerdotum spectacula saecularia non tantum non exhibeant, sed nec expectare eis liceat; hoc semper christianis omnibus interdictum sit, ut ubi blasphemiae sunt omnio non accedant. [125]

In den 'Apostolischen Konstitutionen', werden sowohl Synagoge, als auch das Theater als Sitz des Uebels bezeichnet.

> 'ca. 380 n. Chr. Constitutiones Sanctorum Apostolorum, Can. 60': ... in eorum agitandis festis, ac celebritatibus non interponunt moram, sed eis student, & inserviunt, non solum qui sunt eius loci, sed etiam qui procul habitant, & in ipsis theatris omnes tanquam in synagoga quadam conveniunt: similiter qui nunc vano nomine Judaei appellantur ... [126]

In diesem Text taucht auch die Formulierung 'ecclesia malignantium' auf:

> 'Can. 61': ... Sin vero aliquis eam despexerit, & in fanum profanum Gentilium intraverit, vel in synagogam Judaeorum, vel haereticorum, quid iste in die judicii apud Deum excusabit? qui dereliquit verba Dei viventis, quae vivunt & vivificant, quaeque ab aeterno supplicio liberare possunt, & se contulit ad aliquam aedem daemoniorum, aut ad synagogam eorum, qui Christus occiderunt, aut ad ecclesiam malignantium, neque audiunt eum, qui dixit: "odivi ecclesiam malignantium & cum inique agentibus non introibo: non sedi cum concilo vanitatis, & cum impiis non sedebo ... [127]

Dass Gott und Teufel unvereinbar sind, ist die Basis der Polemik gegen den teuflischen Pomp der 'idololatria', die hier abermals eine ganze polemische Tradition zusammenfasst:

> 'Can. 62': Cavete igitur ne ferias cum perditis hominibus, id est, cum synagoga Gentilium in errorem & interitum vestrum agatis, "nulla", "nagmque", Deo cum diabolo communio", (Cor. 6) qui enim tunc cum illis congregatur, qui ea sapiunt quae diaboli sunt, unus ex iis ipsis numerabitur, & vas erit haereditas eius; fugite demum turpia spectacula, theatra dico, & Gentilium pompas, incantationes, divinationes,

vaticinia, expiationes, augurda, auspicia, neoromantias omnia ...
quamobrem oportet fidelem devitare conventus Gentilium, & Judaeorum reliquorumque haereticorum: ne ferias cum eius communes habendo, animas nostras laqueis irretiamus: & ne si diebus eorum festis, quos ipsi in honorem daemonum agitant, cum ipsis versemur, impietatis eorum socii, & participes simus ... Abstinente igitur ab omni idolorum pompa, praestigiis, mercatu, conviviis, monomachia, et ab omni spectacula daemonico. [128]

Das Konzil von 'Trullo' im Jahre 692 n. Chr. scheint noch einmal frühere Formulierungen lose zusammenzufassen und bezieht sich hauptsächlich auf die Mimen. [129] Das 'Concilium Germanicum' unter Bonifatius im Jahre 742 n. Chr. erwähnt das Theater gar nicht mehr, wohl aber den Gesang. [130] Im Jahre 838 n. Chr. wird auf dem Konzil von Quirzy die dramatisch-allegorische Liturgie unter Einfluss der Schule von Lyons verurteilt. [131]

ERGEBNIS

Das Resultat dieser textlichen Querschnittsuntersuchungen, die anfangs besonders die religiösen Aspekte der römischen Kultur herauszustellen versuchte, berechtigt die Schlussfolgerung, dass der kirchliche Kampf um das Theater, der sich über fast 500 Jahre hinstreckte, Teil eines tiefen Religionskonfliktes war. Das 'römische' Theater wurde von 364 v. Chr. bis etwa 600 n. Chr. in 'conspectu dei' aufgeführt. Durch seine Verbindung mit dem Venustempel kam die sakrale Seite offiziell räumlich zum Ausdruck.

Es wurde dann gezeigt, dass die Götter der Römer für die Kirchenväter nicht nur falsche Götter oder tote Gegenstände, sondern lebendige Dämonen, d. h. apostate Engel waren, die mit falschen Mythen und irreführender Dichtung die römische Welt besonders durch die Bühne durchtränkt und pervertiert hatten. Die Figur des Kaisers wurde als besonderes Instrument der Dämonen gesehen. Die krasse Negation des Theaters ergab sich in Ost wie in West aus dem Kampf gegen 'idololatria', die Auflehnung des Geschöpfes gegen Gott bedeutet. Dieser Gesamtkonflikt wurde besonders am Streit um den Viktoriaaltar exemplifiziert.

Tertullians Theatertheologie wurde dabei besonders herausgearbeitet, da er einerseits am Ende der apologetischen Tradition, andererseits wegweisend sowohl für die Theaterkritik der Väterzeit, als auch für die Kritik nicht nur der späteren Theologie, sondern auch der Historiker und Literaturkritik, die ihn kritiklos übernahm, wurde.

Im Osten der Kirche wurde das Theater auch besonders als übles Mysterium gekennzeichnet. Bei den Syrern fiel in ihrer Kritik besonders die Bildlichkeit der Sprache auf.

Es konnte weiterhin beobachtet werden, dass sich neben der negativen Haltung, die Vision eines neuen Theaters abzuzeichnen begann, und bald die Kirche als Gegenpol der heidnischen Versammlung gesehen wurde. Eine solche Vorstellung liess sich besonders bei Klemens von Alexandrien feststellen. Tertullian und auch Augustin gaben dagegen positive Seiten des Theaters und des Dramas zu. Chrysostomus dagegen bezeichnet die Liturgie als 'theatrum non fictitium et spirituale', was ein positives Gegenbild des diabolischen Theaters vergegenwärtigt.

Im 2. Kapitel wird eine Querschnittsuntersuchung, angefangen mit den frühesten liturgischen Texten, bestätigen, dass die Kirche selbst aus dem Urstoff ihrer eigenen Lehr in der Liturgie Darstellungen zu entwickeln begann, die nicht nur das Leben Christi, sondern bald das gesamte Weltbild der Heilsgeschichte mit eschatologischer Ausrichtung zur Schau brachte.

ANMERKUNGEN

1 Die nachstehende Zusammenfassung über die religiösen Aspekte Roms stützt sich auf folgende Werke: Franz Altheim, Römische Religionsgeschichte, 2 Bd. (Baden-Baden: Verlag für Kunst und Wissenschaft, 1951-52). Norman H. Baynes, Byzantine Studies and Other Essays (London: The University of London, the Athlone Press, 1960), S. 116-143, 226-239. Peter R. L. Brown, The World of Late Antiquity A. D. 150-750, History of European Civilization Library (New York: Harcout: Brace Jovanovich; Paperback, 1971). Charles N. Cochrane, Christianity and Classical Culture: A Study of Thought and Action from Augustus to Augustine, 4th ed. (First printed at Oxford: The Clarendon Press, 1940; rev. 1944; Oxford University Press; Paperback, 1968), S. 1-176. Georges Dumézil, La Religion Romaine Archaique, Biblioteque Historique Collection les Religions de l'humanité (Paris: Payot, 1966). Clifford Geertz, The Interpretation of Cultures: Selected Essays (New York: Basic Books, 1973), pp. 87-125, 126-141. A.H.M. Jones, The Later Roman Empire 284-602: A Social, Economic and Administrative Survey, 3 vols. (Oxford: Basil Blackwell, 1964). Arnaldo Momigliano, The Conflict between Paganism and Christianity in the Fourth Century: Essays (Oxford: At the Clarendon Press, 1963).

2 Cicero De Natura Deorum 3.5. zum Teil zitiert bei Richard Klein, Symmachus. Impulse der Forschung Nr. 2 (Darmstadt: Wissenschaftliche Buchgesellschaft, 1971), S. 19.

3 Cicero In Catilinam 2.19. z.T. zitiert bei Klein, Symmachus, S. 20, n. 11.

4 Livius Ab Urbe Condita 3.7.1. zum Teil zitiert bei Klein, Symmachus, S. 20, n. 11.

5 Ibid., 26.41.

6 Vergil Aeneid 1.255ff. zitiert bei Mircea Eliade, Myth of Eternal Return or, Cosmos and History, trans. from the French by W. Trask. First published (Paris: Libraie Gallimard, NRF, 1949; Bollingen Series No. 46; Princeton: Princeton University Press, Bollingen paperback, 1971), p. 135.

7 Symmachus, Relationes 3.3. zitiert nach Richard Klein, Der Streit um den Viktoriaaltar: Die dritte Relatio des Symmachus und die Briefe 17, 18 und 57 des Mailänder Bischofs Ambrosius, Texte zur Forschung Nr. 7 (Darmstadt: Wissenschaftliche Buchgesellschaft, 1972), S. 100.

8 Ibid.

9 Die uns erhaltenen frühesten Dramen der Aegypter haben wesentlich liturgische Funktion, siehe: Kurt Sethe, Dramatische Texte zu altägyptischen Mysterienspielen: Das Denkmal Memphitischer Theologie und Ein Spiel zur Thronbesteigung des Königs. Untersuchungen zur Geschichte der Altertumskunde, Nr. 10. (Leipzig: J.C. Hinrich'sche Buchhandlung, 1928).

10 J.H. Waszink, "Varro, Livy and Tertullian on the History of Roman Dramatic Art", VC 2 (Jan. 1948): 227-32. Zur Ursprungsfrage des Dramas siehe jetzt

auch besonders: Ernest Theodore Kirby, Ur-Drama: The Origins of the Theater (New York: New York University Press, 1975), pp. vii-xvi, 1-32, 90-140.

11 John Arthur Hanson, Roman Theater-Temples, Princeton Monograph in Art and Archeology No. 33 (Princeton: Princeton University Press, 1959), pp. 9-26. Cf. Dorothy Kent Hill, "The Temple above Pompey's Theater," The Classical Journal Roman Comic Stages," TAPA 42 (1911): 91-103 and "The Site of Dramatic Performance in the Times of Plautus and Terence," TAPA 44 (1913): 87-97.

12 Margaret Bieber, Die Denkmäler zum Theaterwesen im Altertum (Berlin und Leipzig: Walter de Gruyter & Co., 1920), S. 95.

13 Hanson, Theater-Temples, pp. 59-77 and Appendix: Illustrations.

14 Margaret Bieber, "Kuchenformen mit Tragödienszene," Programm zum Winckelmannsfeste der Archäologischen Gesellschaft, Nr. 75 (1915): 1-31 mit Abbildungen. (Es handelt sich hierbei um archäologische Funde - ungefähr 400 Formen und eine Anzahl von kleinen Weinkrügen - aus dem 2. bis 3. Jahrhundert n. Chr., die von Pasqui in Ostia im Jahre 1906 entdeckt worden waren). Cf. Lily Ross Taylor, "The 'Sellisternium' and the 'Theatrical Pompa'," Classical Philology 30 (Jan. 1935): 122-130.

15 Hanson, Theater-Temples, pp. 9-25, 81-92.

16 Lactantius Divinorum Institutiones.

17 Ibid., 5.10.17-18.

18 Cf. Hans-Georg Gadamer, Wahrheit und Methode, 3 erw. Aufl. Erstdruck 1960. (Tübingen: J. C. B. Mohr [Paul Siebeck] 1972), S. 110. Das Problem der Nachahmung kann hier nur gestreift, nicht aber ausführlicher behandelt werden.

19 Augustine Sermo (241.5.5. zitiert bei Heiko Jürgens, Pompa Diaboli: Die Lateinischen Kirchenväter und das Antike Theater. Tübinger Beiträge zur Altertumswissenschaft, Nr. 47. (Stuttgart: Verlag W. Kohlhammer, 1972), S. 246. n. 3.

20 De Consensu Evangelistan 1.33.

21 Tacitus Annalium 14. 20.

22 Juvenal Satires 10. 78-81. Cf. E. K. Chambers, The Medieval Stage, 2 vols. (Oxford: At the Clarendon Press, 1903), 1:22.

23 Henri Stern, Le calendrier de 354, Institut Francais d'Archéologie de Beyrouth. Bibliothéque Archéologique et Historique No. 55 (Paris: Imprimerie Nationale, Librairé Orientaliste Paul Geuthner, 1953), p. 116.

24 Albert Müller, "Das Bühnenwesen in der Zeit von Konstantin d. Gr. bis Justinian," Neue Jahrbücher für das klassische Altertum 23 (1909): 36-37.

25 Ibid., S. 36.

26 Symmachus Relatio 6. R.H. Barrow, Prefect and Emperor: The Relations of Symmachus, A.D. 384 with translation, introduction and notes (Oxford: At the Clarendon Press, 1973), pp. 56-57.

27 Zur Gesamtübersicht siehe besonders Jones, Roman Empire, cf. oben S. 21, n. 1, cf. oben S. 30ff.

28 Hermann Reich, Der Mimus, 1 Bd. in 2 Tl. (Berlin: Weidmann'sche Buchhandlung, 1903), 1. Bd., 1. Tl. Die Theorie des Mimus, S. 1-80. Cf. Heinz Kindermann, Theatergeschichte Europas, 3 Bd. (Salzburg: Otto Müller Verlag, 1957), Bd. 1: Das Theater der Antike und des Mittelalters, S. 129. und Tacitus Annalium 4.14.

29 Symmachus Relatio 3.3. zitiert nach Klein, Viktoriaaltar, S. 100.

30 Ibid., 3.9. Klein, S. 104.

31 Ibid., 3.10. Klein, S. 104-106.

32 Ambrosius Epistula ad Valentinianus 17.1. zitiert nach Klein, Viktoriaaltar, S. 116.

33 Werner Jaeger, Early Christianity and Greek paideia Cambridge: Belknap Press of Harvard University Press, 1961). W. Krause, Die Stellung der frühchristlichen Autoren zur heidnischen Literatur (Wien: Verlag Herder, 1958), S. 7-53. Berthold Altaner und Alfred Stuiber, Patrologie, 7. völlig neubearb. Aufl. (Herder: Freiburg, 1966), S. 43-58, 79-82.

34 Zu den wichtigsten literarischen Zeugnissen dieser Epoche gehören: Klemens von Rom, Der Brief an die Korinther (um 96 n. Chr.); Das Hirtenbuch des Hermas (v. 150 n. Chr.); Barnabas aus Alexandrien, Der Barnabasbrief (um 96-98 n. Chr.); Didache (ca. 140 n. Chr.); Ignatius von Antiochien, Sieben Briefe (110 n. Chr.); Polykarp v. Smyrna, Der Brief an die Phillipper (vor 156 n. Chr.).

35 Cf. Goethe Römische Elegien 4.3-4.

36 Oscar Cullmann, Urchristentum und Gottesdienst (Basel: Verlag von Heinrich Mayer, 1944), S. 42, 46-47; John N.D. Kelly, Early Christian Creeds (London and New York: Longmanns Green and Co., 1950), S. 3.

37 Cf. John Helgeland, "Christians and Military Service" (Ph.D. Dissertation: The University of Chicago, 1972), pp. 109-126; H. Gregorie, J. Moreau, et al., Les Persécutions dans l'empire romain, 2. ed. rev. et augm. Letters et de sciences morals et politiques. Memoires, Academie Royale de Belgique (Bruxelles: Pais des Académies, 1964), pp. 1-22, 78-88; J. Vogt, "Zur Religiösität der Christenverfolger im Römischen Reich," Sitzungsberichte der Heidelberger Akademie der Wissenschaften, Phil. hist. Kl. (Heidelberg: Universitätsverlag C. Winter, 1962), S. 28-30.

38 Zu den soziologischen Konsequenzen und Formationen dieses Dämonenglaubens cf. Ernst Troeltsch, Gesammelte Werke, 1. Bd: Die Sozialllehren der christlichen Kirchen und Gruppen. 2. Neudruck der im Verlag J.C.H. Mohr (Paul

Siebeck) 1922 erschienen Ausgabe (Aalen: Scientia Verlag, 1965), 1-178, bes. S. 99-105.

39 Robert M. Grant, "The Chronology of the Greek Apologists," VC 9 (1955): 25-33.

40 Aristides Apologie 3.13.

41 Justin Martyr, Apology 1.

42 Tatian Oratio contra Graecos 22. Otis C. Edwards, Jr. "Barbarian Philosophy: Tatian and the Greek Paideia" (Ph.D. Dissertation, University of Chicago, 1971), pp. 218-221.

43 Athenagoras Legatio 35.4-5.

44 Theophilus Ad Autocolum 2.36; 3.15.

45 Heinrich Wey, Die Funktion der bösen Geister bei den griechischen Apologeten des zweiten Jahrhunderts nach Christus (Winterthur: P.S. Keller, 1957); A. Kallis, "Griechische Väter" s.v. "Geister" (Dämonen). In Reallexikon für Antike und Christentum, herausgegeben von Theodor Klauser et al. (Stuttgart: Hiersemann Verlags GMBH, 1050-), Vol. 9 (1974-75): 700-15. und P.G. van der Nat, "Apologeten und lateinische Väter, s.v. "Geister" (Dämonen), 9 (1974-75): 715-761. Hiernach zitiert als RAC.

46 Klemens von Alexandrien Mahnrede an die Heiden, 1. Buch.

47 Origenes Contra Celsum 7.69.

48 Ibid., 8.33.

49 Ibid., 8.63.65.

50 Hugo Rahner, "Pompa diaboli: Ein Beitrag zur Bedeutungsgeschichte des Wortes πομπη pompa in der urchristlichen Taufliturgie," ZkTh 55 (1931): 239-273, bes. 255-264.

51 Tertullian Apologeticum 2.13. und 8.5.

52 Ibid., 6.2-3.

53 Ibid., 10.1.

54 De Spectaculis 2.

55 Ibid.

56 Ibid., 3.

57 Ibid.

58 Ibid., 4. Cf. Joseph Köhne, "Die Schrift Tertullians über 'die Schauspiele' in kultur- und religionsgeschichtlicher Beleuchtung," (Ph.D. Dissertation, Breslau, 1929) und Rahner, Pompa, S. 255-64.

59 De Spect. 5-9. Cf. Waszink, "Varro," p. 231.

60 De Spect. 10. Cf. oben S. 30ff.

61 Ibid., 2.

62 Ibid., 29.

63 Cf. E. Nöldechen, "Tertullian und das Theater," ZfkT 15 (1895): 161-203 und "Tertullian und das Spielwesen," ZfwT 37 (1894): 91-125.

64 De Idololatria 1.

65 De Spectaculis 6.

66 Adversus Marcium 4.9. Cf. 1 Cor. 5-6; Ga 5:21; 1 John 5:16-17.

67 De Puditia 19.

68 De Baptismo 18.

69 De Paenetentia 6. (Cf. hierzu die Erlasse der Synode 'de lapsis' in 254 n. Chr.)

70 Cf. oben S. 30 ff und Rahner, 'pompa' S. 255-64.

71 Cf. oben S. 21-22.

72 Cf. unten 2. Kapitel.

73 Gibbons Kritik in dieser Hinsicht lautet folgendermassen: "... The ties of blood and friendship were frequently torn asunder by the difference of religious faith; and the Christians, who, in this world, found themselves oppressed by the power of the Pagans, were sometimes seduced by resentment and spiritual pride to delight in the prospect of their future triumph. "You are fond of spectacles," exclaims the stern Tertullian, "except the greatest of all spectacles, the last and eternal judgement of the universe. How shall I admire, how laugh, how rejoice, how excult, when I behold so many proud monarchs, and fancied gods, groaning in the lowest abyss of darkness; so many magistrates, who persecuted the name of the Lord, liquefying in fiercer fires when they ever kindled against the Christians; so many sage philosophers blushing in redhot flames with their deluded scholars; so many celebrated poets trembling before the tribunal, not of Minos, but of Christ; so many tragedians, more tuneful in the expression of their own sufferings; so many ..." But the humanity of the reader will permit me to draw over the rest of this infernal description, which the zealous African pursues in a long variety of affected and unfeeling witticism. (De Spect. 30). Edward Gibbon, The Decline and Fall of the Roman Empire, 2 vols. (London: W. Strahan and T. Cadel, 1776-88 in 6 vols. New York: The Modern Library, n.d.), Vol. 1: 15.406-407. Cf. E.K. Chambers, The Medieval Stage, 2 vols. (Oxford: At the Clarendon Press, 1903), 1:22. Obgleich beide Werke in ihrer Auffassung überholt sind, sind sie wegen ihres reichen Quellenmaterials unentbehrliche Hilfsmittel.

74 Cyprian Epistola 1.7-16.

75 Ps. Cyprian (Novatian) De spectaculis, 4.

76 Ibid., 9.

77 Cf. hierzu besonders Helgeland, "Christians and Military Service," pp. 87-135. Vogt, Religiösität der Christenverfolger, S. 28-30; Gregoire, Moreau, et al., Persécutions, pp. 1-22, 78-88; C.E. Brand, Roman Military Law (Austin: University of Texas Press, 1968), pp. 83-98, 91-109.

78 Arnobius Adversus Nationes 4.35.

79 Ibid., 4.46.

80 Lanctantius Divinae Institutiones 6.20.

81 Cf. 2. Kapitel.

82 Cf. oben S. 22,23-26; und R.R.L. Brown, "Aspects of the Christianization of the Roman Aristocracy," The Journal of Roman Studies, 51 (1961): 1-11.

83 Ambrosius Expos. ps. 118. 5.28.

84 Prudentius Peristephanon 10, 216-226.

85 Augustinus De Civitate Dei 1.32-33.

86 Confessiones 1.10; 3.2; 4.1,2,3,4; 10,35.

87 De Civitate 2.4.

88 De Consensu Evangelistan 1.33.

89 De Civitate Dei 2.11,13.

90 De Doctrian Christiana 2.3.(4).

91 Cf. unten S. unten 143ff.

92 Salvianus De Gubernatione Dei 6.11.

93 Sidonius Carmina 23.40.

94 Vitae Sanctorum Honorati et Hilarii, Episcoporum Arelatensium, edited by Samuel Cavallin. Skrifter Utgivna av Vetenskaps-Societeten Lund 40 (Publications of the New Society of Letters at Lund). (Lund: C.W.K. Gleerup, 1952), 10.12. p. 97. Cf. Jürgens, Pompa, S. 204.

95 Caesarius de Arles Sermones 61.3.

96 Cassiodorus Variarum 7.10.

97 Ibid.

98 Isidor de Seville Etymologiarum. 18.42.

99 Ibid. 18:43.

100 Ibid., 18.59.

101 Cyrill de Jerusalem Catechesis 19 (1.6).

102 Sozomenus Ecclesiastical History 4.25.

103 Gregorius von Nazianzen, Orationes 2.84.

104 Gregorius von Nyssa, Epistola 9.

105 Johannes Chrysostomus.

106 Ibid., p. 1.

107 Ibid., siehe dazu Georgios J. Theodaris, "Beiträge zur Geschichte des Byzantinischen Profantheaters im 4. und 5. Jahrhundert, hauptsächlich auf Grund der Predigten des Johannes Chrysostomus, Patriarchen von Konstantinopel." (Ph.D. Dissertation, München, 1942).

108 siehe unten, S. 79-80.

109 The Liturgical Homilies of Narsai, translated from the Syriac by Dom H.R. Connolly with an Appendix by Edmund Bishop. Texts and Studies 8.1. (Cambridge: At the University Press, 1909), pp. 37-38.

110 siehe unten S. 80.

111 C. Moss, "Jacob of Serugh's Homelies on the Spectacles of the Theater," Le Muséon. Revue d'Etudes Orientales 48 (1935): 87-112.

112 Ibid., pp. 103-104.

113 Ibid.

114 Ibid., pp. 105-106.

115 Ibid., pp. 107-108.

116 Ibid., p.

117 Ibid., pp. 105-106.

118 siehe unten S. 69-80.

119 J.D. Mansi, Sacrorum Conciliorum Nova et Amplissima Collectio. 60 vols. (Paris: 1899-1927), Vol. 2: 5-6. Hiernach zitiert: Mansi, und Carl Joseph von Hefele und Henri Leclercq, Histoire des Conciles. Nov. trad. corrige et augm. 11 vols. (Paris: Letouzey et Ané, 1908-52), Vol. 1, Part 1: 212-264. Hiernach zitiert: Hefele-Leclercq.

120 Mansi. 1: Hefele-Leclercq, 1.1.: 195-206.

121 Ibid., 2: 471; ibid., 1.1: 275-83.

122 Ibid., 2: 779: Ibid., 1.1: 335-632.

123 Ibid., 2: 582; ibid., 1.2: 989-1028.

124 Ibid., 3: 767; ibid., 2.1: 125-26.

125 Ibid., 4: 427; ibid., 2.1.: 190-96.

126 Mansi 1: 367; ibid., 1.2: 1047-1070.

127 Mansi, 1: 370.

128 Ibid., 371.

129 Ibid.
130 Ibid.
131 siehe 4. Kapitel S. 137.

II. KAPITEL

DIE LITURGISCHE TRADITION[1]

DIE BEDEUTUNG DER LITURGIE

Der Begriff der Liturgie wird in der folgenden Untersuchung von drei Gesichtspunkten aus umrissen, und zwar: als öffentlicher gottesdienstlicher Akt, als Bildungsmittel und als Literatur.

Die Liturgie als gottesdienstlicher Akt

Das Wort Liturgie (λειτουργια) ist griechischen Ursprungs und man verstand darunter im allgemeinen sowohl einen öffentlichen Dienst, der zum Wohle der griechischen Polis verrichtet wurde, sei es auf dem Gebiet der Bildung, der Unterhaltung oder des Kriegsdienstes, als auch einen religiös-rituellen Akt.[2] Bei den hellenistischen Juden wurde dieser Begriff bei der Uebersetzung der Septuagint übernommen, erfuhr von dort eine Umwandlung und hatte im theokratischen Staate Israels fast ausschliesslich gottesdienstliche Bedeutung, d.h., die Liturgie wurde zu einem öffentlichen Akt zur Ehre Yahwehs.[3] Liturgie muss jedoch beim israelitischen Volk auch in enger Verbindung mit dem Begriff der Ekklesia (ἐκκλησια) gesehen werden, denn während dieser Terminus sich bei den Griechen auf eine bestimmte, einberufene Volksversammlung politisch-demokratischen Charakters bezog, wandelte sich dieser Ausdruck bei den Juden in ausschliesslich gottesdienstliche Bedeutung um.[4] Liturgie und Ekklesia so verstanden, umfasste das ganze Leben des Volkes in seinen religiösen, kulturellen, sozialen und politischen Dimensionen.[5]

Die Liturgie als Bildungsmittel

Da die gottesdienstlichen Versammlungen der jungen Kirche mit Taufe und Verkündigung der Lehre verbunden waren, hat die Liturgie von Anfang an Bildungsfunktion gehabt. Die Erklärungen des primitiven Kerygmas waren zunächst auf das Gebet des Herrn, auf Glaubenssatz und Bekenntnis beschränkt.[6] Mit der Ausbreitung des Christentums, Vertiefung des Glaubens und Entwicklung von Erkenntnistheorien wurde die Bildungsfunktion der Kirche umfassender. Ein bedeutendes Instrument blieb dabei, insbesondere bei der kulturellen Umformung, die Liturgie.[7]

Die Liturgie als Literatur

Mit dem Christentum begann sich eine neue Weltanschauung zu bilden, die natürlicherweise auch literarisch und aesthetisch nach Ausdruck suchte. Die Fülle der frühchristlichen Literatur in ihren verschiedenen Gattungen gibt Zeugnis von dieser neuen Anschauung und Vorstellungsweise. Die Liturgie ist dabei als besondere literarische Gattung zu werten, [8] wo der biblische Stoff, die Lehre Christi und die sich daraus entwickelnde Heilslehre, in dramatischer Darstellung objektive Gestalt annimmt. In diesem Abschnitt haben wir uns die Aufgabe gestellt, in einem Querschnitt von liturgischen Texten besonders die dramatische Seite der Liturgie herauszuarbeiten.

DIE LITURGIE IN CHRONOLOGISCHER SICHT

Die jüdische Tradition

Die christliche Liturgie hat ihre Wurzeln in der jüdischen Tradition und hat deren fundamentale Bestandteile übernommen. Die jüdische Synaxis bestand aus Lesungen des Alten Testamentes, Exegesis, Psalmen und Gebeten. Der Schriftauslegung kam dabei besondere Bedeutung zu.[9] In dieser gottesdienstlichen Ordnung wurde zwischen Tempel-Synagogen- und Familienliturgie unterschieden.[10] Jesus lehrte täglich in den Synagogen und betete im Tempel.[11] Das Fest des Ungesäuerten Brotes war in erster Linie eine Familienliturgie, die in Häusern gefeiert wurde.[12] In dieser traditionellen Liturgie, bei der Einsetzung des ersten liturgischen Aktes während des Letzten Abendmahls, sprach Jesus die Worte des Neuen Bundes, die gleichzeitig das Versprechen eines himmlischen Gastmahls, und einer neuen Wirklichkeit, in sich bargen.[13] Nach der Passion und Auferstehung Christi wurde das Brotbrechen zum Sinnbild der Auferstehung in der christlichen Urgemeinde,[14] woraus sich eine neue Dimension der urchristlichen Liturgie ergab. Nach dem Pfingstfest wurden dann auch die Taufe und die Predigt zum wesentlichen Bestandteil der gottesdienstlichen Zusammenkünfte.[15]

Mit diesen neuen Formen war die traditionelle Liturgie gesprengt, und die christliche Gemeinde begann sich langsam von dem jüdischen Synagogen- und Tempeldienst abzusondern. Eine weitere Einführung war die Verlegung des Gottesdienstes vom Sabbat auf den Sonntag oder Herrentag, da er den Auferstehungstag Christi bedeutete. Auferstehungsfreude, Danksagung, und eschatologisches Erwarten, die besonders durch das Buch der Offenbarung bezeugt sind,[16] kennzeichnen diese neue Liturgie besonders. Nach der Ausbreitung des Christentums, der Bekehrung des Paulus, Einbezug der Heiden in das Kerygma und der Zerstörung Jerusalems, formen sich nach und nach selbständige christliche Gemeinden im Römischen Reich, deren Liturgie sich allmählich strukturmässig festigte und sich in sichtbarer Form sowohl vom jüdischen Gottesdienst, als auch von den römischen Staatskulten und anderen Kultmysterien unterschied. Obwohl Synaxis und Opfermahl zu den gefestigten Kernen der christlichen Liturgie gehörten, blieb der Gesamtaufbau beweglich genug, um neue Kulturformen und Anschauungsweisen zu assimilieren.

Liturgische Quellen bis zum zweiten Jahrundert n. Chr.

Verstreute Spuren über liturgische Zusammenkünfte finden sich neben dem Neuen Testament auch in anderen frühchristlichen Schriften.[17] Ein nichtchristliches Zeugnis ist in einem Brief des Plinius an Kaiser Hadrian erhalten, worin die Zusammenkünfte der christlichen Sekte erwähnt werden.[18] Die 'Didache' (ca. 140 n. Chr.) kann als erstes liturgisches Dokument bezeichnet werden. Sie gewährt Einblick in die Liturgie um die Hälfte des zweiten Jahrhunderts, die sich einerseits noch sehr an jüdisches Brauchtum lehnt, andererseits aber bereits syrische Sitten einbezieht und auf eine ländliche Umgebung hinweist.[19] Dagegen beginnt sich mit

Justin Martyrs 'Apologie' (ca. 141-161) ein erstes liturgisches Schema abzuzeichnen, wo Aufschluss über regelmässige Sonntagsversammlungen gegeben wird. Justin polemisiert auch gegen die Irrtümer der analogen Mysterienkulte des Mithra, was auf Begegnung und Auseinandersetzung mit diesen Kulten hinweist.[20] Bei Irenäus von Lyons (202) erhält die Liturgie in 'Adversus Haereses' bereits kosmisch-universale Konturen, was den Rahmen des engen Gemeinschaftszirkels zu sprengen beginnt.[21] Bei Klemens von Alexandrien erhält die Liturgie eine Bedeutungserweiterung im Sinne eines grossen Mysteriums, und er lädt die Bevölkerung des grossen Kulturzentrums von Alexandrien ein, die Gesänge und Mysterien der Maenaden zu verlassen und den christlichen Mysterienfeiern beizuwohnen.[22]

Mit dem zweiten Jahrhundert beginnt sich allmählich eine gewisse Struktur mit Lokalkolorit wie in der syrischen 'Didache' herauszubilden. Ebenso erfährt die Liturgie eine Begriffserweiterung im Sinne eines Mysteriums wie bei Justin und Klemens von Alexandrien und einer Universalvorstellung wie bei Irenäus von Lyons.

Die Liturgie des dritten Jahrhunderts n. Chr.

Die Kirchenordnungen

Im dritten Jahrhundert lebte die Kirche nicht mehr in unmittelbarer Erinnerung an das Leben Jesu oder in eschatologischer Erwartung, sondern sie wurde sich ihrer Apostolischen Tradition immer mehr bewusst. In dieser Zeit entstanden die Kirchenordnungen, eine literarische Gattung, deren Anfänge bereits in der 'Didache' manifestiert zu sein scheinen. Sie sind syrischen Ursprungs, und die östliche Kirche bleibt auch ihr fruchtbarster Boden. Ihr fantasiehafter Pseudo-Ursprung geht auf die Apostel selbst zurück.[23] In ihrer Form sind sie eine Art von Pastoral-Handbuch, das hauptsächlich Richtlinien für das christliche Gemeinschaftsleben enthält, das sich deutlich von jüdischen und heidnischen Versammlungen unterscheidet. Mit diesen Ordnungen beginnt sich eigentlich zuerst ein öffentliches Selbst- und Gemeinschaftsbewusstsein abzuzeichnen.

'Die Apostolische Tradition des Hippolytus', Presbyter von Rom (ca. 217 n. Chr.) stellt die erste vollständige Form dieser Gattung dar. Hippolytus scheint der erste Schriftsteller zu sein, der ein vollständiges Bild über den Ritus der Kirche zu Anfang des dritten Jahrhunderts gibt, wobei er sich besonders auf die Tradition der Apostel beruft. Die liturgischen Formen, die hier behandelt werden, sind beweglich und nicht fixiert. Sie enthalten auch Anweisungen, wie sich die Kirche Schauspielern gegenüber verhalten soll. Diese müssen entweder dem Gottesdienst fernbleiben oder ihren Beruf aufgeben.[24] Um etwa 250 n. Chr. erscheint die syrische 'Didaskalia Apostolorum'. Dieses Werk erhebt den fiktiven Anspruch, direkt aus den Händen der Apostel selbst zu kommen. Hier wird besonders ausführlich gegen das Theater polemisiert, und die Dialektik der beiden Gemeinschaften, der heidnisch-römischen einerseits, und der christlichen andererseits, wird greifbar deutlich.[25] Im 'Testament des Herrn' (etwa 350 n. Chr.) handelt es sich um Anweisungen, die Christus seinen Aposteln zwischen der Zeit der Auferstehung und der Himmelfahrt selbst gegeben haben soll. Auch diese angeblichen Verordnungen des Auferstandenen selbst verbieten den götzendienstlichen Theaterbesuch.[26] Die 'Statua Ecclesia Antiqua (ca. 389)' sind ein Produkt syrischen Charakters der gallischen Kirche. Neophyten wird auch hier die Teilnahme am Theater verboten.[27] Den Abschluss dieser Gattung bilden die Kompilationen der 'Apostolischen Konstitutionen' (ca. 380), wo die Fäden der verschiedenen Ordnungen zusammenzulaufen scheinen. Sie ist syrischen Ursprungs und beansprucht dem ersten, apostolischen Konzil von Jerusalem zu entstammen. Diese Kompilationen weisen sehr wahrscheinlich auch auf einen älteren liturgischen Brauch, worauf besonders die im 8. Buch enthaltene Klemensliturgie schliessen lässt.[28]

Mit den 'Kirchenordnungen' und ihrer artverwandten 'Apostolischen Tradition' bereitet sich vor unseren Augen eine allmähliche Struktur, Systematik, sowie Ausweitung eines organisierten öffentlichen Kirchenlebens aus, das sich in den folgenden Jahrhunderten in reicheren liturgischen Formen manifestieren wird.

Die Liturgie im vierten und fünften Jahrhundert

Konstantins Bekehrung zum Christentum brachte für das vierte Jahrhundert eine Wendung des christlichen Lebens, durch die die Kirche, eine bis dahin unterdrückte und verfolgte Sekte, als öffentliche Institution anerkannt wurde.[29] Sie fand sich hiermit aber auch offiziell in einer Kultur akzeptiert, die sie wegen 'idololatria' im Prinzip nicht bejahen konnte. Durch das Errichten von Basiliken- und Kirchenbauten war nicht nur ein räumliches Sichtbarwerden gewährleistet,[30] sondern es fand sich mit ihnen auch ein Gegenüber zu römischen Tempel- und Theaterbauten.[31] Wie bedeutend diese räumlichen Manifestierungen im gesamten Konflikt innerhalb des römischen Reiches waren, lässt der Streit um den Viktoriaaltar,[32] sowie die Zerstörung heidnischer Tempel und Theater durch die Kirche einerseits, und christlicher Kirchen durch die Römer andererseits, erkennen. Diese ständige Spannung zwischen heidnisch-römischen, und christlichen Ausdrucksformen führte zu einem langsamen und dynamischen Umformungsprozess, der bis tief in die Symbolstrukturen griff und besonders bei den Massenzuführungen von langer und allmählicher Dauer gewesen sein wird.[33] Mit diesen äusseren Manifestierungen der architektonischen, kirchlichen Kunst, waren die objektiven Formen der liturgisch-dramatischen Darstellungen verbunden, die Ausdruck der wahren Schönheit, der Schöpfung des Schöpfers, im Gegensatz zu den heidnischen Perversionen und dem lügenhaften Pomp des dämonischen Kultes, wie es die Kirchenväter nannten, sein sollten. Da die Bischöfe und Kirchenlehrer selbst aus dieser heidnischen Kultur kamen, spielten sie bei der Durchführung des christlichen Bildungsprogramms eine entscheidende Rolle. Hierbei blieb die Liturgie, da sie besonders adaptionsfähig war, ein wertvolles Lehrinstrument. Baumstark hat besonders auf dieses Gesetz der Adaptionsfähigkeit hingewiesen. Er führt aus:

> It seems to be the nature of the liturgy to relate itself to the concrete situation of times and places ... We should expect a priori analogous relations between the evolution of the Christian liturgy and the forms of the ancient cults. [34]

Eine solche Wandlungsfähigkeit setzt Dynamik und Beweglichkeit voraus, die nicht zur Preisgabe der eigenen Werte, sondern eher zu ihrer tieferen Erkenntnis führen kann.

Die Liturgiewissenschaft[35] unterscheidet im allgemeinen zwischen einer grundlegenden Einheit aller liturgischen Familien, die auf der Grundstruktur der Synaxis und Eucharistiefeier beruht, sowie zwischen Improvisationen und Variationen, die sich um diese Einheit gruppieren und dem Gesamtaufbau eine gewisse Beweglichkeit geben. Eine solche Beweglichkeit schafft Raum zur schöpferischen Gestaltung der verschiedensten Vorstellungsweisen, und die Liturgie kann sich dadurch einerseits zur Darstellungsform entfalten und andererseits zu einem wirksamen Zentrum der christlichen Lehre werden.

DIE LITURGISCHEN ZENTREN

Seit dem vierten Jahrhundert weisen reiche Dokumentationen auf ein aktives, sich in mannigfaltigen Formen ausprägendes Leben. Sachkundige[36] haben versucht, diese Fälle in vier grosse Familien, jeweils vier Zentren zugeordnet, einzuteilen, und zwar mit Antiochien und Alexandrien im Osten, Gallien und Rom im Westen der Kirche. Dieser Rahmen, ohne dabei die einflussreichen Zentren von Edessa und Nisibiss gleichrangig zu behandeln, scheint jedoch, besonders im Lichte neuerer Forschungsergebnisse[37] zu eng gehalten. Sie sollen darum in dieser Arbeit als gleichwertige Zentren betrachtet werden.

Die östliche Kirche

Von besonderer Bedeutung ist für uns zunächst die 'syrische' Kirche, mit Jerusalem und Antiochien im westlichen, sowie Persien und Mesopotanien[38] mit Edessa und Nisibiss im östlichen Teil Syriens, denn hier lässt sich besonders frühzeitig die fantasiereiche Gestaltung der Liturgie, besonders auch ihrer dramatischen Darstellungformen, erfassen. 'Alexandrien', das grosse Bildungs- und Kulturzentrum Kleinasiens, wo sich besonders Strömungen des Hellenism, Judaismus und des Christentums trafen, war der Mittelpunkt der äyptischen Liturgie, die in ihrer Definition auch jeweils die ethiopische und zum Teil die griechische Liturgie umfasst.[39] Von Alexandrien ging sowohl der Impetus des Neuplatonismus, als auch der allegorischen Exegese aus, die auch später in den Ausdrucksformen der Liturgie assimiliert wurden.[40] Die 'Byzantinische' Liturgie von Konstantinopel und Ravenna steht zwischen den verschiedensten Strömungen, und sie kann deshalb von Anfang als Mischliturgie bezeichnet werden. Der Einfluss Syriens scheint zunächst am grössten, da besonders Kirchenlehrer wie Chrysostomus, Nestorius und Gregory von Nazianzen dem Patriarchat von Konstantinopel vorstanden.[41] Jerusalem hatte als führendes Pietätszentrum grossen Einfluss auf die Byzantinische Liturgie von Konstantinopel, dem "zweiten Rom" im östlichen Teil der Kirche.

Die dramatische Gestaltung der Liturgie

Eine Querschnittsuntersuchung liturgischer Texte der verschiedensten literarischen Gattungen, weist vom vierten Jahrhundert an auf eine Fülle dramatischer Evidenz, die sich um das Thema der Menschwerdung und des Lebens Christi einerseits, und um die Passion und Auferstehung andererseits gruppierte. Strukturmässig bedeutet das, dass sowohl die Synaxis der Katechumenenmesse, als auch der Opferungsteil des eucharistischen Mysteriums dramatisch zum Ausdruck kommen. Die literarische Gattung der 'Mystagogischen Katechesen,[42] die ihre dramatisch bildlichen Erklärungen um die Taufe und Eucharistie konzentrieren, bestätigen eine solche Entwicklung. Auch die erklärenden Briefe und Predigten sind Zeugnis eines solchen

Aufbaus. Bei den nun folgenden Untersuchungen sollten wir uns vor Augen halten, dass diese neuen schöpferischen Ausdrucksformen nicht in einem Vakuum, sondern in einer Konfliktssituation mit 'idololatria' entstanden sind.[43]

Jerusalem

Im vierten Jahrhundert war Jerusalem als Stätte der historischen Ereignisse der Leidensgeschichte und der Auferstehung zum christlichen Pietätszentrum geworden, wo sich die Liturgie zu rememorativen Darstellungen besonders während der Leidenswoche ausweitete,[44] wo sich aber auch, wie Dix besonders hervorgehoben hat,[45] eine gefestigte liturgische Struktur entwickelte. Sowohl die Struktur, als auch die erhöhte Dramatisierung lassen sich aus den nun folgenden Dokumenten erfassen:

Kyrillus von Jerusalem (315-386 n. Chr.)

Die 'Mystagogischen Katechesen' (348 n. Chr.) des Bischofs von Jerusalem sind Erklärungen des Mysteriums der Taufe und Eucharistie in einer strukturmässig aufgebauten Liturgie. Die Absage des teuflischen Theaterpomps[46] gehört wesentlich zur Einführung in das durch die Taufe entstehende neue Weltbild. Ein kosmologisches Bild mit Hinweis auf die allegorische Exegese verraten[47] den Einfluss der Schule Alexandriens und deuten daraufhin, dass sich philosophisch-theologische Strömungen auch mit der Liturgie in Jerusalem blenden.

Peregrinatio Aetheria (389)

Ein besonders aufschlussreiches Zeugnis der dramatischen Liturgie von Jerusalem ist der Bericht einer gallikanischen Pilgerin, die ihre Beobachtungen während der Leidenswoche schildert. In dem nun folgenden Text wird die Darstellung des Einzugs in Jerusalem am Palmsonntag beschrieben:

> Hora ergo septima omnis populus ascendet in monte Oliveti, id est Elona, in ecclesia; sedet episcopus, dicuntur ymni et antiphonae apte diei ipsi vel loco, lectiones etiam similiter. ... Et iam cum coeperit esse hora undecima, legitur ille locus de evangelio, ubi infantes cum ramis vel palmis occurrerunt Domino dicentes: "Benedictus, qui venit in nomine Domini." Et statim levat se episcopus et omnis populus, porro inde de summo monte Oliveti totum pedibus itur. Nam totus populus ante ipsum cum ymnis vel antiphonis respondentes semper: "Benedictus, qui venit in nomine Domini." Et quotquot sunt infantes in hisdem locis, usque etiam qui pedibus ambulare non possunt, quia teneri sunt, in collo

illos parentes sui tenent, omnes ramos tenentes alii palmarum, alii olivarum et si deducetur episcopus in eo typo, quo tunc Dominus deductus est. [48]

Diese Dramatisierung des Einzugs in Jerusalem am Palmsonntag an der historischen Stätte selbst, die Pilger aus aller Welt einschliesst, wird später in den Strukturaufbau der verschiedenen Liturgien, besonders der Byzantinischen, übernommen. Auch die historischen Stätten selbst erscheinen in allegorisierter-dramatischer Form ausserhalb Jerusalem wieder.

Antiochien

Die Liturgie dieses Zentrums lässt sich zum Teil aus den Predigten des Kirchenlehrers Chrysostomus erfassen. [49] Besonders interessant für unsere Untersuchung ist die Predigt 'In villud vidi Domini', wo Chrysostomus die Theatermanieren während des Gottesdienstes kritisiert. Auf der anderen Seite stellt die Beschreibung ein Gegenbild zur Dramatisierung Jerusalems dar, das will heissen, dass die Liturgie selbst von den Gläubigen in Antiochien dramatisch oder besser theatralisch aufgefasst wurde.

Chrysostomus

Dieser Kirchenvater gibt folgende Beschreibung:

> ... quam lymphati, toto corpore tumultuantes ac circumacti, moresque prae se ferentes a spirituali statione alienos. Miser et infelix! ... tu vero minorum et saltatorum mores huc inducis, dum indecenter manus jactas, pedibus subsultas, totoque circumageris corpore. ... Non cogitas ipsum hic invisibiliter adesse Dominum, ... non cogitas verum tu ista quoniam ista quoniam ea quae in theatris audiuntur, quaeque spectantur, mentem tuam obscurarunt: et ideo quae illic geruntur in Ecclesia ritus inducis ... Quomodo igitur audes angelorum Deus glorificantium hymnis daemonum admiscere ludicra? [50]

Diese lebhafte Schilderung deutet an, dass die Vorstellung und das Erlebnis eines römischen Theaters tief im Bewusstsein der Bevölkerung wurzeln musste, und von den neu zugeführten Katechumenen auf die christliche Liturgie übertragen wurde. Nach solchen Aeusserungen zu folgern, musste die Liturgie selbst aber auch dem Theater und seinen Aufführungen gleichen. Chrysostomus entwirft aber gleichzeitig eine Welt der wahren Schönheit, die, wie der Jubel der Engel zu reinen Freudenausdrücken, und nicht zu ungefügigen Theatermanieren, die der Welt der Dämonen angehören, führen soll. [51]

Alexandrien

Die gekürzte Liturgie[52] des Kappadokiers Basileios des Grossen (325-375 n. Chr.) gehört zur späteren Grundlage der Byzantinischen Mischliturgie. Sie ist besonders aufschlussreich, da im Aufbau dieser Liturgie bereits neue räumliche und zeitliche Dimensionen fassbar werden, die sowohl den neuplatonischen Kosmos (des Plotinus) widerspiegeln, als auch ein Gegenbild des römischen Universalreiches darstellen.

Basileios der Grosse eröffnet die Liturgie mit einem Lobpreis auf den Allherrscher des Universums, der sich in ständig wiederholender Weise durch die ganze Liturgie zieht wie folgt:

> Te glorificamus, opifex et rex omnium, et adoremus ineffabile et venerandum nomen tuum ... Iterum precemur omnipotentem et misericordem Deum, Patrem Domini, Dei et Salvatoris nostri Jesu Christi. ... Mento Domine pacis, sanctae, unius catholicae et apostolicae tuae Ecclesiae. ... Memento, Domine ... patriarchae magnae urbis Alexandriae. Domine, quies, Deus, veritatis existens ante saecula et regnans in saecula ...[53]

Diese räumlichen und zeitlichen Dimensionen, die gleichzeitig Einbruch des Raum- und Zeitlosen sind, umreissen den liturgischen Hintergrund und verdienen unsere Aufmerksamkeit, da sie sich später zum wesentlichen Bestandteil des liturgischen Dramas herausbilden, und sowohl in den architektonischen Anlagen der Basiliken, als auch in den liturgischen Darstellungsformen selbst zum Ausdruck kommen. Es ist zum Teil ein Gegenbild der römischen Universalvorstellung, wie es sich sowohl bei Symmachus, als auch bei Ambrosius abgezeichnet hatte.

Edessa und Nisibis

gehören zu den bedeutendsten und einflussreichsten Zentren Ostsyriens oder der östlichen Kirche überhaupt. Von hier ging der Impetus der Theologie, Askese und die schöpferische Fülle der christlichen Literatur aus.[54]

Tatian (d. ca. 180)

War Jerusalem als Stätte der historischen Wirklichkeiten der besondere Ausgangspunkt einer Dramatisierung der eigentlichen Begebenheiten des Lebens Jesu, besonders der Leidenswoche gewesen, so scheint Tatians 'Diatessaron' (ca. 170)[55] von grossem Einfluss auf die dichterische und dramatische Gestaltung des biblischen Stoffes zunächst in Syrien gewesen zu sein. Syrien hatte ein von Tatians 'Evangelienharmonie' beeinflusstes, ausgedehntes Perikopensystem, das in seinem mehrgliederigen Aufbau auch nicht-evangelische Einschiebungen erlaubte.[56] Ein solcher Aufbau liess von sich aus genügend Raum zur schöpferischen Gestaltung. Die hymnusartige Predigt, die sich dem gesamten Aufbau der dramatischen Liturgie fügte, war dabei von besonderer Bedeutung.[57] Nach Tatian war Ephrem von grossem Einfluss.

Ephrem der Syrer[58]

Er war Diakon und Kirchenlehrer und seine Werke waren, bis auf Theodore von Mopsuestia, normative für die Schule von Edessa. Er war einer der phantasiereichsten christlichen Dichter, der das Leben Jesu künstlerisch ausmalte und gestaltete. Seine Hymnenpredigten sind ein besonderes Beispiel dafür. Besonders wesentlich für unsere Untersuchung ist sein 'Kommentar zu Tatians Diatessaron'.[59] Auf meiner Suche nach der dramatischen Figur des Joseph von Arimathäa, verbunden mit der Grablegungsszene, die besonders später bei Amalarius von Metz hervorsticht, stiess ich auf folgenden Text bei Ephrem:

> Maria per Evam, (et) Joseph per Josephum (celebratur). Nam et illius qui "petiit cadaver eius" (sc. Domini) Joseph nomen erat. Et ille prior (tam) "iustus fuit ut non traduceret" Mariam, et alter iterum "iustus" (erat), quia "non consensit dectratoribus." ut manifestum fieret (Dominum) illi numini cui commissus erat prius, cum nasceretur, iterum concessisse ut involveret eum, dum mortuus (esset), ut acciperet (hoc nomen) mercedem perfectam, quia ministraverat nativitatem eius (sc. Domini) in specu, et cadaver eius in sepulcro.[60]

Ephrem scheint hier in dichterischer Gestaltung eine Gegenfigur zu Joseph, dem Vater Jesu, zu schaffen, und damit Tod und Geburt durch zwei gleichnamige männliche Figuren zu verbinden. Während das Verkündigungsthema mit Maria, Engel und Joseph dramatisch oft während der Synaxis in Verbindung mit der Predigt besonders in der Byzantinischen Liturgie zur Darstellung kam,[61] wurde die Grablegung im Garten von Joseph von Arimathäa in immer neuen Visionen und Varianten während der Opferhandlung gestaltet. Dadurch wurde die Figur des Joseph von Arimathäa aber auch ein Bindeglied zur Geburt der Auferstehung, und erhält von daher ihre bsondere Bedeutung.

Die Grablegungsszene entwickelt sich zu einem immer komplizierteren 'topos' der gesamten Passion und gehört neben der Positionssymbolik und Vergegenwärtigung des Letzten Abendmahles zu den frühesten Darstellungen des liturgischen Dramas, was anhand der nun folgenden Belege gezeigt werden soll.

Die Klemensliturgie

Es wurde bereits darauf hingewiesen, dass die 'Apostolischen Konstitutionen' (ca. 380)[62] syrischen Ursprung sind. In der Klemensliturgie dieser Kompilation werden in deutlichen Anweisungen Opfergang und Eucharistie verbunden, wobei besonders die 'Positionssymbolik' das Letzte Abendmahl vergegenwärtigt:

> Let the deacons bring the gifts to the bishops at the altar, and let the Presbyter stand on his right and his left, as disciples assisting their master. Let two deacons on each side of the altar hold a fan of thin membranes or of peacock feathers or of linen and slowly drive alway little insects flying around that they may not fall into the cups.[63]

In dieser Konstellation des Abendmahls personifiziert der Zelebrant Christus, und die neben ihm stehenden Priester stellen die Apostel dar. Die von den Diakonen gehaltenen 'Fächer' aus Linnen oder Pfaufedern, scheinen hier wesentliche einem praktischen Zweck zu dienen, und zum Wegtreiben von Insekten bestimmt zu sein.

Die Persische Anaphora

Im 'Fragment der Persischen Anaphora' stellen sie dagegen Engelsflügel dar und deuten gleichzeitig eine geistige Ordnung an:

> ... and the bishops shall stand at the altar, and the deacons shall be around him and shall fan with fans and linen like the wings of the cherubim and the presbyter standing with him and so the whole clergy in their order.[64]

Hier werden die von Diakonen gehaltenen 'Fächer' zu Cherubflügeln, diese Haltung deutet gleichzeitig die Verbindung von Diakonen und Engeln an. Die Fächer könnten sich auch auf ein Abbild des Cherubs, wie er am jüdischen Altar dargestellt ist, beziehen.[65] Die 'Positionssymbolik' des Letzten Abendmahles wird hier in der 'Persischen Anaphora' bereits doppelschichtig, da sie ebenfalls eine hierarchische Ordnung impliziert und auch eine geistige Hierarchie in Verbindung mit den Engelsflügeln darstellen könnte.[66]

In einem Brief des 'Isidor von Pelusium' (360-440 n. Chr.) 'Explicatio ecclesiasticae initiationis' findet sich eine spezifische Beschreibung der Grablegungsszene mit bestimmter dramatischer Bedeutung des linnenen Altartuchs und der Figur des Joseph von Arimathäa. Es heisst hier:

> Pura illa sindon, quae sub divinorum donorum ministerio expansa est, Joseph Arimathensis est minsterium. Ut enim ille Domini corpus sindone involutum sepulturae mandavit, per quod universum mortalium

> genus resurrectionem percepit eodem modo nos propositionis panem in
> sindone sancticicantes, Christi corpus sine dubitatione reperimus, illam
> nobis immortalitatem fontis in modum proferens, quam Salvator Jesus,
> a Josepho funere elatus, posteaquam a morte ad vitam rediit, largitus
> est.[67]

Hieraus geht hervor, dass das weisse Linnentuch, 'sindon' oder 'Korporale', das Leichentuch Christi darstellend, und die Figur von Joseph von Arimathäa zu den besonderen Darstellungsformen gehören, die zur Auferstehung überleiten und von hier ihre dramatische Bedeutung erhalten.

Nach diesen drei literarischen Zeugnissen, die den öffentlichen Brauch der Liturgie des vierten Jahrhunderts beschreiben, gehören Personifizierung Christi und der Apostel, die 'Positionssymbolik' des Letzten Abendmahles einer hierarchischen Ordnung, engelsflügeldarstellende 'Fächer', das weisse linnene Altartuch ('sindone'), das Leichentuch Christi symbolisierend, sowie die Figur des 'Joseph von Arimathäa' zu den dramatischen Darstellungsmitteln. Bei Theodore von Mopsuestia und Narsai werden die Konstellationen komplizierter und vielschichtiger.

Theodore von Mopsuestia (350-428 n. Chr.)

Dieser Syrer war ein einflussreicher und bedeutender Theologe der Väterzeit. Er war eng befreundet mit Johannes Chrysostomus. Die Fülle seiner schriftstellerischen Werke wurden unter Quiore von Edessa (ca. 437) ins Syrische übersetzt und wurden danach, die Werke Ephrems ablösend, normativ für dieses Bildungszentrum.[68]

In Theodors 'Kommentar über die Taufe und Eucharistie' wird die Liturgie in Einzelheiten zum Drama und schrecklichen Mysterium. Die Funktion des Kirchenausschreiers, eine aus dem Theater übernommene Figur, ist dabei besonders auffallend. Diese Rolle wird von einem Diakon übernommen, der mit Ausrufen die jeweiligen Akte und Bilder einführt. Theodore weist darauf besonders hin:

> ... announced beforehand in the loud voice of the deacon, who, as we
> ought to know, explains the sign and the aim of all things that take place.
> The ceremonies that are to be performed by all those present are made
> known by the proclamation of the deacon, who orders and reminds every
> one of the statutory acts that are to be performed and accomplished by
> those who are assembled in the Church of God.[69]

Diese Situation schliesst besonders die christliche Gemeinde in ihrer aktiven Rolle in das liturgische Drama ein. Ebenso wird dadurch die objektive Bildlichkeit der Liturgie herausgestellt. Obwohl in dieser ostsyrischen Liturgie die Konstellation des Letzten Abendmahles durch die Positionsymbolik des Grabes verdrängt wird, steht das Opfer im Mittelpunkt der Liturgie und Theodore interpretiert es als öffentliches Opfer, was durch den Kirchenausschreier besonders herausgestellt wird. Es heisst:

> ... while the Church crier, that is to say the deacon, whose voice is a clear indication of what the congregation has to do while following the priestly signs ... first shouts: "Look at the oblation." In this he exhorts every one to look at the sacrifice, as if a public service was about to be performed, and a public service was about to be immolated, and a public sacrifice was about to be offered for all, ... 70

Ob sich dieses Gegenbild des öffentlichen Opfers auf einen syrischen Brauch oder auf den Ritus des römischen Kaiser- und Götterkultes bezieht, bedürfte einer weiteren Untersuchung.

Der Zelebrant wird als Figur Christi, die alle Wesenszüge der Heilsgeschichte in sich birgt, eingeführt:

> Because Christ our Lord offered Himself in sacrifice for us and thus became our high priest in reality, we must think that the priest who draws nigh unto the altar is representing His image, not that he offers himself in sacrifice, any more than he is truly a high priest, but because He performs the figure of the service of the ineffable sacrifice (of Christ) and through this figure he dimly representes the image of the unspeakable things and of the supernatural and incorporeal hosts. 71

Hier wird die hierarchische Ordnung der Engelswelt nur angedeutet, dagegen fällt die Beschreibung und Darstellung der Engel als biblische Gestalten auf. Theodors ausführliche Abhandlung der Engel ist aufschlussreich für das bessere Verständnis dieser liturgisch-dramatischen Figuren. Er führt aus:

> Indeed, all the invisible hosts did service to that Economy which transcends our words and which Christ our Lord accomplished for us. ... Incidents in the Gospel show also events that happened through them, whether it be through those who at the birth of our Lord sang ... or to those who at His resurrection revealed to women what had occurred or through those who at His ascension explained to the Apostles that which they did not know ... 72

Die Engel werden zum besonderen Bindeglied der Geburt und Auferstehung und werden, da sie den freien Dienst in Christus mit den Diakonen gemeinsam haben, auch durch diese dargestellt. Es heisst weiter:

> ... It is necessary therefore, that here also, when this awe-inspiring service is performed, we should think that the deacons represent an image of the service of these invisible spirits. ... This name, however, is especially applied to those who perform this ministry, and are called by all "deacons" as they are alone appointed to perform this ministry and represent a likeness of the service of the spiritual messengers and ministers. 73

Zur besonderen Darstellung der Freiheit gehört das Gewand des Diakons, das einem lokalen Hausgewand zu entsprechen scheint und mit einer frei-sich-bewegenden Stola versehen ist. Die Beschreibung lautet:

> They have also an appearal which is consonant with their office, since their outer garment is taller than they are, as wearing such an appearal in such a way is suitable to those who serve. They place on their left shoulder a stole, which floats equally on either side, forwards and backwards. This is a sign that they are not performing a ministry of servitude but of freedom, as they are ministering unto things that lead to freedom. ...[74]

Die genaue Anbringung der Stola ist genau so bedeutend wie das Gewand selbst, denn sowohl die Unterscheidung vom Sklavenkleid, als auch vom Kleid des Freien wird dadurch angedeutet. Theodore beschreibt die Stola wie folgt:

> They do not place the stole on their neck in a way that it floats on either side but not in front, because there is no one serving in a house who wears such an appareal; it is only those who are masters of themselves and remote from servitude of any kind who wear it in this way, but the deacons place it on their shoulders because they are appointed for service. The stole is their only sign of that freedom to which all of us, who believe in Christ, have been called.[75]

Die genaue Anbringung der Stola, die eine freie Bewegung gewährleistet, ist wesentlich für die symbolische Bedeutung und ein Beispiel der subtilen Schattierungen, die das allegorisch, liturgische Drama überhaupt kennzeichnet.

Der Opfergang wird bei Theodore zur Darstellung der Ueberlieferung Jesu, wobei die Rolle der Gemeinde sich in die der passiven Zuschauer wandelt:

> It is the deacons who bring out this oblation – or the symbols of this oblation – which they arrange and place on the awe-inspiring altar (an oblation) which in its vision, as represented in the imagination, is an awe-inspiring event to onlookers.[76]

Danach erfolgt die Darstellung der Passion durch Bewegung, symbolische Gestik und Positionssymbolik, und es entsteht folgendes Bild:

> We must also think of Christ being at one time led and brought to His Passion, and at another time stretched on the altar to be sacrificed for us. And when the offering which is about to be placed (on the altar) is brought out in the sacred vessels of the paten und the chalice, we must think that Christ our Lord is being led and brought to His Passion, not, however, by the Jews – as it is incongruous and impermissible that an iniquitous image to be found in the symbols of our deliverance and our salvation – but by the invisible hosts of ministry, who are sent to us

and who were present when the Passion of our Salvation was being accomplished, and were doing their service. [77]

Durch die Gestalten der Opfergaben, ein paar Gesten und Bewegungen, wird hier die ganze Passion veranschaulicht. Christus wird zum Opfer 'geführt' und ist wie auf dem Kreuz 'ausgestreckt'. Theodore von Mopsuestia macht auch hier eine für das Verständnis des christlichen Dramas und der christlichen Kunst überhaupt bedeutende Aussage, nämlich, dass ein Bild nur durch Gleiches dargestellt werden darf, was bereits bei der Personifizierung der Engel durch die Diakone gewissermassen herausgestellt wurde. Während die Juden sozusagen durch ihre Abwesenheit[78] dargestellt werden, wird die Gegenwart der Engel, die Christus in seiner Passion beistanden, durch Vorstellung und Darstellung immer mehr um den Altar intensiviert. Theodore geht besonders auf den Beistand der Engel während der Passion ein, indem er ihre Hilfe mit Personen, die die Athleten aufmuntern, vergleicht. [79] Dann verwandelt sich durch einen Rückgriff auf den Opfergang, eine Wendung, und durch einen Ortswechsel der Altar in das Grab Christi. [80] 'Korporale', 'Fächer' und 'Position der Diakone' deuten dabei das Grab mit dem Leichnam Jesu an, worauf die folgende Stelle besonders hinweist:

> This is the reason why those deacons who spread linens on the altar represent the figure of linen clothes of the burial (of our Lord). Sometime after these have been spread, they stand up on both sides, and agitate all the air above the holy body with fans, thus keeping it from any defiling object. [81]

Obwohl die Altartücher die Bedeutung des Leichentuchs Christi beibehalten, fehlen die Figuren des Joseph von Arimathäa und Nikodemus gänzlich. Die Fächer erscheinen hier abermals in ihrer praktischen, obgleich dramatischen Bedeutung. Die Luft wird gefächert, um den Leichnam Christi vor verschmutzenden Gegenständen zu bewahren. Durch die Verbindung mit lokalen Begräbnisriten wird das Grab Christi dann in die lokale Umgebung projiziert. Dazu heisst es:

> They make manifest by this ritual the greatness of the body which is lying there, as it is the habit, when the dead body of the high personages ot this world is carried on a bier, that some men should fan the air above it. It is, therefore, with justice that the same thing is done here with the body which lies on the altar, and which is holy, awe-inspiring and remote from all corruption; a body which will very shortly rise to an immortal nature. [82]

Ganz deutlich wird Christus dann mit einer gestorbenen, lokalen (weltlichen) Persönlichkeit verbunden. Durch komplizierte Gestik und Positionssymbolik, sowie Ausmalung von lokalen Aufbahrungsriten, entsteht dann das folgende Bild des toten aufgebahrten Christus:

> It is on all sides of this body that persons, who are especially appointed to serve, stand up and fan. They offer to it an honour that is suitable,

> and by this ritual they make manifest to those present the greatness of
> the sacred body that is lying there. It is indeed clear to us from the
> Divine Book that angels sat upon the stone near the sepulchre and an-
> nounced His resurrection to the women, and remained there all the time
> of His death, in honour of the One who was laid there, till they witnessed
> the resurrection, which was proclaimed by them to be good to all man-
> kind, and to imply a renewal of all creation. ... Was it not right, there-
> fore, that here also (the deacons) should be present as in an image the
> ministry of the angels? It is in remembrance of those who constantly
> came to the Passion and death by our Lord, that they also stand in a
> circle and agitate the air with fans, and offer honour and adoration to
> the sacred and awe-inspiring body which is lying there. In this they
> make manifest to all those present the object that is lying there, and
> induce all the onlookers to think of it as awe-inspiring and truly sacred,
> and to realize that it is for this reason that they keep it from all defiling
> things, and do not even allow the dirty tricklings of birds to fall upon it
> and come near it. This they do now according to their habit in order to
> show that because the body which is lying there is high, awe-inspiring,
> holy and truly Lord through its union with the Divine nature, it is with
> great fear that it must be handled, seen and kept. [83]

Besonders hervorstechend ist hier zunächst die Doppelrolle der Diakone, die sich auf gewisse lokale Leichenwächter zu beziehen zu scheinen. Danach wird diese Aufbahrungsszene in die historische Grablegungszene von Jerusalem verwandelt, und die Rolle der Diakone wechselt in die der Engel am Grab über, wodurch die historische Szene wiederum lokale Dimensionen annimmt. Diese ständigen Ueberschneidungen durch subtile Gestik, Bewegung und Positionssymbolik, die äusserste Beweglichkeit des liturgischen Dramas kennzeichnend, scheint hier Brauchtum des lokalen Totenkultes mit der Auferstehung zu verweben.

Nach Ausmalung dieser Grablegungsszene überlagern sich Furcht und Stille des gegenwärtigen schrecklichen Mysteriums mit der Furcht und Grabesstille von Jerusalem, wobei die Rolle der Gemeinde sich mit den sich fürchtenden Aposteln und stillschweigenden Engeln blendet. Dazu heisst es:

> ... When our Lord also had died the Apostles moved away and were in
> the house in great silence and immense fear; so great indeed was the
> silence that overtook everyone that even the invisible hosts kept quiet
> while looking for the expected resurrection, until time came and Christ
> our Lord rose, and a great joy and an ineffable happiness spread over
> those invisible hosts. [84]

Zum Schluss vermischen sich dann in einem seltsamen Paradox von Bewegung und Stille, das sich einerseits auf den Gang der Frauen und den Lauf der Apostel zum Grab in Jerusalem, und andererseits auf die mystische Stille des gegenwärtigen Mysteriums, bezieht. Theodore schreibt:

> And the women who came to honour the body received from the angels the new message of the resurrection that had taken place, and when the disciples also learnt through them what had occurred they run together with great zeal to the sepulchre. We are drawn now by similar happenings to the remembrance of the Passion of our Lord, and when we see the oblation on the communion table - something which denotes that it is being placed in a kind of sepulchre after its death - great silence falls on those present. ... We remember, ... the death of our Lord in the oblation because it makes manifest the resurrection ... [85]

Die Konsekration ist theologisch gesehen die Vergegenwärtiggung der Auferstehung.[86] Die Stille und Furcht scheint auch die Kommunion einzuleiten und das weitere, besondere Kennzeichen der Auferstehung zu bleiben.

Die Darstellung der Passion und Grablegung durch subtile allegorische Bewegung und Gestik, verwoben mit lokalem Begräbnisbrauch, sowie die bestimmte Personifizierung der Engel durch die Diakone, kennzeichnen dieses ost-syrische liturgische Drama. Die Theorie der christlichen Darstellungskunst, ein Bild nur durch Gleiches darstellen zu dürfen, wird bei Theodore einerseits in Einzelheiten bei der Darstellung der Engel durch die Dakone, wobei besonders dem Gewand symbolisch-allegorische Bedeutung zukommt, herausgearbeitet, andererseits ist sie durch die Abwesenheit der Juden exemplifiziert. Die Positionssymbolik des Letzten Abendmahles fehlt hier gänzlich, dagegen rückt das Opfer Christi in Verbindung mit lokalen offiziellen Opfern in den Vordergrund. Hierbei steht der Altar, wo, verwoben mit lokalem Brauch und mystischer Stille, die Kreuzigung und Grablegung Christi durch komplizierte allegorische Konfigurationen und Gestik zur Darstellung kommt, im Mittelpunkt. Die Erwartung der Auferstehung wird durch Stille, die sich mit Furcht und Grabesstille von Jerusalem blendet, zum Ausdruck gebracht. Die Figur des Joseph von Arimathäa fehlt hier, wahrscheinlich zugunsten der lokalen Einwirkungen, gänzlich.

'Personifizierung', 'Gestik', 'Bewegung', 'der Altar', das 'linnene sindon', 'Fächer', 'Positionssymbolik', 'Rollen-' und 'Ortswechsel', sowie die 'Stille' gehören zu den liturgischen Darstellungsmitteln des Theodore von Mopsuestia. Während bei Theodore die konkrete lokale Umgebung eine grosse Rolle spielt, wirkt bei Narsai das liturgische Drama fast wie eine vergeistigte und verzauberte Auferstehungslandschaft, die sich abermals um den Altar konzentriert.

Narsai (399-502 n. Chr.)

war Kirchenlehrer und Vorsteher der Schule von Edessa und später, nach der Zuspitzung der nestorianischen Kontroverse stand er dem Bildungszentrum von Nisibis vor. Narsai war ein äusserst begabter Dichter und Schriftsteller, so dass seine Zeitgenossen ihn die "Harfe des Heiligen Geistes" nannten.[87] Der grösste Teil seiner Dichtung gehört zu didaktischen Gedichten, die in Sammlungen von 'memra' zusammengestellt sind. Aber auch dem Kult und der Liturgie galt seine schöpferische Arbeit. Die Quelle seiner Fantasiekraft war die biblische Tradition, wobei er verschiedene Evangelienthemen miteinander verband. [88] Seine Predigten sind Erklärungen der verschiedenen Mysterien des Kirchenjahres. Diese Dichtung ist für unsere Untersuchung sehr aufschlussreich, da sich hier das Gebilde der dramatischen Liturgie in fast vollendeter Form erfassen lässt. Weiterhin wird bei ihm besonders die Dialektik der beiden Theater, dem dämonischen Theater der heidnischen Welt, und dem Theater der neuen Schöpfungswelt der christlichen Kirche, greifbar. In seiner Predigt über die Taufe kommen diese zwei Welten deutlich, und in bildhafter Sprache zum Ausdruck:

> The Evil One he renounces as an evil one, and his angels as haters of the word of truth. The Evil One and his adherents hate the word of truth ... [89]

Der dämonischen Versammlung wird die himmlische Versammlung entgegengestellt:

> The assemblies of the height he makes to rejoice by the words of his faith ... [90]

In Narsais Predigt über die Mysterien der Kirche und der Taufe wird Christus als der neue Künstler, eine neue Welt schaffend, dargestellt:

> Cunningly He mixed the colours for the renewal of our race, with oil and water and the invincible power of the Spirit. A new art the Chief Artist put forth; ... It is altogether a new thing, and great is the lesson given therein. [91]

Wenn der Täufling den sichtbaren und bildlichen Werken Satans abgesagt hat, erwartet ihn die Welt, die ihm durch die Taufe erschlossen wurde. In seiner Predigt über das Priestertum wird die Kirche als Tempel zu einem Gegenbild des himmlischen Reiches in der neuen Schöpfungswelt, aber auch zu einem Gegenbild des teuflischen Theaters:

> A holy temple the Creator built for them on earth that in it they might offer the worship of love spiritually. ... He fashions a sanctuary on earth and holy of holies in the heavens above ... two several institutions he made in His incomprehensibel wisdom; and He filled them with temporal and everlasting riches. [92]

Die Gestaltung dieser neuen Schöpfungswelt erschliesst sich uns in Narsais 'Exposition über die Mysterien' in immer subtiler werdenden Formen. Er beginnt seine Beschreibung mit dem Opfergang, der wie bei Theodore von Mopsuestia die Ueberlieferung und Passion Christi darstellt. Auch hier erfolgt die Ueberführung durch die von Diakonen dargestellten Engel und nicht durch die Juden:

> In that hour let us put away from us anger and hatred, and let us see Jesus who is being led to death on our account. On the paten ... and in the cup He goes forth with the deacon to suffer. The bread on the paten and the wine in the cup are a symbol of His death. A symbol of His death these (the deacons) bear upon their hands; and when they have set it on the altar and covered it they typify His burial; not that these (the deacons) bear the image of the Jews, but (rather) of the watchers (i.e. the angels) who were ministering the Passion of the Son. He was ministered by the angels at the time of His passion, and the deacons attend His body which is suffering mystically. [93]

In dieser Darstellung Narsais überwiegt eine mystische Verinnerlichung, im Gegensatz zur fast greifbaren Körperlichkeit, die der Opfergang, die Ueberlieferung Christi darstellend, bei Theodore von Mopsuestia hatten. Sicherlich liegt in diesem einführenden Bild des Opferganges, das den Altar als Grab Christi in den Vordergrund rückt, eine Verwandtschaft mit Theodore vor. [94] Es leitet die Passion ein, personifiziert die Engel durch die Diakone, und auch die Abwesenheit der Juden wird herausgestellt. Nur der Altar erhält hier sofort die Bedeutung des Grabes. Dann beschreibt Narsai ein mit neuen und reichen Metaphern geladenes Gebilde, das in der Liturgie Form und Gestalt annimmt und wie ein Verwobensein von Passion und Glorie anmutet:

> The priests now come in procession into the midst of the sanctuary and stand there in great splendour and in beauteous adornment. The priest who is selected to be celebrating this sacrifice, bears in himself the image of the Lord in that hour. ... In this fashion the priest stands in that hour. ... All the priests who are in the sanctuary bear the image of those apostles who met together at the sepulchre. The altar is the symbol of our Lord's tomb, without doubt: and the bread and wine are the body of our Lord which was embalmed and buried. The veil also which is over them presents a type of the stone sealed with the ring of the priests and executioners. ... And the deacons standing on this side and that and brandishing (fans) are a symbol of the angels at the head and at the feet there of. ... And all the deacons who stand ministering before the altar depict a likeness of the angels that surrounded the tomb of our Lord. The sanctuary also forms a symbol of the Garden of Joseph, whence flowed life for men and angels. In another order it is the type of that Kingdom which our Lord entered, and into which He will bring with Him all His friends. The adorable altar thereof is a symbol of that throne of the Great and Glorious, upon which He will be seen of watchers and men on the day of His revelation. The apse ... typifies things below and above: it calls to mind the things that have been and those that are to be it typifies spiritually. [95]

Dieses komplizierte mehrschichtige, aber faszinierende Bild entsteht durch die allegorische Bedeutung des Altarheiligtums, das sich hier vom Grab Christi in den Garten des Joseph von Arimathäa verwandelt, der aber auch gleichzeitig den

Garten von Eden versinnbildlicht, und dann wiederum das Königreich der Höhe darstellt, wo Christus auf dem Thron der Herrlichkeit verweilt. Die Diakone personifizieren die Engel, wobei die Fächer, hier rein geistig-sybolische Bedeutung haben. Mit der Apsis, die die Teilung des sichtbaren und unsichtbaren Weltbildes andeutet, beginnt sich neben dem Altar eine weitere Allegorisierung des Kircheninnern zu manifestieren.

Vor dem 'Trisagon' oder Sanktus erfolgt eine vollendete Darstellung der mystischen Stille, die die ganze Kirche einbezieht, und den Altar auf fast anthromorphizierte Weise in königlicher Würde und Majestät erstrahlen lässt. Diese Beschreibung lautet:

> All the ecclesiastical body now observes silence, and all set themselves to pray earnestly in their hearts. The priests are still and the deacons stand in silence, the whole people is quiet and still, subdued and calm. The altar stands crowned with beauty and splendour, and upon it is the Gospel of life and the adorable wood ... (sc. the cross). The mysteries are set in order, the censers are smoking, the lamps are shining, and the deacons are hovering and brandishing (fans) in likeness of watchers. Deep silence and peaceful calm settles on that place: it is filled and overflowed with brightness and splendour, beauty and power. [96]

In diesem paradisischen Bild, das aus dem Garten von Joseph ersteht, kommt es zur Darstellung des Mystisch-Unsichtbaren, das durch Passion und Opfergang eingeleitet wurde.

Zum Schluss wird die Majestät des Auferstandenen in einer feierlichen Prozession, die zur Austeilung der Kommunion ins Kirchenschiff zieht, wie folgt zusammengefasst:

> The Sacrament goes forth on the paten ... and in the cup with splendour and glory, with an escort of priests and a great procession of deacons. Thousands fo watchers and ministers of fire and spirits go forth before the Body of our Lord and conduct it. All the sons of the Church rejoice, and all the people, when they see the Body setting forth from the midst of the altar; and even as the apostles rejoiced in our Lord after His resurrection, so do all the faithful rejoice when they see him. [97]

Hierbei scheint sich deutlich ein Gegenbild zur dämonischen Welt oder dem Triumphzug eines Kaisers herauszuschälen, wo eine Vielzahl von himmlischen Geistern (ministers of fires and spirits) Satan und seine Engel bewältigen wird.

Mit Narsai sind Passion und Auferstehung zu einer verschmolzenen, aesthetischen Darstellung geworden, die die subjektive Erfahrung der Teilnehmer einschliesst, da sie ja auch selbst zur objektiven Darstellung des Gesamtbildes gehören. Die Gebilde, die sich hier entfalten, stellen den vergeistigten Triumph und Glanz des Auferstandenen sowohl in der Höhe, als auch in der Kirche dar, die den Christen erwartet, der dem Pomp und das Handwerk des dämonischen Kultes bei der Taufe abgesagt hat.

Während der Opfergang mit der Ueberführung Jesu auf Theodore von Mopsuestia hinweisen, und die Bilder der Grablegungsszene mit dem Garten von Joseph auf Tatians 'Diatessaron' und Ephrems 'Kommentar' deuten, so scheint die allegorische Bedeutung der Apsis vielleicht mit dem neuplatonischen Weltbild des Pseudo-Dionysius in Verbindung zu stehen, dessen Werk ungefähr der gleichen Zeit entstammt.

'Pseudo-Dionysius der Aeropagite' (ca. 500) erarbeitete in seinem Werk von den 'Himmlischen und Kirchlichen Hierarchien',[98] von seiner symbolisch-rationalen-mystischen Theologie ausgehend, die Struktur des hierarchischen Kosmos. Dionysius, dessen Schriften von langdauerndem Einfluss waren, begründet die beiden Hierarchien mit der geistig-sinnlichen Natur des Menschen, auf Grund dessen die kirchliche Hierarchie nach denselben Grundgesetzen gestaltet werden soll wie die himmlische. Sie fügt sich darum dem Weltbild des dialektischen Theaters, wie es hier erarbeitet wurde.

Etwa hundert Jahre später wird die Methode der allegorischen Exegese der Schule Alexandriens von dem Byzantiner Maximos Konfessor mit der negativen Theologie des Pseudo-Dionysius verbunden und auch auf die Liturgie übertragen, was vielleicht voraussetzen könnte, dass die Liturgie wegen ihrer komplexen Konstellationen und bildlichen Darstellungen auch bereits einer Auslegung bedurfte.

Die Byzantinische Liturgie

Konstantinopel und Ravenna[99] entwickelten sich mit ihren majestätischen Basiliken zu ekklesiastisch-politischen Zentren, wo die Jakobus-Basileios-Chrysostomusliturgie[100] die Grundlage dieses komplizierten, von der imperialen Theologie beeinflussten, byzantinischen Gottesdienstes war. Ihre Darstellungen entsprachen der Vorstellung eines Universalherrschertums unter Christus, ihre allegorisch-mystischen Bilder aber, besonders in Verbindung mit der Auferstehung, scheinen jedoch von Syrien gespeist worden zu sein. Zur Untersuchung dieser Liturgie wurden vier Texte verwertet, da sie besonders aufschlussreich über Struktur und Darstellung, und auch dem Auferstehungsthema mit den Figuren des Joseph von Arimathäa und Nikodemus sind.

Gregorios von Nazianzen (325-390 n. Chr.),

einer der grossen Kappadokier und späterer Patriarch von Konstantinopel, soll der vermutliche Verfasser des Werkes 'Christos Paschon', ein aus 1640 jambischen Versen bestehendes Drama nach der Form des Euripides sein.[101] Struktur- und themenmässig entspricht dieses interessante Werk einem gefestigten liturgischen Aufbau. Ein solcher analoge Strukturaufbau weist aber sowohl die Liturgiebezogenheit des Dramas, als auch auf die dramatische Struktur der Liturgie auf.[102] Im Mittelpunkt steht Maria, die Mutter Christi, mit ihrem Schmerz, hier sogar mit Selbstmordgedanken spielend, der Chor, der sterbende Christus und Johannes der Theologe. Zu den anderen Schlüsselfiguren, die uns hier interessieren gehören 'Joseph von Arimathäa und Nikodemus', die sich über 680 Verszeilen[103] mit der Kreuzabnahme und Grablegung beschäftigen. Das Drama schliesst mit mehreren Auferstehungsszenen, die schriftgemäss den Erscheinungen Christi entsprechen. Dieses Drama interessiert uns vorwiegend wegen seiner vollentwickelten Kreuzabnahme und Grablegungsszene mit den dramatischen Figuren des Joseph von Arimathäa und Nikodemus, die auch wiederum in den anderen byzantinischen Texten, die herangezogen wurden eine Rolle spielen, aber zuerst in den syrischen Liturgien zum Vorschein kamen,[104] und, was uns hier besonders interessiert, auch später bei Amalarius von Metz wieder auftauchen werden.[105]

Maximos Konfessor (580-662 n. Chr.),

ein byzantinischer Kirchenlehrer wandte die Methode der allegorischen Exegese verbunden mit der negativen Theologie des Pseudo-Dionysius in seinem Werk 'Mystagogia'[106] systematisch auf die Liturgie an. Seine Interpretation der Schrift und Liturgie ist wesentlich anagogisch. Nach seinen Theorien bezieht sich die Schrift auf das Wort, die Natur und Liturgie auf die Werke Gottes. Hierdurch werden die äusseren Zeichen der Schöpfung und Liturgie, wie der Buchstabe der Schrift, körperhafte Hülle mit verborgenem Sinn. Für Maximos wird die Kirche zum 'typos', 'eikon' und 'eidei schemati' des Wortes und Werkes Gottes. 'Ecclesia Dei typus continentis omnia'[107] ist seine umfassende Definition der Kirche. In den verborgenen geistigen Sinn dieser Archetypen, Figuren, Bilder und Schemata kann letzlich nur der anagogische Sinn dringen. Maximos gibt folgende Beschreibungen der Kirche und Liturgie:

> Rursusque solius mundi qui in sensum cadit secundum se, ac seorsim spectati, symbolum esse aiebat sanctam Dei Ecclesiam, ut quae coelum guidem, divinum sacrarium; terram autem, templi decorem obtineat. Similiter autem etiam muneum esse Ecclesiam, qui coelum quidem, sacrario simile, terrae autem ornatum, templo affinem habeat.[108]

In seinem Werk 'Quaestiones ad Thalassium' behandelt Maximos besonders die hermeneutischen Fragen der Schrift und kultischen Darstellungen, sich hauptsächlich auf den anagogischen Sinn konzentrierend. Hier schreibt er:

> ... corporale scilicet legis cultum in umbris ac figuris constitutum, secundum instabilem ac viaticam, velut in via positam, traditionem, ac quas transeuntibus figuris caeremoniisque dedita esset. ... Deo potius

animi ... affectum exhibentes, quam hominibus exteriori cultu simila-
cro constantem morum speciem. 109

Diese, sich auf die Liturgie bezogene Interpretationsweise, mag einer kosmischen
Schau entspringen, setzt aber, wie es scheint, doch wahrscheinlich das Vorhanden-
sein einer auslegungsbedürftigen Liturgie voraus, die ihren allegorisch-poetischen
Quell in der syrischen Liturgie zu haben scheint.

Maximos behandelt eingehend das strukturelle Schema der Liturgie, nicht aber im
Einzelnen dramatische Figuren. Durch das Bild des 'Introits' entwirft er den gesamten kosmischen Hintergrund folgendermassen:

> Primum igitur pontificis in ecclesiam introitum, cum sancta synaxis
> celebranda sit, primi ejus adventus, quo Filius Dei ac Salvator noster
> Christus per carnem in mundum istum intravit, typum praeferre doce-
> bat ac imaginem. A quo deinceps adventu, ejus in coelus ac super coe-
> lestrem thronum ascensus postliminoque restituio, per ingressum pon-
> tificis in sacrarium, ac quo sedem sacerdotalem inscendit, symbolice
> figuratur. 110

Durch den Einzug des Pontiffs wird die Menschwerdung Christi als Einzug in die Welt
dargestellt. Hierdurch erhält das liturgische Drama sogleich kosmische Weite,
wird es wesentlich raumbezogen. Der Eintritt der Gläubigen auf der anderen Seite
versinnbildlicht Umkehr von der Welt der Sünde und des Irrtums. Der Friedenskuss
vor dem Evangelum versinnbildicht die Abkehr von der Welt der Dämonen und Ver-
einigung mit den Engeln. Wird bei Maximos in erster Linie die Interpretationsweise und ein strukturelles Schema der dramatischen Liturgie aufgezeigt, so lassen
sich bei dem Patriarchen Sophronius von Jerusalem und Germanos von Konstantinopel zugeschriebenen Texten, die allegorisch-dramatische Bedeutung des Altarheiligtums, der Paramente und der liturgisch-dramatischen Figuren, besonders gut
erfassen.

Sophronius, Patriarch von Jerusalem (560-638 n. Chr.),

war ein Zeitgenosse Maximos und der ihm zugeschriebene 'Commentarius Liturgicus' gibt Aufschluss über die Byzantinische Jakobus-Basileios-Chrysostomusliturgie. 111 Das Augenfällige an diesem Kommentar ist die allegorisch-dramatische
Bedeutung der historischen Stätten des Lebens Jesu, die um diese Zeit in die Basiliken und Liturgie transponiert worden waren. Die komplizierte und subtile Verbindung des Menschwerdungs-, Passions- und Auferstehungsthemas ist in einer
in sich bewegten Gesamtkonstellation von Gegenständen und Figuren allegorisch
impliziert. Das Innere der Kirche, besonders des Alterheiligtums erhält bis in
Einzelheiten sowohl historische, sich auf Jerusalem und Bethlehem beziehend, als
auch allegorisch-symbolische Bedeutung des himmlischen Jerusalems. Diese Raumbezogenheit mit Einbruch des Zeitlosen scheint ein wesentliches Merkmal der by-

zantinischen Liturgie zu sein. Von den allegorischen Gegenständen bedeutet die 'concha' den Stall und die Krippe von Bethlehem, ein 'synthronus' den Sitz des Vaters und Sohnes, die 'sancta prothesis' versinnbildlicht den Kalvarienberg, der 'altar' des Grab Christi und die 'Myax' das Firmament.[112] Während der Altar vorwiegend das Grab selbst darstellt, und das linnene Altartuch das Leichentuch Jesu, so bedeutet der Ambo den weggewälzten Stein, von dem der Engel die Auferstehungsbotschaft verkündete. Die Stufen des Ambo erhalten mystische Bedeutung, denn sie stellen die Jakobsleiter dar ('dradus autem ambonis sclaem Jacobi commemorant').[113] Sie stellen sowohl die Verbindung der sichtbaren und unsichtbaren Welt, als auch des Alten und Neuen Testaments dar. Die hierarchische Ordnung wird durch Personifizierung und Positionssymbolik dargestellt, wobei der Pontifex Christus, den über alle Engel thronenden Herrscher darstellt, die Priester den Platz des Cherubim- und Seraphimchores einnehmen, während die Diakone die Engelsmacht personifizieren, die Christus zu jeder Zeit zu dienen bereit ist. 'Joseph von Arimathäa und Nikodemus' erscheinen wiederum in Verbindung mit der Grablegung und dem 'sindone'.[114]

Germanos, Patriarch von Konstantinopel (635-737 n. Chr.)

In diesem, dem Germanos zugeschriebenen Text 'Historia ecclesiastica et Mystica Contemplatio'[115] liegt ein klarer dramatischer Aufbau vor uns, dessen Sinnbedeutung überschneidend und mehrschichtig ist. Im Mittelpunkt steht der Altar, der in sich Vielschichtigkeit impliziert und die sich von hier aus im Laufe des liturgischen Dramas auch zu entfalten beginnt. Es heisst bei Germanos ausdrücklich:

> Conchae autem altaris, translatio est crucis, turres vero, signa: idcirco utraque rationabiliter ponantur in facie sacrificantium. Sancta mensa est vice loci sepulturae, in quo positus est Christus, in qua proponitur verus et coelestis panis, quod est mysticum et incruentum sacirificium. Est quoque ipsa Dei sedes, in quo supercoelestis Deus qui super Cherubim vehitur ... in qua mensa ut etiam in mystica illa sua caena, in medio apostolorum suorum sedens et accipiens panem et vinum, dicit suis discipulis et apostolis: "Accipite, manducate, et bibite ..."[116]

Die 'concha', das Symbol der Krippe, wird zunächst mit dem Kreuz verbunden, wodurch der Altar selbst die Bedeutung des Opfers und der Geburt erhält. Dann wird aber von der Opferbedeutung sofort zum Sinnbild des Grabes übergeleitet, womit wiederum das Allerhöchste provoziert wird, um dadurch wiederum die gesprochenen Worte des Letzten Abendmahles zu implizieren. Durch den Altar kommt aber dem angaogischen Sinn körperhafte Bedeutung zu, die sich durch weitere Gegenstände und Personifizierung ausweitet. Der Ambo ist als symbolischer Grabstein und Platz der Verkündigung direkt mit dem Altar verbunden, das Wort und Werk ineinandergreifende Bedeutung gibt. Der Ambo wird weiterhin als Bindeglied zwischen Altarheiligtum und Kirchenschiff, zwischen gefallener Menschheit und Christus verstanden:

> Cancelli, locum orationis designant, quosque extrinsecus populus accedit, intrinsecus autem sunt Sancta sanctorum, solis sacerdotibus pervia ... Ambo figuram lapidis sancti monumenti designat: quem angelus cum evolvisset ex ostio monumenti, proclamabat resurrectionem Domini unguentiferis mulieribus. [117]

Auch hier fällt wiederum die Räumlichkeit und schriftbezogene Gegenständigkeit auf. Bei der Passionsumschreibung kommt es lediglich zu einer Andeutung des Kalvarienberges, wogegen der Grablegung grössere, ins Einzelne gehende Bedeutung beigemessen wird:

> Armarium, ubi praesentatio perficitur, pro Calveriae loco est. Corporale significat sindonem in quae involutum est Christi corpus cum e cruce descensum est, et in monumentu collocatum. Et superius disci velamen indicat sindonem qua involverunt corpus Domini. Disci velamentum est pro sudario quod erat super facie, circumtegens illam in sepulchro. Velum sive aer, est et dicitur esse vice lapidis, quo munivit Joseph monumentum, quod obsignavit tabella custodiae. [118]

Das Korporale ('sindone') erhält seine frühere allegorisch-dramatische Bedeutung des Leichentuchs Jesu, wie das besonders in der syrischen Liturgie beobachtet werden konnte, es bezieht sich aber nicht nur auf die Grablegung, sondern auch auf die Kreuzabnahme, wobei beide, Joseph von Arimathäa und Nikodemus, wachsende Bedeutung zu erhalten scheinen. Von neuer Bedeutung scheint dabei die Patena ('discus') zu sein. Germanos schreibt:

> Discus lectia est in qua corpus Domini componitur a sacerdote et diacono, qui sunt Joseph et Nicodemus.
> ....
> Discus est vice manuum Joseph et Nicodemi, qui funus Christo celebrarunt. Discus est autem, ubi Christus infertur ... [119]

Germanos beschreibt dann noch einmal die Grablegungsszene in Verbindung mit dem Altar:

> Est autem sancta mensa ad imitationem sepulturae Christi, qua Joseph sublato corpore de cruce, involvit sindone munda, et aromatibus et unguentis ipsum unctum exportavit cum Nicodemo. et sepelivit ipsum in monumento novo exciso ex petra. [120]

Der Garten des Joseph wird hier nicht besonders erwähnt, aber das Altarheiligtum mit dem versinnbildlichtem Grabstein in der Form des Ambo, und mit seiner Räumlichkeit, scheint jedoch diesen 'topos' in sich zu schliessen.

Der Opfergang oder Grosse Einzug, wobei die Opfergaben zum Altar gebracht werden, wird hier zur Darstellung des Einzugs Jesu in Jerusalem, erhält aber in Verbindung mit dem Cherubikum sogleich anagogische Bedeutung:

> Sacrorum translatio a prothesis, corporis ... Dominici, et sanguinis
> et eorum ingressus ad altare, et Cherubicum a Bethania in Jerusalem
> Dominum introitum significat. Tunc enim plurima turba et Hebraeorum
> pueri tanquam regi et citori mortis hymnum referebant sensibiliter,
> spiritualiter autem angelicum Cherubim, ter sanctum reddiderunt hym-
> num ac sceptra ac rhomphaes, at insignia regis proferunt diaconi. [121]

Die hierarchischen Ordnungen der sinnlichen und geistigen Welt kommen sowohl durch zwei Gesangsordnungen, als auch königliche Insignien, von Diakonen getragen, zum Ausdruck. [122]

Die psychische und physische Raumbezogenheit kommt in der dramatischen Liturgie des Germanos zum vollen Ausdruck, sowohl durch die äussere Anlage und Allegorisierung des Kircheninnern, als auch durch die innere Bezogenheit der vielschichtigen Bedeutungen der Gegenstände, Figuren und Gesten. Der Gesang wird zu einem bestimmten Darstellungsmittel, hier besonders während des Opfergangs zwei Ordnungen zum Ausdruck bringend. Die Kreuzabnahme und Grablegungsszene mit Joseph von Arimathäa und Nikodemus wird komplizierter, wobei der Gestik des Zelebranten und des Diakons sowie der Patene dramatische Bedeutung zukommen.

Ergebnis

Die Querschnittsuntersuchung von liturgischen Texten, der Ostkirche hat zu einer Fülle dramatischer Evidenz geführt, die aus dem ersten liturgischen Akt des Letzten Abendmahls, um den sich die Handlung des Lebens, Leidens und der Auferstehung Christi gruppiert, erwachsen ist. Strukturmässig festigt sich diese Handlung in 'Synaxis' und 'Opferung', jeweils der Katechumenenmesse und der Eucharistiefeier entsprechend. Für 'Jerusalem' sind die 'Katechesen' des Kyrillus, sowie der 'Reisebericht' der Aetheria Zeugnis eines strukturellen Aufbaus und einer dramatisch, historischen Darstellungsform am Ort der geschichtlichen Ereignisse, besonders während der Leidens- und Osterwoche. In 'Antiochien' werden nach Chrysostomus Predigten zu urteilen Theatermanieren in die Kirche übertragen, was auf die Darstellungsverwandtschaft des heidnisch-diabolischen Theaters und des christlichen 'theatrum non fictitium' schliessen lässt. Tatians 'Diatessaron' bildet die Grundlage des syrischen Perikopensystems was von sich aus, besonders in Verbindung mit der Taufe, Raum zur Beweglichkeit und Fantasie schafft. In Ephrems 'Kommentar der Evangelienharmonie' wird 'Joseph von Arimathäa' zur dichterisch-dramatischen Gegenfigur Josephs, dem Vater Jesu, eng verbunden mit der Grablegungsszene, die, den Uebergang von Tod zum Leben darstellend, sich von hier aus zu einem 'topos' entwickelt. In der Klemensliturgie der 'Apostolischen Konstitutionen' wird durch 'Positionssymbolik' das Letzte Abendmahl provoziert, während in der 'Persischen Anaphora', die von Diakonen gehaltenen 'Fächer', Cherubflügel darstellend, eine geistige Ordnung implizieren. Bei 'Isidor von Pelusium' scheint die Figur des 'Joseph von Arimathäa' in Verbindung mit dem Leichentuch Jesu ('sindone') zur gefestigten dramatischen Struktur der Liturgie zu gehören. Mit 'Theodore von Mopsuestia' wird in subtiler 'Gestik', vielschichtiger Positionssymbolik' und 'Bewegung', sowie durch 'engeldarstellende Diakone' die Leidensgeschichte und Auferstehung dramatisiert, wo sich, besonders durch 'Zeitraffung', 'Ortsveränderung' unter Einbeziehen des 'lokalen Kultbrauchtums', Raum und Zeit überlagern, und ein kompliziertes Gebilde erstehen lassen. 'Die Engelsgestalten' entsprechen bei Theodore vorwiegend der biblischen Handlung, und stellen nicht, wie bei den Byzantinern, eine hierarchische Ordnung dar. Bei 'Narsai' ist eine mystisch-geistige 'Auferstehungswelt' zur Darstellung gekommen, die ein mit neuen Metaphern geladenes Triumphbild über die Welt der Dämonen darstellt. Obwohl sich Ort und Zeit überschneiden, spricht aus dieser Darstellungsform eine gewisse Dichte und mystische Stille, der neue Bilder zu entquillen scheinen. Dem syrischen liturgischen Drama fehlt die räumliche Weite und Gegenständlichkeit der byzantinischen Liturgie, wie das bereits in der Universalvorstellung des Basileios beobachtet werden konnte und von Alexandrien beeinflusst ist. Der mystische Zug des byzantinischen liturgischen Dramas wird in einem grösseren Spektrum mit eschatologischer Ausrichtung gehalten. Die Darstellungen werden gegenständlicher, unter sich bewegter und die Ueberlagerung von Raum und Zeit vielschichtiger.

Die Mittel, die den biblischen Stoff zur Darstellung kommen lassen und die die östliche Liturgie als Drama rechtfertigen, können folgendermassen zusammengefasst werden: 'Personifizierung', 'Positionssymbolik', 'subtile Gestik und Bewegungen', 'Gesang und Stille', 'sindon und linteum' mit 'Joseph von Arimathäa' und 'Nikodemus', 'Fächer' und 'Gewandung', explizierte 'Ortsveränderung' und 'Zeitraffung' durch implizierte gleichzeitige 'Vielschichtigkeit': der 'Altar' stellt Jerusalem, den Raum des Letzten Abendmahles, das Kreuz, das Grab, das himmlische Jerusalem, das Paradies und den Thron des ewigen Richters dar. Psychische und physische 'Raumbezogenheit' sind sein besonderes Kennzeichen, wobei verinnerlichte und geistige Vorgänge vergegenständlicht zur äusseren Darstellung kommen, und wo die sichtbare Welt in eine unsichtbare überleitet. Aus diesem Ineinandergreifen erhält das allegorisch-liturgische Drama der östlichen Kirche seine innere Dynamik. 'Strukturell' scheint es mit dem Aufbau der 'Euripides-Dramen' verwandt. Das Grundwerk dieses aesthetisch-liturgischen Dramas ist der biblische Stoff, verwoben mit dem Kernpunkt des liturgischen Aktes und der gesamten Heilslehre.

Die westliche Liturgie [123]

Die Mannigfaltigkeit der östlichen Liturgie konnte in ihren vielfachen literarischen Gattungen und Ausdrucksformen mehr oder weniger um einzelne Zentren gruppiert werden. Auch ein grosser Teil der westlichen Liturgie, nämlich die gallikanische, gehörte, obwohl sie durchaus ihr eigenes westliches Gepräge hatte, in den Radius der östlichen Liturgie. Die folgenden Haupt- und Untergruppen werden als westliche Liturgie klassifiziert: Die 'gallikanische' Hauptgruppe umfasst die 'mailändische oder ambrosianische', die 'mozarbische', die 'keltisch-irische' und die 'gallische Liturgie'. Sie unterscheidet sich von der anderen Hauptgruppe, die in 'afrikanische' und 'römische' Liturgie unterteilt ist, durch Beweglichkeit und Ausdrucksmöglichkeiten.[124]

Die gallikanische Kirche

Die Grundzüge der gallikanischen Hauptgruppe sind lange Gebete, lyrische Klangfülle, meditative Innigkeit, dramatische Darstellung, Gesang, Mannigfaltigkeit der Feste und ein ausgedehntes kompliziertes Perikopensystem.

Die mailändische Liturgie

Die einfachere der vier Untergruppen, unterscheidet sich von den anderen Formen besonders durch ein einfacheres Lesungssystem. Die beiden Werke des Bischofs Ambrosius von Mailand, 'De Sacramentiis' und 'De Mysteriis' gehören zur erklärenden Literatur dieser Liturgy.[125] Im Gegensatz zu den anderen Formen steht sie schon wegen ihrer geographischen Lage unter grösserem römischen Einfluss. Die 'mozarabische'[126] Liturgie ist der gallischen von den vier Varianten am nächsten verwandt; sie ist ihrem Wesen nach intrakulturell. Nach dem Uebertritt des westgotischen Königs Rekkard (589 n.Chr.) zur römischen Kirche, wurden die bestehenden liturgischen Bücher revidiert (599 n.Chr.).[127] Das vierte Konzil von Toledo (633 n.Chr.) veranlasste unter Isidor von Seville eine weitere Neuerung. Dieser Zug zur Einheit des liturgischen Weltbildes kommt sowohl bei Papst Gregor dem Grossen,[128] als auch dem Byzantiner Maximos Konfessor[129] zum Ausdruck, obgleich die Beweggründe verschiedenen Grades gewesen sein mögen, was zu untersuchen nicht die Aufgabe dieser Arbeit sein kann. Die 'keltisch-irische'[130] Liturgie steht sowohl der altspanischen, als auch der gallischen Liturgie sehr nahe und zeichnet sich besonders durch poetische Ausdrucksweise und innige Gebete aus. 'The Book of Cerne' ist ein Beispiel dieser Liturgie.[131]

Die gallische Liturgie

Eine aufnahmefähige Beweglichkeit, die eigene Anschauung mit neuen Ausdrucksformen zu blenden versteht, scheint das besondere Merkmal der gallischen Liturgie zu sein.[132] Eines der ersten schriftlichen Zeugnisse der gallischen Liturgie und der Wechselbeziehung zwischen Gallien und Kleinasien sind die Märtyrerbriefe der Kirchen von Lyons und Vienne aus dem Jahre 177 n.Chr., die während der Christenverfolgung unter Markus Aurelius an die Christen in Asien und Phrygia geschrieben worden waren.[133] Eine solche Wechselbeziehung kann auch aus anderen Quellen belegt werden. Hilarius von Portier (315-365 n.Chr.) verfasste seine für die westliche Kirche einflussreichen Werke 'De Trinitate' und 'Liber Mysteriorum' während seiner Verbannung in Phrygia.[134] Der 'Reisebericht' der Aetheria weist auf Parallelen der in Gallien und Jerusalem praktizierten Liturgie hin.[135] Ein weiteres frühes Dokument einer Austauschbeziehung ist die gallische Kirchenordnung 'Statua ecclesia antiqua', deren literarische Form in Syrien zu Hause ist.[136] Ebenfalls wird das Mönchstum für diese Wechselbeziehung bedeutend gewesen sein.[137]

Die alte römische Metropole von Arles war der führende Bischofssitz der gallischen Kirche, wo besonders unter Bischof Caesarius von Arles (470-543 n.Chr.) kirchliche und liturgische Neuerungen ausgingen.[138] Aus der 'Geschichtsschreibung' des Gregorius von Tours (538-590 n.Chr.) lässt sich besonders die aktive Teilnahme der Gläubigen rekonstruieren.[139] Zu den wertvollsten Dokumentationen der gallischen Liturgie gehören die uns erhaltenen Texte selbst, und zwar handelt es sich bei ihnen um die dem Bischof Germanus von Paris zugeschriebene 'Expositio Liturgica' (ca. 570),[140] den sieben 'Monemessen'[141] und dem 'Lektionar von Luxeil'[142] um "reine gallische" Texte, wogegen das 'Gothicum',[143] das 'Missale Gallicanum Vetus'[144] und das 'Missale Francorum'[145] als Mischformulare bezeichnet werden können. Die Kennzeichen der drei gallischen Texte sind dramatische Gestaltung in 'Expositio',[146] die besonders klangvolle Sprache der 'Monemessen',[147] wovon eine rein poetisch in Hexametern verfasst ist, und komplizierte, lange Themenverbindungen des 'Lektionars von Luxeil', das der Tradition des 'Diatessaron'[148] und somit der syrischen Kirche überhaupt nahe steht.

Exposition Antiquae Liturgiae Gallicanae[149]

Dieses kleine Werk bestätigt den allegorisch-dramatischen Aufbau der gallischen Messe und verrät eine Verwandtschaft mit der östlichen Liturgie, wobei die Blickrichtung jedoch mehr von eschatologischer Seite, dem Gesetz des Alten Bundes und des ewigen Richters, sowie auch von ethischer Seite zur Verrichtung von guten Werken bestimmt zu sein scheint. So bestimmen die Bilder des Strafgerichtes einerseits und der Erlösung andererseits bereits den 'Introit':

> ('Introit'): Antiphona ad praelegendum canitur in specie patriarcharum illorum qui ante diluvium adventum Christi mysticis vocibus (in) tonuerunt, sicut Enoch septimus ab Adam, qui translatus est, a deo, prophetavit dicens: "Ecce venit dominus in sanctis milibus suis facere iudicum"... Sicut enim prophetantibus (patriarchis) venit manus domini super arcam, ut indemnatis daret reliquias terrae, ita psallentibus clericis procedit sacerdos in specie Christi de sacrario tamquam de coelo in arca domini, quae est ecclesia, ut tuam monendo quam exhortendo nutriat in plebe bona opera et extinguat mala.[150]

Mit dem Introit eröffnet sich auch hier der raumbezogene, kosmische Hintergrund. Die aus der Sakristei, die unsichtbare Welt darstellend, kommenden Kleriker personifizieren die vorsintflutlichen Patriarchen und der Zelebrant den vom Himmel steigenden Christus, wobei die Kirche die Figur der Arche Noahs annimmt. Mit dieser allegorisch-typologischen Darstellung ist gleich zu Anfang auch der tropologische Sinn der Liturgie verbunden, die christliche Gemeinde zu guten Werken anmahnend. Ein weiteres hervorstechendes Kennzeichen ist ein fast die ganze Liturgie durchziehender Triumphgesang, der einerseits ein Vorbild in der byzantinischen Liturgie gehabt haben könnte, andererseits aber durchaus dem eigenen Wesen der Gallier und Franken entspräche.

Der dreigliedrige Lesungsteil ist äusserst zeremoniell, raumbezogen und dramatisch aufgebaut und von viel Pomp umgeben. Den Lesungen geht zunächst eine stille Sammlung voraus, die von einem ausrufenden Diakon geboten wird.[151] Danach wird der Lesungsteil durch einen 'Aius-Gesang', der einem Sanktus entspricht, eingeleitet, dem dann ein von drei Knaben gesungenes 'Kyrie-eleison' folgt. Hierdurch werden die Majestät Gottes und die sündige Menschheit gegenübergestellt. Die drei Knaben personifizieren jeweils die drei heiligen Sprachen und die drei Weltalter:

> Tres autem parvuli, qui ore uno sequuntur 'Kyrie eleison' (item in specie illarum trium linguarum) hebraeae scilicet graecae et latinae vel trium temporum saeculi, ante legem ... sub lege, et sub gratia[152]

Nach dem 'Kyrie' geht den Prophetenlesungen unmittelbar der in Wechselstimmen gesungene Zachariasgesang voraus, die Figur des Johannes des Täufers umreissend:

> ('De prophetia'): Canticum autem Zachariae pontificis in honorem sancti Iohannis baptistae cantatur, pro eo quod primordium salutis in baptismi sacramento consistit, quod in ministerium Iohannes deo donante suscepit. Et (quia) deficiente umbra veteris (testamenti) et oriente nova evangelii claritate Iohannes medius (est) prophetarum novissimus et evangelistarum primus, ante faciem verae lucis radians lucerna fulsitu: ideo prophetiam, quam pater eius ipso nascente cecinit, alternis vocibus ecclesia psallit.[153]

Hiernach folgt eine Lesung der Propheten aus dem Alten Testament,[154] wodurch ein gewisses Vor- und Rückwärtsbewegen in Raum und Zeit entsteht, ein besonderes Merkmal des liturgischen Dramas. Dieser erste Teil steht somit, unmittelbar nach dem 'Kyrie' unter dem Zeichen der Busse, die durch die Johannesfigur auf das Kommen Christi, auf das Evangelium, aber auch auf das Endegericht vorbereitet.

Der zweiten Lesung, die Apostelgeschichte, Apokalypse, sowie Heiligengeschichten und Märtyrerakte einbezieht, folgt abermals ein langer Triumphgesang. Drei Knaben singen den Hymnus der drei Jünglinge im Feuerofen, die sie auch darstellen:

> ('De hymno'): Hymnum autem trium puerorum, quod post lectiones canitur in figura sanctorum veterum, qui sedentes in tenebris adventum domini expectabant. Sicut enim illis silentibus quartus angelus ad-

> fuit in nube roris et feruentis ignis icendia vicit, ita et istis Christo
> praestolantibus ipse dei Filius magni consilii angelus adfuit, qui tar-
> taria fragens imperia gaudium resurrectionis illos liberans intulit,
> quod evangeliste dociet. [155]

Nach diesem dargestellten Triumphgesang wechseln die drei Knaben ihre Rolle
und stellen die unschuldigen Kinder oder die Kinder des Einzugs von Jerusalem dar,
die jetzt mit Christus triumphieren, was dem Bild ständige Bewegung gibt:

> ... ut inter benedictionem et evangelium lectio (non) intercebat nisi
> tantummodo responsorium, quod a parvulis canitur, instar innocentium,
> qui pressi in evangelio consortes Christi nativitatis leguntur, vel eorum
> parvulorum, qui properante ad passionem domino clamabant in templo:
> Hosanna filio David ... [156]

Nach dem Kindergesang wird unmittelbar vor dem Evangelium abermals ein 'Aius-
Gesang', dieses Mal von engeldarstellenden Diakonen gesungen, wobei das Bild des
triumphierenden Königs diesen Teil einleitet:

> ('De aius ante Evangelium'): Tunc in adventu sancti evangelii claro mo-
> dulamine denuo psallit clerus "Aius" in specie angelorum ante faciem
> Christi ad portes inferi clamantium: "Tollite portas principes vestras,
> et elevamini portae aeternales, et introibit dominus virtutum rex glo-
> riae."[157]

Dieser Gesang nimmt das Bild des 'Introits' mit dem Eintritt Christi in die Welt
wieder auf, um den triumphierenden Einzug des Evangeliums einzuleiten. In feier-
licher Prozession wird dann das Evangelienbuch, den Auferstandenen und Richter
personifizierend, mit sieben Kerzen geschmückt, die sieben Gaben des Heiligen
Geistes symbolisierend, hereingetragen. Das Evangelienbuch wird auf den Ambo
gelegt, der hier nicht den Grabstein, wie in der byzantinischen Liturgie, sondern
den zur Rechten des Vaters thronenden Christus versinnbildlicht, damit wird aber
das lebendige Wort Gottes auch gleichzeitig auf das Endgericht bezogen. Die glo-
riasingenden Diakone personifizieren hier die über Bethlehem singenden Engel,
und stellen dadurch auch die Verbindung zur Geburt Christi in Bethlehem her. Die
Ueberlagerung ist wie folgt:

> ('De evangelio'): Egriditur processio sancti evangelii velut potentia
> Christi triumphantis de morte, cum praedicitis harmoniis et cum sep-
> tem candelabris luminis quae sunt septem dona spiritus sancti vel (ve-
> teris) legis lumina mysterio crucis confixa ascendens in tribunal ana-
> logii velut Christus sedem regni, paterni ut inde intonet dona vitae cla-
> mantibus clericis: "Gloria tibi domine," in specie angelorum qui nas-
> cente Domino: "Gloria in excelsis deo," pastoribus apparentibus ceci-
> nerunt. [158]

Obwohl durch den Gesang das Geburts-Auferstehungs- und Himmelfahrtsthema miteinander verwoben sind, so dominiert aber doch das Bild des triumphierenden Königs und Richters. Nach dem Evangelium folgt wiederum ein Sanktushymnus. Hier wechseln die Diakone ihre Rolle und stellen die mit Christus triumphierenden Heiligen, entweder die aus der Vorhölle befreiten oder die triumphierenden Aeltesten der Johannesoffenbarung dar:

> Sanctus autem, quod redeunte, sancto evangelio clerus cantat, in specie sanctorum, qui redeunte domino Jesu Christo de inferis canticum laudis dominum sequentes cantaverunt, vel spetuaginta quatuor seniorum, quos in apocalypsi Iohannes commemorat qui mittentes coronas suas ante agnum dulce canticum cantaverunt ... [159]

Die Katechumenenentlassung erfolgt nach der Predigt und den Gebeten. Der dann folgende Opfergang wird wiederum von unaufhörlichem Gesang begleitet. Der aus zwei Teilen bestehende Opferungsteil - Opfergang und Opferung - wird durch das Thema des Gesetzes verbunden. Der Auszug der Opferungsprozession entspricht der Opferung des Volkes nach der Ordnung des Mosaischen Gesetzes:

> ('De Sono') Sonum autem, quod canitur, quando procedit oblatio, hinc traxit exordium: Praecepit dominus Moysi, ut faceret tubas argenteas, quas levitae clangeret, quando offerebatur hostia, et hoc esset signum, per quod intelligeret populus ... [160]

Der Opfergang zum Altar hin versinnbildlicht die Ueberlieferung Jesu. Obwohl diese Darstellung auf Theodore von Mopsuestia zurückverweist, findet sie neben der Erfüllung des Gesetzes auch noch eine andere geistige Bedeutung:

> Nunc autem procedente ad altarium corpore Christi non iam tubis inreprehensibilus, sed spiritualibus vocibus praeclara Christi magnalia dulci melodia psallit ecclesia. [161]

Die dann folgende Passion wird nur angedeutet, und gleichzeitig mit dem Triumph der Auferstehung verbunden. Der Terminus 'turris' gehört sowohl zur gallischen Liturgie, da sie von Gregory von Tours erwähnt wird, als auch zur byzantinischen, da er bereits bei Germanos von Konstantinopel beobachtet werden konnte, und zwar in Verbindung mit dem Grossen Einzug. [162]

> Corpus vero domini ideo defertur in turribus, quia monumentum domini in similitudinem turris fuit excisum in petra et intus lectus, ubi pausavit Corpus dominicum unde resurrexit rex gloriae in triumphum. [163]

Die Konsekration vergegenwärtigt die eigentliche Passion, die dann abermals sofort wieder, in die Grablegung überleitet. 'Corporale' und 'linteum' haben dabei ihre frühere allegorisch-dramatische Bedeutung behalten. Neu scheint die Bedeutung der 'palla', die Kleider Christi darstellend, zu sein:

> Patena autem vocatur, ubi consecratur oblatio, quia mysterium eucharistiae in commemoratione offertur passionis domini. Palla vero linostima in illius indumenti tenet figuram, quia in gyro contexta a militibus non fuit divisa, tunica scilicet Christi. Corporalis vero palla ideo pura linea est, super quam oblatio ponitur, quia corpus domini puris linteaminibus cum aromatibus fuit obvolutum in tumulo. [164]

Obgleich alles auf die Grablegung hindeutet, fehlen hier die Figuren von Joseph von Arimathäa und Nikodemus gänzlich, dagegen spielen die ungeteilten Kleider Christi eine Rolle. Das vor dem Friedenskuss und der Kommunion gesungene 'Alleluia', ist sowohl auf die Apokalypse, Auferstehung und Himmelfahrt, sowie auf die drei Weltalter gerichtet und umfasst somit die ganze Heilslehre:

> Laudes autem, hoc est Alleluia, Iohannes in apocalypsi post resurrectionem audivit psallere. Ideo hora illa (qua corpus) domini pallio quasi Christus tegitur coelo, ecclesia solet angelicum canticum (cantare): quod autem habet ipsa Alleluia primam et secundam et tertiam, signat tria tempora ante legem, sub lege, sub gratia. [165]

Die Brotbrechung bezieht sich in diesem gallischen Text auf die Kreuzigung und nicht auf die Auferstehung. Mit einem Lobpreis auf die Dreifaltigkeit, 'Trecanum', der nur vom Chor gesungen zu werden scheint, während die Gläubigen zur Kommunion gehen, klingt die Liturgie aus. [166]

Dieses gallische, liturgische Drama hat trotz offensichtlichen, östlichen Einflusses seine eigenen, von der westlichen Theologie geprägten und seinem Wesen entsprechende Züge und Ausdrucksformen mit vorwiegend eschatologischer Orientierung unter dem Zeichen des Gesetzes. Nicht östliche Mystik, sondern das Bild des triumphierenden Königs und des ewigen Richters sind sein Leitfaden. 'Raumbezogenheit' mit vielschichtigen, zeitlichen und räumlichen Ueberlagerungen kennzeichnet dieses Drama. 'Personifizierung' von Engeln, biblischen Gestalten, und Gegenständen, 'Gesang', 'Bewegung' und 'Gestik' mit allegorisch-symbolischer Bedeutung sind die dramatischen Mittel, durch die der biblische Stoff verbunden mit der Heilslehre zur Darstellung kommt. Ständiges 'Vor- und Rückgreifen' in Raum und Zeit geben dem Ganzen eine tiefendimensionale Beweglichkeit.

Die afrikanische Liturgie

ist die erste lateinische Liturgie. Obwohl es keine offiziellen liturgischen Schriftstücke gibt, lassen die Schriften Tertullians, Cyprians und Augustins[167] auf eine vollständige Liturgie schliessen, die das Eingreifen verschiedener Konzile erforderlich machte. [168]

Die römische Liturgie

Obwohl diese Liturgie strenger gehalten und nüchterner ist, hat sie auch ihre eigene dramatische Ausdrucksweise. Auch zu der frühesten Liturgie der Pontiffs gehört das 'sindone' zu den dramatischen Gegenständen.

Papst Silvester (335 n. Chr.)

Gibt in der folgenden Beschreibung dem Altartuch dramatisch-allegorische Bedeutung:

> Hic instituit sacrificium altaris non in pannum tinctum celebrari nisi tantum in lineum terrenum procreatum scitu corpus Domini nostri Jesu Christi in sindone lineam mundam sepultam est. [169]

Wie gezeigt werden konnte, wird in anderen Liturgien seine allegorisch-dramatische Bedeutung und Funktion komplizierter und vielschichtiger.

"'Libelli'" - Papst Innozenz I

Das Kennzeichen der frühen römischen Liturgie ist eine gewisse Beweglichkeit, die durch die sogenannten 'Libelli',[170] in denen einzelne Messformulare lose zusammengefasst sind, bezeugt ist. Aber bereits unter Papst Innonzenz I (401-417 n. Chr.) macht sich eine gewisse Regelung bemerkbar. Dieses Eingreifen in die praktizierte gallische Liturgie ist durch einen Brief an Bischof Gubbio manifestiert. Hier heisst es:

> Si instituta ecclesiastica, ut sunt a beatis Apostolis tradita, integra vellent servare Domini sacerdotes, nulla diversitas, nulla varietas, in ipsis ordinibus et consecrationibus haberetur ...[171]

Diese, von Rom ausgehende Einheit beruht auf dem Anspruch der apostolischen Tradition.

Die ersten Sakramentarien

Das erste Sakramentar, das Leoniamun (599)[172] ist eine Sammlung von 'Libelli' und entspricht einer Stoffsammlung, die von mehreren Kompilatoren zusammengestellt wurde. Es gliedert die Messformulare nach Monaten und nicht dem Kirchenjahr entsprechend. Der Entstehungsort dieser zusammengestellten Formulare ist die Päpstliche Kurie, wobei jedoch spanische Gebete auf eine Wechselbeziehung zwischen Toldeo und Rom hinweisen.[173] Das dann folgende 'Sakramentarium Gelasium'[174] ist eine komplizierte Mischliturgie aus dem 6. und 7. Jahrhundert, das auch in Gallien zirkulierte.[175] Die erste grosse Liturgiereform in Rom erfolgte unter Papst Gregor dem Grossen (604 n. Chr.) und ist im 'Sakramentarium Gregorianum' zusammengefasst.[176]

Papst Gregors "Dialoge." Die eigentliche Auffassung dieses Papstes, die mystische Interpretation, ist in Gregors 'Dialogen' gegeben, wo es heisst:

> Hinc ego pensemus quale sit pro nobis hoc sacrificium quod pro absolutione nostra passionem unigeniti Filii semper imitatus. Quis enim fidelium habere dublium possit in ipsa immolationis hora ad sacerdotis vocem coelos aperiri, in illo Jesu Christi mysterio angelorum choro adesse, summis ima sociari, terrena coelestibus jungi unumque ex visibilius atqua invisibilius fieri.[177]

Eine solche Interpretation, die sichtbare und unsichtbare Welt verbindet, bringt aber auch diesen römischen Pontiff in die Tradition Byzantiums, eines Maximos oder Germanos, oder der Syrer wie Ephrem, Theodore von Mopsuestia und Narsai.[178] Theodore hatte bereits in Verbindung mit der Opferung und Konsekration den Mystiker und Evangelisten Johannes zitiert:

> ... This is also attested by the Lord who said: "Hereafter ye shall see heaven open and the angels of God ascending and descending to the Son of Man".[179]

Diese Interpretation durchbricht alle räumlichen und zeitlichen Begrenzungen und gibt Raum zu weiteren Vorstellungen.[180]

Ergebnis

Die westliche Liturgie spiegelt eigentlich im Gegensatz zur östlichen einen gewissen Konflikt wider. Während die gallische Liturgie einerseits im Radius der östlichen Liturgie steht, entspricht sie aber besonders der Ausdrucksweise der Gallier, die ihr bald ihr eigenes westliches Gepräge gibt. Sie wirkt wie ein gewisser 'catalyst' und verarbeitet das, was ihrer Art entspricht, wogegen sie sich wesensfremden Regelungen zu widersetzen scheint. Während die östliche und gallische Liturgie äusserst schöpferisch und gestaltungsfreudig wirkt, ist die römische strenger gehalten, obwohl auch sie in den ersten Jahrhunderten beweglichere Merkmale hatte. Ein gewisses Aufeinanderprallen der gallischen und römischen Anschauungsweise kommt bereits in dem Brief Papst Innozenz I. an Bischof Gubbio zum Ausdruck, während die 'Sakramentarien' eine gewisse Regelung rubrikmässig festlegen, bringen die 'Dialoge' Papst Gregors des Grossen eine beweglichere Anschauung zum Ausdruck, was vielleicht als wesentliche Ergänzung betrachtet werden sollte.

GESAMTERGEBNIS

Das Resultat der Untersuchung von liturgischen Texten, die in diesem Kapitel vorgenommen wurde, ist eigentlich, besonders wenn es in Verbindung zur Problemstellung des ersten Kapitels betrachtet wird, erstaunlich. In einem langsamen Vorgang hat sich, gruppiert um den ersten liturgischen Akt, ein christliches Drama, d.h., eine Darstellungsweise des Lebens, der Passion und Auferstehung Christi, entwickelt. Inwieweit besonders die Erzählkunst der Syrer, nicht zuletzt Tations 'Diatessaron' diese Darstellungen bereichert haben, muss vorerst dahingestellt bleiben. Es wird jedoch nicht zu leugnen sein, dass sich hier ein Gegenpol zum römischen Theater gefunden hat, wo der Gott der Christen nachgeahmt und zur Nachahmung dargestellt wird.

Aufschlussreich sind insbesondere auch die verschiedenen Gattungen der liturgisch-literarischen Ausdrucksweisen, die vielleicht erst überhaupt neu interpretiert und in gegenseitiger Beziehung gesehen werden müssten. Ein gutes Beispiel wäre die 'Expositio Antiquae Liturgicae' Gallicanae, da sie in der literarischen Tradition der östlichen 'Mystagogischen Katechesen'- zu stehen scheint. Auch Karl der Grosse hat in seiner Reform Erklärungen über Glaubenswahrheiten und Riten eingeführt, die einer einfacheren Form entsprachen.[181] Beide Gattungen scheinen in der grossen 'Expositio' des Amalarius von Metz zu kulminieren. Ihr grosser Vorteil liegt darin, dass sie Raum zur fantasiereichen Beweglichkeit schafft. Die kompliziertere allegorische Anschauungsweise ist wesentlich mit Amalarius Werk verwoben. Aus diesem Grunde soll im dritten Kapitel eine kurze Einführung in die Tradition der allegorischen Methode erfolgen.

ANMERKUNGEN

1 Der Begriff der Liturgie wird innerhalb dieser Untersuchung nicht im weiteren, religionsgeschichtlichen, sondern im engeren, judaeo-christlichen Sinn definiert und behandelt.

2 Lidell-Scott, Greek-English Lexicon, 1961. s.v. λειτομργία Catholic Encyclopedia, 1910, s.v. "Liturgy" by Adrian Fortescue.

3 Arndt and Gingrich, A Greek-English Lexicon of the New Testament, 1971, s.v. ἐκκλησία.

4 Arnold T. Ehrhardt, Politische Metaphysik von Solon bis Augustin 3 Bd. (Tübingen: J.C.B. Mohr, 1959) 1: 117, n. 1, 136-145.

5 Auch die kultischen Akte des römischen Staatswesens verdienten von dieser Seite betrachtet zu werden.

6 A. Wilmart, "Expositio Missae," in Dictionnaire d'Archéologie Chrétienne et de Liturgie, eds. F. Carbol et H. Leclercq, 15 vols. (Paris: Librairie Letouzey et ané 1907-1953), v. 5. pt. 1 (1922): 1014-1027. Hiernach zitiert: DACL

7 Dom Gregory Dix, The Shape of the Liturgy (Westminster Dacre Press, 1945), p. 394; Joseph Jungmann, Early Liturgy to the Time of Gregory the Great, transl. by F. Brunner, (Notre Dame, Ind.: University of Notre Dame Press, 1959), and The Mass of the Roman Rite, its Origins and Development, transl. by F. Brunner. 2 vols. (New York: Benziger, 1951-55), 1: 3-37.

8 Pere Dom Fernand Cabrol, Les Origines Liturgiques (Paris: Letouzey et Ané Editeurs, 1906), pp. 8, 17; J. Danielou, Bible et Liturgie (Paris: Edition du Cerf, 1951), pp. 7-49; Dom Benedict Steuart, The Development of Christian Worship (London: New York: Longmanns Green and Co., 1953), p. 13.

9 Siehe unten S. 105-127.

10 W.O.E. Oesterley, The Jewish Background of the Christian Liturgy (Oxford: At the Clarendon Press, 1925), p. 113; Ismer Elbogen, Der jüdische Gottesdienst in seiner geschichtlichen Entwicklung, 4. Aufl. (Hildesheim: Georg Olms Verlagsbuchhandlung, 1962).

11 Mk. 11:11 und 14:49. J.B. (Jerusalem Bibel)

12 Oscar Cullmann, Urchristentum und Gottesdienst, 2. verm. u. veränd. Aufl. (Zürich: Zwingli Verlag, 1950), S. 13-15. Klaus Gamber, Domus ecclesiae (Regensburg: Pustet Verlag, 1968).

13 Mk. 14:22-25; Matth. 26:26-29; Lk. 22:13-20. JB

14 Mk. 16:14-15; Lk. 24:30-31; Jn. 21:1-14. JB

15 Apostelgesch. 2:14-47; 1 Cor. 14:26-33. JB

16 Off. 1:10. JB

17 Siehe oben, S. 49, n. 24.

18 Plinius Epistula 10.96. Abgedruckt bei Karl Mirbt, Quellen zur Geschichte des Papsttums, 4. Aufl. (Tübingen-Leipzig: Verlag J.C.B. Mohr (Paul Siebeck), 1924), S. 8-9.

19 Arthur Vööbus, Liturgical Traditions in the Didache, Papers of the Estonian Theological Society in Exile, Nr. 16 (Stockholm: ETSE, 1968), S. 9-39.

20 Justin Martyr 1 Apologie 61-67.

21 Irenaeus Adversus Haereses 4.17.5, 18.6.

22 Klemens v. Alexandrien Mahnrede an die Heiden (Protreptikos) 2. Buch. Cf. Dom Casel, "Das Mysteriengedächtnis der Messliturgie im Lichte der Tradition," JbLw 6 (1926): 113-204. "Neue Zeugnisse für das Kultmysterium," JbLw 13 (1933): 99-171, and "Glaube, Gnosis, Mysterium," JbLw 15 (1941): 155-305.

23 A.F. Walls, "A Note on the Apostolic Claim in the Church Order Literatur," Texte und Untersuchungen 64 (1957): 83-92.

24 The Apostolic Tradition of St. Hippolytus (of Rome), 16.12. Cf. Walls, "Church Orders," pp. 84-86.

25 Didascalia Apostolorum 1 et 9. Cf. Walls, "Church Orders," S. 87-88.

26 The Testament of Our Lord 2.

27 Statua Ecclesia Antiqua, can. 24.

28 Constitutiones Apostolorum 2.57., 8.5-15.

29 Eusebius Ecclesiastical History 9. John W. Eadie, ed., The Conversion of Constantine, European Problem Studies (New York: Holt, Rinehardt and Winston; Paperback, 1971); H. Doerries, Das Selbstzeugnis Kaiser Konstantins, Abhdl. d. Ak. d. Wiss. in Göttingen, Phil. hist. Kl., 3. F. Nr. 34. (Göttingen: Vandenhoeck & Ruprecht, 1954); Robert M. Grant, Augustus to Constantine: The Thrust of the Christian Movement into the Roman World (New York: Harper and Row Publishers, 1970); A.H.M. Jones, Constantine and the Conversion of Europe rev. ed. (New York: Collier Books, 1962); A. Piganiol, L'Empire Chrétien (Paris: Presses Universitairs de France, 1947); J. Vogt, "Constantine der Grosse," RAC 3 (1956), 306-379, and "Christenverfolgung (historisch)," RAC 2 (1954): 1159-1203.

30 Dix, Liturgy, pp. 3-5.

31 siehe oben, S. 23-24.

32 siehe oben, S. 21-23.

33 Dieses Problem der Vorstellungskraft kann hier nur angedeutet, aber nicht näher behandelt werden.

34 Anton Baumstark, Comparative Liturgy, transl. from the 3rd French ed. by F.L. Cross, eve. by Bernard Botte (London: A.R. Mowbray & Co. Ltd.,

1958), pp. 12, 18-19. Cf. Peter R. L. Brown, "The Rise and Function of the Holy Man in Late Antiquity," The Journal of Roman Studies, 61 (1971): 80-101, bes. 94-95.

35 L. Fendt, Einführung in die Liturgiewissenschaft (Berlin: Alfred Töpelmann, 1958).

36 A. Baumstark, Comparative Liturgy, p. 31. F. E. Brightman, Liturgies Eastern and Western (London: At the Clarendon Press, 1896), p. xviii. Pére Sévérin Salaville, An Introduction to the Studies of Eastern Liturgies. Adapted from the French with a preface and some additional notes by M. T. Barton (London: Laus & Co., Ltd., 1938), p. 9. F. C. Burkitt, "The Old Lectionary of Jerusalem," JTS 24 (July, 1923): 415-425.

37 Auf die Eigenart und den Einfluss der syrischen Kirche lassen besonders die in diesem Kapitel behandelten liturgischen Texte schliessen. Zu den Ergebnissen der jüngsten Forschung siehe besonders die Werke des Syrologen Arthur Vööbus, auf die ich erst am Ende dieser Arbeit aufmerksam wurde.

38 Brightman, Liturgies, p. lxxxvii.

39 Ibid.,

40 siehe oben S. 66, 79-80, 105-127.

41 Louis Duchesne, Christian Worship: Its Origin and Evolution. A Study of the Latin Liturgy up to the Time of Charlemagne. Transl. by M. L. McLure, 5th ed. London Society for promoting Christian Knowledge (New York: The Mac Millan Co., 1919), p. 71. Salaville, Eastern Liturgies, p. 25. A. Baumstark, "Denkmäler der Entstehungsgeschichte des Byzantinischen Ritus," Oriens Christianus 3. ser. 2 (1927): S. 3.

42 F. E. Brightman, "The Historia Mystagogia and other Greek Commentaries on the Byzantine Liturgy," JTS 9 (1908): 248-65, 387-97.

43 siehe I. Kap.

44 F. C. Burkitt, "The Old Lectionary of Jerusalem," JTS 24 (1927): 415-424.

45 Dix, Liturgy, pp. 307-08.

46 siehe oben S. 41.

47 Mystagogische Katechesen 13. 9.

48 Itinerarium Egeria (Peregrinatio Aetheriae) 31. 1. (Matt, 21:9)

49 F. Probst, "Die Antiochianische Messe nach den Schriften des heil. Johannes Chrysostomus dargestellt", ZfkTh 7 (1883): 250-303.

50 Chrysostomus In illud vidi Domini 2. (In Oziam). Cf. In Genesis, hom. 54. 2.

51 Ibid., 2, 3.

52 Probst, "Die Antiochanische Messe", S. 251.

53 Basileios der Grosse Liturgia. In J.-P. Migne, Patrologiae cursus completus: Series Graeca. 162 Vols. (Paris: 1857-66), 31: 1630-73. Hiernach zitiert PG.

54 Arthur Vööbus, History of the School of Nisibis, Corpus Scriptorum Christianorum Orientalium, Scriptores Syriaci, 266. Subsidia t. 26 (Louvain: Secretariat du CorpuSCO, 1965). Hiernach zitiert CSCO.

55 Tatian Diatessaron 51-53.

56 F.C. Burkitt, "The Early Syriac Lectionary System", Proceedings of the British Academy 10 (1921-1923): 301-338; A. Baumstark, "Nichtevangelische syrische Perikopenordnungen des ersten Jahrhunderts", LQ 3 (1921).

57 Johannes List, Studien zur Homelitik Germanos I von Konstantinopel und seiner Zeit, Texte und Forschungen zur Byzantinisch Neugriechischen Philologie Nr. 29. (Athen: Verlag der Byzantinischen-Neugriechischen Sprache, 1939): M. Carpenter, "Romanus and the Mystery Play of the East", Philological Studies in Honor of Walter Miller, The University of Missouri Studies 11 (July 1936): 21-51.

58 Arthur Vööbus, Literary, Critical and Historical Studies in Ephrem the Syrian. Papers of the Estonian Theological Society in Exile, 10 (Stockholm: ETSE, 1958).

59 Saint Ephrem Commentaire de l'evangéle concordant.

60 Ibid., 18.20 (Matth. 37:58., 1:19; Luc. 23:51).

61 Zum Einfluss Tatians auf die Passionsgestaltung bei Ephrem, Narsai und Jacob von Serugh siehe R.H. Connolly, "Jacob of Serugh and the 'Diatessaron' JTS 8 (July 1907): 581-590; Augustus Carl Mahr, Relations of Passion Plays to St. Ephrem the Syrian (Columbus: The Wartburg Press, 1947).

62 siehe oben S. 60-61.

63 Apostolic Constitutions 8.12.3.

64 Persian Anaphora.

65 Diesen Hinweis verdanke ich Herrn Professor Paul Ricoeur.

66 Joseph Braun, Der christliche Altar, (München: 1924), S. 104. Braun weist daraufhin, dass diese Fächer mit sechsflügeligen Cherubs versehen gewesen seien. Nach solchen, auf den Fächern angebrachten Bildern und Zeichen, könnte vielleicht gefolgert werden, dass auch der römische Brauch, Gottheiten und Götter auf Kissen, Kuchenformen und allen möglichen Gegenständen abzubilden, um die Gegenwart der Götter zu provozieren, auch hier vielleicht eine verbindende Rolle gespielt haben könnte, was das Problem der schöpferischen Vorstellungskraft durch synthetische Verbindung, hier jüdisch-römische und frühchristlicher Symbole aufwirft,worauf jedoch in dieser Arbeit nicht näher eingegangen werden kann.

67 Isidorus Pelusium Epistola 123, Explicatio ecclesiasticae initiationis. Hinweis bei J.R. Geiselmann, Die Abendmahlslehre an der Wende der christlichen Spätantike bis zum Frühmittelalter (München: Max Heuber Verlag, 1933), S. 157-160.

68 Arthur Vööbus, "Theodore of Mopsuestia", Encyclopedia Britannica s. v.; and "Regarding the theological Anthropology of Theodore of Mopsuestia", Church History 33 (1964): 115-124; and, "Theological Reflections on human nature in ancient Syrian Traditions", The Scope of Grace: Essays on Nature and Grace in Honor of Joseph Sittler, ed. by Philip J. Hefner, (Philadelphia: Fortress Press, 1964), pp. 101-119.

69 Theodore of Mopsuestia Commentary of the Lord's Prayer and on the Sacraments of Baptism and Eucharist, edited and translated with a critical apparatus by A. Mingana, Woodbroke Studies Nr. 6. Christian Documents (Cambridge: W. Heffer and Sons Ltd., 1933), p. 88. (Hiernach zitiert Mingana.)

70 Ibid., p. 95.

71 Ibid., p. 83.

72 Ibid., pp. 83-84 (Luk. 2:14)

73 Mingana, p. 84.

74 Ibid., p. 84.

75 Ibid., pp. 84-85.

76 Ibid., p. 85.

77 Ibid., pp. 85-86.

78 Zum Problem der Abwesenheit. Cf. Jean-Paul Satre, The Psychology of Imagination, transl. by Bernard Frechtman 2. printing (New York: Washington Square Press, Inc., 1968), pp. 28-31, 71-120.

79 Mingana, p. 86.

80 Ibid.

81 Ibid.

82 Ibid., pp. 86-87.

83 Ibid., p. 87. (Matth. 28:2-10, 2 Cor., 5:17).

84 Ibid., p. 88.

85 Ibid., p. 88.

86 Auf die besondere theologische Einstellung Theodors, die ja auch in diesen Darstellungen zum Ausdruck kommt, kann hier nicht näher eingegangen werden.

87 Vööbus, The School of Nisibis, p. 66.

88 Ibid., pp. 72-76.

89 The Liturgical Homelies of Narsai, transl. from the Syriac and edited by R. R. H. Connolly with an Appendix by Edmund Bishop, Text and Studies, v. 36. Hiernach zitiert: Connolly. (Cf. that reference in Chapter I.)

90 Ibid., p. 38.

91 Ibid., p. 46.

92 Ibid., p. 62.

93 Ibid., p. 3.

94 Cf. oben S. 98, 76-77.

95 Connolly, p. 4.

96 Ibid., p. 12.

97 Ibid., pp. 27-28.

98 Pseudo-Dionysius der Aeropagite. Die Himmlischen und Kirchlichen Hierarchien. J. Stiglmayer, "Eine syrische Liturgie als Vorlage des Ps. Aeropagiten", ZfkT 35 (1909): 383-385.

99 Otto von Simpson, Sacred Fortress: Byzantine Art and Statescraft in Ravenna (Chicago: The University of Chicago Press, 1948).

100 Cf. dazu Brightman, Liturgies, pp. 353-411; Salaville, Liturgies, pp. 14-16; Duchesne, Origines, pp. 71-72; Probst, "Die Antiochanische Messe", pp. 250-51; Baumstark, "Denkmäler", 1-32.

101 Die Tragödie "Das Leiden des Erlösers (Christos Paschon) angeblich vom heil. Gregorius von Nazianz." Herausgegeben und aus dem Syrischen übersetzt von A. Ellisson (Leipzig: Verlag von Otto Wiegand, 1855). Verfasserund Datierungsfrage sind umstritten. S. 99-151.

102 Vielleicht müsste diese Frage der Wechselbeziehung, die besonders in Verbindung mit diesem Werk ins Auge springt, von neuem untersucht werden, an die Untersuchungen von Donald Cornford, The Origin of the Attic Comedy, ed. with a foreword by Theodore Gaster (Garden City, N. Y.: Doubleday & Company, Inc., Anchor Books, 1961) und Gilbert Murray, Euripides and His Age (London: Thronton Butterworth, Lt., 1927), anknüpfend.

103 Zeilen: 1135-1815, Ellison, Christos Paschon, S. 99-151.

104 Cf. oben S. 67.

105 Cf. unten S. 172, 181, 243-44, 245.

106 Maximos Confessor Mystagogia, PG 91: 658-718.

107 Ibid., 3., PG, 91: 663. Cf. R. Bornert, O.S.B. "Explication de la liturgie et interpretation de l'Ecriture chez Maxime le Confesseur", Studia Patristica 10 (1970): 323-327.

108 Mystagogia, 3. PG, 91: 671.

109 Maximos Questiones ad Thalassium 20, PG, 90: 310.

110 Mystagogia, 8. PG, 91: 687.

111 Sophronius (Patriarch von Jerusalem) Commentarius Liturgicus 1. PG, 87: 3982.

112 Ibid., 3. p. 3983.

113 Ibid., 4. p. 3980.

114 Ibid., 4. p. 3986.

115 Germanos (Patriarch von Jerusalem) Historia Ecclesiastica et Mystica, PG, 98: 383-454.

116 Ibid., p. 387.

117 Ibid., p. 391.

118 Ibid., p. 399.

119 Ibid., pp. 398, 422. Cf. Amalarius, unten S. 244.

120 Ibid., PG, 98: 419.

121 Ibid.

122 Cf. Gallische Liturgie oben S. 85ff. und unten, Amalarius S. 256-57.

123 Friedrich Heiler, Altkirchliche Autonomie und Päpstlicher Zentralismus (München: Verlag von Ernst Reinhardt, 1941).

124 Duchesne, Christian Worship, p. 86-105; Jungmann, Early Liturgy, p. 24-25; Steuart, Development.

125 Ambrosius De Sacramentiis et de Mysteriis.

126 F. Cabrol, "Mozarabic", (la liturgie), DACL 12 (1935): 390-491; Pius Bonifatius Gams, Die Kirchengeschichte von Spanien, 2 Bd. (Regensburg: Druck und Verlag von Joseph Manz, 1874). Isidor v. Seville, Ecclesiastic Offices. (Dieser Text ist ein Beispiel der mozarabischen Liturgie); Dom Paul Sejourne, Saint Isidore de Seville, Etudes de Theologie Historique (Paris: Gabriel Beauchesse, 1929).

127 Heiler, Altkirchliche Autonomie, S. 58.

128 Cf. siehe oben S. 91-92.

129 Cf. siehe oben S. 91-92.

130 John T. McNeill, The Celtic Churches: A History A.D. 200 to 1200 (Chicago: University of Chicago Press, 1974).

131 Ferdinand Cabrol, "Le Book of Cerne. Les Liturgies celtiques et gallicanes et la liturgie romaine", Revue de questions historique 56 (N.S. 32) (1904):

210-222; David N. Dumville, "Liturgical Drama and Panegyric Responsory from the Eight Century? A Re-examination of the Origin and Content of the Book of Cerne", JTS N.S. 23 (Oct. 1972): 374-406.

132 Cf. unten, S. 111-112.

133 Edgar J. Goodspeed, History of Early Christian Literature, rev. and enlarg. by Robert M. Grant (Chicago: The University of Chicago Press, Phoenix Books Paperback, 1966), pp. 26-27. Heiler, Altkirchliche Autonomie, S. 78-84. William H. Hutton, The Church of the Sixth Century (London and New York: Longmanns, Green and Co., 1897). Johannes Quasten, "Oriental Influences in the Gallican Liturgy," Traditio 1 (1943): 55-78. T. Scott Holmes, The Origin and Development of the Christian Church in Gaul (London: MacMillan & Co., 1911), pp. 141-183; E. Griffe, "Aux origines de la liturgie gallicane," Bulletin de litterature écclesiastique 52 (1951): 17-43.

134 siehe unten S. 111-112.

135 Peregrinatio.

136 Cf. oben S. 60-61.

137 J.B. Thibaut, L'ancienne Liturgie Gallicane son origine et sa formation en Provence aux V et VI siècles son l'influence de Cassian et de Saint Cesaire d'Arles (Paris: Maison de la bonne presse, 1929).

138 A. Malnory, Saint Cesaire, eveque d'Arles, 503-543 n. Chr. (Paris: E. Bouillon, 1894). C.F. Arnold, Caesarius von Arelate und die gallikanische Kirche (Leipzig: J.C. Hinrich'sche Buchhandlung, 1894).

139 Gregorii Turonensis, Historia Francorum 1.48, 10.31. G. Nikel, Der Anteil des Volkes an der Messliturgie von Chlodwig bis Karl dem Grossen, Forschungen zur Geschichte des innerkirchlichen Lebens, Heft 2. (Innsbruck: Druck und Verlag F. Rauch, 1930).

140 Sowohl die Verfasser- als auch die Datierungsfrage ist ein vielumstrittenes Forschungsproblem, auf das hier nicht näher eingegangen werden kann. Cf. H. Leclercq, "Germain de Paris" (letter attributes a Saint), DACL 6 (1924): 1050-1102; Klaus Gamber, Ordo Antiqua Gallicanus: Der gallikanische Messritus des 6. Jahrhunderts (Regensburg: Verlag Friedrich Pustet, 1965); P. Radó, "Verfassen und Heimat der Monemessen", Eph. Lit. 42 (1928): 64. Radó nimmt an, dass der Verfasser nicht Germanos von Paris, sondern Germanos von Auxerre (488 n. Chr.) gewesen sein könnte.

141 J. Mone, Lateinische und griechische Texte aus dem 2. bis 6. Jahrhundert (Frankfurt, a.M.: C.B. Lizius Verlag, 1851).

142 Pierre Salmon, ed., Le Lectionnaire de Luxeuil, 2 vols. Collectanae Biblia Latina, 7 et 9. (Roman: Abbaye Saint-Jerome, 1944-53).

143 Leo C. Mohlberg, Herausgeber, Missale Gothicum, Rerum Ecclesiasticarum Documenta. Series Maior: Fontes 5. (Roma: Casa Ediatrice Herder, 1961).

144 Leo C. Mohlberg, L. Eisenhöfer and P. Siffrin, Herausgeber, <u>Missale Gallicanum Vetus</u>, Rerum Ecclesiasticarum Documenta, Series Maior: Fontes 3. (Roma: Casa Editrice Herder, 1958).

145 L.C. Mohlberg, L. Eisenhöfer and P. Siffrin, Herausgeber, <u>Missale Francorum,</u> Rerum Ecclesiasticarum Documenta. Series Maior: Fontes 2. (Roma: Casa Editrice, Herder, 1957).

146 siehe oben S. 86-90.

147 Mone, <u>Monemessen,</u> S. 30-35.

148 P. Radó, "Das älteste Schriftauslegungssystem der altgallikanischen Kirche", <u>Eph. Lit.</u> 45 (1931): 9-25; 100-115; O.K. Burkitt, "Early Syriac System", 301-338.

149 <u>Expositio Antiquae Liturgiae Gallicanae Germano Parisiensi ascripta,</u> editit notisque instruxit Joannes Quasten Opuscula et Textus: Series Liturgica (Münster: Aschendorff Verlag, 1934). Hiernach zitiert. Quasten

150 Ibid., pp. 10-11.

151 Cf. oben S. 69, n. 69, S. 70, n. 73.

152 Quasten, p. 12.

153 Ibid., p. 13. Thibaut hat daraufhingewiesen, dass dieser Zachariasgesang ein exklusiver Zug der gallischen Kirche gewesen sei, und sich auf den Triumphgesang bei der Taufe Chlodwigs bezogen habe, <u>Liturgie,</u> S. 37.

155 Ibid., p. 14. (Dan. 3:51-90).

156 Ibid. (Matth., 21:9).

157 Ibid. (Ps. 8:3).

158 Ibid., p. 15. (Luc., 2:14).

159 Ibid., p. 15. (Apoc. 4:10-11). Vielleicht verdiente das Thema des Abstiegs Christi in die Vorhölle hier Beachtung, siehe besonders Dumville, "Liturgical Drama", pp. 374-406.

160 Quasten, pp. 17-18.

161 Ibid., p. 18; cf. oben S. 71.

162 Cf. oben S. 82-83

163 Quasten, p. 18.

164 Ibid., p. 19.

165 Ibid., p. 20.

166 Ibid., p. 23, n. 1.

167 W.C. Bishop, "The African Rite", JTS 13 (1922): 250-277; Wunnibald Roetzer, Des heil. Augustinus Schriften als liturgiegeschichtliche Quellen (München: M. Hueber Verlag, 1930).

168 Emmanuel Bourque, Étude sur les Sacramentaries Romains, Studi di Antichita Cristiana, vols. 20, 25. (Citta del Vaticano: Pontifico istituto di archeologia cristiana, 1949, 1958), Vol. 20.

169 Liber Pontificalis, 1.51. Cf. Geiselmann, Die Abendmahlslehre, S. 158.

170 Cyrille Vogel, "Le development historique du culte Chrétien en occident. Resultates et problems", Problemi di stori della Chiesa l'Alto Medio evo (Milano: Vita et Piensiero, Pubblicazioni delli Universita Cattolica desl Sacro Curo, 1973): 73-98.

171 PL 20: 551-552. Zu diesem Problem siehe auch C. Clifford Flanigan, "The Roman Rite and the Origins of the Liturgical Drama", University of Toronto Quarterly, 43 (1934): 263-284.

172 Bourque, Sacramentaries, 20: 65-169.

173 Ibid.

174 Ibid., p. 173-298.

175 Vogel, "Le development", S. 73-98.

176 Bourque, Sacramentaries, 20: 301-391.

177 Gregory the Great Dialogues 4.60. Cf. Hardison, Christian Rite, pp. 36-37, n. 1 and 2.

178 Cf. oben S. 67-83.

179 Mingana, S. 84-5. (Joh. 1:51).

180 Zur weiteren Behandlung der römischen Liturgie siehe

181 Wilmart "Expositio", pp. 1014-18.

III. KAPITEL

DIE TRADITION DER ALLEGORISCHEN METHODE[1]

DIE WESENSBEDEUTUNG DER ALLEGORIE

Allgemeine Einführung

Die scharfe Trennung von Allegorie und Symbol der letzten Jahrhunderte hat der allegorischen Figur das Bewegliche und Zeichenhafte genommen, das sie im Altertum, in der Patristik und im Mittelalter hatte. Stattdessen ist ihr etwas Statisches und Festes, vielleicht Unwandlungsfähiges zugelegt worden. Mit einer solchen Voreingenommenheit fing auch ich an, die Texte zu analysieren, nur um von ihrer Beweglichkeit und Dynamik, die dann auch noch dramatisch zum Ausdruck kam, fast überwältigt zu werden, was mich zur Einsicht führte, dass vielleicht das Wesen der Allegorie oder des allegorischen Symbols in einer neuen Weise erschlossen werden müsste. Von einer solchen Fragestellung ausgehend, will die vorliegende Untersuchung lediglich als Einführung in die weitverzweigte Tradition der allegorisch-symbolischen Methode dienen. Methodisch soll dabei zunächst auf die griechische, jüdische und alexandrinische Allegorese bis um 50 v. Chr. eingegangen, danach die allegorische Exegese des Frühchristentums und der griechischen Kirchenväter bis zum ausgehenden dritten Jahrhundert besprochen werden, um letztlich mit einer Behandlung der Interpretationsweise der lateinischen Kirchenväter, unter besonderer Berücksichtigung Augustins, bis auf Beda abzuschliessen.

Definition

Das Wort 'allegoria' αλληγορία ist ein Produkt der rhetorischen Schule und ersetzt das frühere 'uponoia' ὑπόνοια.[2] Es wird aus dem Griechischen 'allos' αλλος abgeleitet und bedeutet wesentlich das Andere.[3] Das allegorische Bild und Zeichen weist auf ein Anderes, Ausser-Sich-Selbst-Liegendes, von dem es seine verhüllte Bedeutung erhält. Eine solche bezogene Situation setzt aber von sich aus schon Bewegung voraus, kann ja überhaupt nicht statisch sein.

Die griechische Tradition

Die Anfänge der allegorischen Methode liegen bei den griechischen Philosophen, die auf ihrer Suche nach den Grundideen bei den von Musen und Göttern inspirierten Dichtern das bildhaft angedeutet zu finden glaubten, was sie selbst auf dem

Wege der reinen rationellen Erkenntnis erreicht hatten. Das Stammeln der Dichter und Propheten war für sie irrational und rätselhaft und ergoss sich in besonderen Zeichen und Mythen, die zur Einkleidung der in der Dichtung enthaltenen Wahrheit dienten.[4] Allegorie war ein die Wahrheit verhüllender Schleier, und es bedurfte daher einer besonderen Hermeneutik und Vorstellung, um den tieferen und wahren Sinn der Dichtung zu erschlüsseln. Aus diesem Auslegungsvorgang entwickelte sich die allegorische Methode, die um etwa 500 v. Chr. bei den Griechen verbreitet war.

Die ersten Ansätze der allegorischen Deutung gehen auf die Dichtung Homers und Hesiods zurück, und man ist sich in der Forschung nicht einig, ob sie mit dem Grammatiker Theagenes von Rhegium (c. 525 v. Chr.) oder mit dem Philosophen Pherecydes von Syros (ca. 600 v. Chr.) begann.[5] Im allgemeinen wird jedoch das fünfte Jahrhundert v. Chr. als Zeitpunkt der allgemeinen Verbreitung des allegorischen Verfahrens angesetzt, denn zu dieser Zeit werden mit Anagoras (ca. 500-428 v. Chr.), der als erster die Dichtung Homers die allegorische Bedeutung von Tugend und Gerechtigkeit beigelegt hatte, Spuren der Allegorik sichtbar. Sein Schüler Metrodorus von Lampsacus erweiterte diese Methode von naturwissenschaftlicher Seite her. Demokrit (ca. 460-370 v. Chr.) versucht ebenfalls in seinem Werk 'Ueber Dichtung' eine naturwissenschaftliche Analyse der inspirierten Dichtung zu geben. Antisthenes (ca. 455-360 v. Chr.) will dagegen in seinen Kommentaren über Homers Dichtung den tieferen und wahren Sinn erforschen.[6] Bei Plato selbst gibt es sowohl Stellen, die auf eine Verhüllungsmethode der Dichter schliessen lassen,[7] als auch eine von ihm selber angewandte Allegorie.[8]

Im dritten Jahrhundert v. Chr. gab die Stoa der allegorischen Methode einen neuen Impetus. Die Stoiker Zeno, Cleanthes, Chrysippus und Diogenes interpretierten die für sie als gottlos empfundenen anthropomorphen Darstellungen der Gottheiten in einem anderen als nur buchstäblich-literalen Sinn. Cleanthes glaubte die wahre philosophische Theologie in der verhüllten Dichtersprache der Urzeiten zu finden.[9]

Von der entwickelten allegorischen Interpretationsmethode der Stoiker wurde besonders die Schule von Alexandrien, einem führenden Kultur- und Bildungszentrum der hellenistischen Zeit, wo sich jüdische und griechische Geistesströmungen trafen und von wo der Neuplatonismus seinen Ausgang nahm, beeinflusst. In den ersten beiden Jahrhunderten unserer Zeitrechnung sind Cornutus, Heraklitus, Plutarch, Philo und Numenius von Apamea für die allegorische Interpretation wichtig.[10] Heraklitus, aus dem ersten Jahrhundert, definiert Allegorie folgendermassen:

> ... that is called allegory, which, as the name implies, says one thing but means something other than what it says.[11]

Aus der Fragestellung nach der in der verhüllten Dichtersprache verborgenen Wahrheit hatte sich die allegorische Methode bei den Griechen entwickelt. Auch die Philosophen selbst, wie Plato, hüllten ihre Erkenntnis in Metaphern ein. Unabhängig von den Griechen hatten auch die Rabbiner eine freie Schriftauslegung, die nicht unbedingt an den Buchstaben gebunden war.

Die jüdische Allegoristik

Das Alte Testament war nicht nur zum Teil, wie die griechische Dichtung, sondern völlig inspiriert, und da es sich um das Wort Gottes handelte, musste auch alles in der Schrift gerechtfertigt und erklärt werden. In der dunkelsten Stelle, in einer Wiederholung, konnte das wichtigste Wort verhüllt sein, das den Weg Gottes in der jeweils gegebenen Situation und Wirklichkeit erkennen lassen könnte. Da Gott durch Moses und die Propheten gesprochen hatte, war es die Aufgabe der Exegeten, dieses Wort zu allen Zeiten richtig zu interpretieren. Damit sich das Gesetz auf die Wirklichkeit der jeweiligen historischen Situation effektiv beziehen konnte, wandten die Rabbiner gewisse Umdeutungsversuche an.[12] Aber es war durch die Weisheitsdichtung und Apokalyptik, dass sich die allegorische Methode immer mehr im Judentum verbreitete. Da sich diese Dichtung nicht wie das Gesetz unmittelbar auf den Willen und das Gesetz bezog, sondern in Symbolen, Bildern und Metaphern sprach, kamen sich die hellenistische und rabbinische Exegese hier auch am nächsten.[13]

Durch die Uebersetzung der Septuagint ins Griechische waren bereits griechische Ideen und Begriffe durch Umdeutung in den Bibeltext gekommen. Zum Beispiel wurde 'Hand' als symbolische Kraft umgedeutet.[14] Die ersten systematischen Versuche einer allegorischen Interpretationsweise sind bei Aristobulus (200-100 v. Chr.), einem jüdischen Philosophen, der griechische Philosophie und rabbinische Theologie systematisch miteinander zu verbinden versuchte, belegt. Von der Stoa beeinflusst, bekämpfte er besonders die anthropomorphen Darstellungen Gottes in der Bibel. In seinem Kommentar über das Mosaische Gesetz ist er davon überzeugt, dass die Griechen Zugang zur 'Septuagint' gehabt haben müssten, denn nur so liesse sich die an so vielen Stellen belegten Uebereinstimmungen zwischen dem Alten Testament und der griechischen Philosophie erklären.[15] Für die weitere Bedeutung der allegorischen Exegese ist der Brief des Ps. Aristeas (145-127 v.Chr.) wichtig, denn er deutet die unreinen Tiere der Spiesegesetze[16] in gewisse Menschentypen um, was dem auf ein Anderes weisenden, allegorischen Sinn, entspricht.[17]

Philo von Alexandrien (20 v.Chr. - 54 n.Chr.)[18]

Philo, ein in der griechischen Klassik geschulter Jude, war der bedeutendste Allegoriker des hellenistischen Judentums. Er blendete jüdisch-gläubiges Denken mit der Philosophie der Griechen und hat mit seinen umfangreichen allegorischen Kommentaren und Schriften die christliche Exegese der Patristik wesentlich beeinflusst. Philos Exegese war, wie gezeigt werden konnte, nicht neu, ihr Unterschied bestand darin, dass sie rabbinische Schriftauslegung und griechische Exegese mehr von philosophischer Sicht aus synthetisierte als das bis dahin geschehen war. Philo unterstellte dabei die Philosophie und Vernunft dem Worte Gottes, wie es in der Bibel durch Moses und die Propheten manifestiert war, denn dem Propheten kam als direktes Instrument Gottes grössere Bedeutung als dem Philosophen zu. Er folgte Aristobulus und sah im Alten Testament die Quelle der griechischen Philosophie.

Philo hat als Erster das Dogma der buchstäblichen und innern Schriftbedeutung präzise formuliert und am intensivsten und extensivsten behandelt. In dieser These liegt besonders seine Bedeutung für die patristische Exegese. Für Philo war die Lehre der Erschaffung des himmlischen und irdischen Menschen verbindlich, [19] und mit der Leib-Seele Metapher bezeichnet er immer wieder die Bedeutung des inneren und äusseren Schriftsinnes. Für ihn hatte jede äussere Gesetzesdurchführung auch innere geistige Bedeutung, was er wie folgt formuliert:

> We should look on all outward observances as resembling the body, and their inner meaning as resembling the soul. [20]

Philo unterscheidet in seiner Abhandlung über die Exegese der 'Therapeutae'[21] und 'Essenes'[22] zwischen der philosophisch-mystischen und der ethisch-tropologischen Richtung der allegorischen Exegese, die sich hier bereits bei den asketischen Gruppen der hellenistischen Juden manifestierte und auch später zu dem wesentlichen Aufbau der christlich-allegorischen Methode gehörte. [23]

In Einzelheiten der allegorischen Schriftauslegung kommt Philo dem Midrash nahe, worauf besonders auch Grant und Siegfried hingewiesen haben. Nach Philo soll der Exeget den folgenden Textschwierigkeiten seine besondere Aufmerksamkeit schenken, da es sich hierbei um höchstwahrscheinlich versteckte und bedeutende Allegorien handelt:

> Reduplicated expressions; seemingly superfluous words; tautologies; contradictory expressions placed close together; expressions apparently out of context; synonyms; play on words; seemingly unusual adverbs, prepositions, or pronominal forms; compound words; ambigous expressions; words whose meaning would change with an accent or breathing; strange expressions generally; verbs used with inappropriate number or tense; verses or phrases in an unusual context; numbers, natural phenomena, and names which could have a symbolic menaing. [24]

Die allegorische Methode war für Philo nicht nur ein Instrument der Exegese, sondern auch der Spekulation. Es war sein Ziel, einerseits griechisches Denken mit jüdischer Gläubigkeit zu verbinden, und andererseits die Torah in der hellenistischen Welt zu rechtfertigen, sie mit den philosophischen Schriften der Griechen gleichzusetzen, wenn nicht überlegen darzustellen, ein Problem, mit dem sich die Kirchenväter weiterhin auseinanderzusetzen hatten. Für beides diente ihm die allegorische Methode: als spekulatives Werkzeug, wenn auch nur ansatzweise, und als hermeneutisches, exegetisches Mittel. Sein Einfluss auf die christliche Exegese war weitreichend, während die rabbinische Schriftauslegung ihn nicht als Vorbild anerkannte.

Das Frühchristentum

Jesus selbst sprach oft verhüllend in Parabeln und Metaphern, so dass nicht nur seine Apostel und Jünger ihn manchmal missverstanden, falls sie seine Worte buchstäblich interpretierten, [25] sondern die christliche Exegese sich über zwei Jahrtausende hin immer wieder mit der Bedeutung der Schrift hat beschäftigen müssen, ohne vielleicht ihren tiefsten Sinn freigelegt zu haben.

Für die Exegese des Frühchristentums und der Patristik waren Paulus und Philo wohl zunächst am einflussreichsten. Der 'Korintherbrief' mit dem Hinweis, dass der Buchstabe töte, der Geist aber lebendig mache, [26] ist immer Nahrung für die Exegeten gewesen. Für die typologische Interpretation, die hier vorläufig als Aufeinanderbezogensein der beiden Testamente verstanden sein will, wurde die Stelle des 'Galaterbriefes', [27] wo Hagar und Sara sich jeweils auf die beiden Testamente beziehen, massgebend.

In der Kontroverse über die Inspiration des Alten und Neuen Testaments besonders in der Auseinandersetzung mit den Gnostikern, wurde die allegorische Methode sowohl als Polemik gegen die Gnostiker, als auch ein eigenes didaktisches und exegetisches Mittel angewandt. Zu den ersten Zeugnissen dieser Auseinandersetzung gehören der 'Barnabas' - und der zweite 'Klemensbrief'. [28] Bei den Apologeten findet sich bereits eine Fülle von Beispielen der allegorischen Methode. Justin Martyr widerlegt in seinem Werk 'Dialogues with Trypho' die jüdische Interpretation zugunsten der christlichen Prophetenauslegung. [29] Theophilus spricht in seiner apologetischen Schrift, nicht nur den Propheten, sondern auch der Sybille Inspiration zu. [30] Irenaeus von Lyons gibt in 'Adversus Haereses' eine systematische Widerlegung der Gnostiker, wobei besonders die historische Wirklichkeit des Alten Testamentes verteidigt wird. Nach Irenaeus ist bereits die Anwendung der allegorischen Methode für das rechte Schriftverständnis notwendig, vorausgesetzt, dass der kirchliche Glaubenssatz, und nicht die gnostische Weissagung ihr Ansatzpunkt ist. [31] Irenaeus wendet selbst diese Methode in seinen Predigten an. [32]

Klemens von Alexandrien

Glaube und Gnosis waren die Krafttriebe des Weltbildes bei Klemens von Alexandrien. Seine allegorische Auffassung blendet sich mit der ägyptischen Hieroglyphentradition, welche die Wahrheit in Rätseln, Symbolen und Metaphern verhüllt. Diese allegorischen Zeichen ahmen die Ordnung des Kosmos, die letzlich zur Wahrheit führt, nach. [33] Da diese Wahrheit, und Christus ist die volle Wahrheit, nur

Eingeweihten zugänglich ist, haben Dichter, Propheten und Philosophen aller Zeiten eine Methode der Verhüllung und Verschleierung angewandt. Für Klemens selbst gehören Urbegriffe und Mysterien zu dem gleichen Spekulationszweig, und nur mühsam kann zu ihnen vorgedrungen werden.[34] Obwohl Klemens kein eigentliches System der Exegese hat, stellt er aus der Hieroglyphik folgendes Schema auf:

1. Epistolographisch
2. Hieratisch
3. 'Hyroglyphisch':   a. literal (Kyriologie)
                            b. 'symbolisch':
                                    1) 'literal'
                                    2) 'figurativ'
                                    3) Allegorie-Enigmas[35]

Diese Hieroglyphik überträgt Klemens auch auf die Geheimnisse des Alten und Neuen Testamentes.[36] Glaube und Gnosis sind die beiden Schichten der Erkenntnis, die in die Geheimnisse der Wahrheit einführen, und die Klemens von Alexandrien jeweils mit dem literalen und geistigen Sinn in Verbindung bringt. So entspricht der Wortsinn der Gläubigkeit der Volksmenge bei der Bergpredigt, wogegen der allegorische Sinn letztlich nur den Eingeweihten des Berges Tabor zugänglich wird.[37] Eine eigentliche Enthüllungsmethode mit einer systematischen Anwendung, wurde nicht von Klemens, sondern seinem grossen Schüler Origenes entwickelt.

Origenes

Dieser Kirchenlehrer erarbeitete aus dem Grundbegriff des wörtlichen und geistigen Schriftsinns eine bestimmte exegetische Methode, die dem Exegeten und den Gläubigen ermöglichte, die mehrfachen Schriftdeutungen nach ihrer Kapazität zu verstehen. Bei Origenes schält sich zum ersten Mal eine definitive dreifache Methode, die der 'physischen', 'psychischen' und 'philosophisch-geistigen' (Körper-Seele-Geist) Stufungseinteilung gleichkommt. Hiernach entspricht die 'physische' Stufe dem körperlich/seelischen und die 'philosophische' Stufe dem geistigen Sinn.[38] Origenes begründet diesen Lehrsatz der Dreiteilung auch aus Salomonsprüchen der Weisheitsdichtung:

> And do Thou protray in a treefold manner, in Counsel and Knowledge,
> to answer words of truth to them who propose them to Thee.[39]

Für den Alexandriner Origenes hat die ganze Schrift zwar eine geistige, nicht aber notwendigerweise eine literale Bedeutung. Inversionen und Texteinschiebungen müssen sorgfältigst analysiert werden, da sich gerade darunter eine geheimnisvolle Wahrheit verbergen könnte. Hierbei macht sich besonders der Einfluss Philos bemerkbar. Origenes begründet diese Theorie des Auslegungsverfahrens wiederum aus der Schrift selbst und fasst sie folgendermassen zusammen:

> ... And therefore, the exact reader must, in obedience to the Savior's injunction to "search the Scripture" carefully ascertain in how far the literal meaning is true, and in how far impossible; and so far as he can, trace out, by means of similar statements, the meaning everywhere scattered through Scripture, of that which cannot be understood in a literal significance. [40]

Mit Origenes hatte die Schriftauslegung, die aus der Tradition der griechischen Philosophie, Rhetorik und Stoa, der hellenistischen Rabbinerexegese, besonders Philo, den Schriften des Paulus und Johannes, sowie der frühchristlichen Exegese gespeist worden, und nicht zuletzt von seinem Lehrer Klemens von Alexandrien beeinflusst worden war, ihr eigenes, christliches Gepräge erhalten, das sich mit ihm in der dreifachen Auslegungsmethode stabilisierte und für lange Zeit normativ für die Alexandrinische Schule wurde.

Die lateinischen Kirchenväter

Die Themen und Schriften der griechischen Kirchenväter wurden der westlichen Kirche durch Uebersetzungen und Bibelkommentare zugeführt. Aber auch direkte Wechselbeziehungen, die durch Pilgerreisen, diplomatische Beziehungen, sowie durch Verbannung entstanden, trugen zur exegetischen und theologischen Kenntniserweiterung bei. Eine besondere Rolle bei der Uebermittlung theologischen Gedankengutes und der Textübersetzung spielten der gallische Bischof Hilarius von Poitiers, der Presbyter Rufinus, Ambrosius, Bischof von Mailand und Hieronymus, denn sie beherrschten die griechische Sprache und waren auch zum Teil mit der östlichen Kirche in direkte Berührung gekommen. Sie übernahmen alle die dreifache Methode von Origenes und arbeiteten sie ihrer eigenen Exegese entsprechend weiter aus.

Hilarius von Poitiérs (315-365 n. Chr.)

Hilarius, der erste lateinische Kirchenvater, wurde in der Auseinandersetzung mit dem Arianismus im Jahre 356 auf der Synode von Béziers zur Verbannung nach Phrygien verurteilt, wo er sechs Jahre verbrachte. [41] Während dieser Zeit erwarb er sich griechische Sprachkenntnisse und befasste sich mit theologischen Fragen, besonders die der Trinitätsspekulation, die die griechische Kirche beschäftigten. Er vertiefte sich besonders in die Schriften Origenes und verfasste selbst mehrere theologische Werke (z.B. 'De Trinitate'), [42] die ein Versuch sind, eine Synthese zwischen östlicher und westlicher Theologie zu schaffen. Diese synthetische Bestreben kommt auch in seinem Werk 'Liber Mysteriorum'[43] zum

Ausdruck, wo er die allegorische Methode des Origenes übernimmt, aber in einfacher, figurativer Weise den geistigen Sinn der Schrift umarbeitet, um ihn somit den Gläubigen in Gallien leichter verständlich machen zu können. Vielleicht kann Hilarius als Erster bezeichnet werden, der die typologische Exegese so ausführlich und systematisch angewandt hat. Besonders Augustin und Ambrosius sind von ihm in dieser Hinsicht beeinflusst worden.[44] Brisson hat daraufhingewiesen, dass die Eigenständigkeit des Hilarius darin zu sehen sei, dass er die traditionelle Exegese der Schule Alexandriens mit der einfacheren Schriftauslegung der westlichen Kirche verbunden, und sie dadurch besonders der Pastoralseelsorge zugänglich gemacht habe.[45] Hilarius ist somit ein wichtiges Bindeglied zwischen östlicher und westlicher Schriftauslegung.

Es scheint auch nicht unbedeutend, dass das kleine Werk 'Liber Mysteriorum', das erste systematische Zeugnis der allegorischen Methode der westlichen Kirche ein Produkt der gallischen Kirche ist, von wo auch früher und später ein gewisser Impetus ausging. Es sprechen drei besondere Merkmale des gallischen Menschen daraus, die uns bis auf Amalarius beschäftigen werden, und das sind Aufgeschlossenheit fremden Traditionen und Strömungen gegenüber, die Fähigkeit zu assimilieren, sie der gegenwärtigen Lage und den Bedürfnissen der Zeit entsprechend und der eigenen Art und Tradition gemäss umzuarbeiten.[46]

Rufinus Tyrannius v. Aquile (345-410 n.Chr.)

Die besondere Bedeutung des Presbyters Rufinus liegt darin, dass er der westlichen Welt griechische Texte, besonders die des Origenes, zugänglich gemacht hat.[47] Er war begeisterten Anhänger Origenes, dessen dreifache Schriftauslegungsmethode er auch übernahm. Seine Schrift 'De Benedictione Patriarcharum', eine allegorische Auslegung von 'Gen'. 49:6, ist bedeutend für die Vermittlung des formulierten, dreifachen Schriftsinnes.[48]

Ambrosius, Bischof von Mailand (339-397 n.Chr.)

Einen besonderen Einfluss auf die Ueberlieferung und Verbreitung der allegorischen Exegese hatte der Bischof von Mailand. Er steht ganz unter dem Einfluss der Alexandrinischen Schule, besonders ist er offensichtlich von Philo beeinflusst, denn er hat ihn oft wörtlich übernommen.[49] Der bei Ambrosius besonders ausgeprägte Begriff des Fleisches als Geisteshülle, ist auch auf Philo und seine allegorische Auslegung von der Erschaffung des irdischen Menschen zurückzuführen.[50]

Ambrosius übernahm, unter dem Einfluss des Origenes, die Kategorien des dreifachen Schriftsinnes und gab selbst folgende Definition der Allegorie:

> Tertia quoque est, quem nobis apostoli Pauli tribuit auctoritas, qui
> ait: "Illa quae gessit Abraham ut de ancilla susciperet subolem, in
> figuram facta, et secundum allegoriam dicta. allegoria est cum aliud
> geritur et aliud figuratur."[51]

Diese Formulierung, die die ganze Ambivalenz der Allegorie in sich birgt, wird von hier an, in mehr oder weniger gleichem Sinn, von allen Exegeten des Mittelalters übernommen. Durch Allegorie erhalten die historischen Fakten des Alten Testamentes, eine neue, über sich selbst hinausweisende tiefere Bedeutung, die zu erforschen Aufgabe des Exegeten ist. Diese Dreiteilung wendet Ambrosius auch auf die Gesamtinterpretation der Schrift selbst an. So entspricht zum Beispiel die 'Genesis' dem historischen Sinn, 'Deuteronomie' dem moralischen, und 'Levitius' dem mystischen Sinn. Auch die Bücher Salomons teilt er auf diese Weise ein. Diese Definition lautet wie folgt:

> Omnis scriptura divina, vel naturalis, vel mystica, vel
> moralis est. Naturalis in Genesi, in qua exprimitur quomdo facta sunt
> coelum, maria, terrae et quemadmodum mundus iste sit constitutus;
> Mystica in Levitico, in quo comprehenditur sacerdotale mysterium.
> Moralis in Deuteronomio, in quo Secundum legis praeceptem vita humana formatur. Unde et Salomonis tres libri ex plurimis videntur
> electi: Ecclesiastes de naturalibus, Cantica canticorum de mysticis,
> Proverbia de moralibus.[52]

Der Einfluss dieser schriftlichen Dreiteilung macht sich später besonders bei Amalarius allegorisch-dramatischer Liturgie bemerkbar, wo sie in der Modulation und Darstellung des Gesanges zum Ausdruck kommt.[53]

Der typologische Sinn, d.h., die innere Bezogenheit der beiden Testamente, kommt bei Ambrosius, sehr wahrscheinlich unter Einfluss des 'Liber Mysteriorum' des Hilarius,[54] völlig zum Ausdruck. Ein Ausruf der Bewunderung gilt dem geheimnisvollen Zusammenhang:

> ... O mirandum mysterium! rota intra rotam currebat et non inpediebatur novum testamentum in veteri; intra illud currebat, per quod adnuntiabatur.[55]

Es geht dem Bischof von Mailand immer darum, den tieferen geistigen Sinn zu erforschen und in das verborgene Mysterium einzudringen. Sein Ausruf: "'Quam profunda latent mysteriorum secreta in litteris!'"[56] durchdringt seine ganze Exegese. Aus den Schriften Augustins geht hervor, wie effektvoll er seine allegorische Auslegung in den Predigten anwandte, und Augustin selbst dazu bewog, seine Bedenken gegen die Schrift abzutun.[57]

Hieronymus (340-420 n. Chr.)

Dieser Kirchenvater war ebenfalls äusserst bedeutend für die Ueberlieferung und weitere Ausbreitung der allegorischen Exegese. Seine Methode ist jedoch komplizierter, da sie auf mehreren Quellen beruht, denn er war sowohl von der Schule Alexandriens und Antionchiens, als auch von der rabbinischen Exegese vorwiegend auf[58] den Literalsinn, was aber nicht heissen soll, sie sei darum nicht allegorisch ausgerichtet.

Im 'Ezechielkommentar' gibt Hieronymus über seine dreifache Methode besonderen Aufschluss, die auch er in 'naturalia-moralia-mystica' einteilt. Er bezieht sich auch selbst auf den Einfluss Origenes, wenn er sagt: "... 'ut scias Origenes opscula in omnes Scripturam esse triplica'."[59] Wie Origenes sieht auch er den Lehrsatz der dreifachen Schrifteinteilung im Alten Testament impliziert.[60] Darüber hinaus gibt Hieronymus seine eigene Formulierung, die folgendermassen lautet:

> Et jubetur nobis, ut eloquia veritatis id est. Scripturas sanctas, intelligamus tripliciter. Primum, juxta litteram, secundam medie per tropologiam; tertio, sublimius, ut mystica quaeque noscamus.[61]

Neben der dreifachen Schriftexegese beginnt sich mit Hieronymus zum ersten Male in der lateinischen Kirche der vierfache Sinn zu formulieren, und zwar interpretiert er die Bedeutung der Stadt Jerusalem auf vierfache Weise: als weltlich-historische Stadt, als himmlische Stadt, als Kirche auf Erden und als gläubige Seele:

> Quator autem modis intelligi potest Jerusalem: Vel haec quae Babilonio et Romano igne succensa est: vel coelestis primitivorum; vel Ecclesia quae interpretatur visio pacis; vel animae singulorum quae fide cernunt Deo.[62]

Ueber Cassianus hinaus findet sich diese Interpretation später im ganzen Mittelalter,[63] besonders auch in der Darstellung der Liturgie.[64]

Mit Hilfe der Uebersetzungen der griechischen Texte durch Rufinus, der synthetisch figurativen Exegese des Bischofs von Poitiers, und der von dort weiterausgebauten Allegorese des Ambrosius und Hiernonymus, war die allegorische Methode auch ein bedeutendes exegetisches Prinzip in der westlichen Kirche geworden. Mit Augustin beginnt in der Kirche ein neuer Abschnitt im Bereich der allegorischen Interpretation, die bei ihm in Verbindung mit den 'signum-res-Schema' zu betrachten ist. Augustin ist äusserst kompliziert und durch das Zeichenschema besonders schwer in den Griff zu bekommen. Die folgende Untersuchung will nur eine einfache Einführung in diese komplexe Weltanschauung geben, und die Traditionen aufdecken, die dieses neue Weltbild speisten, und will nur als solche verstanden werden.

Augustin (353-430 n. Chr.)

Die allegorische Schriftauslegung ist bei Augustin ohne sein Suchen nach Wahrheit, ohne seinen in der Rhetorik geschulten Geist und ohne seine Zeichentheorie nicht zu verstehen. Darum soll kurz sein erkenntnistheoretischer Werdegang bis zu seiner Begegnung mit Ambrosius, die ihn durch den allegorischen Sinn der Predigten zu neuem und vertieftem Schriftverständnis führte und eine entscheidende, alles umstellende Einsicht herbeiführten, aufgezeigt, danach seine Zeichentheorie behandelt, und zum Schluss seine allegorische Methode besprochen werden.[65]

Rhetorik und Schriftauslegung

Augustin war begeisterter Rhetoriker, und er gibt in seinen 'Confessiones'[66] selbst zu, es sei sein grösster Ehrgeiz gewesen, auf der rhetorischen Laufbahn zu glänzen. Während er sich eifrig mit den Büchern der Redekunst befasste, gab Ciceros 'Hortensius' seinem Denken eine andere Wende. Er begann sich für die Philosophie zu interessieren.[67] Ehe er sich jedoch der Philosophie zuwandte, befasste Augustin sich mit der Bibel, doch sein von der Rhetorik verwöhnter Geist fand die Schrift geschmacklos und ohne Sinn, und verächtlich legte er sie wieder beiseite.[68] Augustin selbst sagt, dass seine Sehkraft am Aeusseren der Schrift hängen geblieben sei, und er darum nicht bis zu ihrem Innersten habe vordringen könne.[69] Während seiner Manichäerzeit war Augustin Lehrer der Rhetorik zuerst in Thagaste und dann in Karthago. Er blieb in Karthago bis zu seinem Zerwürfnis mit Faustus und seiner konsequenten Entfremdung mit den Manichäern.[70] Danach ging Augustin 383 nach Rom, wo er eine Schule der Rhetorik gründete und gleichzeitig die Akademie der Skeptiker besuchte.[71] Im Jahre 384 bewarb er sich um die Stelle eines Rhetoren in Mailand. Hier wurde er durch Symmachus,[72] dem Stadtpräfekten, mit Ambrosius bekannt, dessen rhetorische Gewandtheit Augustin tief beeindruckte. Die geistige Exegese der allegorischen Schriftauslegung, verbunden mit der gewandten Redeweise des Ambrosius führten ihn allmählich von der manichäischen Bibelauffassung hinweg und brachten ihn der christlichen Sache näher.[73] Der sich immer wiederholende Hinweis des Bischofs von Mailand auf den Geist der Schrift durch das Wort des Paulus, prägte sich ihm immer mehr ein. Augustin macht darüber das folgende Geständnis:

> ... saepe in popularibus sermonibus suis decentem Ambrosium laetus audiebam: "Littera occidit spiritus autem vivificat", cum ea, quae ad litteram perversitatem docere videbantur, remoto mystico velemento spiritaliter aperiret non ficens quod me offenderet, quamvis ea diceret ...[74]

Das Ungereimte und die ungeschliffene Redeweise, an die er sich zu stossen pflegte, konnte er nun mit geheimnisvollen Tiefen in Zusammenhang bringen, und Augustin fing an, den Doppelsinn der Schrift zu begreifen,[75] und konnte unter Einfluss des Ambrosius, seine eigene rhetorische Schulung bei der Schriftauslegung auswerten. Bei der Entschlüsselung des geistigen Sinnes gewannen die rhetorischen Formeln eine neue, wichtige Bedeutung. Augustin hat diese Bedeutung der Rhetorik und ihrer Schemata für die Bibelauslegung in 'De Doctrine'Christiana' hervorgehoben, wobei er betont, dass die Kenntnis der Tropoi dazubeigetragen habe, die Ambivalenz der Schrift auflösen zu helfen. [76] Strauss und Mayer haben besonders diese Begriffswandlung bei Augustin herausgearbeitet. Strauss hebt hervor, dass durch die Uebertragung der rhetorischen Schemata auf die Schriftauslegung es für Augustin möglich geworden sei, unter jedem Begriff und Wort möglicherweise einen signifikativen Hinweis ('signum') auf etwas der unsichtbaren, intelligiblen Welt Angehöriges ('res') zu finden. [77] Mayer hat die Vertiefung der rhetorischen Begriffe wie 'allegoria', 'imago', 'figura' als Zeichen im Zusammenhang mit einer neuerkannten, geistigen Welt herausgestellt. [78]

In kurzen Zügen wurde gezeigt, wie bedeutend die Rhetorik für das Schriftverständnis bei Augustin war. Sein rhetorisch geschulter Geist fand die Schrift zunächst abstossend, später wurde ihm dagegen die Rhetorik selbst ein Mittel, den Sinn der Schrift zu erschliessen. Er befasste sich nun tiefer und eingehender mit der Bedeutung des Wortes überhaupt, das in seiner sprachphilosophischen Abhandlung über die Worte als Zeichen zum Ausdruck kam. Ehe wir uns den Schriften Augustins, die sich besonders mit den Zeichen befassen, zuwenden, soll kurz auf die Tradition des Zeichens eingegangen werden.

Die Tradition des Zeichenbegriffes

Das Zeichen ist bei Augustin äusserst subtil und kompliziert. Wegen seiner Bedeutung in Verbindung mit der allegorischen Methode soll seine Tradition von drei Aspekten her kurz beleuchtet werden, und zwar: 1. von seiten der Ableitung, 2. von seiten der Semantik und Sprachtheorie, und 3. im Sinne des Neuplatonismus. Danach soll 4. der Zeichenbegriff bei Augustin selbst behandelt werden.

Das Zeichen als Ableitung[79]

Aristoteles unterscheidet zwischen fehlbaren und unfehlbaren Zeichen und definiert das Zeichen folgendermassen:

> Wenn etwas nicht ist oder wird, ohne dass ein anderes ist oder zuvor wird, dann ist dies ein Anzeichen seines Seins und Werdens. [80]

Diese Aristotelische Zeichentheorie wurde von den Stoikern und Epikuräern übernommen. Nach Sextus Empiricus ist die Verbindung des Zeichens zu dem was es bezeichnet, ein logischer Nexus, bei den Epikuräern dagegen ergibt sich die Verbindung zu dem Empirisch Gegebenen. [81] In der römischen Rhetorik wird das Zeichen auch in diesem Sinne übernommen. Ciceros Definition ist eine Kombination von Aristotelischer und Epikuräischer Theorie. Es heisst bei Cicero:

> Signum est quod sub sensum aliquem cadit et quiddam significat quod
> ex ipso profecto videtur, quod aut ante fuerit aut in ipso negotio aut
> post sit consecutum, et tamen indiget testimonii et gravioris confirmationis. [82]

Das Zeichen weist über sich hinaus und bedarf gleichzeitig der Verifikation. Auch bis Quintillian wird das Zeichen im Sinne von Ableitung behandelt. [83] Bei den Grammatikern Dionysius Thrax und Donatus wird zwar das Zeichen nicht als solches, wohl aber der Bezeichnunsprozess, wie zum Beispiel bei der Deklination der Substantiva beschrieben. [84] Für Varro dagegen ist das Zeichen wiederum ein 'aliquid significent', über sich selbst weisend. [85] Als Rhetoriker und Grammatiker wird Augustin mit diesen Auffassungen vertraut gewesen sein.

Aber auch im Alten und Neuen Testament[86] und bei den frühchristlichen Schriftstellern[87] wird das Zeichen im ableitenden Sinne verstanden. Ebenso findet es bei Tertullian in diesem Sinne Anwendung. Bei Origenes sind die Zeichen vorwiegend die auf den Schöpfer weisenden Wunder. Seine Definition drückt die dem Zeichen innewohnende ganze Ambivalenz deutlich aus: 'Signum namque dicitur cum per hoc videtur aliud aliquid indicatur'. [88] Bei Hilarius und Ambrosius erfährt das Zeichen verbunden mit der typologischen Interpretation des Alten Testamentes einen Bedeutungswandel. [89]

In der griechischen Philosophie, bei den Römern, sowie im Alten Testament und bei den frühchristlichen Schriftstellern bis etwa 200 n. Chr., gibt es Evidenz für den Zeichenbegriff im Sinne der Ableitung. Bei der typologisch-figurativen Interpretation des Hilarius von Poitiers findet sich zum ersten Mal durch das Ineinandergreifen von Typologie und bildhaftem Zeichen ein Wandel.

Das Zeichen in Semantik und Sprachphilosophie

Markus sieht das Neue bei Augustin in der sprachphilosophischen Abwandlung des Zeichens aus dem Wort der Schrift und führt aus:

> ... words are for Augustine, signs 'par excellence', and his theory of
> signs is meant to be, from the start, a theory of language as well as
> of other types of signs. In this consists the originality of his reflection
> on meaning. [90]

Jackson zeigt dagegen anhand von Textvergleichen, wie Augustin sprachphilosophisch in der semantischen Tradition des Aristoteles, sowie der Stoiker steht. Er hebt hervor, dass die Originalität Augustins darin bestehe, die traditionelle Zeichentheorie und Zeichensprache auf die Schrift angewandt zu haben. Hier heisst es:

> ... It consists, I suggest, in the application of traditional sign-theory
> and sign-language to a new task, the interpretation of Scripture. Brief-
> ly, Augustine's application consists in using the technical terms of
> semantics to make distinctions and definitions which delineate clearly
> the problems faced by the interpreter of Scripture. [91]

Er macht weiter darauf aufmerksam, dass bei den Stoikern besonders der Bedeutungssinn des Wortes herausgearbeitet sei, was auch später bei Augustin der Fall war. Auch ist das semantische Schema sowohl bei den Stoikern, als auch bei Augustin eine dreifachbezogene Situation, die aus dem Zeichen, dem Bezeichneten und dem Objekt, bzw. dem Subjekt besteht.[92] Das Wesen eines Zeichens aus dieser dreifachbezogenen Situation heraus besteht demnach darin, dass es kommuniziert, und aus dieser Kommunion heraus - von einer Sache oder einer Situation bezeichnet - sowohl seine Existenz empfängt, als auch sein Werden weitergibt. Das ist aber eine bewegliche, dynamische Situation, die bereits Aristoteles herausgestellt hat.[93] Von hier aus träfe sich das Zeichen in seiner Wesenheit mit 'allegoria', ein Anderes voraussetzend.[94]

Das Zeichen im Neuplatonismus

Bei Platon ist die materielle Welt ein Abbild der Welt der Ideen, die sich in mannigfaltigen Formen im Bereich des Körperhaften manifestieren. Diese zweiteilige Weltschau wurde von Plotin übernommen und zur neuplatonischen Struktur des triadischen Universums weiterentwickelt.

Augustinus beschäftigte sich in Mailand mit den Schriften Plotins, die zu seinem metaphysischem Durchbruch beitrugen und ihn dazu bewogen, das Manichäertum abzutun. Plotin gewann jedoch erst volle Bedeutung für Augustin in Verbindung mit der Schrift, besonders dem Johannesevangelium und den Paulusbriefen.[95] Ebenso fanden sich in den Predigten des heil. Ambrosius neuplatonische Ideen verarbeitet, die Augustin beeinflusst haben werden. Die Struktur seiner Vision von Ostia,[96] sowie die Beschreibung der Paulinischen Vision in 'De Genesi ad Litteram'[97] entsprechen der dreifachen Struktur des Plotinischen Universums, was auf Augustins eigenständige Synthese des Neuplantonismus hinweist. Augustins Neuplatonismus kann hier nicht näher behandelt werden. Es darf jedoch gesagt werden, dass Augustins Zeichenbegriff letzten Endes von seiner Metaphysik, von den beiden Welten des Platonischen Systems, dem Reich der unsichtbaren und sichtbaren Dinge mitbestimmt wird, der später in der dramatischen Konzeption des Weltgefüges, wie sie in 'De Civitate Dei' dargelegt ist, gipfelt.[98]

Die vorliegenden Ausführungen haben versucht, den traditionellen Zeichenbegriff, wie er bei Augustin zusammenlief, und zwar im ableitenden Sinne aus der griechischen Philosophie, der römischen Rhetorik und Grammatik, sowie aus dem Alten Testament und der frühchristlichen Literatur herkommend, aufzuzeigen. Dann wurde die semantisch-sprachphilosophische Tradition von Aristoteles ausgehend, bis auf die Stoiker, unter besonderer Berücksichtigung der dreifachbezogenen 'signum-res Situation', um letztlich herauszustellen, wie Augustins Zeichenschema über Plotin, und in Verbindung mit Johannes und Paulus, im Neuplatonismus Wurzeln griff und seine Synthese schliesslich von dort her bestimmt zu werden schien. Der nun folgende Abschnitt will versuchen, das Zeichen bei Augustin selbst zu umreissen.

Das Zeichen bei Augustin

Nach Augustin kann ein Zeichen auf Dinge der sichtbaren, sowie unsichtbaren Welt hinweisen und man erkennt es an zwei Merkmalen: es macht erstens einen Eindruck auf die Sinne und zweitens regt es zum Nachdenken an. Dabei kann ein Ding abermals Zeichen in sich bergen und auf weitere Bedeutungen und Wirklichkeiten hinweisen. Bereits in seiner Kindheit hatte Augustin diese Wesenszüge des Zeichens aus eigener Beobachtung erfahren. [99] Die ausführlichste Behandlung erfährt das Zeichen bei Augustin in 'De Magistro' (398) und 'De Doctrina Christiana' (angefangen um 387 und vollendet um 427), wo er sich direkt mit seiner Zeichentheorie auseinandersetzt. [100] Diese beiden Werke sollen hier kurz behandelt werden.

'De Magistro',[101] ein Dialog zwischen Augustin und seinem Sohn Adeodat, ist eine Untersuchung der sprachphilosophischen Bedeutung des Zeichens. Am Anfang wird die Frage gestellt, warum wir Zeichen gebrauchten. Die Antwort lautet, dass Lehren der Zweck alles Sprechens sei. Christus habe nicht Worte, sondern Wirklichkeiten durch Worte gelehrt, und der Hauptzweck der Zeichen ('signum') sei es, die Aufmerksamkeit des Intellekts auf die Dinge ('res') zu richten. Aus diesem Grunde könne ohne Zeichen nichts gelernt werden. Die eigentliche Bedeutung des Zeichens müsse oft durch weitere Zeichen ausgelegt und festgestellt werden, und zwar durch Synonyme, Umschreibung, Gestik, bildhafte Darstellungen oder illustrative Aufführungen. Augustin geht auch auf die zeichenhafte und komplizierte Gestik des Schauspielers ein. Er hebt hervor:

> Hinc nescio quomodo ad surdos et histriones devenimus, qui non sola quae videri possunt, sed multa praetterea ac prope omnia quae loquimur gestu sine voce significantur ... [102]

Das Phänomen der sprechenden Gebärde beschäftigt diesen Kirchenvater eigentlich recht oft. [103]

Der zweite Teil befasst sich mit der Zeichendeutung. Hier wird hauptsächlich argumentiert, dass die Bedeutung der Zeichen nicht verstanden werden könnten, ohne die Wirklichkeiten, die sie verhüllten, zu kennen. Der eigentliche Wert der Worte dagegen bestehe darin, da sie uns aufforderten, uns nach Dingen umzusehen, denn die Dinge selbst werden uns nicht so ohne weiteres zur Kenntnis gestellt. Die Menschen können keine zuverlässigen Lehrer der Wortbedeutung sein, und nur der innere Lehrer, Christus, kann die gegebenen Wirklichkeiten erleuchten. [104]

Ist in 'De Magistro' der innere Lehrer Christus wichtig, um die Bedeutung erhellen zu helfen, so ist in 'De Trinitate' das Licht selbst ein konstitutives Element des Wortes, und es kommt ihm hier metaphysische Bedeutung zu. Darum wird nur das richtige Verständnis des Schriftwortes und der Zeichen zum Lichtquell selbst zurückführen, aber das kann nur auf verschiedenartige Art und Weise und von mehreren Richtungen her geschehen.[105]

In 'De Doctrina Christiana' versucht Augustin ein Schema herauszuarbeiten, das zur Entschlüsselung der Schrift führt. In den ersten vier Büchern befasst er sich besonders mit den Begriffen von Zeichen und Sachen. Im ersten Buch nimmt er das Thema von 'De Magistro' wieder auf, indem er daraufhinweist, dass Sachen nur durch Zeichen erlernt werden könnten, 'Res per signa discuntur'.[106] Zeichen sind Sachen, die zum Bezeichneten werden, und dadurch über sich hinausweisen. 'Signa res' ... 'quae ad significandum aliquid adhibentur'.[107] Nach dem Augustin diesen wesenhaften Zug des Zeichens herausgestellt hat, unterscheidet er im zweiten Buch zwischen zwei Klassen von Zeichen, den 'signa naturaliter' und den 'Signa data'.[108] Zu den ersteren, den natürlichen Zeichen, gehörten Zeichen wie Rauch oder Spuren, d.h., Zeichen, die sich aus der Sache selbst ergeben. Unter 'signa data' oder gegebenen Zeichen versteht man dagegen solche, die lebende Wesen einander geben. Zu solchen Zeichengebern zählt Augustin auch wiederum den Schauspieler. Eine solche Zeichensituation, die sich aus den 'signa data' ergibt, ist eine dreifachbezogene, da es sich um eine Interkommunikation handelt, und zwar zwischen Zeichengeber, Bezeichnetem und Zeichenaufgeschlossenem.[109]

Die 'signa data' unterteilt Augustin abermals in zwei weitere Unterklassen, und zwar in eigentliche Zeichen, 'signa propria' und übertragene Zeichen, 'signa translata'. Diesen kommt die grössere Bedeutung zu, da sie es sind, worunter sich geheime Offenbarung verbergen kann. Weiterhin unterscheidet Augustin zwischen 'signa ignota' und 'signa ambigua', d.h., unklaren und zweideutigen Zeichen. Bei den 'signa ignota' bezieht sich der Sinn der 'signa propria' auf fremde Sprachen und deren Uebersetzung, die 'signa translata' auf die verschlüsselte Redeweise der Schrift, die oft durch Sachunkenntnis entsteht, und in einem solchen Fall rät Augustin, die heidnischen Wissenschaften zur Entzifferung der Bibel heranzuziehen.[110] Den zweideutigen Zeichen, den 'signa ambigua' widmet Augustin in grösster Aufmerksamkeit ein ganzes Kapitel. Hier beziehen sich die 'signa propria' auf grammatische Unklarheiten, während 'signa translata' Zweideutigkeiten im figürlichen Sinn enthalten. Diese Stellen der Schrift verlangen Sorgfalt und Beharrlichkeit, und es muss davor gewarnt werden, bildliche Ausdrucksweise buchstäblich zu verstehen,[111] denn buchstäbliche Weisheit ist für Augustin "fleischliche Weisheit", da sie nicht der geistigen Wahrheit entstammt. Das ist der Grund, warum für Augustin die Heiden in Götzendienst verfallen sind, denn sie interpretierten Zeichen als Sachen selbst.[112] Auch die Rabbiner haben dem buchstäblichen Sinn zuviel Beachtung geschenkt.

Von hier aus liesse sich ein Bogen zu seiner Mailänder Zeit spannen, denn hier fügt sich scheinbar die allegorische Methode fast bruchlos in das Zeichenschema Augustins. Vielleicht ist es in dieser Verbindung auch nicht unbedeutend, dass Augustin seinen ersten Genesiskommentar, 'de Genesi contra Manichaeos',[113] wo er mit allegorischer Schriftauslegung die Manichäer widerlegt, auch im Jahre 389 verfasst hat, zu der Zeit also, in der sein sprachphilosophisches Werk 'de Magistro' erschienen war. Diese Verbindung näher zu untersuchen kann nicht Aufgabe dieser Arbeit sein.[114]

Die allegorische Auslegung bei Augustin

In seinen Genesiskommentaren[115] hat Augustin sich am eingehendsten mit der allegorischen Schriftauslegung befasst. Seine Welt war eine hierarchische, aus einer Vielheit von Formen bestehend, die im Transzendentalen gipfelte. Diese Vielheit der Formen übertragt Augustin auch auf den Schriftsinn. Wie die Schöpfung in der Vielheit ihrer Formen auf den Schöpfer zurückverweist, so berichtet die Schrift in ihren sprachlichen Zeichen von zeichenhaften Dingen, die auf die wahre Wirklichkeit zurückführen oder sie enthalten. Sowie der Literalsinn der Schrift Ausgangspunkt für die inneren geistigen Wirklichkeiten war, so war die materielle Schöpfung auch nur eine Chiffre, dessen Entzifferung auf den Schöpfer zurückführte. Schrift und Schöpfung waren die Hülle, das Kleid des wahren Seins, des Schöpfers. Auch die Allegorie war für ihn ein Wegweiser ins Transzendentale, sie war erfüllt von der inneren Dynamik des Werdens, das ein Anderes voraussetzt, wie bei Aristoteles, oder sich auf das Abbild hinbewegte, das sie gleichzeitig verdeckte, wie im Kosmos des Neuplatonismus. Die Welt der inneren Gotteserkenntnis, die durch den Sündenfall verlorengegangen war, konnte für Augustin nur durch allegorische Zeichen wiedergewonnen werden - und hier findet sich die bruchlose Fügung, was sich aus den Texten selber zeigen wird.

Augustins erster Schöpfungskommentar 'De Genesi contra Manichäeos'[116] war eine allegorische Widerlegung der rein buchstäblichen Schriftauslegung des Alten Testamentes. In 'De Genesi ad litteram, liber Imperfectus'[117] (393) beschränkt Augustin sich auf die eigentlich historische Bedeutung der alttestamentlichen Geschichte. Die ausführlichste Behandlung erfährt der Schöpfungsbericht in 'De Genesi ad litteram', 'liber duodecimus' die mit einer Definition der vierfachen Auslegung beginnt, und mit einer dreifach neuplatonischen Vision ausklingt.[118] In den letzten drei Büchern der 'Confessiones' (400) gibt Augustin wiederum eine allegorische Interpretation des Schöpfungsberichtes. Auch hier blenden sich Allegorie, Zeichenbegriff und seine Metaphysik. Er bestätigt hier, dass die Vielheit der Formen aus der Schöpfungswelt auf die Ausdrucksweise der Schrift übertragen wird. Diese aufschlussreiche Stelle lautet folgendermassen:

> ... sed quod ita crescat et multiplicetur, ut una res multis modis enuntietur et una enuntiatio multis modis intellegatur, non invenimus nisi in signis corporaliter editis et rebus intellegibiliter excogitatis. signa corporaliter edita generationes aquarum propter necessarias causas carnalis profunditatis, res autem intellegibiliter excogitatas generationes humanas propter rationis fecunditatem intelleximus ... in hac enim bene-

> dictione concessem nobis a te facultatem ac potestatem accipio et multis modis enuntiare, quod uno modo intellectum tenuerimus, et multis modis intellegere, quod obscure uno modo enuntiatum legerimus. [119]

Die Mannigfaltigkeit, aber auch die Aufeinanderbezogenheit, aus der sich die vielschichtigen allegorischen Zeichen und Symbole ergeben, könnte nicht besser dargestellt werden. Obgleich eine gewisse Parallelisierung der beiden Welten stattfindet, greifen sie ineinander über. Aber diese Formenschau wird in der Liturgie zur dramatisch-bildlichen Darstellung, wie bereits bei Theodore und Maximos[120] gezeigt werden konnte, und von Amalarius[121] völlig ausgewertet, zur vollsten Darstellung kommt.

Obwohl Augustin auch eine vierfache Schriftinterpretation formuliert, ist er methodisch schwer in den Griff zu bekommen, und wohl aus dem Grunde, da sie sich diesem Weltbild fügt. Eigentlich ist Augustin wohl der Erste, der einen vierfachen Sinn formuliert, und vielleicht käme er der hieroglyphischen Formulierung des Klemens von Alexandrien dabei am nächsten.[122] Seine vierfache Interpretationsmethode lautet in gewisser Umschreibung folgendermassen:

> ... secundum historiam ergo traditur, cum docetur, quid scriptum aut quid gestum sit; quid non gestum, sed tantummodo scriptum quasi gestum sit. secundum aetiologiam, cum ostenditur, quid qua de causa vel factum vel dictum sit. secundum analogiam, cum demonstratur non sibi adversari duo testamenta, vetus et novum. secundum allegoriam, cum docetur non ad litteram esse accipienda quaedam. quas scripta sunt, sed figurate intellegenda. [123]

Hier bezieht sich der historisch-buchstäbliche Sinn nicht auf Fakten allein, sondern auch auf Wahrscheinlichkeiten, was nicht den bisher besprochenen Formulierungen entspricht; der nach dem Ursachengrund fragende Sinn ist ebenfalls eine neue Formulierung, und so ist die analogische Bezogenheit der beiden Testamente, woraus vielleicht der Einfluss des Hilarius sprechen könnte und den vierten, allegorischen Sinn setzt er mit figurativ, zeichenhaft gleich. Aus seiner zweiten hermeneutischen Formula sprüht der allegorische Kern seiner Ontologie, wo Wort und Bild sich zu einer Einheit fügen:

> ... fides rerum temporalium. Et quid intersit inter allegoriam historiae, et allegoriam facti, et allegoriam sermonis, et allegoriam sacramenti. Et quomodo ipsa locutio divinarum Scripturarum secundum cujusque linguae proprietatem accipienda sit ... [124]

Dieses Abgestimmtsein vom Bedeutungssinn des Wortes und allegorischem Zeichen kommt besonders in einer längeren Abhandlung über den bei Augustin oft wiederkehrenden 'gestus allegoricus' in Verbindung mit dem Schauspieler[125] und dem Theater zum Ausdruck. Diese, für unsere Untersuchung aufschlussreiche Stelle, soll die längere Abhandlung über den Bischof von Hippo abschliessen. Sie lautet:

... Ergo venti, animae in allegoria non absurde accipuntur. Videte autem ne putetis nominata allegoria, pantomimi aliquid me dixisse. Nam quaedam verba, quoniam verba sunt, et lingua procedunt, communia nobis sunt etiam cum rebus ludricis, et non honestis; tamen locum suum habent verba ista in ecclesia, et locum suum in scena. Non enim ego dixi quod apostolus non dixit, cum de duobus filiis Abraham diceret: "Quae sunt", inquit, " in allegoria." Allegoria dicitur, cum aliquid videtur sonare in verbis, et aliud in intellectu significare. Quomodo dicitur agnus Christus: numquid pecus? Leo Christus: numquid tumor terrae? Et sic multa aliud videntur sonare, aliud significare; et vocatur allegoria. Nam qui putat me de theatro dixisse parabolam. Videtis quid faciat civitas ubi abundant spectacula: in agro securius loquerer; quid sit enim allegoria non ibi forte didicessent homines, nisi in scripturis Dei. Ergo quod dicimus allegoriam figuram esse, sacramentum figuratam allegoriam est.[126]

Aus dieser Stelle geht die Verbindung von Allegorie und dramatischen Aufführungen hervor, die auch später im liturgischen Drama parallelisiert wird. Es zeigt ferner die enge Verbindung von Wort und Zeichen und ein auf Zeichen und Allegorie abgestimmtes römische Publikum.

Es wurde versucht, die Tradition des Zeichens und sein Verhältnis zur allegorischen Methode aufzuzeigen. Dabei konnte festgestellt werden, dass Augustins rhetorische Schulung in Verbindung mit der semantischen Zeichentheorie der Epikuräer und der Stoiker, sowie dem Neuplatonismus sich durch die Anwendung auf die Schriftauslegung zu neuen 'signum-res-schemata' herausbildete zu deren innerer Dynamik, die ihr Wesen ausmacht, die dreifachbezogene Situation von Zeichengeber, Zeichen und Objekt gehört. Allegorie und Zeichen fielen hier zusammen. Zu einem der wichtigsten Zeichengeber gehört bei Augustin der Schauspieler. Die allegorischen Zeichen der römischen Bühne konnten jedoch für Augustin nicht zur Wahrheit führen, und sie wurden daher mit eigenen christlich-allegorischen Zeichen parallelisiert und später vom liturgischen Drama überholt.

Cassianus (360-435 n. Chr.), Eucher von Lyon (450) und Cassiodorus (487-583 n. Chr.)[127]

Diese drei Exegeten waren besonders wichtig für die Zeit zwischen Augustin und Gregor dem Grossen sie beeinflussten die folgenden Jahrhunderte zum Teil wegen ihrer weiteren Ausarbeitung und Systematisierung des Schriftsinns.

Bei Cassianus ist die Hauptaufteilung des Schriftsinnes zweifach, und zwar historisch und geistig, wobei er jedoch den geistigen Sinn abermals in drei höhere Sinne aufteilt, was eigentlich eine Vierteilung ergibt. Sie lautet:

> ... vero in duas divitur partes, id est in historicam et interpretationem, et intelligentiam spiritalem ... Spiritalis autem scientiae genera sunt, tria tropologia, allegoria, anagoge. [128]

Obgleich seine 'Conlationes' eine gewisse Ergänzung zu Augustins 'De Doctrina Christiana' darstellen, folgt er Hieronymus mit seiner vierfachen Interpretation der Stadt Jerusalem, die das ganze Mittelalter beeinflusst hat und besonders auch in der Liturgie zur Darstellung kam. Cassianus beschreibt folgendes Bild:

> ... Igitur praedictae quattour figurae in unum ita, si volumus, confluunt, ut una atque eadem Hierusalem quadrifariam possit intelligi: secundum historiam civitas Judaeorum; secundum allegoriam Ecclesia Christi; secundum anagogen civitatis Dei illa coelestis quae est mater omnium nostrum; secundum tropologiam anima hominis. [129]

Aber auch hier ergibt sich die exegetische Struktur aus der Gesamtheit des allegorischen Bildes, dem Bild der Stadt Jerusalem.

Kann bei Cassianus Definition des Schriftsinnes eine gewisse Blendung von Augustin und Hieronymus beobachtet werden, so scheint Eucher von Lyons[130] zwar Cassianus zu folgen, aber bei ihm ist wiederum die klassische Triad vorwiegend, die mit Origenes ihren Ausgang nahm, mit dem Unterschied, dass er seine Dreizahl mit der Dreifaltigkeit verbindet. Ausserdem stellt er dem dreiteiligen Sinn die Dreiteilung der Wissenschaften gegenüber. Seine Formel lautet:

> ... Quam triplicem Scripturarum regulam convenienter observat confessio Trinitatis sanctificans nos per omnia ... Sapientia mundi huius philosophiam suam in tres partes divisit: physicam-ethicam-logicam, id est naturalem moralem rationalem ... [131]

Wie aus dem Titel seines Werkes hervorgeht, stellt Eucher ein exegetisches Handbuch her, das in knappen Darlegungen die Formeln der allegorischen Weltstruktur wiederzugeben versucht, und somit eine gewisse Festigung und Sicherheit ausdrückt.

Cassiodorus[132] befürwortet, wie Augustin, die Anwendung der Sekulärwissenschaften auf die christliche Exegese. Seine Expositionen befassen sich hauptsächlich mit der geistigen Exegese, und darin liegt seine Bedeutung. Er bildet damit einen gewissen Uebergang zu Papst Gregor dem Grossen. Cassiodorus hebt auch den 'gestus allegoricus' hervor:

> ... quibusdem gestilationibus facti intellegi quod vix narrante lingua aut scripturae textu possit agnosci ... manibus loquitur ... [133]

Da Cassiodorus Werke[134] richtungsweisend für das Bildungswesen des Westens wurden, war der Radius seines Einflusses besonders ausgedehnt.

Papst Gregor der Grosse (540-604 n. Chr.)

Mit Papst Gregor beginnt wiederum ein neuer Abschnitt in der allegorischen Auslegung der Schrift. [135] Die seelsorgliche Arbeit in der Zeit nach der allgemeinen Verwüstung durch die Langobarden und das Erwarten der baldigen Erscheinung des Weltgerichtes waren das grösste Anliegen dieses päpstlichen Exegeten. Im Mittelpunkt seiner Exegese stand der moralisch-geistige Sinn. Seine Orientierung ist dreifach, historisch mit doppelter Unterteilung des geistigen Sinnes: (historisch/wörtlich: allegorisch/typisch/moralisch).

Gregors umfangreiches Werk 'Magna Moralia in Job'[136] hat besonders Isidore v. Seville und Beda, sowie die Karolinger beeinflusst. Er behandelt hier ausführlich den dreifachen Sinn, und interpretiert das ganze Werk auf dreifache Weise. Das erste Buch fusst auf den ersten Versen aus dem Buch Job und ist ein Beispiel seiner Exegese. [137]

In einem Begleitschreiben des Jobkommentars an Bischof Leander beschreibt Gregor den dreifachen Schriftsinn auf metaphorische Weise und vergleicht ihn mit einem Bauwerk:

> ... deinde per significationem sciendum vero est, quod quaedam historica expositione transcurrimus, et per allegoriam quaedam typica investigatione perscrutamur; quaedam per sola allegoricae moralitatis instrumenta discutimus; nonulla autem per cuncta simul sollicitus exquirentes, tripliciter indagamus. Nam primum quidem fundamenta historiae ponimus; deinde fabricam mentis erigimus; ad extremum quoque per moralitatis gratiam, quasi superducto aedificium colore vestimus. [138]

Da Papst Gregor seine Exegese um die dramatische Figur des Job gruppiert, wird sie sozusagen von der Nachahmung und Bildlichkeit bestimmt, und reicht damit auch über sich hinaus in die Grenzenlosigkeit der geistigen Sphäre. [139]

Isidore von Seville (570-630 n. Chr.)[140]

Kirchenreform und praktische Seelsorge waren das besondere Anliegen dieses spanischen Bischofs. Er war in seiner geistigen und moralischen Exegese besonders von Gregor dem Grossen abhängig. [141] Bei Isidor findet sich wieder ein gewisses Gleichgewicht in der Dreiteilung der schriftlichen Exegese. Er legt dem literarischen Sinn grössere Bedeutung bei, ohne dabei den moralischen oder geistigen Sinn zu vernachlässigen. [142] Seine Definition entspricht der klassischen Dreiteilung, die lautet:

> Lex divina triplici sentienda est modo, primo, ut historice, secundo ut tropologie, tertio ut mystice intelligatur. [143]

Als Kompendien und Nachschlagwerke haben die Bücher des Enzyklopedisten Isidor die Karolinger, und darüber hinaus das ganze Mittelalter, beeinflusst.

Beda der Venerabele (673-735 n. Chr.)[144]

Beda gehört zu den letzten patristischen Quellen der allegorischen Exegese. Bei ihm findet sich abermals eine Mischung des dritten und vierten Schriftsinnes. Er hat eine Fülle von allegorischen Kommentaren geschrieben, die eine unentbehrliche Fundgrube patristischen Quellen sind. Beda und Isidore von Seville waren, da sie die Patristik zusammenfassten und in ihrer eigenen Denk- und Sehweise weiterreichten, für das frühe Mittelalter und auch später von grossem Einfluss. Für unsere Untersuchung interessiert am meisten sein Werk 'De Tabernaculo et vasis eius'. Durch die tiefsinnige Verbindung der vierfachen Exegese mit dem Altar der Stiftshütte, wobei die Tischbeine des Opferaltars sich jeweils mit einem Schriftsinn verbinden, bringt Beda allegorisch das Ineinandergreifen von Schrift und Liturgie zum Ausdruck. Zum Schluss unserer langen Wanderung durch die Texte der allegorischen Welt soll Bedas zusammenfassende Formulierung zitiert werden, die lautet:

> ... Quatour autem pedes habet mensa: qui quadriformi ratione omnis divinorum eloquiorum series distinguitur ... Item mensa tabernaculi quatour habet pedes, quia verbo coelestis oraculi, vel historico intellectu, vel allegorico, vel tropologico, id est, morali, vel certe anagogico solent accipi.[145]

Diese besondere Verbindung stand im Einklang mit der Tradition der allegorischen Exegese und den liturgischen Darstellungen. Es war an dieser Stelle, wo Amalarius von Metz in seiner allegorischen Sehweise ansetzte, westliche und östliche liturgische Darstellungen miteinander zu verbinden.[146]

ZUSAMMENFASSUNG

Der vorausgehende Aufriss lässt erkennen, dass die allegorische Methode eine verhüllte, unsichtbare Wirklichkeit voraussetzte, die der Struktur der sensiblen Welt entsprach. Die Wirklichkeiten des natürlichen Seins formten sich in ständig werdender Bewegung zu Zeichen und Bildern des unsichtbaren Grundes aller Dinge. Die Allegorie weist in Sprache und Bildern über sich selbst, auf unsichtbare Wirklichkeiten hinaus - das scheint ihr eigentliches Wesen zu sein. Und hier fügen sich Allegorie und liturgisches Drama wie von selbst. Aber hier fügen sich auch das Erbe der klassischen Welt und Patristik mit dem Erbe der Germanen.[147] Und Amalarius von Metz hat das, was in der liturgisch-allegorischen Tradition zusammenlief, durch seine eigene Schweise verbunden und neue Tiefendimensionen erschlossen, in dem er sie als geschlossenes Ganzes in der Liturgie zur Darstellung brachte. Im vierten und fünften Kapitel soll versucht werden, Amalarius Werdegang und seine Bedeutung für das liturgische Drama des Westens aufzuzeigen.

ANMERKUNGEN

1 Obwohl die nachstehenden Werke und Arbeiten zur Erschlüsselung der Allegorese unentbehrlich sind, so berücksichtigen sie nicht genügend, da sie zunächst die allgemeine Struktur freizulegen versuchen, die Zeichen- und Bildersprache und die archetypischen Dimensionen. Henri de Lubac, Exégèse Médiévale: les quatre sense de l'Ecriture, Théologie 4, 2 vols. (Paris: Aubier, 1959). Beryl Smalley, The Study of the Bible in the Middle Ages (Oxford: Basil Blackwell & Mott Ltd., 1952, Paperback second printing, Notre Dame, Indiana: University of Notre Dame Press, 1970), S. xi-xxii, 1-82; Robert E. McNalley, The Bible in the Early Middle Ages, Woodstock Papers n. 4 (Westminster, Md.: The Newmann Press, 1959). Michael Murrin, The Veil of Allegory (Chicago: The University of Chicago Press, 1969); J. Pepin, Mythe et Allégorie: les origines greques et les contestationes judeo-chrétienne (Paris: Edition Montaigne, 1958); Frank E. Robbins, The Hexameral Literature: A Study of Greek and Latin Commentaries on Genesis. Ph.D. Dissertation, Chicago (Chicago: The University of Chicago Press, 1912). A. Fletcher, Allegory: The Theory of a Symbolic Mode (Ithaca: Cornell University Press, 1964; Cornell Paperback, 1970), S. 1-23. R. Herzog, Die allegorische Dichtkunst des Prudentius. Ph.D. Dissertation, Kiel, 1964. Zetamata, Nr. 42. Monographien zur klassischen Altertumswissenschaft. (München: C.H. Beck'sche Verlagsbuchhandlung, 1966); Hans-Georg Gadamer, Wahrheit und Methode., 3. erw. Aufl. (Tübingen: J.C.B. Mohr (Paul Siebeck), 1972), S. 66-77.; H. Dörrie, "Spätantike Symbolik und Allegorese", FMST 2 (1968): 67-77.

2 Plutarch de aud. poet. 4. 19e. zitiert bei R.P.C. Hanson, Allegory and Event (London: SMC Press, 1959), S. 39. n. 1.; Gadamer, Wahrheit, S. 68. n. 1.

3 Kluge Etymologisches Wörterbuch, 20. Aufl., s.v. "Allegorie"; Lewis and Short A Latin Dictionary, 1966 ed., s.v. "allegoria"; Lidell-Scott Greek-English Lexicon, 1961 ed., s.v. αλληγορία;Fletcher, Allegory, S. 2. n. 1.

4 Plato Apology 22 b-c.

5 J. Tate, "The Beginnings of Greek Allegory", CR 41 (1927): 214-15, and "Plato and allegorical interpretation", CQ (1929): 142-54; 24 (1939): 1-10.

6 Robert M. Grant, The Letter and the Spirit (London: S.P.C.K., 1957), S. 3-5.

7 Plato Protagoras 316^d; Republic 2. 378^d

8 Plato Timaeus 37^c-40^d.

9 H. v. Arnim, Stoicorum Veterum Fragmenta, IV vols. (Leipzig: B.G. Teubner, 1905-1924), I: 274, 486. zitiert bei Grant, Letter and Spirit, S. 7-9.

10 Harry Austryn Wolfson, Philo, 3 rd. rev. ed., (Cambridge, Mass.: Harvard University Press, 1962), S. 87-163. Grant, Letter and Spirit, S. 9-30.

11 Heraclitus Questiones Homericae 22. zitiert bei R. P. C. Hanson, Allegory, S. 39. n. 1.

12 Cf. Wolfson, Philo, S. 133-35; Fritz Maas, "Von den Ursprüngen der rabbinischen Schriftauslegung", ZfkTh 52 (1955): 133-35; I. Heinemann, Altjüdische Allegoristik (Breslau: 1936) and Leonard Goppelt, Typos (Gütersloh: Verlag C. Bertelsmann, 1939), S. 30-31.

13 Grant, Letter and Spirit, S. 31-40; Wolfon, Philo, S. 148-49; Goppelt, Typos, S. 59-69.

14 John L. McKenzie, Dictionary of the Bible (Milwaukee: The Bruce Publishing Company, 1965), s.v. "Hand."

15 Grant, Letter and Spirit, 31-32; Wolfson, Philo, S. 95, und Hanson, Allegory, S. 41-43.

16 Lev. 11:24-30. JB

17 Grant, Letter, S. 32, Hanson, Allegory, S. 43.

18 Cf. zu Philo besonders Grant, Letter, S. 33-38; Wolfson, Philo, 1. Bd., und Hanson, Allegory, S. 45-53.

19 De Opificio Mundi

20 Philo De Migratione Abrahami 15. 89-93.

21 Philo De Vita Contemplativa 3. 28-29.

22 Philo Quod Omnis probus liber sit 12. 82-83.

23 siehe unten S. 162-65, 169ff.

24 Carl Siegfried, Philo von Alexandrien als Ausleger des Alten Testaments (Jena: Verlag von Hermann Dulf, 1875), S. 168-96. zitiert bei Grant, Letter, S. 35.

25 Joh. 4:32-38; Luk. 22:35-38. JB

26 Cor. 3:6. JB

27 Gal. 4:21-31. JB

28 Cf. oben S. 69-70.

29 Justin Martyr, Dialogues with Trypho, 31, 33, 36, 76, 113, 115.

30 Irenaeus v. Lyon Adversus Haereses.

31 Irenaeus v. Lyon Adversus Hareses.

32 idem Erweis der Apostolischen Verkündigung.

33 Clemens of Alexandria Stromata 5. 8.

34 Ibid., 5.5.

35 Ibid., 5.4.

36 Ibid.

37 Ibid., 5. 6.

38 Origenes De Principiis 3.4. (Prov. 22:20-21). Cf. de Lubac Exégèse, vol. 1, pt. 1: 199-207.

39 Origenes De Principiis 4.1.11. (Die englische Uebersetzung wurde wegen der besseren, zugänglichen, kritischen Textausgabe vorgezogen.)

40 Ibid., 4.1.19. (John 5:39).

41 A. Altweiler, "Hilarius, Bischof v. Poitiérs ", in Lexikon für Theologie und Kirche, 2. völlig neubearb. Aufl., Herausgegeben von Joseph Höher und Karl Rahner, 10 Bd. (Freiburg, i.Br.; Verlag Herder, 1957-65), 5 (1960): 337-38. Hiernach zitiert als LThK.

42 Saint Hilary of Poitiers: The Trinity, translated with introduction and notes by Stephen McKenna, C.S.S.R., The Fathers of the Church, A New Translation (New York: The Fathers of the Church, Inc., 1954), v-xv; siehe auch: Alfred Federer, "Kulturgeschichtliches in den Werken des heiligen Hilarius v. Poitiérs", Stimmen aus Maria Laach 81 (1911): 30-45.

43 Hilaire de Poitiérs: "Traité de Mystères", texte établi et traduit avec introduction et notes par Pean-Paul Brisson, Sources Chrétiennes (Paris: Les Editions du Cerf, 1947), S. 72-163.

44 R.A. Markus, "St. Augustine on Signs", in Augustine: A Collection of Critical Essays. R.A. Markus, gen. ed., (Garden City, N.Y.: Double Day & Co., Anchor Books Paperback 1972), S. 65, n. 16.

45 Brisson, Hilaire, S. 7-14, 59-60.

46 siehe oben S. 85ff, 142ff.

47 F.X. Murphy, "Rufinus Tyrannius v. Aquileja", LThK 9 (1964): 91-92; Altaner-Stuiber, Patrologie, S. 392-94.

48 Rufinus Tyrannius v. Aquileja De Benedictionibus Patriarcharum.

49 McNalley, Bible, S. 53-54; de Lubac, Exegese, 1. 1: 200-07, 230-37 und R.M. Malden, St. "Ambrose as an Interpreter of Holy Scripture", JTS 16 (1914-15):

50 Wolfgang Seibel, S.J., Fleisch und Blut beim heiligen Ambrosius. Ph.D. Dissertation, Rome, 1955, Münchener Theologische Studien Nr. 2, Systematische Abt., 14. Bd. (München: Kommissions Verlag Karl Zink, 1958), S. 7-10.

51 Ambrosius De Abraham 1. 4. 28.

52 Idem, Enarratio in psalmum 36, Praefation 1.

53 siehe oben S. 115-116.

54 siehe oben S. 111-112.

55 Ambrosius Ps. 118. 4. 48., siehe dazu Joseph Huhn, "Bewertung und Gebrauch der Heil. Schrift durch den Kirchenvater Ambrosius", Historisches Jahrbuch der Görresgesellschaft 77 (1958): 387-396.

56 Ambrosius De Cain et Abel 10. 13.

57 siehe unten S. 115-116.

58 Smalley, Bible, S. 10-23; de Lubac, Exegese, S. 205-269.

59 Hieronymus Prologus de Homiliae et Jeremiam et Ezechielem.

60 Idem, Commentaria in Ezechielem, 5. 16.

61 Ibid.

62 Ibid., 4. 16.

63 siehe unten S. 144-45. Cf. Smalley, Bible, pp. 20-22, 27-28; McNalley, Bible, p. 54 und L. Schade, Die Insprationslehre des heil. Hieronymus, Biblische Studien Nr. 15. (Freiburg, i. Br.,: Herder'sche Verlagsbuchhandlung, 1910), S. 110.

64 siehe dazu besonders Maximos, oben S. 79-80.

65 Joseph Geyser, "Die erkenntnistheoretischen Anschauungen Augustins zu Beginn seiner schriftstellerischen Tätigkeit", in Augustinus Aurelius. Die Festschrift der Görresgesellschaft zum 1500. Todestag des Heil. Augustinus. Herausgegeben von M. Grabmann und Joseph Mausbach (Köln: Verlag J.R. Bachem, GMBH, 1930), S. 63-86; Arthur Allgeiser, "Der Einfluss des Manichäismus auf die exegetische Fragestellung bei Augustin", in Augustinus, S. 1-13; Matthias Korger, "Grundprobleme der Augustinischen Erkenntnislehre. Erläutert am Beispiel von 'De Genesi ad Litteram' ", Recherches Augustinienes 2 (1962): 33-57, und Vernon J. Bourke, Augustins Quest for Wisdom (Milwaukee: The Bruce Publishing Company, 1945), bes. S. 224-247.

66 Augustinus Confessiones 3. 3.

67 Ibid., 3. 4.

68 Ibid., 3. 5.

69 Ibid.

70 Ibid., 3. 6.

71 Ibid., 5. 8.

72 siehe oben S. 23-24.

73 Augustinus Confessiones 5. 13-14.

74 Ibid., 6. 4. (2 Car. 2:6).

75 Ibid., 6. 5.

76 Augustinus De Doctrina Christiana 2. 37.

77 Gerhard Strauss, Schriftgebrauch, Schriftauslegung und Schriftbeweis bei Augustin, Beiträge zur Geschichte der biblischen Hermeneutik (Tübingen: J.C.B. Mohr, [Paul Siebeck], S. 86.

78 Cornelius Petrus Mayer, O.S.A., Die Zeichen in der geistigen Entwicklung und Theologie des jungen Augustinus, Ph.D. Dissertation Würzburg: Augustin Verlag, 1969), S. 330-48.

79 Diese Behandlung stützt sich auf die folgenden Arbeiten: B. Darrell Jackson, "The Theory of Signs in St. Augustine's 'De Doctrina Christiana'", in Augustine: A Collection of Critical Essays, ed. by R.A. Markus (Garden City, N.Y.: Doubleday & Co., Inc., An Anchor Book, 1972), S. 92-147 und R.A. Markus, "St. Augustine on Signs", in Augustine, S. 61-91.

80 Aristoteles Erste Analytik 3. 120.2. cf. Markus, "Signs", in Augustine, S. 61.

81 Sextus Epicurius Adversus Mathematico 8. 11-12, 13, 177, zitiert bei Markus, "Signs", in Augustine, S. 61-63.

82 Cicero De Inv. i. 30., zitiert nach Markus, "Signs", in Augustine, S. 64, n. 13.

83 Quintillian Inst. Or. v. 9., zitiert nach Markus, "Signs", in Augustine, S. 64.

84 Cf. Jackson, "Signs", in Augustine, S. 118.

85 Varro De Lingua Latina vii. 14. zitiert bei Jackson, "Signs", S. 118, Ns. 72, 73-74.

86 Gen. 17:11., Luk. 2:12, 11:19-20., zitiert bei Markus, "Signs", in Augustine, S. 64-65 und Jackson, "Signs", Ibid., S. 115-16.

87 1 Clem., 12.7, Didache 16.6. Cf. Markus, "Signs", in Augustine, S. 65-75.

88 Tertullian Adv. Marc., 3. 13.4., 4. 39. 16. zitiert bei Jackson, "Signs", in Augustine, S. 116.

89 Orignes in Joannem 13.69., zitiert bei Markus, "Signs", in Augustine, S. 65.

90 Markus, "Signs", in Augustine, S. 66.

91 Jackson, "Signs", in Augustine, S. 136.

92 Ibid., S. 128-135, und Markus, "Signs", in Augustine, S. 74.

93 siehe oben S. 116, no. 80.

94 siehe oben S. 105.

95 Augustinus Confessiones, 7.1.

96 Ibid., 9. 10.

97 "Sancti Aureli Augustini 'De Genesi ad Litteram, Liber Duodecimus'", edited with an introduction, translation and commentary by John H. Taylor, S. J. (Ph.D. Dissertation, St. Louis University, 1948), pp. xiv-xxx.

98 siehe dazu auch Heinrich Scholz, Glaube und Unglaube in der Weltgeschichte: Ein Kommentar zu Augustins 'De Civitate Dei' (Leipzig: J. C. Hinrich'sche Buchhandlung, 1911), S. 65-69.

99 Augustinus Confessiones 1. 8.

100 siehe dazu besonders Ulrich Duchrow, Sprachverständnis und Biblisches Hören bei Augustin (Tübingen: J. C. B. Mohr (Carl Siebeck), 1965).

101 Augustinus De Magistro.

102 Ibid., 1. 19.

103 Ibid., 3. 5.

104 Cf. unten oben S. 121-122.

105 Augustinus De Trinitate 9. 7. 12 und 4. 2. 4, zitiert nach Markus, "Signs", in Augustine, S. 84-85.

106 Augustinus De Doctrina Christiana, 1. 2. 2, 1f.

107 Ibid., 1. 2. 2. 11f.

108 Ibid., 2. 1. 2.

109 siehe oben S. 117-118, n. 91.

110 Augustinus De Doctrina Christiana, 2. 20.

111 Ibid., 3. 5. 9.

112 Ibid., 3. 11.

113 Augustinus De Genesi Contra Manichaeos.

114 Cf. zu dem Ineinanderfügen von Allegorie und Zeichenschema auch Duchrow, Sprachverständnis, S. 155.

115 Gilles Pelland, S. J., Cinq etudes d'Augustine sur le début de la Genèse, Theologie recherches Nr. 8 (Paris-Tournai, 1972).

116 siehe oben S. 120, n. 112.

117 Augustinus De Genesi ad Litteram, Liber imperfectus.

118 De Genesi ad litteram, 1. and 30.

119 Augustinus Confessiones 13. 24.

120 siehe oben S. 69-74, 79-80.

121 siehe unten S. 193-279.

122 siehe oben S. 109-110.

123 Augustinus De utilitate credendi 1. 5.

124 Augustinus De Vera Religione 1. 50. 99.

125 siehe oben S. 119ff.

126 Augustinus Enarratione in Ps. 103. serm. 1. 13 (Gal. 4:21-32.) zitiert bei Rudolph Abresmann, "The 'daemonium Meridianum' and Greek and Latin Patristik Exegesis", Traditio 14 (1958): 27-28.

127 Smally, Bible, S. 17-32; de Lubac, Exegese, 1.1: 190-198. Zum Einfluss Cassians auf das Mönchstum des Westens siehe besonders O. Chadwick, John Cassian: A Study in Primitive Monasticism, 2nd ed. (Cambridge: University Press, 1968).

128 Cassianus Conlationes 14. 8.

129 Ibid.

130 Smalley, Bible, p. 29.

131 Eucher, Formulae spiritualis Intelligentiae: Praefatio.

132 Smalley, Bible, S. 29-32.

133 Cassiodorus Variarum 1. 20. 5. Zum Teil zitiert bei Jürgens, Pompa, S. 240, n. 1-6.

134 Idem, Institutiones.

135 Smalley, Bible, S. 32-35; de Lubac, Exégese, 1.1.: 185-93. Cf. auch Dietram Hoffmann, Die geistige Auslegung der Schrift bei Gregor dem Grossen, Münster-Schwarzacher Studien, Bd. 6 (Münster-Schwarzach: Vier-Türme-Verlag, 1968), S. 18-21 und René Wasselynck, "Les 'Morals in Job', dans les ouvrages de morale du haut Moyan age Latin", RThAM 31 (1864): 5-31.

136 Gregorius I. Magna Moralia in Job.

137 Ibid.

138 Ibid., Praef. 15. 3.

139 Cf. oben S. 69-74, n. 2. Zur Behandlung der dramatischen Figur Jobs siehe auch Theodore von Mopsuestia "in Jobum" und Amalarius von Metz zur dramatisch-allegorischen Darstellung dieser Figur, unten 226-227.

140 Cf. Smalley, Bible, S. 35; de Lubac, Exegese, 1.1.: 143-49.

141 Wasselynck, "Morales in Job", S. 5-31, und Ph. Delhaye, "Les idées morales de Saint Isidore de Séville", RThAM 26 (1959): 17-49.

142 Sr. Patrick Jerome Mullins, O. P. The Spiritual Life according to St. Isidore de Séville (Ph.D. Dissertation. The Catholic University of America Studies in Medieval and Renaissance Latin, Language and Literature, Nr. 13. (Washington: The Catholic University of America Press, 1940), pp. 45-59.

143 Isidore de Seville Sententiae 18. 12.

144 Smalley, Bible, S. 35-36; de Lubac, Exegese, 1.1.; 143-49; B. Thum, "Beda", in LThK 2 (1958): 93-94.

145 Beda De Tabernaculo et vasis eius 1.6.

146 Cf. unten S. 160ff.

147 Cf. Ursula Fischer, "Karolingische Denkart: Allegorese und 'Aufklärung', Dargestellt an den Schriften Amalars von Metz und Agobard von Lyons, (Ph.D. Dissertation, Göttingen, 1957), S. 25-42.

IV. KAPITEL

AMALARIUS VON METZ

DIE LITURGIEREFORM UNTER PIPPIN UND KARL DEM GROSSEN

Nach Einbruch der Germanen in das Römische Reich, dem Untergang Roms und dem Arabereinfall, waren die Jahrhunderte bis um etwa 750 n. Chr. von politischen Wirren, allgemeiner Anarchie, aber auch von einem langsamen, dynamischen Umformungsprozess auf kulturellem sozialem und politischem Gebiet gekennzeichnet, in dem die Gegensätze der römischen und germanischen Völkerwelt ausgeglichen wurden, und somit aus ihnen langsam eine neue Kultur erwachsen konnte. Die Kirche stand mitten in diesem allmählichen Umformungsprozess. Da sich mit ihr aus der alten Kultur eine neue Ordnung herausgeschält hatte, und sie auf Grund ihres Charakters und ihrer Struktur über intrakulturelle Kräfte verfügte, nahm sie in diesem Prozess der grossen Assimilierung und Umbildung eine Schlüsselstellung ein, wobei die Liturgie sowohl ein wichtiges Organ der Erneuerung war, als auch Ausdrucksform einer neuen Kultur und Ordnung blieb.[1] Die Wiege dieser Umformung in Verbindung mit der Liturgie im Westen, war, wie bereits herausgearbeitet wurde, besonders in Gallien und somit auch bei den Franken zu suchen. Folglich spielte die fränkische Kirche eine entscheidende Rolle bei der weiteren kulturellen Entwicklung des Westens, nicht zuletzt durch ihre entsprechenden liturgischen Ausdrucksformen.[2]

Die chaotisch politischen Wirren hatten bis 750 auch Ausdruck in der Liturgie gefunden. In dieser allgemeinen religiösen und politischen Dekadenz, gingen bei den Merowingern die ersten Versuche einer neuen ekklesiastischen Orientierung unter Bonifatius von England aus. In dieser allgemeinen Reform hatte er Pippin um 742 für seine Missionsaufgabe gewonnen, und mit der Krönung Pippins zum König der Franken im Jahre 754 durch Papst Stephan II., kam die Merowingische Dynastie zu ihrem Ende, und der Beginn des Königtums der Franken sowie seine Verbindung mit Rom waren durch diesen Akt offiziell besiegelt worden.[3]

Die erste Phase einer liturgischen Erneuerung, in der die fränkische Ordnung zum Ausdruck kam, ging von Pippin aus, indem er die gallikanische Liturgie offiziell zugunsten einer römischen abschaffte.[4] Die Triebkräfte dieser Reform entsprangen verschiedenen Gründen. Da die einheimische, "gallische" Liturgie von Natur aus beweglich und neuen Strömungen gegenüber offen war,[5] war sie in einer Zeit der allgemeinen Dekandenz nicht weniger der Anarchie anfällig. Weiterhin muss berücksichtigt werden, dass um 750 die gallische Liturgie bereits römische Strömungen assimiliert hatte. Diese Assimilation war durch die Zirkulation des 'Gelasianums' und 'Gregorianums',[6] sowie durch Rompilger und dem Kult der Apostelfürsten Peter und Paul gefördert worden.[7] Der Kern dieser Mischliturgien blieb jedoch die einheimische Ausdrucksweise. Die Tradition dieser gallischen

Liturgie war aber von der byantinischen syrischen Liturgie gespeist worden, die
ihr besonders durch ihre dramatische Bildlichkeit nahe stand. [8] Da die Franken
sich jedoch als neues, gotterwähltes Königsreich auf Erden betrachteten, und die
Beziehungen zu Byzanz bereits durch den Bilderstreit belastet waren, muss die
politische Neuorientierung als Hauptbeweggrund der Einführung des römischen
Ritus angesehen werden. [9]

Das Resultat der Pippinischen Reform ist das 'Gelasianum' des 8. Jahrhunderts,
das hauptsächlich auf dem älteren Exemplar, Vat. Reg. 316 und dem 'Gregorianum' Pad. D. 47 fussend, ein äusserst kompliziertes Mischgebilde ist. [10] Das
hatte seinen Grund darin, dass zur Durchführung des Pippinischen Programms
Musterexemplare der Gregorianischen Sakramentarien und Antiphonarien aus
Rom erforderlich waren, die Pippin um 760 durch Papst Paul zugesandt wurden. [11]
Aber selbst die in Rom vorhandenen Kopien waren unvollständig und in den meisten Fällen handelte es sich bereits um überarbeitete Originaltexte. Infolgedessen
geschah die Vervielfältigung in den fränkischen Schreibstuben bereits von nicht
einwandfreien Vorlagen und die Kopierung konnte schon allein aus diesem Grunde
keine "rein römische" Liturgie zur Folge haben. Ueberhaupt handelte es sich bei
diesen Vorlagen ja eigentlich gar nicht um eine einheitlich römische Liturgie, sondern um aussergewöhnliche päpstliche Stationsmessen, die gewissermassen einen
Rubrikrahmen darstellten, in sich aber nicht beweglich genug waren und der Ueberarbeitung und Zufügung bedurften. [12]

Das Bistum Metz[13] nahm mit seiner Kathedrale und zentralen Lage bei der Durchführung des Pippinischen Reformprogramms eine führende Stellung ein. Von dieser Metropole ging unter Bischof Chrodegang der erste Impetus einer liturgischen
Romanisierung aus, wobei besonders die Gesangsreform intensiviert wurde. Hier
wurden die römischen Stationsmessen bis in Einzelheiten nachgeahmt, was steife
liturgische Formen zur Folge haben musste und spätere Diskrepanzen gefördert
haben wird, besonders wenn in Betracht gezogen wird, welch dominierende wesentliche Rolle der Gesang in der gallischen Liturgie gespielt hatte. [14] Metz war
auch weiterhin unter Karl dem Grossen und Ludwig dem Frommen ein führendes
Zentrum und eine autoritäre Quelle der Liturgiereform, denn lebendiges liturgisches Interesse blieb auch das Kennzeichen der Karolinger.

Karl der Grosse hatte sein Reformprogramm hauptsächlich in den Kapitularien[15]
zusammengefasst, wobei ihm besonders die Glaubens- und Messerklärungen, die
der 'Expositio' - Tradition angehörten, ein Anliegen waren. [16] Im grossen und
ganzen entsprachen diese Erklärungen sowohl der Mentalität des Klerus, als auch
der Aufnahmefähigkeit der Gläubigen in weitverstreuten Landgemeinden mit den
zum Teil noch neubekehrten Sachsen. Sie waren darum einfach, der praktischen
Seelsorge entsprechend, und dem buchstäblichen Sinn nach gehalten und unterschieden sich somit von den früheren komplizierteren Erklärungen, wie sie zum
Beispiel in der 'Expositio' des Germanus von Paris (ca. 500-600?) beobachtet
werden konnten. [17] Erst mit Amalarius, und zwar nach seiner Reise nach Konstantinopel, wurden diese Erklärungen wieder subtiler und viel komplizierter.

Die Ansätze der Pippinischen Reformphase wurden von Karl dem Grossen weitergeführt, wobei die Einheit im Sinne Pippins erstes Gebot blieb. Aus den folgenden Belegen lassen sich diese Absichten dokumentieren:

> Omni clero. Ut cantum romanum pleniter discant, et ordinabiliter per nocturnale vel gradale officium peragatur, secundum quod beatae memoriae geniter noster Pippinus rex decertavit ut fieret, quando Gallicanum tulit ob unanimitatem apostolicae sedis et sanctae Dei ecclesiae pacificam concordiam ... [18]

Aber nicht nur universale Einheit mit der Kirche in Rom war das Ziel des fränkischen Kaisers, sondern auch der kleinste Unterschied sollte beseitigt werden. Es heisst an einer anderen Stelle:

> Quae (sc. ecclesia Francia) dum a primis fidei temporibus cum ae (sc. Romana ecclesia) perstaret in sacrae religionis unione et ab ea paulo distaret-quod tamen fidem non est-in officiorum celebratione, venerandae memoriae genitoris nostri ... exemplis, qui sanctissimi viri Stephani, Romane urbia antistitis, est ei etiam in psallendi ordine copulata ... [19]

Rom war das grosse Vorbild der Einheit und Tradition. Karl der Grosse hebt auch besonders die Tradition und Bedeutung des Gesanges und der Lesungen hervor:

> ... totas Galliarum ecclesias Romane traditionis suo studio cantibus decoravit, nos nihilominus solerti easdem curamus intuitu praecipuarum insignire serie lectionum. [20]

An dieser Stelle lässt sich vielleicht besonders die anti-byzantinische Haltung Karls erfassen, da sich besonders in diesen Teilen der Liturgie der Einfluss der östlichen Liturgie bemerkbar machte, und sich die gallische hier sichtbar von der römischen unterschied. Gesang und Lesung blieben bis auf Amalarius ein problematischer Punkt, denn in Gesang und Lesung kamen insbesondere die Variationsmöglichkeiten und fantasiehaftes Schaffen zum Ausdruck, und folglich ergab sich von dieser Stelle auch besonderer Widerstand zur liturgischen Uniformierung und Einheit. [21]

Alkuin war die treibende Kraft im Reformprogramm Karls des Grossen. Dass sich jedoch die Absichten, den Gebrauch Roms auf die Liturgie der Franken zu übertragen, nicht so ohne weiteres durchführen liessen, wird aus Alkuins Bearbeitungen der Sakramentarien ersichtlich. Der grosse Liturgiereformer stand vor der schwierigen Aufgabe, aus den vorliegenden fehlerhaften und unvollständigen Vorlagen eine einheitliche Reichsliturgie zusammenzustellen. Karl der Grosse hatte wegen solcher Unzugänglichkeiten durch Paul Warnefried von Papst Hadrian (722-795) ein univermischtes (immixtum) Sakramentar angefordert. [22] Dieser Auftrag des Kaisers konnte jedoch nicht früher als 785-6 erfüllt werden, da sehr wahrscheinlich in Rom selbst keine Kopie repräsentationsfähig war. Auch gab es in Rom kein reines Exemplar, denn das von Johannes von Ravenna im Jahre 785/6 an den kaiserlichen Hof überbrachte Sakramentar war bereits eine überarbeitete Kopie, das sogenannte 'Hadrianum'. Alkuin erkannte, dass auch dieses Sakramentar in seiner steifen Form für den Gebrauch in Schulen und Gemeinden nicht ausreichte, da ihm Ausdrucksfähigkeit und Wärme fehlten, ein besonderes Merkmal der Franken, und darum ergänzte er es durch den sogenannten 'Alkuinanhang'.[23] Diese Ergänzung erweiterte den eigentlichen Rahmen des päpstlichen Stationsmessbuchs und schaffte Raum für offizielle Integrierung der eigenständigen, hier gallisch-fränkischen Liturgie.

Meyer[24] hat darauf hingewiesen, dass die Gebete des 'Alkuinanhanges' eine auffallende Aehnlichkeit mit dem 'Book of Cerne' haben, das der irischen-englischen Liturgie, und somit dem gallikanischen Radius angehörte. Die Feststellung dieser Verwandtschaft ist für unsere Untersuchung wichtig, da sich später bei Amalarius eine Integrierung von viel grösserem Masse vollzieht.

Hatte Pippin in seiner Reform die gallische Liturgie zugunsten einer universalen Einheit mit Rom abgeschafft, so begann sich mit der Erweiterung des 'Alkuinanhanges' eigentlich die zweite Phase des Reformprogramms abzuzeichnen, die sich u. a. darin zu erkennen gab, dass der päpstlichen Stationsmesse zunächst Ausdrucksformen des gallisch-fränkischen Gemüts nur durch einen 'Anhang' zugefügt wurden, der aber immerhin Raum für weitere offizielle Ausdrucksmöglichkeiten einer religiösen Erfahrung verschaffte. Das ergänzte 'Hadrianum' blieb zu Lebzeiten Karls des Grossen als beispielhaftes Handbuch in Gebrauch. Nach dem Tod des Kaisers begannen sich dann wieder klerikale und liturgische Anarchie in grösserem Masse zu manifestieren, die nicht nur neue Additionen, sondern auch die Vermischung beider Texte zur Folge hatte.[25] Diese Blendung erweckte den Anschein, als ob das ganze Sakramentar nun wirklich ein Stationsmessbuch des Papstes selbst gewesen sei und folglich stand seiner Autorität und wahllosen Kopierung durch den Klerus nichts im Wege.[26] Die Folgen waren liturgische Diskrepanz und Weiterleben von veralteten Formen, denn die versuchte Romanisierung hatte die einheimische Liturgie nicht auszurotten vermocht, sondern sie stattdessen neu belebt.[27] Dieses liturgische Vielerlei lässt sich besonders aus Amalarius Werken, von dem die dritte Neuerung ausging, dokumentieren.

In den grossen Wirren am Ende des 7. Jahrhunderts war bereits mit Gregor dem Grossen (590-604 n. Chr.) das Ziel zur liturgischen Einheit laut geworden und manifestierte sich im Stationsmessbuch des Papstes, dem 'Gregorianum', das sowohl als Reformliturgie, aber auch als Mischliturgie bezeichnet werden kann. Auch in Spanien, auf dem dritten und vierten Konzil von Toledo, war liturgische Einheit das besondere Anliegen Isidors von Seville gewesen. Bei den Merowingern wurde die Liturgie unter Einfluss von Bonifatius romanisiert. Pippin versuchte nach seiner Krönung liturgische Einheit nach dem Muster Roms, auf Kosten der eigenständigen, gallischen Liturgie einzuführen, wobei politische Beweggründe gegen Byzanz mit im Spiel waren.

Die Suche nach neuen Formen und Orientierungen ist aus der Zeit und ihren chaotischen Zuständen selbst zu verstehen und Rom blieb logischerweise nicht nur ein Vorbild ekklesiastisch-politischer Einheit, sondern auch liturgischer Uniformierung. Trotzdem musste der Versuch Pippins aus zwei Gründen scheitern: erstens gab es keine einwandfreien Musterexemplare der römischen Liturgie, und zweitens handelte es sich um Formen der päpstlichen Stationsmessen, die sich zwar auf bestimmte Feierlichkeiten bezogen, aber nicht genügend Raum für Gemüts- und Seelenausdruck der einheimischen Franken liessen. Sie stellten zwar den rubrizistischen Rahmen dar, waren aber für die Liturgie weder als Frömmigkeitsausdruck, noch als Lehrinstrument genügend.

Neben dem 'Hadrianum' mit 'Alkuinanhang', das als offizielles Musterexemplar galt, stand das Reformprogramm Karls des Grossen unter dem Zeichen der traditionsmässigen 'Expositio', die der Mentalität des Klerus und der Gläubigen entsprechend, knapp und einfach gehalten waren. Der dem 'Hadrianum' beigefügte 'Alkuinanhang' war zwar ein entscheidender Schritt in der zweiten liturgischen Reformphase unter Karl dem Grossen und Alkuin gewesen, da er Raum für den fränkischen Gemütsausdruck schaffte. Aber die Quellen des offiziellen Rahmens, der römischen Musterexemplare also, als auch der einheimischen, liturgischen Tradition, waren zu eng gehalten und liessen daher nicht genügend Spielraum zur weiteren Entwicklung, die den zeitgemässen Anforderungen und dem Wesen der Franken entsprach. So kam es auch, dass die Reformprogramme Pippins und Karl des Grossen im Grunde nicht erfolgreich waren. Sie hatten aber wohl zur Wiederbelebung der einheimischen Liturgie geführt, die sich in Anarchie oder Mannigfaltigkeit der Formen[28] ausdrückte. Erst mit Amalarius waren die Traditionsquellen sowohl weiter gefasst als auch mehr Spielraum für die Fantasie des fränkischen Volkes geschaffen. Aus diesem Grunde war die allegorisch-dramatische Darstellungsform der Liturgie des Amalarius von Metz auch weit über seine Zeit hinaus erfolgreich. Amalarius war sowohl von einem tiefen Erkenntnisdrang als auch von dem Verlangen, den tieferen Sinn der liturgischen Tradition aufzuspüren, getrieben. Dieser Tradition gemäss wollte er die mannigfaltige Liturgie durch einen tieferen Bedeutungssinn zusammenfassen und die Liturgie aus diesem Sinn heraus gestalten. Seine Konstantinopelreise, die ihn mit der byzantinischen Liturgie in Berührung brachte, war dabei von entscheidender Bedeutung. Aber auch Amalarius eigene schöpferische Fantasiekraft trug zu erneutem Werden der Liturgie bei.

BIOGRAPHISCHER AUSZUG

Amalarius von Metz gehört zu den grossen Reformern und Synthetikern der Karolingerzeit. Wie Otfried von Weissenburg[29] auf dem Gebiete der althochdeutschen Sprache und Dichtung und John Scotus Eriugena[30] in Philosophie und Theologie, so hat Amalar im Bereich der dramatisch-allegorischen Liturgie Gleichwertiges sowohl für die Geschichte des Dramas als auch der Liturgie geleistet, und ist, wie sie, von weitreichendem Einfluss gewesen.[31]

Wir wissen nicht viel von Amalarius. Sein Leben musste aus seinen eigenen Schriften, sowie Konzil- und Synodendokumenten, Annalen und Registern der Karolingerepoche rekonstruiert werden. Aus diesen Quellen schillert jedoch ein innerlich und äusserlich bewegtes Leben, aus dem der Geist und die Problematik seiner Zeit sprechen, was sich besonders mit einem Auszug aus Amalars Brief an Abt Hilduin (822-830), Erzkaplan am Hof zu Aachen, illustrieren lässt:

> O quam salutiferum et optabile est nautis, vallatis procellosis turbinibus et periculosissimis aequoris, adprendere portum, ut evadant oetum. Ita mihi, quotiescumque mentem fragilitatis meae quatiunt fluctus emergentes novarum rerum, vitale est, si potuero transnare ad gremium prudentiae vestrae. Hic mihi protus est de omnibus quaestionibus insperate insurgentibus, si videro in eis vestrum intellectum.[32]

Mit der Metapher des stürmischen Meeres, die auch wahrscheinlich seine eigene Erfahrung der stürmischen Seereise auf dem Wege nach Konstantinopel einbezieht, und wo ihm auch neue Einsichten in die Tradition der Liturgie gewährt wurden, beschreibt Amalarius die Spannung und Auseinandersetzung zwischen alten und neuen Formen, in der er sich offensichtlich befindet. Aus dieser Spannung, wie sich zeigen wird, die sich aus den Zeitumständen der liturgischen Anarchie, sowie aus Amalars neugewonnenen Kenntnissen der liturgischen Tradition, seinen eigenen Einsichten und seiner schaffenden Vorstellungskraft ergab, erwuchs die Umprägung und Synthese der liturgischen Formen, in die dramatisch-allegorische Darstellungsweise, die die dritte Reformbewegung der Franken unter Amalarius von Metz kennzeichnet und als sein besonderer Beitrag gewertet werden muss.

Amalarius wurde um etwa 775 n. Chr. geboren, und obwohl sein Geburtsort nicht bekannt ist, wird seine unmittelbare Heimat Metz gewesen sein, denn er selbst bezeichnet diesen Teil des Karolingerreiches als "nostrae provinciae", "nostrae regionis", "nostrae ecclesiae" oder "nostrae Galliae."[33] Es ist sicher, dass Amalar Schüler Alkuins war, denn er bezieht sich auf seine Schulzeit unter diesem gelehrten Anglosachsen:

> Audivi illos canere in isto ordine, quando videbar puer esse ante Albinum doctissimum magistrum totius regionis nostrae. Cuius auctoritate delectatus ec fretus postquam libertate usus sum canendi quae

congrua mihi videbantur, coepi illos cannere tempore suprascripto, id
est ab octavis pentecostes usque in kalendas iulii.[34]

Amalarius war jedoch kein blinder Nachfolger Alkuins, sondern ging bald seinen
eigenen Weg. Wahrscheinlich gehörte er dem weltlichen Klerus, das heisst, den
Regularkanonikern an, war also nicht Mönch oder Abt.[35] Sein ganzes Leben war
eng mit dem kaiserlichen Hof unter Karl dem Grossen und Ludwig dem Frommen
verbunden, und schon früh wurde er vom kaiserlichen Hof aktiv in das liturgische
Reformprogramm einbezogen. Als im Jahre 800 Bischof Leidrad von Lyons (798-
814) von der Hofschule um Hilfe für liturgische Reform bat, wurde Amalar von
Karl dem Grossen nach Lyons gesandt, um dort liturgische Neuerungen nach dem
Muster der Hofschule einzuführen.[36] Danach wurde er im Jahre 809 vom Kaiser
auf den Bischofsstuhl von Trier berufen, den er bis 814 innehatte. Diese Zeit seiner bischöflichen Berufung ist sowohl mit bedeutender pastoraler Aktivität, die ihn
in Verbindung mit weitverstreuten Landgemeinden brachte, als auch mit hoher
ekklesiastisch-diplomatischer Tätigkeit, die ihn nach Konstantinopel führte, ausgefüllt. Während dieser Zeit weihte Amalarius um 811 die erste Kirche in Hamburg ein.[37] Dieser Anlass brachte den Bischof von Trier mit der Bevölkerung des
nördlichsten Teils des Karolingerreiches in Berührung, was ihm besonderen Einblick in die Mentalität der Gläubigen, ihren Ausdrucksformen und -möglichkeiten
gegeben haben wird.[38] Ein aus dem Jahre 812 erhaltener Briefwechsel zwischen
Karl dem Grossen und Amalarius in Verbindung mit seinem ersten Werk 'De Scrutinio de Baptismo'[39] bezeugt die führende Stellung, die ihm in liturgischen und
theologischen Fragen jetzt bereits zukam. Karl der Grosse stellt heraus:

> Sed quamvis sanctitatem tuam in divinis rebus tota intentione vigilare
> non ignoremus, omittere tamen non possumus quin tuam devotionem
> Sancto incitante Spiritu nostris ut magis ac magis in sancta Dei eccle-
> sia studiose ac vigilanti cura laborare studeas in praedicatione sancta
> et doctrina salutari ...[40]

Nach Zusendung des Schriftstückes antwortet der Kaiser in seinem Dankschreiben:

> ... De episcopis suffraganeis ad ecclesiam Treforum in qua, Dominum
> annuente, te praesulem esse volumus, sicut antenus nostram ordinatio-
> nem et dispositionem atque iussionem expectasti, volumus ut, interim
> quod ad nostrum venias conloquium expectes, ceteris vero gradibus,
> id est presbyteris, diaconibus, et omni clero, vel plebi tuae tibi com-
> missae, inter tuam parochiam commorantibus, cum omni devotione
> praedicare et docere viam veritatis studeas.[41]

Diese Ausführungen bestätigen, dass Amalarius wegen seiner theologischen Kennt-
nisse, sowie pastoralen Fähigkeiten bereits hohe Anerkennung am kaiserlichen
Hof gewonnen hatte und sich mit ihm nach Alkuin eine neue Führerpersönlichkeit
abzuzeichnen begann.

Im Jahre 813 gehörte Amalarius zu einer Gesandtschaft, die von Karl dem Grossen in Fragen des Bilderstreites nach Konstantinopel gesandt worden war, um mit Kaiser Michael I. den Frieden zu ratifizieren.[42] Während seiner Reise durch Griechenland und seines längeren Aufenthaltes in Konstantinopel, hatte Amalarius nicht nur Gelegenheit, die byzantinische Liturgie in ihrem Aufwand und in ihrer Dramatisierung beobachten zu können, sondern ihm wurde auch die Möglichkeit gegeben, in der Hagia Sophia am Epiphaniefest selbst eine Messe zu zelebrieren, und auf der Rückreise durch Italien konnte Amalarius auch der Liturgie von Papst Leo III. beiwohnen.[43] Diese Reise, die Amalarius mit den verschiedensten liturgischen Strömungen bekanntmachte, ist von grösstem Einfluss gewesen. Während dieser Reise verfasste er sein grundlegendes liturgisches Werk 'Missae expositionis geminus codex',[44] das durch die Grundkonzeption seine dramatisch-allegorischen Auffassungen darlegt und auffallende Aehnlichkeit sowohl mit der östlichen Liturgie, als auch der gallischen Darstellungsform hat. Ein anschauliches Gedicht, 'De versibus marini'[45] schildert seine erlebnisreiche Reise nach Byzanz vom Anfang bis zum Ende. Im Juli 814 traf Amalarius wieder am kaiserlichen Hof zu Aachen ein, wo der Gesandtschaft ein festlicher Empfang von Ludwig dem Frommen bereitet wurde.[46] Der Bischofsstuhl von Trier war inzwischen von Hetti[47] besetzt worden, was Amalarius für seine weitere schriftstellerische Arbeit freigemacht haben wird. Bis zur Herausgabe seines Hauptwerkes 'Liber Officialis' (823) trat Amalarius nur einmal an die Oeffentlichkeit, und zwar auf der Reichstagssynode zu Aachen, wo er aller Wahrscheinlichkeit nach als Bearbeiter der Regel Chrodegangs ('De Institutione Canonicorum') mitgewirkt haben wird.[48]

Nach Erscheinen des 'Liber Officialis', fielen Amalarius wieder ekklesiastische Aufgaben zu. Im Jahre 825 nahm er an der Pariser Synode, die sich mit der Kontroverse des Bildersturmes befasste, teil,[49] und 831 wurde er von Ludwig dem Frommen in liturgischen Angelegenheiten zur Beschaffung eines Antiphonars nach Rom gesandt.[50] Dieser Aufenthalt in Rom lenkte seine Aufmerksamkeit besonders auf die gesanglichen Unterschiede und die verschiedenen rubrizistischen Verordnungen, die zwischen Rom und der fränkischen Kirche bestanden, und die ihn zur Komposition eines eigenen Antiphonars veranlassten.[51] Im Jahre 833 wurde Amalarius dann offen in die politischen Umstände des Reiches einbezogen. Da Agobard, Erzbischof von Lyons, in den Streitigkeiten des Reiches auf Seiten Lothars verwickelt war, und aus diesen Gründen fliehen musste, wurde Amalar der vakante Bischofsstuhl von Ludwig dem Frommen zugewiesen. Während dieser Zeit versuchte er seine liturgischen Neuerungen in der Diozöse von Lyons einzuführen und berief zu diesem Zweck im Jahre 834 eine Regionalsynode. Sein schärfster Gegner war der Diakon und Magister Florus, ein leidenschaftlicher Vertreter dieser Schule und enger Freund Agobards. In zwei Briefen polemisiert er gegen die Irrlehre des Amalarius, woraufhin sich die Synode zu Diedenhofen im Jahre 835 eingehend mit den Werken Amalarius von Metz befasste. Auf der Reichstagssynode zu Quierzy (838) wurden Amalars Schriften dann verurteilt.[52] Als Agobard im Jahre 839 reinstituiert wurde, gab er auch polemische Schriften, wahrscheinlich von Florus verfasst, gegen Amalarius heraus, und zwar: 'Liber contra quattor libros Amalarii abbatis', das gegen Amalarius Hauptwerk, 'Liber Officialis' polemisiert, und 'Liber de correctione antiphonarii', sowie 'Liber de divina Psalmodia', die Amalars Gesangserneuerungen angreifen.[53]

Hiermit scheint Amalarius öffentliche Laufbahn abgeschlossen zu sein. Nur noch einmal tritt er in den Jahren nach der Verurteilung seiner Werke bis zu seinem Tode an die Oeffentlichkeit, und zwar in Verbindung mit der Kontroverse um Gottschalk. In der Auseinandersetzung um die Prädestinationsfrage gehörte Amalarius mit John Scotus Eriugena einer Kommission von beratenden Theologen an.[54] Sein Werk 'Epistula ad Pardulum Laudunensem episcopum de praescientia et praedestinatione' ist nicht erhalten.

Da die Frage um Gottschalk zwischen 849 und 852 abgeschlossen war[55] und Florus sich 853 in seinem Werk 'Liber Tribus Epistolis' auf den Einfluss der Werke Amalars nach seinem Tode bezieht, ... 'quam omnia scripta ejus saltem post mortem ipsius debuerint igne consumi' ...,[56] wird Amalars Todesjahr etwa zwischen 850-52 angesetzt. Er wurde in der Gruft der St. Arnoldskirche von Metz beigesetzt.[57]

Aus diesen knappen Ausführungen darf die Schlussfolgerung gezogen werden, dass Amalarius ein begabter, aufgeschlossener und weit bereister Mensch und Theologe war, eng verbunden mit den kirchlich-kulturellen, sowie politischen Umständen der Karolingerzeit. Er war aber auch Dichter und Schriftsteller und in seiner schöpferischen Vorstellungskraft wusste er traditionelles Gut, mit neuen Einsichten, Erkenntnissen und Anschauungen in seinen Werken künstlerisch zu verbinden und wissenschaftlich darzulegen. Die Zeitspanne seines Schaffens war die Zeit, in der die Vorstellungsweise des germanischen Erbes mit den liturgischen Ausdrucksformen assimiliert wurde. Kolping hat Amalarius berechtigterweise als "Exponent der innerlichsten Interessen und Anliegen seiner Kulturepoche" bezeichnet.[58]

In chronologischer Folge sollen Amalarius Werke zunächst textkritisch auf seine Theorien und generellen Inhalt hin untersucht werden, um sie im 5. Kapitel dramatisch zu analysieren.

WERKE

Amalarius schriftstellerische Tätigkeit erstreckt sich auf eine Spanne von ungefähr vierzig Jahren und lässt sich in drei Schaffensperioden einteilen, und zwar in die Zeit von 812-815, von 816-831 und von 831-851. Seine Werke sind hauptsächlich liturgischer Art und gehören fast ausschliesslich der literarischen Gattung von 'Expositio' an.[59] Zu seinen nicht-liturgischen Schriften gehören ein Gedicht, seine Behandlung der Prädestinationsfrage, sowie die Produkte seiner Mitarbeit an Konzilbeschlüssen.[60]

Bei der kurzen Besprechung von Amalarius Werken in chronologischer Reihenfolge, sollen die Theorien seiner dramatisch-allegorischen Darstellungsmethode herausgearbeitet und die dramatische Struktur aufgezeigt werden. Da sich Amalarius Theorien und Auffassungen besonders klar aus seinen Briefen, sowie den Einführungen und Widmungen der verschiedenen Bücher erfassen lassen, soll sich die Analyse besonders auf diesen Teil der Werke konzentrieren.

Die Frühwerke (812-815)[61]

Die ersten schriftstellerischen Zeugnisse sind aus den Jahren 812-13 bezeugt, und zwar in dem bereits erwähnten Briefwechsel mit Karl dem Grossen in Verbindung mit der Schrift 'De Scrutinio de Baptismo',[62] das die symbolische Bedeutung und den Sinn der einzelnen Taufriten im Sinne der patristischen Tradition erklärt, und eigentlich noch der einfacheren Form der 'Expositio' im Sinne Karls des Grossen einzureihen ist.[63]

In die Zeit seiner Reise nach Konstantinopel (813-14) fällt sowohl die Komposition eines aufschlussreichen Gedichtes, 'De Versu Marini',[64] das diese Reise anschaulich schildert, als auch sein grundlegendes liturgisches Erstlingswerk, 'Missae Expositionis', das seine allegorisch-dramatische Grundkonzeption der Liturgie darlegt. Sie hat in ihrem Aufbau sowohl auffallende Aehnlichkeit mit der 'Expositio' des Germanus von Paris,[65] der gallischen Liturgie also, als auch der byzantinischen, insbesondere der Liturgie des Germanos von Konstantinopel.[66] Ein kurzer, aber aufschlussreicher Briefwechsel zwischen Amalarius und seinem Reisebegleiter nach Konstantinopel, Abt Peter Nonatulanus, ist diesem 'Codex' beigefügt und soll, da er Amalars Kerntheorien enthält, analysiert werden. Diese Briefe werden um etwa 815, ungefähr ein Jahr nach seiner Rückkehr aus Konstantinopel, datiert.

Epistula Venerabilis Abbatis ad Amalarium

Abt Peter N. erbittet sich in einem kurzen Brief das auf der Seereise unter "Inspiration" verfasste Werk 'Expositio', da er seine Kirche durch Amalarius Liturgie bereichern will. Es heisst in diesem Schreiben:

> ... Et obsecramus tuam amabilem et inviolabilem caritatem, ut illum expositionis codicem quem, dictante Spiritu Sancto cordi tuo, in itinere maris exposuisti, nobis dirigere digneris ad augmentum et statum sanctae ecclesiae nostrae; ut qui legerint et aedificati fuerint, pro te, beatissime pastor, Domino preces fundant ... [67]

Gleichzeitig bittet Abt Peter N. auch um die von Amalarius unter Karl dem Grossen verfasste Tauferklärung. [68] Diese kurzen Ausführungen des Abtes bestätigen, dass Amalarius in liturgisch-theologischen Fragen weiterhin, wie unter Karl dem Grossen, eine führende Stellung einnahm. Der Brief ist noch aus zwei weiteren Gründen wichtig: erstens ist er eine Beweisführung dafür, dass Amalarius seine schriftstellerische Arbeit unter Einfluss der byzantinischen Eindrücke weitergeführt hat, und zweitens ist er ein Hinweis auf die "Inspiration" des Werkes. Damit fiel Amalarius selbst in die Tradition der inspirierten Exegeten, wodurch ihm die notwendige Autorität in exegetisch-theologischen Fragen, und somit auch liturgischen Angelegenheiten zukam. Andererseits war sie ein Deckmantel für seine Eindrücke, wenn nicht Vorbild, der byzantinischen Liturgie, was besonders auf Grund der politischen Beziehungen in Verbindung mit dem Bilderstreit und der Machtposition eine durchaus verständliche Massnahme Amalars war. [69] In seinem Antwortschreiben umreisst Amalarius die Grundkonzeption seiner liturgischen Auffassung, auf die sich auch seine späteren Werke aufbauen. Die hier umrissenen Theorien werden dann später immer wieder greifbar.

Epistula Amalarii ad Petrum abbatem Nonatulam[70]

Gleich zu Anfang vom Kern seiner Lehre ausgehend, legt Amalarius rhetorisch Schritt für Schritt seine Theorien dar, und schreibt:

> Nuperrime suscepi a vestra sanctitate directam epistolam plenam caritate et humilitate, in qua inter alia continebatur ut meum, non tantum meum, sed et vestrum, quamvis parvum, opusculum quod inter equoreas comminationes cudimus... In quo si quid dignum, si quid honestum, si quid rationale reperritur, non meae nempe doctrinae sed vestris merito sanctis precibus deputantur ... [71]

Amalarius will in den wahren Sinn der Schrift und Liturgie eindringen, darin liegt der Kern seiner Lehre. Da es zu falschen Auslegungen kommen kann, denn die Schrift ist nicht immer vernunftgemäss (inrationabiliter), beruft sich Amalarius gleich auf die Autorität sowohl der Tradition, als auch der des Abtes:

> Unde oro, sanctissime pater, quicquid in eo, temeritate mea faciente
> ac stulta praesumptione, inrationabiliter scriptum est, per vestram
> prudentiam correptionem habere mereatur, et nos indulgentiam apud
> omnes doctores. [72]

Es fällt hier auf, dass Amalarius sich gleich zu Anfang auf seine eigene Lehre
(... meae ... doctrinae) bezogen hatte, was deutlich hervortreten lässt, dass
er sich zwar bewusst in den Schutz der Tradition stellt, aber nicht in ihren Schatten. Amalarius betont sofort wieder seine eigene Auffassung, dass er geschrieben habe, was ihm wahr und recht dünke: 'Scripsi enim quidquid mihi videbatur
iustum et honestum'. [73] Er ist dabei nur von dem einen Ziel getrieben, nämlich
"die Strahlen der Wahrheit" und damit den tieferen Sinn der Schrift zu erhellen
und freizulegen:

> Non eo animo, ceu valuerim omnem rectitudinem praesumpti operis
> indagare, sed ut tangerem meo incepto vestros industrios, qui facillime possent rei veritatem dilucidare eius quam vehementer desiderabam. [74]

Diese subjektive Betonung der eigenen Einsicht und Vorstellung in Verbindung mit
der Tradition verrät eine gewisse Spannung, die zu neuen objektiven Ausdrucksformen führen wird.

Amalarius eigene Beobachtung und sein Spüren nach dem Sinn der liturgischen
Tradition, sowohl der älteren als auch der jüngeren Väter, bei denen niemals
etwas ohne Sinn und Bedeutung gewesen war, geht aus folgendem Zitat hervor:

> Scripsi, ut nostis, quos illos arbitrabar imitari qui in choro stant, et
> cantant intrante episcopo in ecclesiam, ut postea in sequenti opere demonstrabitur; quae convenientia esset nostro toti officio, quod agitur
> in missa, sive in psallendo sive in situa, sive in qualitate sive in quantitate, cum nostris authenticis, quos omnis ecclesia colit, reputans
> apud me nihil statutum esse in ecclesia, neque apud anticos patres
> neque apud recentiores, quod ratione careat. [75]

Aus dieser dramatisch-allegorischen Tradition heraus versucht Amalarius zu
imitieren und darzustellen, und wo die Tradition nicht ausreicht, wirkt er selbst
schöpferisch, Altes und Neues zu einem anschaulichen Ganzen verwebend.

Amalarius rechtfertigt sein eigenes Reformprogramm durch Anwendung der allegorischen Methode auch von seiten der klassischen Tradition. Er geht dabei von
Isidor von Seville aus. Hier heisst es:

> Si enim gentiles argumentantur ludos aliquod suos allegorice promere,
> sicut aleatores, qui perhibent tribus tesseris suis tria tempora significari, praesens, praeteritum et futurum, et vias eorum senario nu-

> mero distinguunt propter sex aetates hominum, quanto magis christianam industriam, orationem sibi a Deo concessam, nullo modo acciderit frustra aliquid statuere. [76]

Er argumentiert weiter, dass für die Christen die göttliche Vernunft der Bezugsgrund aller Dinge sein müsse, und daher sei es auch ihre besondere Aufgabe, nach dem tieferen Sinn in allen Dingen zu suchen. Er führt aus:

> Non ideo exemplum de gentilibus posui, et eos imitemur. Sed si illi hoc vel illud argumentantur rationis, quanto magis totum quod rationes est, christianus sequi debet, qui summae rationi Deo se sponsorem facit. [77]

Auch die eschatologische Orientierung, die besonders die Gesamtschau der Liturgie überschattet, rechtfertigt Amalarius im Sinne der antiken Tradition, denn wenn schon die Heiden Vorsorge für das Leben der Zukunft treffen, wieviel mehr sollten es dann die Christen tun, deren Endziel Gott in der Ewigkeit ist. Er schreibt:

> Non ideo Dominus villicum iniquitatis laudatum esse dicit, ut illum imitaremur; sed si ille ex villicatu iniquitatis prudenter sibi in futurum providit, quanto magis oportet christianum ex iustis censibus adquirere qui eum recipiant in aeterna tabernacula. [78]

Abschliessend bittet Amalarius seinen ehemaligen Reisegefährten, genügend Vorsichtsmassnahmen zu treffen, damit sein Werk nicht frühzeitig Unberufenen in die Hände falle, nur um ins Lächerliche gezogen zu werden. Er bezeichnet sich selbst noch nicht als Meister, sondern sieht sich vielmehr als ein eifriger, nach der Wahrheit forschender Schüler. Er führt aus:

> Rogo, pater, ut non ad publicas aures et libellus noster mittatur, ne intrem in dentes obstrectatorum, neque cacinni superborum per auras resultent de humillima doctrina paupertatis nostrae, quoniam non me praefero magistrum de hac scriptione, sed discipulum inquirentem quod alligo scire. [79]

Diese Anspielung auf eine gewisse Opposition bezieht sich wahrscheinlich auf die Schule von Lyons. Abt Peter N. scheint diesem Wunsch Amalarius auch nachgekommen zu sein, denn von Amalarius Erstlingwerk ist nur ein Manuskript erhalten. [80]

Dieser Briefwechsel lässt darauf schliessen, dass die Darstellungsform der östlichen Liturgie von Konstantinopel in ihrer einheitlichen und dramatisch-bildlichen Form, Amalarius in seiner Gesamtschau beeinflusst haben wird. Man kann weiter daraus folgern, dass er sich mit seiner Lehre von dem Sinn, 'ratio', der Schrift und Liturgie in Verbindung mit der allegorisch-dramatischen Methode durchaus in der Tradition wusste, wobei er sich mit einer gewissen Sicherheit immer wieder auf die Väter beziehen konnte und eine Sinnbezogenheit von da aus rechtfertigte.

Missae Expositionis Geminus Codex, I (813-14)[81]

Das Augenfällige dieser liturgischen Komposition ist der dramatische Aufbau und die allegorisch-historische Grundkonzeption der Gesamtstruktur. Es ist, als ob Amalarius die Ereignisse der Schrift, sowie die Lehre des gesamten Heilsplans in die Liturgie transponiert habe, um sie dort dramatisch erklärend zur Darstellung zu bringen. Der Aufbau der Messe besteht sozusagen aus vier Akten und entsprechenden Szenen, die sich auf die Ankunft Christi, 'Introit', sein Leben, 'Lectio', seine Passion, 'Offertorio', Auferstehung und Himmelfahrt, 'Confractio-Benedictio', beziehen.

Amalarius eröffnet sein Werk mit einem Schema des dramatisch-allegorischen Gesamtplans und erklärt dabei kurz die Bedeutung der einzelnen Aufbauelemente. Zur besseren Uebersicht und zum besseren Verständnis seiner Werke soll dieses Schema hier wiedergegeben werden.

I. Codex seu Scedula Prior[82]

1. Capital sequentis opusculi praenotamus, ut si quis forte ignarus extans de ignobilitate operis nostri, aggrediensque illud quasi dignum, ac postea reperiens vile, ne paenitentia ductus dicat apud semetipsum vel apud suos adstantes ...

2. Illud vero intimandum est, quod ea quae celebramus in officio missae usque lectum evangelium respicientia sunt ad illud tempus, quando properabat Hierusalem passurus.

Nach dieser allgemeinen Einführung und dem Aufriss des Gesamtablaufs, folgt eine kurze Interpretation der dramatisch-allegorischen Struktur:

3. 'Introitus' vero ad chorum prophetarum respicit et merito hos hic tangimus, quod Augustinus ait: "Moyses minister fuit et veteris testamenti, et prophetae ministri novi testamenti."[83]

'Kyrieleison' ad eos prophetas respicit qui circa adventum Domini erant, de quibus erant Zacharias nec non et Iohannes filius eius.

4. 'Gloria' in excelsio Deo ad coetum angelorum respicit, qui gaudium nativitatis Domini pastoribus adnuntiaverunt.

'Prima collecta' ad hoc respicit, quod Dominus agebat circa duodecimum annum, quando ascendit Hierosolimam, et sedebat in templo inter medios doctorum, et audiebat illos atque interrogabat.

5. 'Epistola' ad pradicationem Iohannis pertinet.

'Responsorium' ad benivolentiam apostolorum, quando vocati Domino et secuti sunt.

'Alleluia' ad laetitiam mentis eorum, quam habebant de promisionibus eius, vel de miraculis quae videbant fieri ab eo, sive pro nomine eius.

'De tractu' alias dicemus.

'Evangelium' ad suam praedicationem usque ad praedictum tempus.

6. Deinceps vero quod agitur in officio missae, ad 'illud tempus' respicit quod est a dominica quando pueri obvieverunt ei, usque ad ascensionem eius sive pentecosten.

'Oratio' quam presbyter dicit a secreta usque, "Nobis quoque peccatoribus", hanc orationem designat quam Iesus exercebat in monte Oliveti.

Et illud quod postea agitur, illud tempus significat quando Dominus in sepulchro iacuit.

7. 'Quando panis mittitur in vinum', anima Domini ad corpus redire demonstrat.

'Et quod postea celebratur', significat illas salutationes quas Christus fecit discipulis suis.

Et 'fractio' oblatarum illam fractionem significat quam Dominus duobus fecit in Emaus.

In diesem Schema ist die Handlung der gesamten Heilsgeschichte aufgezeigt. Die Erlösungsgeschichte beginnt mit der Darstellung der Propheten durch den Chor, um mit der Brotbrechung der Jünger von Emmaus, durch Diakon und Subdiakon dargestellt, nach der Auferstehung abzuschliessen. Abschliessend fasst Amalarius dann nochmals die Bedeutung der einzelnen Klerikerrollen zusammen:

8. QUALITER OCCURAT CANTORUM OFFICIUM, QUOD AGITUR AD MISSAM, SIVE SUBDIACONI VEL DIACONI, QUOD AGITUR IN PULPITO, SACRAMENTO INCARNATIONIS CHRISTI, ANGELORUM PRAEDICATIONIS, PASSIONISQUE, NEC NON ET RESURRECTIONIS.

Diese Gesamtstruktur zeigt eine auffallende Aehnlichkeit mit dem Drama 'Christos Paschon',[84] dem Aufbau des Germanos von Konstantinopel[85] und der gallischen Liturgie.[86] Unmittelbar nach der Zusammenfassung leitet Amalarius dann in die ausführlichen Erklärungen des dramatischen Messaufbaus über. Er behandelt in Einzelheiten die Bedeutung der Darstellungen, sowie die Rollen, die den einzelnen Klerikern dabei zufallen. Ausserdem wird deutlich, dass Gestik, Haltung und Gesang in ständiger Wechselwirkung miteinander stehen, wobei besonders auch dem Gesang dramatische Bedeutung zufällt. In Verbindung mit der Emmausszene macht Amalarius eine bedeutende Aussage über die Verbindung von Darstellung und Gesang: " ... 'quae ideo, cantatur, sicut nobis videtur ... "[87] Diese ausführliche Beschreibung bezieht sich auf den 'Introit' (Ankunft) und 'Lectio' (Leben), wogegen das Passions- und Auferstehungsthema ('Offertorio, Fractione') weniger ausführlich behandelt werden. Auffallend ist der dramatische Ausbau des 'Responsiorum' und 'Alleluia' durch Gesang und Personifikationen.[88]

Als schriftliche Quellen sind nur das Alte und Neue Testament, sowie ein kurzer Hinweis auf Augustin und Isidor von Seville angegeben.[89] Nach dem Briefwechsel zwischen Abt Peter N. und Amalarius zu urteilen und im Vergleich zu den bereits untersuchten liturgischen Texten,[90] wird jedoch die Liturgie in Konstantinopel in Verbindung mit den noch bestehenden Resten der gallischen Liturgie sein Vorbild gewesen sein, die Tradition also, die auch seine eigene Vorstellung schöpferisch speiste.

Codex seu scedula altera, II

Diese Komposition trägt den Titel 'De Romano Ordine et de Statione in Ecclesia'. Es gibt zu denken, warum Amalarius gerade diese Ueberschrift mit "Romano Ordine" betitelt, obwohl die Darstellung des Ganzen eigentlich den Charakterzug der östlichen und gallikanischen Liturgie trägt, denn dieser Codex bezieht sich in Einzelheiten auf Handlungen, Gesten und Darstellung bis zum Ende des Evangeliums, wobei alles noch viel dramatischer ausgefüllt ist und die Signatur eines grossen symbolisch-allegorischen Aufwandes trägt, das ja eigentlich nicht ein Merkmal der römischen Liturgie ist. Besonders auffallend ist dabei die erhöhte Dramatisierung einzelner Themen, sowohl durch subtile Andeutung als auch durch Personifikation, wie zum Beispiel das Thema 'vita aktive - vita contemplativa', oder der Oelbergszene, oder der Ruf Christi an die Jünger. Dieser Codex schliesst mit dem Evangelium ab. Er behandelt den zweiten Teil, das Passions- und Auferstehungsthema, gar nicht. Handelt es sich bei diesen beiden Texten um die Verarbeitung der unmittelbaren Eindrücke in Konstantinopel und der päpstlichen Messe in Verbindung mit der gallofränkischen Liturgie und dem Alkuinanhang? Zu Amalarius Quellen in diesem Teil gehören neben der Schrift auch besonders der 'Ordo Romanus' II (A V), sowie Origenes, Beda und Clemens von Alexandrien.[91]

Canonis Missae Interpretatio (814-15)[92]

Dieses Werk ist eine mystische Interpretation der Messe, insbesonders des Kanons. Amalarius behandelt hier ausführlich den hierarchischen Aufbau der sichtbaren und unsichtbaren Welten, der sich in der Liturgie widerspiegelt und auch immer wieder, wie sich zeigen wird, in seinen Werken in darstellender Weise angedeutet wird. Auch diese Komposition ist daher ein wichtiger Schlüssel zur Gesamtauslegung der dramatischen Liturgie, da Amalarius hier ausschliesslich den geistig-mystischen Hintergrund und tieferen Sinn der Liturgie bis in Einzelheiten behandelt. [93] Als schriftliche Quellen gibt Amalarius hauptsächlich Gregor den Grossen an, wobei jedoch bemerkt werden muss, dass sich die mystische Interpretation, besonders des Aufbaus der Engelhierarchie, dem Darstellungsbild der byzantinischen Liturgie fügte, zwar nicht im theoretischen Sinn, wohl aber im bildlich-dramatischen Sinn. [94]

Im Gegensatz zu 'Miss. Exp. I et II' sind von dieser Erklärung der mystischen Interpretation der Messe insgesamt zwölf Handschriften[95] erhalten, was auf seine Bedeutung und Verbreitung schliessen lässt.

HAUPTWERKE

Epistula Amalarii ad Hilduinum (822-830)[96]

Nach dem Erscheinen seiner Erstlingswerke trat Amalarius nach einer Pause von etwa neun Jahren mit seinem Hauptwerk 'Liber Officialis' (823) an die Oeffentlichkeit. Sein Brief an Abt Hilduin, eine Auseinandersetzung mit rubrizistischen Fragen, fällt auch wahrscheinlich in diese Zeit. Dieser Brief gewährt ebenfalls einen guten Einblick in Amalars eigene Stellung, sowie in den Kern seiner Theorien.

Amalarius eröffnet den Brief mit der Metapher des stürmischen Meeres[97] und bringt damit die Neuerung und Gärung seiner Zeit, worin er selbst so offensichtlich verwickelt war, zum Ausdruck. Auf seiner Reise nach Konstantinopel durch Griechenland stiess Amalarius auf verschiedene liturgische Verordnungen, und zwar besonders in Verbindung mit einer Priesterweihe, was sich aus folgendem Zitat dokumentieren lässt:

> Quando fui apocrisiarius, quamvis indignus, videlicet minimus a maxima potestate, in partibus Grecorum, audivi inter nostros, id est meos socios et eos qui ad imperium Grecorum pertinent, diversa sentire de temporibus fixis apud nos sacrorum ordinum. Ut repperi apud quendam archiepiscopum, ipso narrante, de civitate Iadhare, sine aliqua observatione nostrae consuetudinis celebrant consecrationem sacrorum.[98]

Ohne die festgelegten Verordnungen der byzantinischen Kirche in Iadhare beachtet zu haben, hatte Amalarius nach eigenem Gutdünken am Fest des heil. Petrus einen Diakon nach fränkisch-römischer Verordnung zum Priester geweiht. Er gibt dazu folgende Beschreibung:

> Retulit quomodo vellet aliquem diaconus promovere ad presbiteratus officium in vigila paschae; ipso renuente eodem tempore, promotus est in festivitate sancti Petri. In loco ubi eram, vigilia memoratae festivitatis sancti Petri, erat quidam, ut retulit, diaconus nobiscum, qui veniebat a partibus Romae, confirmans se factum diaconum ab apostolico Leone. Rogavit me ut in illo die proveherem ammodum restiti et legato, qui me ducebat, et ipsi diacono, et vix evasi.[99]

Diese Initiative hatte Amalarius in eine Kontroverse mit seinen Reisegenossen gebracht, wobei er sich auf die kirchlichen Verordnungen in der fränkischen Kirche berief. Hierzu heisst es:

> Socii nostri, Petrus abba et sui monachi dissentiebant a meis in ordinatione primi mensis. Dicebant se velle habere duodecim lectiones, secundum romanum usum, semper in prima septimana quadragesimae, in quocumque mense sive tempore mensis eveniret. Ego non habebam

> quid dicerem, nisi quod scriptum tenebam in nostris libris: "primi mensis prima sabbati." Cogitabam et me tenere romanum usum, quia scripta quae legi in Frantia, de eodem loco cognitavi advolasse.[100]

Dieser scheinbar weniger bedeutende Vorfall zu Iadhare, war für Amalarius der Anstoss einer grossen Auseinandersetzung geworden. Er führt weiter aus:

> Ista praelibata qua in itenere occurrunt, tempus est ut de metatu cogitem.[101]

Er hatte sich vorher auch besonders auf den Sinn, 'ratio', der Rubriken bezogen, ... 'quomodo potuisset fieri quod sine ratione aliqua praefixi essent descripti dies qui vulgo vocantur apud nos quattuor temporum'.[102] Amalarius rechtfertigt seine rubrizistische Lösung weiter im Sinne der Tradition, da er sich in allem was er tut, in den Fussstapfen der Väter weiss. Er beteuert:

> Firme teneo quod nihil subsicivum a patribus sanctis constitutum sit, sed omnia ratione dignissima, et nihil in ecclesia frequentetur, quod non sit tritum eorum vestigiis.[103]

Amalarius versteht sich selbst als Hüter dieser liturgisch-sinnbezogenen Tradition und unterwirft sich nur der Autorität eines Gelehrten wie Hilduin. Seine Stellungnahme lautet:

> Qua de re vestram auctoritatem operior de duodecim lectionibus primi mensis, pro quibus istae litterae scriptae sunt, ut ipsa me statuat in portum tutissimum. Promam tamen, quamvis praesumptiose, quod mihi videtur posse congruere praesenti rationi, non praeponendo potiori. Quod si probabile est, oro, probetur per vos; si corrigendum, corrigatur per vos.[104]

Aber wie zuvor mit seinen ehemaligen Reisegenossen, so befindet sich Amalarius wiederum in einer Auseinandersetzung, dieses Mal mit seinem Bischof, die er Hilduin auszugleichen bittet.

> Absit ut ideo dicam, quasi coner resistere ammonitioni episopi mei in aliquo, vere ipse nodum aliquid praecinuit de ieiunio memorato, sed familiariter a vobis vestrum velle require, quia vestrum et omnia inaequalia ad aequitatem reducere.[105]

Ein Antwortschreiben Abt Hilduins, falls es existierte, ist nicht erhalten.

Drei Punkte, die bereits im Brief an Abt Peter N. beobachtet werden konnten, stechen auch hier wiederum hervor, und zwar erstens, dass die Reise nach Konstantinopel sein Interesse an liturgischen Fragen intensiviert hatte; zweitens dass Amalarius sich mit seiner Lehre nach dem tieferen Sinn, 'ratio', der Schrift und Liturgie durchaus in der Tradition der Väter wusste, und drittens, dass ihn seine

Ansichten in eine kontroverse Stellung geführt hatten. Ausserdem zeichnete sich hier besonders auch seine Vorliebe für einheimisches Brauchtum ab. Sein Hauptwerk bringt diese Züge auch wiederum zum Ausdruck.

Liber Officialis (823)[106]

Amalarius veröffentlichte um 823 sein zunächst aus drei Büchern bestehendes Hauptwerk, das, nach den Handschriften zu urteilen, schnell weiteste Verbreitung fand und in insgesamt drei Auflagen erschien.[107] Der ersten Auflage (823) geht eine Widmung, 'Glorissime imperator' voraus, der zweiten, die um 829-830 herauskam, wurde das vierte Buch zugefügt, und die dritte Auflage, wurde zusammen mit seinen späteren Werken nach seiner Romreise (831), während er den Bischofstuhl von Lyon innehatte (835), herausgegeben. Dieser letzten Auflage wurde das Vorwort 'Postquam scripsi' beigefügt.[108]

Die der ersten Auflage vorausgehende Widmung 'Gloriosissime imperator' umreisst den Zweck und die Konzeption des Werkes. Wie in seinem Brief an Abt Peter N. und an Hilduin legt Amalarius auch hier Schritt für Schritt seine Motivierung und seine Ziele dar. Es ist erstens sein Bemühen, in den Sinn und die Bedeutung, 'ratio', der nach altem Brauch gefeierten Liturgie zu dringen, die sich nur noch in liturgischer Anarchie manifestiert. Es heisst hier:

> Gloriosissime imperator et magnificentissime ac centies invictissime.
> ... Servus ego vester, quamvis minimus omnium, afficiebar olim desiderio ut scirem rationem aliquam de ordine nostrae missae, quam consueto more caelebramus, et amplius ex diversitate quae solet fieri in ea, hoc est quod aliquoties una epistola legitur, aliquoties una epistola legitur, aliquoties duae, et cetera talia, simulque de ceteris officiis.[109]

Hier findet sich zum ersten Mal eine konkrete Beweisführung der liturgischen Diskrepanzen nach dem Zu-Ende-Kommen der liturgischen Reformprogramme unter Pippin und Karl dem Grossen. Auffälligerweise machen sie sich in der Struktur des Lesungsteils bemerkbar. Zweitens reiht sich Amalarius hier selbst in die Tradition der inspirierten Exegeten. Er beschreibt, wie er lange mit den liturgischen Fragen gerungen habe, und ihm endlich in der Krypta des kaiserlichen Palastes die richtige Lösung gekommen sei. Auch hier schreibt er unter dem Deckmantel der Inspiration und erwähnt erst gar nicht seine Reise nach Konstantinopel. Mit der Metapher der durch ein Fenster brechenden Lichtstrahlen, beschreibt er seine Inspiration:

> Praeterita proxima aestate videbatur mihi, quasi in crypta posito, fenestratim lucis scintillas radiare usque ad nostram parvitatem de re quam desiderabam.[110]

Drittens bringt Amalarius dann sofort zum Ausdruck, dass er trotz seiner Furcht vor gewissen Gegnern, geschrieben habe, was er denke und fühle. Er bringt seine eigene Auffassung über die liturgische Neuerung somit furchtlos zum Ausdruck. Er betont hier:

> Longa esurie avidus, non frenum passus sum timoris aliquis magistri, sed, illico mente gratias agens Deo, scripsi quod sensi.[111]

Obwohl er sich die Freiheit der eigenen Auffassung zugestanden hat, unterwirft er sich viertens gleich der Autorität Ludwigs des Frommen:

> Dein tractare coepi cui sapientum porrigerem ea quae scripsi, ut eius auctoritate statuerentur ea quae ordinate sunt scirpta, seu corrigentur quae inordinate.[112]

Nachdem Amalarius seine Position durch Inspiration gefestigt hatte, betont er fünftens zunächst die Kontinuität der primären liturgischen Tradition. Mit brennendem Eifer will er in den Sinn des ersten liturgischen Aktes einzudringen versuchen, aus dem die Struktur der Liturgie erwachsen war. Er führt aus:

> Ardor mihi inerat ut scirem qui priores auctores haberent in corde, qui nostra officiis statuerunt. Sed quia hoc difficillimum mihi est affirmare, ut identidem scripsissime, quod illi meditabantur unum tamen suffugium mihi est, si ea quae scripsi, videbuntur vestrae pietati via caritatis non exedere.[113]

Wird seine Interpretation der Liturgie, die was verborgen liegt, hervorzuholen versucht, falsch verstanden, so ist das nicht seine Absicht gewesen. Um falschen Auslegungen vorzubeugen, beruft er sich sechstens auf die Autorität Augustins:

> Ex libro Augustini de Doctrina Christiana defendar ab illis qui me voluerint capare, quasi periculose scripsissem, eo quod mentes auctorum officii nostri non praesentes haberem.[114]

Dass Amalarius sich direkt in Verbindung mit der Liturgieinterpretation auf die Zeichentheorie Augustins beruft, setzt ein Kennen und Einfühlen in diese Tradition voraus. Die Behandlung des zweiten Buches wird diese Annahme bestätigen.

Wiederum konnte hier festgestellt werden, dass die Triebkräfte Amalars einer gewissen Spannung zwischen Tradition, den gegebenen Zeitumständen und seiner eigenen Vorstellung entsprangen. Das Aufspüren der liturgischen Tradition bleibt sein brennendes Verlangen auch im Vorwort des ersten Buches.

Liber I[115]

Das Vorwort des ersten Buches, 'Ubi sanctus Augustinus', ist offensichtlich ein Bekenntnis zur Augustinischen Tradition und hier werden Amalarius Auffassungen und Theorien abermals deutlich greifbar. Nach Augustin unterscheidet Amalarius zwischen 'voluntas' und 'cupiditas', wobei 'ratio' das leitende Prinzip ist, das zur Wahrheit und guten Werken (caritas) führt.[116] Mit der organischen Metapher des Baumes illustriert Amalarius wie Gott der Bezugsgrund aller Vernunft, 'ratio', ist, zu dem letztlich alles Suchen nach Wahrheit führen muss. Seine Beschreibung lautet:

> Voluntas quasi quidam stipes est, quae a Domino menti datur, cui inhaerent quasi quidam ramusculi appetitus, quibus coniungitur res ab auctore omnium rerum, in qua aliquid operetur voluntas, cui si assit ratio, aberit error. Ratio dirigit radios appetitus ad verum solem Deum, ut sua luce perspicue et veraciter sciat quid vel quale sit quod appetit.[117]

Da durch den Sündenfall reines Suchen unmöglich ist, bedarf der Mensch der Erleuchtung durch den Heiligen Geist, und sich auf Paulus beziehend, argumentiert Amalarius, dass jedem Menschen Erleuchtung zum allgemeinen Nutzen zuteil werden könne: "'Unicuique'", inquit, "datur manifestatio spiritus ad utilitatem'."[118] Hierdurch bezieht sich unser Liturgiker auch wieder auf seine eigenen Geistesgaben. Daraufhin die organische Metapher des menschlichen Körpers anwendend, beschreibt Amalarius den erkenntnistheoretischen Vorgang als eine allmähliche, aber lebendige Vorgangsweise, wobei ihm, dem grossen Sünder, die Aufgabe zuteil wurde, den tieferen Sinn der Liturgie zu erforschen und freizulegen. Er schreibt:

> Stomachus est qui diversos cibos recipit, de quibus solet ructus fieri ad superiora; similiter quidam venter est mentis, qui recipit cogitationes. Si his defuerit res, non habent unde ructum faciant. Mihi peccatori grossa res data est potius ad indagandum quam exponendum, id est de officio quod continetur in sacramentario et antiphonario, quae pene omnibus rusticis nota est. Fiducialiter ago coram Deo, qui vult ut unusquisque devote in suis datis ministret pro praemio aeterno ...[119]

Auf der Suche nach dem tieferen Sinn und Kern der Liturgie, weiss Amalarius sich wiederum auf den Spuren des abgelegten Weges der Tradition. Im Sinne dieser Tradition beginnt er sein offizielles Reformprogramm, und schreibt wiederum:

> Ardor mihi inest tritae viae et abolitae propter antiquitatem, ut sciam quid habeat in medulla res memorata, id est quid in corde esset primorum dictatorum officii nostri et quem fructum pariat. Itaque mihi prima inquisito est de septuagesima, cuius finis constat in primo mense.[120]

Amalarius will in den tieferen Kern - 'medulla res memorata' - einzudringen versuchen. Sein Ansatzpunkt ist hierbei der Beginn des liturgischen Zyklus, Septuagesima, der in der Leidenswoche und Osternacht kulminiert. Er sieht seine Berufung und Inspiration im Zeichen von 'ratio' und will aus der Tradition heraus der Liturgie Sinn und Bedeutung zu geben versuchen. Amalarius ist von glühendem Verlangen getrieben, in den Sinn des ersten liturgischen Aktes und der Worte Christi einzudringen, dessen Tragweite und Tiefendimension Amalarius nicht besser hätte formulieren können: "... ut sciam habeat in medulla res memorata, id est quid in corde esset primorum dictatorum officii nostri ...", [121] und woraus die liturgisch-dramatische Tradition erwachsen war. Wo die Tradition nicht ausreicht, diesen tieferen Sinn freizulegen, wirkt Amalarius selbst schöpferisch, alte und neue Formen in lebendiger Darstellung verbindend. Für Amalarius ist die Liturgie ein lebendiger, ständig wachsender und sich entfaltender, zur Wahrheit und Karitas führender Vorgang. Die dramatische Darstellung der Liturgie ergibt sich dann aus der allegorisch Schau des vierfachen Schriftsinns verbunden mit dem 'signum-res-Schema' Augustins, der byzantinischen Auffassung und Amalarius eigener Vorstellung der konkreten fränkischen Welt, die von der Weltbejahung der Germanen gekennzeichnet war.

Das erste Buch ist für unsere Untersuchung von zwei Gesichtspunkten aus wichtig, und zwar erstens von seiten der dramatischen Vergegenwärtigung der historischen Passion und Auferstehung Christi während des zyklischen Jahresablaufes, dessen liturgische Bedeutung nicht nur in der judaeo-christlichen, sondern gleichfalls in der mythischen Tradition der Naturvölker wurzelt,[122] und zweitens von seiten der vierfachen Schriftexegese, die in Verbindung mit der Taufliturgie der Osternacht zur erklärenden Darstellung kommt, und für das Verständnis der oft subtilen, dramatisch-allegorischen Darstellung des Amalarius während des Messeablaufs und der Zyklen des Kirchenjahres wichtig ist. Diese beiden Seiten sollen ihrer Bedeutung wegen kurz behandelt werden.

Dramatische Vergegenwärtigung

Das erste Buch behandelt alle liturgischen Einzelheiten des gesamten Osterfestkreises, angefangen vom Sonntag Septuagesima bis Pfingsten, das heisst, vom Beginn der Babylonischen Gefangenschaft des Alten Testamentes bis zur Aussendung des Heiligen Geistes am Pfingstfest im Neuen Testament. Der rememorative Charakter der historischen Ereignisse der Leidenswoche zeichnet sich besonders ab. Der Almosentag des Papstes am Samstag vor Palmsonntag, der auf die Salbung Christi durch Maria in Betanien zurückverweist, eröffnet die Ereignisse der Passion.[123] Bei der ausführlichen Erklärung und Rechtfertigung dieser Stelle fasst Amalarius den rememoriativen Sinn der Liturgie folgendermassen zusammen:

> Ubi notandum quod ea quae recolimus cultibus ecclesiasticis circa passionem Domini et resurrectionem atque ascensionem in caelos, in memoratione illarum rerum quae suo in tempore peractae sunt agimus.

> Unde cotidie dicimus in sacrifico missae: "Quotiescumque haec feceritis, in mei memoriam facietis." Habemus opus praecedens elemosinae praesentis sabbati quod imitemur, et ad memoriam nostri reducamus. [124]

Die dramatische Vergegenwärtigung der historischen Ereignisse wurzelt letzten Endes im Ausspruch Christi bei der Einsetzung des Letzten Abendmahles selbst, aus dem dann die Gesamtgestaltung des liturgischen Dramas erwächst. Das heisst mit anderen Worten, der Sinn, 'ratio', des liturgischen Aktes und seiner Darstellung gewinnt seine eigentliche Bedeutung erst durch die Verbindung mit dem gesprochenen Wort des historischen, liturgischen Aktes, in diesem Fall dem Akt Jesu Christi beim Letzten Abendmahl.

Das Augenfällige an dem weiteren dramatischen Aufbau und den Darstellungen, sind die szenenhaften Themenvarianten der Passion und Auferstehung, die nicht an dieser Stelle, sondern im folgenden Kapitel, eingehend behandelt werden sollen.

In dieser Verbindung verdient auch die organische Definition der 'ecclesia' Beachtung, die folgendermassen lautet:

> Ac per hoc, quia ecclesia convocatio dicitur, homines sunt ecclesia, non parietes domus. [125]

Der aktive Einbezug der Gläubigen ist Amalarius ein besonderes Anliegen, und das bedeutet hier, dass die kirchliche Gemeinde im liturgischen Drama auch ihre eigene Rolle spielt.

Die Darstellung des vierfachen Schriftsinnes

In Verbindung mit dem Katechumenenunterricht, der in der Taufliturgie der Osternacht seinen Höhepunkt erreichte, gibt Amalarius eine anschauliche Erklärung des vierfachen Schriftsinnes, der hauptsächlich durch Positionssymbolik, sowie durch Wechsel von Gesang und Lesung dargestellt wird.

Während die Kerzen- und Lichtsymbolik die Transformation der Katechumenen vom Dunkel der Existenz zum Licht des Lebens veranschaulicht, wird die eigentliche Umkehrung durch Objektivierung des vierfachen Schriftsinnes dargestellt. Amalarius sagt ausdrücklich:

> Lumen ipsius lumen Christi significat, quo et praesens nox illustratur, gratia scilicet resurrectionis, et catechumini qui venturi sunt ad baptismum. Ipsam inluminationem designant lectiones quae ante baptismum leguntur, ut in sequentibus monstrabitur. [126]

Schrittweise wird der Täufling durch die Schrift zum vollen Licht geleitet, wobei der jeweilige Schriftsinn sozusagen einen stufenweisen Aufstieg andeutet.

Durch Beda knüpft Amalarius an die patristische Exegese an, und zwar verwendet er das Beispiel aus dem Werk 'De tabernaculi et vasis eius',[127] in dem sich die vier Tischbeine des Altars im Tabernakel der Stiftshütte auf je einen Schriftsinn beziehen, was andeutet, dass durch den Hinweis auf den Mosaischen Tabernakel die Exegese der Schrift bereits allegorisch direkt mit dem Opfer in Verbindung gebracht wird, und dann von hier auch zur konkreten Darstellung kommt.[128] Nach Bedas Definition ist der vierfache Sinn in den Worten Gottes und Heiligen Schriften selbst enthalten. Er gehört zu ihrem Wesen. Amalarius schreibt daher auch:

> Hanc doctrinam significat mensa in tabernaculo moysaico quae habet quattour pedes; quia ut Beda in libro de Tabernaculo: "Quadriformi ratione omnis divinorum eloquiorum series distinguitur."[129]

Amalarius wendet den vierfachen Schriftsinn auf diese Weise zunächst systematisch auf die Taufliturgie der Osternacht an. Es heisst weiter:

> Hic oro intendatis quam congruentiam habeant lectiones quattour et cantica et orationes, quae aguntur propter instructiones catecuminorum, cum aguntur propter instructiones catecuminorum, cum quattour pedibus mensa. Idem qui supra in memorato: "Mensa tabernaculi quattour habet pedes, quia verba caelestis oraculi vel historico intellectu vel allegorico vel tropologico, id est morali, vel certe anagogico solent accipi ...[130]

Durch den Tisch der Stiftshütte wird nicht nur eine tiefen-dimensionale Rückblende ins Alte Testament erzielt, sondern durch ihre Verbindung mit dem allegorischen Schriftsinn wird diese Weltschau auch in die Anfänge der Heilsgeschichte projiziert.

Der Lesungsteil der Taufliturgie, der sich auf das erste Tischbein bezieht, stellt den historischen Sinn dar. Er enthält die Fakten der Heilsgeschichte, und seine Definition lautet:

> Historia est namque, cum res aliqua quomodo secundum litteram facta sive dicta sit, plano sermone refertur.[131]

Bedeutend für unsere Untersuchung und für das Verständnis des liturgischen Dramas überhaupt, ist die Aufteilung der ersten Lesung, da sie aus zwei Lesungen mit abschliessendem Gesang besteht. Die erste Lesung behandelt die historische Erschaffung des Menschen:

> Nonne, sicut ibi scriptum est de generatione hominus, tenetur historiam? ... Et sicut ibi narratur, die sexto credimus hominem factum.[132]

Diese Lesung schliesst auch den Sündenfall ein und weist daher auf den Menschen ohne Gott. Aus diesem Grunde fehlt ihr der Gesang. Der zweite Lesungsteil des ersten Sinnes hat sowohl historische als auch allegorische Bedeutung:

> Secunda lectio plano sermone refert quomodo populus Israhel ex
> Aegypto salvatus sit. Quia in superiore lectione audivit catecuminus
> suam formationem, in ista audiat suam redemptionem ... [133]

Die allegorische Bedeutung wird durch den der zweiten Lesung folgenden Gesang
versinnbildlicht. Amalarius geht auf diesen Unterschied besonders ein, denn er
führt weiter aus:

> Istas duas lectiones unum canticum sequitur, quia utraque in primo
> pede stant, id est allegoria, vel ideo priori lectioni canticum non se-
> quitur, qui in illa insinuatur parens in quo omnes peccaverunt. [134]

Das Moment der Erlösung wird somit durch Gesang eingeschoben, und dadurch erhält das Ganze bedeutungssinnliche Erweiterung. Das Verständnis dieser Bedeutungserweiterung durch den Einschub des Gesanges ist besonders für die dramatische Interpretation der späteren Liturgie wichtig.

Das zweite Tischbein bezieht sich auf den rein allegorischen Sinn und symbolisiert
hier den sakramental-mystischen Charakter der Kirche. Das wird in der dritten
Lesung auch entsprechend definiert und ausgelegt:

> Transeamus ad secundum pedem mensae. Idem qui supra in eodem:
> "Allegoria est, cum verbis sive rebus mysticis praesentia Christi et
> ecclesiae sacramenta signatur."[135]

Die Auslegung des allegorischen Sinnes dient hier zur Einführung der Katechumenen in den sakramentalen und mystischen Charakter der Kirche, die Amalarius
mit der folgenden, typologisch-komplizierten Allegorie verbindet:

> Tangamus tertiam lectionem, quae quamvis tertia sit ordine lectionem,
> tamen propter sacramenta quae continet, secundo pedi mensae coniungi-
> tur. In ea habeamus sacramenta Christi et ecclesiae: "Apprehenderunt
> septem mulieres virum unum in die illa, dicentes: Panem nostrum co-
> medemus." Secundum historiam non legimus illud factum, sed in Chri-
> sto scimus completum, quem apprehenderunt septem dona Spiritus
> Sancti. [136]

Diese Stelle ist ein Beispiel allegorischer Auslegung, die keine historische Bedeutung hat, und mit ihrer typologischen Bedeutung in die Tradition des Hilaire von
Poitiers fallen könnte. Die Subtilität solcher Auslegungen wird auch später auf die
dramatischen Darstellungen und Andeutungen durch Gesang und Gestik übertragen,
und ist Grund ihrer Kompliziertheit und Vielschichtigkeit.

Das dritte Tischbein stellt den tropologischen Sinn dar und hält den Täufling zu
guten Werken, d.h., zur Karitas an. Amalarius befasst sich am ausführlichsten
mit der Darstellung dieses Sinnes. Die Definition nach Beda lautet:

> Tertium pedem mensae requiramus. Dicit Beda in quo et supra: "Tropologica, id est moralis locutio ad institutionem et correctionem morum sive apertis seu figuratis prolata sermonibus, respicit." Fas est ut, postquam docti fuerint catecumini de purgatione baptismi, instruantur de moribus.[137]

Der tropologische Sinn hat dynamische Qualitäten, denn er bringt besonders das Wechselverhältnis zwischen Gott und Mensch zum Ausdruck. Sinngemäss besteht die vierte Lesung auch aus dem Anruf Gottes an den Menschen, hier an den Täufling. Es heisst dazu:

> Dicit lectio quarta: "Audite, audientes me, et comedite bonum, et delectabitur in crassitudine anima vestra. Inclinata aurem vestram, et venite ad me, audite, et vivet anima vestra, et fariam vobiscum pactum sempiternum, misericordias David fideles."[138]

Die Auslegung und Darstellung des tropologischen Sinnes wird weiterhin komplizierter, da es zu einem Ineinandergreifen von zwei Sphären kommt und hierdurch eine dreifach-bezogene Situation entsteht.[139] Amalarius bringt dieses Ineinandergreifen der empirisch sichtbaren und der mystisch unsichtbaren Welt durch Anruf und Antwort in einem Wechselgespräch oder -gesang am Ende der vierten Lesung zum Ausdruck. Er kommt hierbei auf die Bedeutung des ersten Sinnes zurück, die in zwei Lesungen mit einem der zweiten Lesung folgenden Gesang ausgedrückt wurde. Der Gesang bedeutete dort den Beginn der Erlösung. In der dritten Lesung dagegen wird der Mensch aktiv in die Erlösungsgeschichte einbezogen. Amalarius zieht selbst von dieser Sicht einen Vergleich zwischen den beiden Lesungen. Er schreibt:

> Sicut primae duae lectiones propter historicam narrationem concluduntur uno cantico, sic ista una dilatatur in duobus, propter duas res sibi coniungentes, scilicet mores bonos et caelestem patriam.[140]

Durch den Wechselgesang zwischen Lektor und Kantor wird das dynamische Verhältnis der beiden Bereiche zum Ausdruck gebracht, das folgendermassen lautet:

> Et pene in aliquibus eadem repperiuntur in canticis quae in lectione.[141]

Dicit lectio:	"Omnes sitientes venite ad aquas."[142]
Canticum dicit:	"Sitivit anima mea ad Deum vivum."[143]
Dicit lectio:	"Feriam vobiscum pactum sempiternum, misericordias David fideles."[144]
Canticum:	"Deus fidelis et non est in eo iniquitas."[145]
Lectio:	"Et quomodo descendit imber et nix de caele, et illuc ultra non revertitur, sed inebriat terram, et infundit eam."[146]
Canticum:	"Audiat terra verba oris mei, expectetur sicut pluvia eloquium meum, et descendant sicut ros verba mea."[147]

Das Thema der erfüllten Erde stellt eine gewisse Greifbarkeit der geistigen Wirklichkeiten dar, in die der Täufling eingeführt wird. Von hier leitet die tropologische Situation in den anagogischen Sinn über.

Das vierte Tischbein versinnbildlicht den vierten, anagogischen Sinn, der mystisch-eschatologische Bedeutung hat und nur durch Gesang zum Ausdruck kommt. Seine Definition lautet:

> In quarto cantico teneamus quartum pedem mensae. Beda in eodem: "Anagoge, id est sensum ad superiora ducens, locutio est quae de praemiis futuris et ea quae in caelis est vita futura, sive mysticis seu apertis sermonibus disputat."[148]

Zu Beginn nimmt ein Psalmengesang[149] das Thema der vorausgegangenen Lesungen und des Wechselgesanges wieder auf:

> Audiamus quid dicant catecumini post ammonitionem doctoris: "Sicut cervus desiderat ad fontes aquarium: ita desiderat anima mea ad te, Deus.."[150]

Hierdurch kommt besonders die harmonisch-organische Einheit zum Ausdruck, die den mystischen Sinn direkt mit der Sphäre der Karitas verbindet. Der ganze anagogische Teil wird gesungen:

> Totum anagogicam sonat. Id ipsum deprecatur sacerdos: "Ut qui festa paschalia agimus, caelestibus desideriis accensi, fontem vitae sitiamus."[151]

Der Gesang weist jedoch nicht nur auf den mystischen Bereich, sondern vielmehr auch auf ständige Beharrung in guten Werken, die erst Zugang zu diesem mystischen Bereich verschaffen. Der anagogische Sinn ergibt sich sozusagen aus der Erfüllung der Erde. Mit anderen Worten, die Lesung und der Gesang des tropologischen Sinnes fliessen im anagogischen Sinn zusammen. Amalarius selbst erläutert den anagogischen Sinn auch so wie folgt:

> Inter, haec duo cantica non est lectio necessaria. Qui, ut praediximus, in bonis moribus moratur, restat ut caelestia tantummodo sciat, quamvis propter convenientia, lectionis et duorum canticorum sine altera lectione congrue coniungantur.[152]

Danach leitet der anagogische Sinn in die lichtdurchdrungene Taufzeremonie und in den Jubel der Osternacht über, wobei Amalarius die Verschmelzung des 'Glorias' mit dem Glanz der Auferstehung andeutet:

> Dicamus modo "Gloria in excelsis Deo", quia tanto lumine inlustrata est praesens nox, scilicet dominica resurrectione. ... Ubi notandum vocem ministrorum ad neofytos esse usque ad evangelium. Dicit lec-

tor ad eos: "Si consurrexistis cum Christo, quae sursum sunt querite, ubi Christus est in dextra Dei sedens." Habes lectionem de anagogico pede, in quo catecumini, accensi per verba cantici, "Sicut cervus" desiderabant apparere ante faciem Dei. Quod nunc habent in effectu, tunc habebant in desiderio...[153]

Der anagogische Sinn bringt die geistigen Wirklichkeiten der Osternacht zum vollen Ausdruck. Danach folgt eine weitere Dramatisierung des Auferstehungsthemas, auf die später eingegangen werden soll.[154]

Ergebnis

Durch die Anwendung der Interpretation Bedas verbindet Amalarius den vierfachen Schriftsinn mit der Liturgie. Das Verständnis der Anwendung des vierfachen Schriftsinnes auf die Osternacht, und von dort auf den liturgischen Ablauf überhaupt, ist für die dramatische Interpretation von Bedeutung, da sie Amalarius kosmische Gesamtschau zu erkennen gibt, die in der Liturgie zum Ausdruck kommt.

Der erste historische Schriftsinn ist in zwei Lesungen aufgeteilt, wobei sich die erste Lesung auf die Erschaffung und den Fall des Menschen bezieht. Wir konnten feststellen, dass der ersten Lesung, da sie sich auf den von Gott geschaffenen, aber durch den Sündenfall von Gott getrennten Menschen bezieht, ein Nachgesang fehlt. Die zweite Lesung dagegen bezieht sich auf die geschichtliche Manifestation der Erlösung, nämlich des Auszugs der Israeliten aus Aegypten. Sie hat folglich sowohl historische, als auch allegorische Bedeutung und wird darum sinngemäss mit einem Gesang abgeschlossen. Der Gesang wird zum Ausdruck des Erlösungsmomentes.

Der zweite Schriftsinn hat rein allegorische Bedeutung und bezieht sich ausschliesslich auf den sakramental-mystischen Charakter der Kirche, und ihm kommt dabei komplizierte, typologische Bedeutung zu.

Der dritte, tropologische Sinn, ist für Amalarius von grösster Bedeutung, da er das Wechselverhältnis von Gott und Mensch ausdrückt und die konkrete, empirische Welt einbezieht. Diese Verbindung wird durch Lesung und Gesang allegorisch vergegenwärtigt, und diese Einheit durch einen nachfolgenden Wechselgesang besonders unterstrichen.

Der Wechselgesang des tropologischen Sinnes leitet in den vierten, anagogischen Sinn über. Er wird ausschliesslich gesungen, was die Vollendung des Menschen und sein Verharren in guten Werken und Karitas versinnbildlicht und von dort in den Jubel und die Freude der Osternacht überleitet.

Es scheint, als ob Amalarius hier erstmalig eine systematische Interpretation des vierfachen Schriftsinnes auf die Liturgie, und zwar der Osternacht, anwendet. Hier scheint ihr wesentlicher Kern, ihre 'ratio' zu liegen, wodurch die Erlösungsgeschichte zur dramatischen Gestaltung kommt.

Liber II[155]

Im zweiten Buch des 'LO' werden rubrizistische Verordnungen des liturgischen Jahres, wie Anzahl von Lesungen, Zahlensymbolik der vier Elemente, der vier Jahreszeiten, den vierteljährlichen Fastenzeiten, sowie der Vierteilung der Offizien 'matutinum', 'meridianum', 'vespertinum', 'nocturum', die einzelnen Kirchenämter, Bischof, Diakon, Subdiakon, Akolyten, sowie Messgewänder und Paramente behandelt. Amalarius will, da alles sinnbezogen ist, in ihre Bedeutung und ihren Zusammenhang dringen: 'Neque' hoc sine ratione est ...[156] Durch Allegorese der geschichtlichen Ereignisse des Alten und Neuen Testaments werden die vier Elemente und die vier Jahreszeiten durch Zahlensymbolik miteinander in Verbindung gebracht. Damit durchdringen sich Geschichte und Kosmologie durch Allegorie und erhalten von hier aus neue heilsgeschichtliche Bedeutung, die besonders in der Liturgie zum Ausdruck und zur Darstellung kommt.

Amalarius behandelt eingehend die allegorische Bedeutung der Messgewänder und ihre besondere Funktion bei der Interpretation der Liturgie. Hatte er im ersten Buch den allegorischen Schriftsinn in Verbindung mit der Taufliturgie erklärt, so ist er im zweiten Buch besonders von der Zeichentheorie Augustins abhängig.[157] Der äussere Ritus entspricht einem tieferen Sinn und Zusammenhang. Amalarius sagt: 'Omnia haec extrinsecus geruntur, signa sunt rerum intimarum'.[158] Dieser tiefere Sinn kann nur langsam freigelegt werden - durch Darstellung. Nach der Apostolischen Tradition haben die Messgewänder nicht nur allegorisch-symolische, sondern auch didaktische Funktion, die dazu beiträgt, immer tiefer in den Sinn der Wahrheit zu führen. Amalarius macht darüber folgende aufschlussreiche Aussage:

> Quamvis haec spiraliter intellegere debeamus, tamen ammoniti sumus a supra memorata apostolico, ut mutationem vestimenti iuxta litteram compleamus. Nobis enim qui spiritu sumus renati, ante oculos bonum est frequentare quod in mentem transeat. Per lineam vestem, qua tantummodo utimur in sanctis, intellegimus subtilem orationem, exutam ab omni carnali cogitatione ante Dominum; locutio vero ad populum alia debet esse, tamque grossa ut intellegi valeat a populo.[159]

Der äussere Sinn der Schrift entspricht dem Aeusseren des Kirchengewandes und häufige, sich darstellende bildhafte Wiederholung ermöglicht wachsende Erkenntnis des tieferen und geistigen Sinnes der Liturgie, die gleichzeitig kosmische Bedeutung hat. Amalarius macht hier eine Kernaussage über die aesthetische Darstellungsweise des liturgischen Dramas. Der aktive Einbezug der Gläubigen erhält von dieser Seite sowohl subjektive (Zuschauer), als auch objektive (darstellende) dramatische Bedeutung.[160]

Ein weiteres Beispiel, dass Amalarius auch in der Liturgie zwischen Buchstabe und Geist unterscheidet, ist ein direkter Hinweis auf Augustins 'De Doctrina Christiana' und auf die Regeln des Tyconius. Durch die folgende aufschlussreiche Stelle, kann Amalars Liturgieauffassung erschlüsselt werden:

> Inter regulas sacrae scriptura septem haec una ex illis constat, ut a littera transeamus ad spiritum, et a spiritu ad litteram. Ac ideo non abhorrent a vero, quamvis de laneo vestimento accipiamus secundum spiritum, si secundum litteram perfecerimus mutatione vestimenti, quod et secundum litteram et secundum spiritum rite possumus intellegere. [161]

Die äussere Hülle der Schrift und Liturgie deutet auf die geistige Wirklichkeit, die sich hinter ihr verbirgt. Diese Sehweise kommt der Sicht eines Narsai oder eines Maximos, dem dynamischen 'signum-res-Schema' Augustins, sowie der typologischen Bildlichkeit des Hilarius von Poitiers[162] nahe.

Ergebnis

Amalarius von Metz hat jedoch als Erster in der Kirche des Westens die Methode der allegorischen Schriftexegese auch systematisch auf die Liturgie angewandt und zur Darstellung gebracht. Er hat damit veräusserlicht, was bereits in der romanofränkischen Sehweise impliziert war, dem Spüren nach dem tieferen, der greifbaren Wirklichkeit enthaltenen Sinn, einer Sehweise, die weder im Widerspruch zu der byzantinischen, noch gallischen Liturgie oder dem weltanschaulichen Erbe der Germanen stand. Ferner fügte sich diese Auffassung des äusseren und inneren Sinnes auch der kosmologisch-negativen Theologie seines Zeitgenossen, John Scotus Eriugena, dem alle schöpferischen Manifestationen ein Kern der göttlichen 'ratio' innewohnte.[163] Diese Formulierung bringt das in-sich-selbst-bewegte Bild der Liturgie zum Ausdruck, die jede Bewegung und Geste signifikativ werden lässt und eine weitere, über-sich-selbst-hinausgreifende Bedeutung impliziert.

Liber III

Das Vorwort des dritten Buches, 'Domino opitulante', gibt eine Zusammenfassung des einen Sinnes der Messe, der im Ritus mehrschichtig angezeigt und dargestellt ist. Amalarius umreisst hier sowohl die geistige und eschatologische Bedeutung, als auch die dramatisch-allegorische Darstellung der Liturgie, die letzten Endes in ihrem eigentlichen Sinn im ersten liturgischen Akt und Zeichen des Letzten Abendmahles wurzelt. Wiederum hebt er die rememorative Bedeutung, die im anagogischen Sinn gipfelt, zusammenfassend hervor:

> Domino opitulante, intercedente beato Medardo confessore, cuius festivitas hodie apud nos celebratur, in gaudio sanctorum, prompti sumus animo ad suscipiendum Dei munus, si tamen ipse dignatur purgare et serenare oculum, in quo discamus de officio missae, quid rationis in se contineat diversitas illa quae ibi agitur, cum satis esset, sine cantoribus et lectoribus et ceteris quae ibi aguntur, sola benedicendum panem et vinum, quo reficeretur populous ad animarum salutem, sicut primevis temprobus fiebat apud apostolos, ac ideo primo decendum est de signis.164

Amalarius besonderes Ziel auf den Grund der Tradition zu dringen, wird hier abermals deutlich artikuliert.

Im dritten Buch behandelt Amalarius dann in allen Einzelheiten den dramatisch-allegorischen Aufbau der Messe, der in seiner Gesamtkonzeption aus Amalarius liturgischem Grundwerk. 'Miss. Exp. I et II' erwachsen zu sein scheint. Dramatische Darstellung und Personifikation kristallisieren sich nun ausführlich um zwei Themenkreise und strukturelle Einheiten:

> 1. 'um die Vormesse (Synaxis)': Hier wird die Ankunft und das Leben Christi bis einschliesslich der Lesung des Evangeliums dargestellt, wobei besonders die Lesungen von gewissem Pomp umgeben sind.
>
> 2. 'um die Opferhandlung (Eucharistie)': mit der Opferung beginnend werden Passion, sowie Auferstehung und Himmelfahrt dargestellt, die mit der Brotbrechung und dem Letzten Segen ausklingt.165

Das Leben Jesu, oder besser gesagt, die gesamte Heilsgeschichte, rollt gleichsam vom Anfang bis zum Ende vor unseren Augen ab. Die Rollen der Kleriker schälen sich bis zu Typen deutlich heraus (z.B., Propheten, Apostel, die heiligen Frauen, Joseph von Arimathäa und Nikodemus und Engelscharen). Die Kirchengemeinde hat dabei auch eine aktive Funktion und spielt ihre besondere Rolle im Ablauf der Liturgie. Ortsbedeutung und -wechsel zeichnen sich klar, obgleich mehrschichtig ab, und die Zeitschichten überschneiden sich, in fast faszinierender Weise, dauernd. Gestik und Haltung erhalten allegorisch-dramatische, oft subtile Bedeutung. Auch Kerzen und Weihrauchgefässe, sowie andere sakrale Gegenstände werden in die dramatische Darstellung einbezogen und oft personifiziert. Besonders auffällig ist die Veranschaulichung eines geistigen Vorgangs, sowie die Veräusserlichung des Uebernatürlichen durch dramatische Darstellung. Im Gegensatz zum ersten Buch wird hier das Thema der Osterfreude durch die nach den 'Quaem quaeritis' Tropen üblichen und bekannten Variante der heiligen Frauen dargestellt. Auch der letzte Segen erhält darstellende Bedeutung, nämlich die Himmelfahrt Jesu von Bethanien. Besondere Beachtung verdient noch die Dramatisierung des leidenden Job am Ende des dritten Buches, wobei Amalarius besonders auf die verschiedenen Darstellungen des historischen und allegorischen Sinnes eingeht. Hervorstechend sind jedoch die Figuren des Joseph von Arimathäa und Nikodemus, sowie die Herausarbeitung des Grablegungstopos. Weder diese beiden Personifizierungen, noch die Grablegungsszene finden sich in der dokumentierten gallischen Liturgie, noch scheinen sie später im zehnten Jahrhundert als Einzelthemen dramatisiert worden zu sein. Sie verraten den Einfluss der byzantinischen, von der syrischen Tradition gespeisten Liturgie, auf die Synthese des Karolingers Amalarius.

Liber IV

Das vierte Buch[166] wurde der zweiten 'LO'-Ausgabe, die um 829-30 erschien, beigefügt und behandelt die täglichen und nächtlichen Offizien, sowie Gesang und Lesung der verschiedenen Oktaven. Amalarius stellt den Zweck dieses Buches folgendermassen heraus:

> In hoc quarto libello continentur mota ad investigandum, et, iuxta facultatem quam potui precari a misericordia Domini, scripta de cursibus diurnalibus et nocturnalibus, sive in festis diebus seu cotidianis, quatinus, considerato ordine compositionis et numero psalmorum et lectionum ac responsoriorum convenienti quibusque temproibus. Necnon etiam aliqua recapitulantur de superioribus libellis ... [167]

Auch hier arbeitet Amalarius abermals die dramatische Darstellungsweise sowie die Auslegung des tropologischen Sinns heraus. Hier wird wiederum bewiesen, dass die allegorische Interpretation für Amalarius von Metz keine oberflächliche Spielerei ist, sondern einer tiefsinnigen Schau und Interpretation des Weltganzen überhaupt entspricht.[168] Der tropologische Sinn steht dabei im Mittelpunkt des menschlichen Lebens, da das Heil des Menschen, durch den Uebergang zum anagogischen Sinn versinnbildlicht, von hieraus bestimmt wird. Der Psalmengesang ist tropologisch zu verstehen, denn er bezieht sich auf die Werke des Menschen und geht darum den Lesungen sinngemäss voraus. Der Grund dafür ist, dass sich Psalm und Lesung je auf Werk und Wort Christi beziehen. Diese Theorie des 'facere et docere' rechtfertigt Amalarius aus der Schrift selbst folgendermassen:

> ... Morem sanctae ecclesiae tenet cursus iste, ut primo operari studeat et postea docere. Hoc exemplum reliquit nobis Christus de quo dicit Lucas: "Quae coepit Iesus facere et docere." Psalmi pertinent ad opera, lectio ad doctrinam; unde, si Dominus dederit, apertius in sequentibus parati sumus dicere.[169]

In seiner weiteren Interpretation der Gesangseinteilung ist Amalarius von Hieronymus abhängig. Nach diesem Kirchenvater kommen den einzelnen Gesängen verschiedene Bedeutungen zu. So bezieht sich der Psalm auf den Bereich des Menschen, seine guten Werke und sein sich daraus ergebendes Gespräch mit Gott; der Hymnus dagegen ist ein Lobpreis Gottes der Väter, und die "Cantica" spiegeln das kontemplative Leben durch den anagogischen Sinn wider. Amalarius schreibt hierzu wörtlich:

> ... ut psalmi sint in nostra locutione, quando psalmos cantamus; et
> ymni, quando ex lectione dictorum sanctorum patrum ad laudes Dei
> compungimur; et cantica, quando per cantum responsorii nostra
> mens sublevatur aliqua laetitia ad concentum supernae patriae. [170]

Hiernach rechtfertigt Amalarius seine Darstellungsweise mit einem Zitat des Hieronymus. [171] Nach dieser Berufung auf eine Autorität der Tradition, behandelt er den tropologischen Sinn auf eigene Weise und bringt ihn durch Positionssymbolik zur Darstellung. Er schreibt ausdrücklich:

> Opus psalterii, quod manu percutitur, ut resonet, ad opera nostra pertinet; opera sanctorum sunt mores boni, quos exercemus, sive in profectione spiritalis itineris, sive in occisione carnalium voluptatum. Quaptropter, quando psalmos cantamus, solemus stare; ex statu corporis demonstramus effectum mentis nostrae, hoc est paratos nos osse, sive ad domandam carnem nostram, seu ad exercititum operis in causa nostra et fratrum. [172]

Durch stehende Haltung wird die Aktivität und Anstrengung des Menschen, Ehre Gottes zum Ausdruck gebracht. Diese Haltung gehört hier ausschliesslich der Interpretation und Darstellung des tropologischen Sinnes an. Dies ist für unsere Untersuchung und Gesamtinterpretation ein wichtiger Hinweis, denn sie bezieht sich in den Darstellungen auf das dynamische Verhältnis von Gott und Mensch, d.h., im Grunde bringt sie eine Zeichensituation zum Ausdruck.

Dem Psalm folgt ein Hinweis, der den Lobpreis der Majestät Gottes zum Ausdruck bringt. In dieser Verbindung macht Amalarius eine der tiefsinnigsten Aussagen über den vierfachen Schriftsinn in Verbindung mit der Liturgie:

> Post istam tropologicam locutionem, id est quae de moribus disputat, subsequitur lectio, in qua illa reperiuntur quae sanctus Hieronimus deputavit ymnis, id est quae ad laudem Die pertinent. Ibi maiestatem Domini invenimus, quomodo incircumscriptus omnia in se contineat, ... ibi facta eius, quomodo fecit caelum, et terram, et mare, et omnia quae in eis sunt. 'In illa non deest historia, non deest allegoria, non deest tropologia, non deest anagogen, quamvis tropologia seorsum celebretur', ut praetulimus in psalmis. In tropologia psalmorum nostra opera recolimus, et in tropologia lectionem aliorum. Non enim in Domini maiestate, sive in sua fortitudine, seu in beneficiis vel factis laboramus; quapropter solemus sedere in recitatione lectionis, aut silendo stare. [173]

Die vierfache Sinnesinterpretation ist hiermit wesentlich und grundlegend zu verstehen, sie gehört zur Struktur des Weltbildes. Der vierfache Sinn ist nach Amalarius kein äusseres Werkzeug des Exegeten oder des Liturgikers, sondern wohnt der Schöpfung selbst inne, gehört zu ihrem Uranfang. Alles Suchen und Forschen nach dem Sinn muss daher auf den Schöpfer selbst zurückführen, und von der Liturgie ausgehend, erhält das Weltbild seine Bedeutung durch Christus. Amalarius Spüren nach 'ratio' ist letztlich im Sinne seiner eigenen Definition, der vierfachen Sinnesinterpretation, zu verstehen. Während dem Menschen in seiner eigenen Sphäre eine Aktivität zufällt, die beim Psalmgesang durch stehende Haltung ausgedrückt wird, kommt ihm während des Hymnus und der Lesung eine passive Haltung zu. Erst durch die Ueberleitung in den anagogischen Sinn, wird wieder eine aktive Teilnahme ausgedrückt.[174] Die Stimmenhöhe weist auf den geistig-mystischen Bereich und wird dadurch raumbezogen. Amalarius führt dazu aus:

> In responsoriis namque solemus vocem altius levare, quam in superioribus, id est psalmis et ymnis. Per altitudinem vocis altitudinem mentis monstramus, quae se erigit in gaudium supernae civitatis. Post bona opera et refectionem mentis de sacra scriptura, sequitur gaudium caeleste.[175]

Von hier aus leitet der Gesang in das anagogische Gloria über, 'Gloria subsequitur in anagogico officio'.[176] Dadurch wird das 'Gloria' der Weihnacht mit dem 'Gloria / Alleluia' der Osterfreude verbunden, woraus sich durch den dargestellten anagogischen Sinn eine Zusammenschau entfaltet.[177]

Das vierte Buch des 'Liber Officialis' ist auch ein Beweis dafür, dass Amalarius selbst noch mit Resten des alten gallikanischen Ritus vertraut war, denn in Verbindung mit dem dramatischen Hymnus der drei Jünglinge im Feuerofen, der, wie bereits hervorgehoben, ein Bestandteil dieser Liturgie war, bezieht er sich darauf. In der von Amalarius beschriebenen Liturgie erscheint er am Samstag vor Septuagesima. Amalarius führt aus:

> ... Propter hoc sacramentum, ut opinior, audivi cantare in vigiliis paschae in ecclesia Turonensi post lectiones 'Benedicite' ...[178]

Aus diesem Hinweis lässt sich die Schlussfolgerung ziehen, dass wenigstens noch Reste des gallikanischen Ritus in Tours, einem führenden Zentrum unter Alkuin, lebendig waren. Dieses Wissen um alte einheimische Formen, wird Amalarius in seiner Umgestaltung beeinflusst haben.

Am Ende des vierten Buches fasst Amalarius nochmals den Sinn der Liturgie zusammen. Er geht dabei wiederum vom ersten liturgischen Akt aus und hebt den rememorativen Charakter der Liturgie hervor:

> Manifestum est missam caelebrari praecipue in recordatione passionis Domini nostri Christi. In cuius commemoratione agatur, ex ipsis verbis quae in canone leguntur manifeste liquet: "Haec iniquint, quotiescumque feceritis in mei memoriam facietis ... " Quae aguntur in caelebratione missae post initatum canonem, Domini passionem recolunt, de quibus omnibus quae mihi occurrerunt tetegi, quando de officio missae scripsi.[179]

Nochmals die dramatische Seite hervorhebend, schliesst Amalarius das vierte
Buch, und somit das Gesamtwerk 'LO' auch ab. Er verwendet abermals den Deckmantel der Inspiration, denn er beschreibt hier ja eine byzantinische Einführung:

> Nuperrime monstratum est mihi, ut puto, ab eo qui quod aperit, nemo
> claudit, quid rationabiliter possit dici de corpore Domini posito in altari et de calice ex latere eius ... Altare crux Christi est ab eo loco
> ubi scriptum est in canone: "Unde et memores sumus", usque dum involvitur calix de sudario diaconi, vice Joseph, qui involvit corpus Domini sindone et sudario... Panis extensum in cruce... Vinum et acqua in calice monstrant sacramenta quae de latere Domini in cruce
> fluxerunt, id est sanguinem et aquam. [180]

Hier liegt die Kernkostellation des dramatischen Aufbaus, 'Unde et memores
sumus', aus dem sich die Gesamtdarstellung ergibt: die Vergegenwärtigung des
Lebens Christi mit Rückverweisung auf das Alte Testament und mit eschatologischer Vorausdeutung immer zunächst in historischen Gegebenheiten wurzelnd und
danach den Sinn der ganzen Schöpfung darstellend.

Die dritte Auflage des 'Liber Officialis'[181] kam unter Zufügung des Vorwortes
'Postquam scripsi' nach Amalars Romreise um 831, etwa 835, während er den
Bischofssitz von Lyons innehatte, heraus, und sollte eigentlich den Spätwerken
zugeordnet werden. Es bezieht sich auf den Unterschied der Gebetsordnung zwischen der fränkischen und römischen Kirche, auf die er auch in seinem 'Antiphonar' besonders eingeht. Amalarius beschreibt diesen Unterschied folgendermassen:

> Postquam scripsi libellum qui a mea parvitate vocatur de ecclesiastico officio, veni Romam, interrogavique ministros ecclesiae sancti
> Petri quot orationes soliti essent celebrare ante epistolam missae per
> dies festos in quibus duas solempnitates caelebramus; ... Responsum
> est mihi unam tantum. [182]

Seine eigenen Fähigkeiten herausstellend, begründet Amalarius sein Suchen nach
'ratio', dem zusammenhängenden Sinn der Liturgie, wie folgt:

> Hoc sciscitato, quia vidi apud plerosque diverso modo eundem ordinem agere, id est aliquos tres orationes, aliquos duas iuxta affectum
> uniuscuiusque animi, non me piguit scribere anquesitum meum super
> hac re a Romanis, et in fronte ponere memorati libelli meorum devotorum ad notitiam ... Insuper etiam quae mihi visa sunt rationi eiusdem ordinis congruere iuxta capacitatem ingenioli mei. [183]

Nachdem Amalarius sich auf die Autoritäten des Augustin und Paulus bezogen hat,
gibt er zu verstehen, dass er seinem eigenen Gefühl gemäss und aus seiner eigenen Erkenntnis heraus die Gebetsordnungen umgestalten wird. Es heisst weiter:

> In omnibus quae scribo, suspendor verorum sanctorumque, ac piorum patrum iudicio, interim dico quae sentio.[184]

Danach hebt Amalarius abermals klar und deutlich den Darstellungscharakter der Liturgie, der aus der Vergegenwärtigung des ersten liturgischen Aktes erwächst, hervor:

> Quae aguntur in caelebratione missae, in sacramento dominicae passionis aguntur, ut ipse praecepti dicens: "Haec quotiescumque feceritis, in mei memoriam facietis."[185]

Hiernach verbindet Amalarius das innere Wesen des Sakramentes mit der Darstellungsform selbst. Er führt weiter aus:

> Idcirco presbyter immolans panem et vinum et aquam in sacramento est Christi panis et vinum et aquam ... Sacramenta debent habere similitudinem aliquam earum rerum sacramenta sunt. Quapropter similis sit sacerdos Christo, sicut panis et liquor similia sunt corpori Christi.[186]

Sowie die Vergegenwärtigung Christi in den Gestalten von Brot und Wein, so wird der Priester in seiner Funktion mit der Gestalt Christi verbunden, und von hier die ganze Heilsgeschichte vergegenwärtigt und gestaltet.[187]

Nach mehr als zehn Jahren bestätigt Amalarius mit dem Vorwort zur dritten Auflage den Erfolg seiner dramatisch-allegorischen Darstellungsweise der gesamten Liturgie. Er fasst somit nochmals den Sinn und Zweck seines liturgischen Reformprogramms zusammen: Traditionsgemäss in den tieferen Sinn der Liturgie einzudringen, und von hier aus die divergierenden Formen durch zusammenhängenden Sinn zu einer Einheit zusammenzufassen, dessen tieferer Sinn von der Bedeutung des ersten liturgischen Aktes ausgeht, von dort das ganze Leben Christi einschliesst, weiterhin in das Alte Testament zurückverweist, mit eschatologischer Vorausdeutung durchsetzt ist und abschliesst. Die Welt dieser Vorstellungsweise kommt in der Darstellung des vierfachen Schriftsinnes zum Ausdruck ohne dessen Einbezug in die Interpretation des liturgischen Dramas Amalars Darstellungen nicht verstanden werden kann.

SPAETWERKE (831-851)

Eclogae de ordine romano et de quattour orationibus in Missa[188] (823-850)

'Eclogae kann nicht mit Sicherheit datiert werden. Das äusserst Interessante dieses Werkes ist darin zu sehen, dass es eine Verarbeitung von 'Miss. Exp. II et I', sowie zum Teil des dritten Buches des 'LO' ist. Während es mit der kosmischen Schau von Beginn der Schöpfungsgeschichte bis zu ihrer Auferstehung, im Segen und Friedenskuss vor der Kommunion dargestellt, endet, weist es auf den tieferen Sinn von 'ratio' besonders in Verbindung mit der Vierzahlsymbolik, dem Berühren der vier Kelchseiten, hin. In dieser formalen Zusammenstellung kommt Amalarius allegorische Synthese zum Ausdruck.

Der offizielle Titel dieses Werkes ist 'Eclogae de ordine romano'. Aber Amalarius verarbeitet doch 'Missae Expositions I et II' und stellt dabei das dramatische Grundgerüst[189] des ersten Codex dem 'Ordo Romano' voraus. Das will aber heissen, dass sich das Ganze aus byzantinisch-gallisch-fränkischer Liturgie zusammensetzt - unter dem Deckmantel des römischen 'Ordo'?

Der dramatische Aufbau, sowie das dramatische Gesamtgerüst sind äusserst klar herausgearbeitet, wobei besonders die einzelnen Bilder, wie z.B., die Darstellung des aktiven und kontemplativen Lebens, der Ruf Christi an seine Jünger, die stillschweigenden Frauen, die sich fürchtenden Apostel, die Grablegungsszene mit Joseph von Arimathäa und Nikodemus sich als Typen herausschälen. Auch die Szene der Jünger auf dem Wege nach Emmaus sticht deutlich hervor. Es ist sozusagen die scharfe Herausarbeitung der dramatischen Seite, die Freilegung der 'medulla res memorata', der 'ratio'.

Im Gegensatz zu 'Missae Expositionis Codex I et II', die nur eine Handschrift aufweist, und nur für den Gebrauch von Abt Peter N. bestimmt war, hat 'Eclogae' insgesamt 16 Handschriften und weist demnach auf weite Verbreitung. Amalarius hatte die Gemüter der Franken durch seine Darstellungsweise angesprochen. Auf dieses Faktum weisen auch zwei weitere Schriften, und zwar: 'De Ordine totius missae expositione priore' eine sinnvolle, zum Teil erklärende Verarbeitung von 'Exposition I' und 'Eclogae' und ist grösstenteils kopiert.[190] Die Handschriften weisen auch auf weite Verbreitung und den Anklang der dramatisch-allegorischen Liturgie. 'Ordines totius missae expositione alter' ist ein Kommentar zu 'Expositio Codex II'.[191] Diese beiden Schriften gehen nicht auf Amalarius selbst zurück, sind aber Zeugnis seines Einflusses.

Die liturgische Gesangsreform war der eigentliche Grund für Amalarius Spätwerke. Hatten Pippin und Karl der Grosse sich in ihrer Gesangsreform bemüht, auch den kleinsten Unterschied zwischen der Praxis der fränkischen Kirche und dem Brauch Roms auszumerzen, so beweisen diese Spätwerke, dass eine solche Einheit nicht von langer Dauer hatte sein können. Gleich zu Anfang des 'Prologus', der als eigentliches Vorwort zu seinem nicht erhaltenen 'Antiphonar' gedacht war und jetzt schlechthin als Einführung zum 'Liber de Ordine Antiphonari' betrachtet wird, geht Amalarius auf seine Sorge um die gesanglichen Formen ein und beschreibt eingehend die Diskrepanz der verschiedenen Gesangsphänomene, sowohl innerhalb der fränkischen Kirche selbst, als auch den zwischen Rom und Metz bestehenden Unterschied.

Prologue de Ordine Antiphonarii[192] (831-835)

Amalarius gibt zunächst ein Bild der verschiedenen nebeneinander bestehenden Formen in seiner engeren Heimat und schreibt:

> Cum longo tempore taedio affectus essem propter antiphonarios discordantes inter se in nostra provincia, moderni enim alio ordine currebant quam vetusti, et quid plus retinendum esset nesciebam, placuit ei qui omnibus tribuit affluenter, ab hoc scrupulo liberare me.[193]

Diese Anarchie gab Anlass zur offiziellen Erneuerung des Kirchengesanges, und im Jahre 831 wurde Amalarius zur Beschaffung eines Antiphonars von Ludwig dem Frommen nach Rom gesandt, wo ihm Papst Gregor IV. (827-844) jedoch mitteilen musste, dass sich das entsprechende Exemplar bei Abt Wala in Corbey befinden müsse.[194] Und tatsächlich fand Amalarius das erwünschte Exemplar dort vor. Nach einem Vergleich der Metzer Antiphonare mit den Werken aus Rom kann Amalarius sich einen Ausruf des Erstaunens über den Unterschied zwischen Mutter- und Tochterkirche nicht unterdrücken und reagiert wie folgt:

> Quae memorata volumina contuli cum nostris antiphonariis, invenique ea discrepare a nostris non solum in ordine, verum etiam in verbis et multitudine responsoriorum et antiphonarum, quas non cantamus. Nam in multis rationabilius statuta reperi nostra volumina, quam essent illa. Miraber quomodo factum sit quod mater et filia tantum a se discreparent.[195]

Weiterhin entstammt das Metzer Antiphonar einer anderen Zeit als das Exemplar aus Rom. Während das römische Antiphonar auf die Zeit unter Papst Hadrian, d.h., Alkuin verweist, lässt das Metzer Exemplar ältere Formen, wahrscheinlich noch Reste der Gesangsreform unter Pippin (oder sogar der gallikanischen Zeit) erkennen: Amalarius schreibt.

> Inveni in uno volumine memoratorum antiphonariorum ex his quae infra continebantur, esse illud ordinatum prisco temproe ab Adrian apostolico; cognovi nostra volumina antiquiora esse aliquanto tempora volumine illo Romanae urbis.[196]

Das Bestehen von alten und neuen Formen wurde auch noch durch den Unterschied zwischen festgelegter Theorie und lebendiger Praxis in Metz unterstrichen. Ein weiterer Unterschied bestand sowohl in der Reihenfolge als auch in der Komposition. Amalarius bezieht sich hierbei besonders auf die modernen Sänger, die den antiphonalen Gesang jeweils dem Sinn der krichlichen Feiern oder den gegebenen Heiligenfesten zuordnen, woraus sich eine sinnvollere Bedeutung und Einheit ergab. Amalarius schreibt:

> Ubi nostri moderni cantores rationabilius authenticis verbis statuerunt officia sua, dividendo antiphonas per ferias, necnon et responsorios, et in festivitatibus sanctorum antiphonas distribuendo singulis vigiliis suas ... [197]

Von hieraus geht Amalarius auf die Verbindung von 'historiae et rationi' ein, aus der sich eigentlich der Sinn der Liturgie ergibt. Diese Aussage, auf die er im 'Liber de Ordine Antiphonari' immer wieder zurückkommt, ist besonders für das richtige Verständnis der allegorisch-dramatischen Darstellung wichtig. Amalarius schreibt hier:

> Ubi ordo responsoriorum et antiphonarum in perspectis voluminibus dissonare videbatur ab ordine librorum de quibus sumpta sunt, et a consonantia quae ratione adstipulatur, non dubitavi sequi in nostro antiphonario ea potius 'quae historiae et rationi' istius vel illius festivitatis visa sunt congruere. [198] (meine Hervorhebung)

Diese Verbindung von 'historia et rationi' kennzeichnet die aufgeschlosseneren und modernen Sänger, die wiederum nicht in Rom, sondern in Metz zu finden sind.

Weiterhin gibt der 'Prologus' Aufschluss über Amalarius eigentliche und praktische Arbeitsweise, aus der sich seine offizielle Gesangserneuerung ergab. Bei der Korrektur der Antiphonare bezeichnet Amalarius den Teil des römischen Gesanges mit 'R', den Teil, der sich auf die Metzer Ordnung bezieht mit 'M', und seine eigene schöpferische Umarbeitung mit 'I.C.':

> ... ibi scripsi in margine R, propter nomen urbis Romae, et ubi in nostro M, propter Metensem civitatem. ubi nostrum ingenium cogitavit aliquid posse rationabilius illis ordinare, I.C. propter indulgentiam et caritatem. [199]

Diese Darlegung seiner Arbeitsweise gibt Aufschluss über Amalarius Theorien, das Brauchbare älterer Traditionen mit lebendiger Praxis, eigenen Vorstellungen und Gedanken zu verbinden und zu einem sinnvollen Ganzen zu verweben. Bei dieser Umgestaltung zieht Amalarius wiederum den einheimischen Brauch vor. Er bittet die Sänger, den eigenen Gesang, von Amalarius zusammengestellt, nicht zugunsten eines anderen zu vernachlässigen:

> Idcirco precor cantores ut non prius despiciant nostra, quam discutiant ea iuxta ordinem librorum et rotunditatem rationis. Et si inve-

> nerint minus congruere ea ordini librorum et rationi alicui, dent indulgentiam meae imperitiae; sin autem non despiciant edere nostra olera, quae rubra testa illis ministrat. [200]

Reihenfolge und zusammenhängender Sinn kennzeichnen Amalarius Beitrag zur Gesangsreform. Zur Bezeichnung des einheimischen Gesanges verwendet Amalarius die organische Metapher des gesunden, in einem roten Tongefäss servierten Heilkrautes an (... 'edere nostra olera, quae rubra testa illis ministrat'). [201] Amalarius rechtfertigt diesen Vorzug des einheimischen Brauches mit einem Hinweis auf den Brief Papst Gregors an Augustin in Verbindung mit der Missionierung Englands, wo der Papst zur Förderung der einheimischen Kultformen innerhalb der kirchlichen Struktur geraten hatte. [202] Mit einem Hinweis auf einheimisches Brauchtum schliesst Amalarius diese kurze Schrift auch ab:

> Ego secutus sum nostrum usum et posui mixtim responsoria et antiponas secundum ordinem temporum, in quibus solemnitas nostrae celebrantur. [203]

Diese kurze Abhandlung führte besonders die Diskrepanzen der liturgischen Gesangsformen vor Augen wie sie im Metzer Bereich unter sich und zwischen Metz und Rom bestanden. Sie zeigte Amalarius eigene Theorie der liturgischen Umgestaltung, aus eigener Vorstellung und heimischer Tradition schöpfend. 'Ratio' in Verbindung mit 'historia' war eine neue Dimension der Sinngebung und vierfachen Schriftinterpretation.

Liber de Ordine Antiphonarii (831-844)[204]

In diesem Werk stellt Amalarius besonders den Gesangsunterschied zwischen Rom und Metz heraus:

> Non enim sancta Romana (ecclesia) et nostra regio uno ordine canunt responsorios et versus. [205]

Auch hier schenkt er der wesentlichen Verbindung von 'ratio et historia' eingehende Beachtung. [206] Ihre Kongruenz soll besonders in der Struktur der Responsorien zum Ausdruck kommen. Die Dramatisierung alttestamentlicher Themen macht einen grossen Teil des Werkes aus. Es finden sich Szenen wie die drei Jünglinge im Feuerofen, der leidende Job, sowie Tobias, Judith und Esther. Auch die Darstellung der Heil. Dreikönige wird verarbeitet, ein Brauch, den Amalarius in Konstantinopel hatte beobachten können. [207] Gegen die Gesangserneuerung hat später besonders Agobard von Lyons polemisiert und selbst abermals eine Revision vorgenommen. [208]

ERGEBNIS

Der Briefwechsel mit Karl dem Grossen und dem damit verbundenen Werk 'De Scrutinio de Baptismo' eröffnet die schriftstellerische Tätigkeit des Amalarius von Metz. Während die Briefe des Kaisers die Führung erkennen lassen, die Amalarius in theologisch-liturgischen Fragen zukam, kann das Werk 'De Scrutinio' noch der einfacheren Form der 'Expositio' zugeordnet werden, die im Reformprogramm unter Alkuin und Karl dem Grossen den Zeitbedürfnissen nach Pippin entsprechen, eine Notwendigkeit und weit verbreitet waren. Die dann folgenden Frühwerke 'Missa expositionis Codex geminis I et II' und 'Canonis Missae Interpretation' gehören einer subtileren und komplizierteren Form an und verraten durch ihren Strukturaufbau und dramatische Darstellungsweise, sowie ihrer mystischen Orientierung Einfluss der byzantinischen und der gallo-fränkischen Liturgie. Sie bilden das Fundament und den Schlüssel zu Amalarius späteren Werken, da er sie mit der Struktur des 'Ordo Romanus' verarbeitet.

Aus den Briefen Amalars an Abt Peter N., und Hilduin, sowie aus den Einführungen der Auflagen und einzelnen Bücher des 'Liber Officialis' lassen sich die Kerntheorien Amalars erfassen, die auch später immer wieder greifbar werden. Die Triebkräfte seiner Betätigung sind Erkenntnisstreben, sein Verlangen, den Sinn der liturgischen Tradition aufzuspüren, sowie seine eigene dichterische Begabung und sein religiöses Empfinden.

Amalarius innerstes Bestreben, in den tieferen Sinn der Liturgie einzudringen, wie er sich aus der primären Tradition ergab, klingt durch seine ganzen Werke. Aus dieser Tradition heraus, die im ersten liturgischen Akt Christi selbst wurzelt, gestaltet Amalarius die fränkische Liturgie um, und wirkt selbst schöpferisch, wo diese Tradition nicht mehr zur sinnvollen liturgischen Gestaltung ausreicht.

Der Ausgangspunkt seines Reformprogramms könnte in Verbindung mit dem Vorfall von Iadhare und der daraus folgenden Auseinandersetzung mit rubrizisistischen Verodrnungen gesehen werden, während sein eigentlicher Impetus höchstwahrscheinlich auf seine Beobachtungen in Konstantinopel zurückgeht. Da die einheitlichen Darstellungsformen der byzantinischen Liturgie nicht im Widerspruch zu den Resten der gallischen Liturgie, mit denen Amalarius vertraut war, standen, werden sie ihm ein willkommenes Mittel zur sinnvollen Uniformierung der fränkischen Liturgie gewesen sein.

Das aus vier Büchern bestehende 'Liber Officialis' behandelt alle Teile des gesamten liturgischen Ablaufs. Im 'ersten' Buch geht Amalarius auf die liturgischen Einzelheiten des gesamten Osterfestkreises ein, wobei besonders die Intensivierung und Variationen der Passionsthemen auffallen. In Verbindung mit der Taufliturgie behandelt Amalarius ausführlich und in darstellender Weise die vierfache Auslegung des allegorischen Schriftsinnes, der sich auch später wesentlich auf die gesamte Liturgie erstreckt. Das 'zweite' Buch geht von der Zeichentheorie

Augustins aus und behandelt die Bedeutung der Zahlensymbolik, die einzelnen
Kirchenämter, sowie besonders die allegorische Symbolik der Kirchengewänder
und Paramente und auch die Rubriken. Während er im ersten Buch die allegorische Schriftauslegung, auf Beda fussend, in der Taufliturgie bereits zur Darstellung gebracht hatte, geht er im zweiten Buch deutlich von der Zeichentheorie Augustins aus und unterscheidet wörtlich zwischen Buchstabe und Geist in den Formen des Ritus. Amalarius formuliert, obgleich in einer reichen Tradition stehend, wohl zum ersten Mal in der Kirche des Westens die systematische Anwendung des allegorischen Schriftsinns auf die Liturgie. Das 'dritte' Buch behandelt ausführlich die Einzelheiten des Messaufbaus, wobei die Gesamtkonzeption aus seinem Frühwerk 'Missae Expositionis geminus Codex I et II' erwachsen zu sein scheint. Obwohl sich die strukturelle Einheit der 'Synaxis' und 'Eucharistie' deutlich abzeichnet, sticht besonders der mehrschichtige Sinn und die dramatische Darstellungsweise hervor. Das 'vierte' Buch behandelt die nächtlichen Offizien und enthält ebenfalls Dramatisierungen verschiedener Themen. Mit dem 'Ymnus trium puerorum' besteht offensichtlich Verbindung zum gallikanischen Ritus. Besonders hervorstechend ist Amalarius Behandlung des tropologischen und anagogischen Sinnes, sowie seine tiefsinnige Aussage über die wesentliche Bedeutung des vierfachen allegorischen Schriftsinnes innerhalb der gesamten Kosmosstruktur. Am Ende fasst Amalarius nochmals den rememorativen Charakter der Messe zusammen, wobei die Grablegungsszene als Kernkonstellation und Joseph von Arimathäa als sich herausschälender Typ hervorsticht. Es konnte gezeigt werden, dass besonders die Figur des Joseph von Arimathäa den byzantinischen Einfluss Amalars verrät, da es sich hier um einen 'topos' der östlichen, vor allem syrisch-byzantinischen Liturgie handelt.

Im Vorwort der dritten Auflage, d.h., nach mehr als zehn Jahren, fasst Amalarius nochmals seine Motive des Reformprogramms, im Sinne seines ersten Briefes an Abt Peter N., zusammen, was auf eine allgemeine Bewährung seiner dramatisch-allegorischen Methode schliessen lässt. Diese Kristallisierung war auch in 'Eclogae' greifbar.

Die antiphonale Erneuerung stellt besonders den Gesangsunterschied innerhalb der Metzer Kirche und zwischen der fränkischen und römischen Kirche heraus. Die von Amalarius beschriebene liturgische Divergenz bezieht sich auf den Lesungsteil, die Gebetsordnungen und auf den Gesang, den beweglichen Teilen der Liturgie also, die sich auf unmittelbare, religiöse Erfahrung und Fantasiekraft beziehen. Die weite Verbreitung seines Reformprogramms scheint dafür zu sprechen, dass er die Gemüter der Karolinger angesprochen hatte.

Mit seiner Neigung zur Offenheit und sinnvollen Synthese von alten und neuen Formen weist Amalarius ja auch ein echt gallisches Merkmal auf, das bereits früher bei Hilaire v. Poitiers, Caesar von Arles und "Germanus von Paris" beobachtet werden konnte, und auch in den gallischen Mischliturgien sowie im Alkuinanhang zum Ausdruck kommt. Amalarius hatte in seiner Liturgiebeschreibung genügend Raum für Frömmigkeitsausdruck und Vorstellungsweise geschaffen. Seine Werke wurden jedoch als 'superstitionis fantasmata' bezeichnet und auf der Synode von Quirzy einem negativen Urteilsspruch unterzogen.

Die Verurteilungsgründe gegen Amalarius

Die Verurteilung Amalars wurde von Florus folgendermassen zusammengefasst:

> Cumque in eorum (Patrum) auribus tam inepta et prophana novarum adinventionum commenta (ex Amalarii libris) recitarentur, ipso quoque qui ea de cordis sui audicissima vanitate protulerat praesente, et res blasphemas religiosus horreret auditus ... Interrogant ubi haec legerit. Tunc ille, maximo constrictus articulo, rem quae neque de scripturis sumpta est, neque de catholicorum patrum dogmatibus tracta, sed nec ab ipsis etiam haereticis praesumpta, quia aliud quod diceret, penitus non habebat, in suo spiritu se legisse respondit. Sed mox tam superbam et fatuam responsionem veneranda synodus execrans: dixit: Vere ille fuit spiritus erroris ...[209]

Obwohl kirchenpolitische Gründe und theologische Unklarheiten vorwiegend bei dieser Verurteilung im Spiel gewesen sein mögen, so haben aber die Beweggründe, die sich gegen die sekulären dichterischen Darstellungsformen der ersten Jahrhunderte unserer Zeitrechnung, wie sie im ersten Kapitel aufgezeigt werden konnten, auch hier eine Rolle gespielt, und zwar richteten sie sich gegen freies, poetisches Schaffen innerhalb der eigenen kirchlichen Struktur, wie es in den Werken des Amalarius zum Ausdruck gebracht wurde, die von einer reichen und langen Tradition gespeist worden waren. Dieser Widerstand kam von der Schule von Lyons, und ihre Hauptvertreter waren Agobard und Florus.

Die eigentlichen Gründe der Verurteilung sind vielleicht bereits in der Pariser Synode um den Bilderstreit zu suchen, zu welchem Zweck Agobard, Erzbischof von Lyon, einen Traktat verfasst hatte, der sich gegen Bilderdarstellungen und freies dichterisches Schaffen mit dem biblischen Stoff richtet. Agobard sah in fantasiehaften dichterischen Vorstellungen nur Teufelswerk und fürchtete einen Rückfall in heidnischen Aberglauben. Es heisst hier:

> Si enim sanctorum imagines hi qui daemonum cultum, reliquerant venerari iuberentur, puto quod videretur eis non tam idols reliquisse quam simulacra mutasse.
> ....
> Nunc autem error invalescendo tam per spicuus factus est, ut idololatria vel anthropomorphitarum haeresi propinquum aut simile sit adorare figmenta, et spem in eis habere. At quae hujus erroris causa? Fides de corde ablata, tota fiducia in rebus visibilibus collocata.[210]

Dass sich Amalars Verurteilung von dieser Auffassung her erklären lässt, geht aus den Anklagen gegen Amalarius selbst hervor, die von ihm in der Schrift, 'Embolis meorum opusculorum' zusammengestellt waren, die jedoch nicht erhalten ist, aber auszugsweise wiederhergestellt werden konnte.[211] Sie sollen den Abschluss unserer langen Analysierung bilden und sie lauten folgendermassen:

'Gegen Personifikation':

Calicem Domini vocat sepulchrum, presbiterum Joseph ab Arimathia, archdiaconum Nicodemum, tanquam sepultores Christi, diaconos, retro acclines, apostolos, se in passione Domini velut contrahentes et occultare volentes, subdiaconos, ad faciem erectos, mulieres libere astantes
....
Diaconos, altari cum assistunt inclines, asserit significare apostolos in passione Domini metuentes atque latitantes; subdiaconos mulieres cruci intrepide assistentes; presbyterum Joseph ab Arimathia; archdiaconum Nicodemus; calicem sepulchrum; oblationem dominici corporis dicit crucifixionem ... manum trahentis, cum elevatur, vitam contemplativam; cum deponitur, activam
...212

'Gegen die Umdeutung':

Cum ab altari sumitur evangelium, ipsum altare significat Hierusalem, unde evangelium processit. Locus altaris locum illum significat ubi Iacob dormines angelos vidit. Romanus pontifex, cum sabbato ante palmas elemosinam dat, mulierem significat quae Dominum unxit ...213

'Gegen die mystische und tropologische Interpretation':

... quam inepta et fatua et omni risu digna confingit, quasi ei soli licuerit post legem et prophetas, post evangelia et apostolos, res typicas et mysticas in ecclesia statuere, ita ut mysteriorum eius praevaricator habeatur qui, usu et consuetudine simplici, aliud quid celebrare praesumpserit ... 'Dicit se in talium fantasiarum adinventionibus sancti Augusti auctoritatem sequi' ...214

'Polemik gegen die lügenhaften Fantasien und deren weite Verbreitung':

... multiplicat vesaniam suam, sic sentire clamans omnem Germaniam, sic totam Italiam, sic ipsam Romam; se fuisse Constantinopoli, se apud Histriam sive Lucaniam, et iccirco in talibus singularis auctoritatis existere ... Nec ei sat est quod ipse tantis implicatur erroribus atque fantasiis, nisi et totum pene orbem sui complicem infamet ...215

'Verlächerlichung seiner Inspiration':

... Antiphonarium Iohannis Apocalypsi comparat. Atque has omnes et innumerabiles alias nenias per sanctum dicit Spiritum revelari sibi ... Ex quo manifeste et de prophetam et doctrinam vanissimam et risu dignam, heu! miserabiliter deceptus, vult credi prophetiam.[216]

An einer anderen Stelle führt Florus aus, dass die Bücher Amalarius und ihre lügenhaften Faseleien, die Kirchen des Frankenreiches infiziert hätten.[217] Sie waren, wie Florus selbst zugestehen musste, einflussreich und weit verbreitet.

Für Amalarius war die Welt der sichtbaren Dinge eine Verbindung zu unsichtbaren Wirklichkeiten. Für Agobard war sie es nicht, er sah sie in scharfer, fast dualistischer Trennung voneinander.[218] Amalars liturgischen Neuerungen wurden jedoch von einer bildlichen Vorstellungsweise gespeist, die der gallo-franko-germanischen entsprachen. In dieser Hinsicht wäre in Betracht zu ziehen, dass auch in der althochdeutschen Sprache der Begriff des Bildes, 'bilidi', einer numinösen Kraft oder Zaubermacht entspricht. Auch das Wort Zeichen, 'zeihhan', hat eine solche Verbindung.[219] Die zeichenhafte Bildlichkeit, wie sie in der dramatisch-allegorischen Liturgie zum Ausdruck gebracht wurde, hätte sich dann sowohl mit dem 'signum-res-Schema' Augustins, der ikonischen Weltauffassung der Syrer und Byzantiner, als auch der gallo-germanischen Vorstellungsweise gedeckt. Amalarius scheint diese bildlich-dramatische Potenz in seiner liturgischen Darstellung synthetisch völlig erfasst und zum Ausdruck gebracht zu haben. Im folgenden Kapitel soll diese wesenhafte Gestaltung des liturgischen Dramas herausgearbeitet werden.

ANMERKUNGEN

1 Cf. oben S. 57-110.

2 Cf. oben S. 105-111.

3 Cyrille Vogel, "Le Développement historique du culte chretien en occident résultats et probléms, "in Problemi die storia della Chiesa, L'Alto Medioevo 2 (Milano: Vita e Pensiero, 1973), S. 73-97; "La reforme cultuelle sous Pepin le Bref et sous Charlemagne", in Erna Patzelt und Cyrille Vogel, Die Karolingische Renaissance (Graz: Graz Akademische Druck- und Verlagsanstalt, 1965), S. 171-210; Theodor Klauser, "Die liturgischen Austauschbeziehungen zwischen der römischen und fränkischen Kirche vom achten bis elften Jahrhundert", Historisches Jahrbuch 53 (1933): 169-177, und W.S. Porter, Gallican Rite, S. 53.

4 Cf. Vogel, "Développement historique", S. 75, und Klauser, "Austauschbeziehungen", S. 170-77.

5 Cf. oben S. 85-90; 111-112.

6 Vogel, "Développement historique", S. 76-80. Cf. S. 124-26.

7 Vogel, "Développement historique", S. 92-93.

8 Cf. oben S. 63-93.

9 Vogel, "Développement historique", S. 90-97.

10 Ibid., S. 77-78, 85-88, und siehe

11 Klauser, "Austauschbeziehungen", S. 172-73.

12 Ibid., S. 173-77 und Vogel, "Développement historique", S. 75-80.

13 Marie de Chantal Bunting, O.S.U. "Liturgy and Politics in Ninth Century Gaul" (Ph.D. Dissertation, Fordham University, 1967), S. 51-94, und William D. Carpe, "The Vita Canonica in the Regula Canonicorum of Chrodoegang of Metz" (Ph.D. Dissertation, University of Chicago, 1975), S. 51-59.

14 siehe oben S. 81-91, 86-90.

15 Capitularia Regnum Francorum.

16 Wilmart, "Expositio", S. 1015-16.

17 siehe oben, S. 86-90.

18 Karolus Magnus Admonitio Generalis v. 23. März, 789, n. 80, zitiert nach Klauser, "Austauschbeziehungen", S. 170, n. 2 siehe auch Vogel, "Développement", S. 83-84.

19 Idem, Capitulare de imaginibus, 1.6, zitiert nach Klauser, "Austauschbeziehungen", S. 170, n. 2, siehe auch Vogel, "Développement", S. 83-84.

20 Idem, Epistola generalis, zitiert nach Klauser, "Austauschbeziehungen", S. 170, n. 2.

21 siehe oben S. 105-109 und unten S. 209-210.

22 Vogel "Développement", S. 88, n. 27.

23 Ibid., S. 74-75, 88-89 und Klauser, "Austauschbeziehungen", S. 178.

24 Bernhard Meyer, "Alkuin zwischen Antike und Mittelalter", ZfkTh 81 (1959): 316-19. Siehe zu dem Book of Cerne auch die neuesten Forschungsergebnisse von Dumville, "Liturgical Drama", wo besonders die Datierungs- und Verfassungsfrage und die dramatische Seite des Responsoriums herausgearbeitet wird. Cf. oben S. 85, n. 133.

25 Gerard Ellard, Master Alkuin Liturgist (Chicago: Loyola University Press, 1950), S. 120.

26 Ibid.

27 Vogel, "Développement historique", S. 89-92.

28 Cf. R. Kottje, "Einheit und Vielfalt des kirchlichen Lebens in der Karolingerzeit", Zeitschrift für Kirchengeschichte 3-4 (1965): 323-342.

29 Otfrieds Evangelienbuch.

30 Iohannis Scotti Eriugenae Periphyseon (De Divisione Naturae) Liber I et 2.

31 Bis Ende des 19. Jahrhunderts wurde in der Forschung angenommen, dass es sich bei Amalarius um zwei Personen handeln müsse, und zwar einerseits um den Liturgiker Symphosii Amalarii (Amalarius von Metz), Verfasser des Liber Officialis, und anderseits um Amalarius Fortunatus, Bischof von Trier. Bei Symphosius und Fortunatus handelt es sich jedoch um dichterische Cognomen, die Amalarius sich wahrscheinlich selbst zugelegt hatte. Die eingehenden Untersuchungen von Germain Morin, "La question de deux Amalaire", RB 8 (1891): 433-442 und "Amalaire, Esquisse biographique", RB 9 (1892): 337-351 haben nachgewiesen, dass es sich bei Amalarius um ein und dieselbe Person handelte. Siehe zu dieser Frage auch besonders Ioanne Michaela Hanssens, S.J., ed., Amalarii Episcopi: Opera Liturgica, 3 Bd., Studi et Testi, 138. (Citta del Vaticano: Biblioteca Vaticana, 1948), 1:61-62. Es handelt sich hierbei um die erste kritische Ausgabe von Amalars Werken. Hiernach zitiert: H.

32 H, 1: 341.

33 H, 1: 59.

34 De Libro de ordine antiphonarii 58., H, 3: 93-94.

35 H, 1: 63.

36 Leidradus Lugdunensis Epistula ad Karolum imperatorum. Es wird angenommen, dass es sich bei der Referenz "unum de metensi ecclesia clericum" um

Amalarius gehandelt hat. Siehe dazu Morin, "Esquisse", S. 339-40 und H, 1: 63. Morin hält die Möglichkeit offen, dass Florus und Amalar sich hier zum ersten Mal hätten begegnen können.

37 Ex Vita S. Anscharii, "... Qua de re primitus etiam ibi ecclesiam per quedam episcopus Galliae Amalharium nomine, consecrari fecit" ... und "... Ex remoti Gallia partibus quedam episcopum, Amalarium nomine, direxit, qui primitivam Ecclesiam ibidem consecraret", in Dom Bouquet, Recueil des historiens des Gauls, nov. ed. v. 6 (1870): 304, 593. Cf. H, 1: 64, n. 20.

38 siehe dazu A. Cabaniss, Amalarius von Metz (Amsterdam: North Holland Publication Co., 1954).

39 H, 1: 235-251.

40 Epistula Caroli imperatoris ad Amalarium prior, H, 1: 235-36.

41 Epistula Caraoli imperatoris ad Amalarium altera, H, 1: 251.

42 H, 1: 65. Cf. Einhardus Annales, ad ann. 813.

43 H, 1: 65, 66.

44 H, 1: 255-81.

45 H, 1: 65, PL, 101: 1287-88.

46 Einhardus Annales ad. ann. 814, Annales Laurissenses minores, ad. ann. 814, siehe H, 1: 67, n. 29.

47 H, 1: 67.

48 Carl Josef von Hefele, Conciliengeschichte, 2. verb. Aufl. 9 Bd. (Freiburg, i. Br.: Herder'sche Verlagsbuchhandlung, 1873-90), 4: 17.

49 H, 1: 73.

50 Ibid., S. 74.

51 Ibid.

52 H, 1: 75-81.

53 Ibid., S. 80-81.

54 H, 1: 56-57., siehe auch Hefele, Conciliengeschichte, 4: 165.

55 H, 1: 82.

56 Florus De tribus epistolis libro 40. Cf. H, 1: 57.

57 H, 1: 82.

58 Adolf Kolping, "Amalar von Metz und Florus von Lyons. Zeugen eines Wandels im liturgischen Mysterienverständnis der Karolingerzeit", ZfkTh 73 (1951): 424-464. Siehe auch Bunting, "Liturgy and Politics", S. 51-146 und Fischer, "Allegorese", S. 1-3.

59 siehe oben S. 63, 86, 138.
60 H, 1: 49-58.
61 H, 1: 94-114, 239-338.
62 siehe oben S. 143.
63 siehe oben S. 138.
64 siehe oben S. 144.
65 siehe oben S. 86ff.
66 siehe oben S. 81-82.
67 H, 1: 229.
68 Ibid.
69 siehe oben S. 137ff.
70 H, 1: 229-231.
71 Ibid., S. 229-30.
72 H, 1: 230,
73 H, 1: 230.
74 Ibid.
75 H, 1: 230.
76 Ibid.
77 Ibid.
78 Ibid.
79 Ibid., S. 231.
80 Ibid., S. 106-08, 253.
81 <u>Missae Expositionis Geminus Codex</u>, I, H, 1: 235-65. Hiernach zitiert als Miss. Exp. I et II.
82 Ibid., S. 255-56.
83 <u>Enarratio in ps. 89</u>, 1., <u>PL</u>, 37: 1141. siehe H, 1: 254. n.
84 siehe oben S. 73.
85 siehe oben S. 81ff.
86 siehe oben S. 85ff.
87 H, 1: 264-65.
88 Ibid., S. 259-61.
89 siehe oben S. 149-150.

90 siehe oben S. 64ff.

91 H, 1: 269-281, Ordo Romanus II (Andrieu: Ordo V), PL., 78: 969-976 und M. Andrieu, Les Ordines Romani, 5 Bd., (Louvain: Specilegium Sacrum Lovaniense Administration, 1948), 2: 207-238.

92 Canonis Missae Interpretatio H, 1: 284-338.

93 siehe bes. H, 1:295.

94 Gregorius M., XL homiliae in evangelia, 1. II. hom. 34.8, H, 1: 290-91, 293, 298, and Moralia 1 XXVII, c. 39. 65., H, 1: 291.

95 H, 1: 108-14, 282.

96 H, 1: 114-15, 339-358. Siehe auch G. Maier, "Amalarii Fortunati episcopi Trevirensis Epistula de tempore consecrationis et ieiunii", Neues Archiv, 13 (1888): 305-323.

97 siehe oben S. 142.

98 H, 1: 342.

99 Ibid.

100 Ibid.

101 Ibid., S. 348.

102 Ibid., S. 342.

103 Ibid., S. 348.

104 Ibid., S. 348.

105 H, 1: 357.

106 Liber Officialis, H, 2: 580 Seiten. Hiernach zitiert als LO.

107 Siehe die in alle Einzelheiten gehende Besprechung, H, 1: 120-202. Den Radius der Verbreitung gibt Hanssens wie folgt an. Opus autem quo Amalarius amplissimam sibi famam acquisivit, est eius Liber Officialis. Hic certe cito ac latissime in multis regionibus divulgatus est. Primae editionis unde triginta codices superstites sunt, quorum unus et viginti textum operis integrum, tres eundem textum aliquantum abbreviatum, quinque excerpta tantum continent. Secundae editionis duodecim sunt codices, e quibus duo excerpta dumtaxat praebent. Tres codices textum mixtum complectuntur, id est libros I-III primae editionis et librum IV secundae. Tertia denique editionis quinquae tantum sunt codices. Prima editio maxime in Gallia Belgica, in Germania inferiore et superiore, in Gallia Lugdunensi, in Franconia, Alemannia, Raetia, Anglia divulgata est; altera in Raetia, Franconia, Pannonia, Italia. Exempla mixte exarata sunt in Germania superiore, in Raetia occidentali, in Anglia. Tertia editio aliquantum in Gallia Belgica septem trionali viguit; unum exemplum Divione, alterum Lemovici exaratum est. H, 1: 84.

108 H, 1: 155-56.

109 H, 2: 19.

110 H, 1: 19.

111 Ibid.

112 Ibid., S. 20.

113 Ibid.

114 Ibid.

115 LO 1., H, 2: 25-193.

116 Ibid., S. 25 (De Civitate Dei 1. XIV., x. 8. 1-2., PL, 41: 411-12).

117 Ibid.

118 Ibid. (1 Cor., 12:7).

119 Ibid.

120 Ibid.

121 Ibid.

122 Der mythische Ausgangspunkt des liturgischen Dramas kann im Rahmen dieser Arbeit nicht berücksichtigt werden.

123 LO 1., H, 2: 56-57.

124 Ibid., S. 56.

125 Ibid., S. 81. Cf. oben S. 57-58.

126 LO 1., H, 2: 112.

127 Ibid., S. 114. (De tabernaculi et vasis eius, 1. 1. 6. PL, 91: 410B.)

128 Cf. oben S. 126.

129 LO 1., H, 2: 114.

130 Ibid.

131 Ibid.

132 Ibid. (Gen., 1: 26, 27)

133 Ibid., S. 115.

134 Ibid.

135 Ibid., S. 116.

136 Ibid. (Is. 4:1)

137 Ibid., S. 118.

138 Ibid. (Is. 55: 2-3.)

139 Cf. oben S. 57ff.
140 Ibid., S. 118-19.
141 Ibid.
142 Ibid., (Is. 55:1).
143 Ibid., (Ps. 41:3).
144 Ibid., (Is. 55:3).
145 Ibid., (Ps. 91:16; Deut. 32:4).
146 Ibid., (Is. 55:10).
147 Ibid., (Deut. 32:2-3).
148 Ibid., 119-20.
149 Cf. oben S. 163ff.
150 LO 1., H, 2: 119-20., (Ps. 41:2).
151 Ibid., (Liber Sacramentorum 74: 326).
152 LO 1., H, 2: 120-21.
153 Ibid., S. 157, (Ps. 41:2.)
154 siehe unten S. 253-55.
155 LO 2., H, 2: 197-234.
156 Ibid., cf. LO 1., H, 1: 342.
157 Cf. oben S. 115ff.
158 LO 2., H, 2: 235.
159 Ibid., S. 237-38.
160 Cf. Gadamer, Wahrheit, S. 110-11.
161 LO 2., H, 2: 239.
162 siehe oben S. 75-77, 79-80, 115ff., 111-112.
163 Cf. oben S. 142, n. 30.
164 LO 3., H, 2: 257.
165 Cf. oben S. 57-63.
166 LO 4., H, 2: 401-543.
167 Ibid., S. 403.
168 Cf. H, 1: 41.
169 LO 4., H, 2: 413.

170 Ibid., S. 418.

171 Ibid., S. 418-19. Cf. oben S. 112-113.

172 LO 4., H, 2: 419.

173 Ibid., S. 419.

174 Hier wäre eine verbindende Ausdrucksweise zu dem pro-odos-epistrophe-Schema des John Scotus Eriugena zu sehen, auf die hier nicht näher eingegangen werden kann.

175 LO 4., H, 2: 419-20.

176 Ibid., S. 420.

177 Cf. oben S. 164.

178 LO 4., H, 2: 464 (Dan. 3.), cf. oben S. 87-88.

179 LO 4., H, 2: 529.

180 Ibid., S. 542.

181 H, 2: 13-18.

182 Ibid., S. 13.

183 Ibid.

184 Ibid., S. 14.

185 Ibid.

186 Ibid.

187 Cf. Die Funktion des Pontifex Maximos in der römischen Kultur. Siehe oben S. 22.

188 Eclogae de ordine romano et de quattour orationibus in Missa. H, 1: 202-14 und H, 2: 229-265. Siehe dazu, V.E. Flicoteaux, "Un problème de litterature liturgique. Les Eclogae de Officio Missae d'Amalaire", RB 25 (1908): 304-320.

189 Cf. unten S. 213-221; H, 3: 229-3 229-231.

190 H, 1: 217-223, H, 3: 296-315.

191 H, 3: 316-21.

192 H, 1: 361-63, 200-201, 74-75.

193 H, 1: 361.

194 Ibid.

195 Ibid.

196 Ibid.

197 Ibid.
198 Ibid., S. 361-62.
199 Ibid., S. 362.
200 Ibid.
201 Ibid.
202 Ibid., S. 363. (Beda, Historia ecclesiastica 1.1.25, PL, 95: 58C-59A)
203 H, 3: 363.
204 H, 3: 3-109.
205 Ibid., S. 35.
206 Ibid., S. 51-52, 99, 103-04.
207 Ibid., S. 22-23, 100-102.
208 Ibid., S. 57.
209 Florus Opusculum 2, 6-7.
210 Agobard Liber contra eorum superstitionem qui picturis et imaginibus sanctorum adorationis obsequium deferendum putant, 19, 33.
211 H, 1: 117-119, 366-390.
212 Ibid., 388, 390.
213 Ibid., S. 389.
214 Ibid.
215 Ibid., S. 390.
216 Ibid.
217 Florus Liber Tribus Epistolis, cf. H, 1: 80-81.
218 Cf. Fischer, "Allegorese", S. 72-112.
219 Elisabeth Karg-Gasterstädt, "Aus der Werkstatt des alt-hochdeutschen Wörterbuchs, ahd. bilidi", Beiträge zur Geschichte der deutschen Sprache 66 (1941): 291-306, und Althochdeutsches Wörterbuch, bearbeitet und herausgegeben von Elizabeth Karg-Gasterstädt und Theodor Frings, 14. Lieferung (Berlin: Akademie Verlag, 1962): 1028-1051.

V. KAPITEL

AMALARIUS DRAMATISCHE INTERPRETATION DER LITURGIE

Im letzten Kapitel ist die dramatische Gesamtstruktur und ihr inneres Gefüge, sowie der liturgisch-dramatische Handlungsablauf der verschiedenen Werke aufgezeigt worden. Die Anwendung des vierfachen Schriftsinnes auf die liturgischen Darstellungen wurde dabei besonders herausgearbeitet. In der nun folgenden Analyse sollen die Darstellungsprinzipien und technischen Forderungen durch die Amalarius Werk als 'Drama' bezeichnet werden kann, herausgearbeitet werden. Hierbei wird die folgende vierfache Aufteilung berücksichtigt: 1. 'Introitus': Menschwerdung und Wiederkunft Christi; 2. 'Lectio': Leben und Wirken Christi; 3. 'Offertorio': Passion Christi; 4. 'Confractio-Benedictio': Auferstehung und Himmelfahrt Christi.[1]

INTROITUS: MENSCHWERDUNG UND WIEDERKUNFT CHRISTI

Es ist nicht zu leugnen, dass die Darstellung des Lebens Christi und die Lehre des Erlösungswerkes überhaupt, aus einer fortlaufenden Handlung besteht, die sich aus Höhepunkten und entscheidenden Wendepunkten zusammensetzt. Wir meinen dabei besonders die Menschwerdung, das Leben, die Passion, Auferstehung und Himmelfahrt des Protagonisten Jesus. Der grundsätzliche Handlungsrahmen wurde von Amalarius in seinem Frühwerk 'Missae Expositionis Cod. I et II[2] festgelegt und reicht vom 'Introit' bis zum 'Ite missa est', d.h., eigentlich von Bethlehem bis Bethanien. Der Raum, in dem sich die Handlung bewegt, der eigentliche Spielraum also, ergibt sich aus der inneren Gliederung, dem Inhalt des Sinnesganzen. Er umfasst die Sphären der sichtbaren und unsichtbaren Welt, sowie den dreidimensionalen Bereich von Raum und Zeit. Der Raum ist, obgleich in gewissem Sinne begrenzt, eigentlich grenzenlos. Diese besondere Eigenschaft der Grenzenlosigkeit verleiht der Handlung eine ihr eigene, subtile Beweglichkeit und innere Spannung.

Da Amalarius selbst eine Basilika definiert und beschreibt,[3] sollten wir uns den äusseren Rahmen seiner Liturgie in einer Basilika vorzustellen versuchen. Dieser Rahmen, der die Ebene der sichtbaren und unsichtbaren Welt äusserlich begrenzend umfasst, ist im Presbyterium mit erhöhtem Bischofssitz, im Altar und Ambo, sowie in dem für die Gemeinde bestimmten Platz im Kirchenschiff, örtlich greifbar angelegt. Während des liturgischen Dramas kommt es zu einer wechselwirkenden Verbindung dieser Ebenen, aus der sich eine in sich geschlossene Darstellung ergibt. Der Effekt dieses in sich bewegten Gebildes wird durch das Prinzip der Gleichzeitigkeit erzielt. Natürlich können nicht alle Schattierungen weder dargestellt, noch in ihrer Darstellung erfasst werden. Mir scheint jedoch, dass es Amalarius gelungen ist, die Plattform, auf der die sichtbare und unsichtbare Welt dargestellt wird, erfolgreich gestaltet zu haben, und zwar geschieht das mit besonderer Fertigkeit im 'Introit', der den Kern der Handlung enthält. Das Gleichzeitigkeitsprinzip soll darum an diesem Beispiel untersucht werden.

Im 'Introit' entfaltet sich der Kern des liturgischen Dramas mikrokosmisch in untereinander verbundenen bildlichen Darstellungen. Das erste Bild vor der Eröffnung bringt die Kirchenversammlung in den Blick, die Amalarius in doppeltem Sinne begründet:

> Duo audistis cur conveniat populus: unum ex antiqua traditione, ut iudicia rerum et cognitiones accipiat; alterum ex movo testamento, ut manducet.[4]

Damit wird sowohl die Vergangenheit des Alten Testamentes vergegenwärtigt als auch der Doppelsinn der Liturgie herausgestellt. Die getrennte Stellung der Männer und Frauen auf der rechten und linken Seite wird ebenfalls aus der Tradition begründet.[5] Danach erfolgt eine ausführliche Beschreibung des Chores und seiner Bedeutung. Sowohl durch die 'Harmonie des Gesanges' als auch durch 'Positionssymbolik', hier wahrscheinlich einer Aufstellung im Kreise, wird die Gemeinde durch die Propheten zur Anbetung 'eines' Gottes angeleitet.

> Hinc tractent cantores quid significet simphonia eorum; ea ammonent
> plebem ut in unitate unius Dei cultus perseverent. Etiamsi aliquis
> surdus affuerint, idipsum statu illorum in choro ordinatissimo insi-
> nuant, ut qui auribus capere non possunt unitatem, visu capiant. [6]

Hier kommt wiederum die Wechselbeziehung zwischen Gesang und Darstellung
zum Ausdruck, die Amalarius schon früher betont hatte. Durch Aktivierung von
Gemeinde und Chorus ist der alttestamentliche Hintergrund des Erlösungsdramas
geschaffen. Die Gemeinde übernimmt dabei die Rolle des israelitischen Volkes,
das nun stehend die Ankunft Christi erwartet. Damit fällt ihr gleichzeitig als Zuschauer eine aktive Rolle im liturgischen Drama zu. [7]

Nach dem Einsetzen des Psalmgesanges entfaltet sich vor unseren Augen ein ei-
genartiges Gebilde, das nur langsam, und nicht ohne Einfühlung in die Vorstellungsweise des frühen Mittelalters erschlossen werden kann.

Während des Gesanges kommt Christus, durch den Bischof personifiziert, von
einem "Feuerwagen" getragen, in die Welt:

> Praeconibus psallentibus, quando placuit Christo, domino psallentum,
> venire, ascendit super currum suum, et venit in mundum disponere
> eundem currum per loca congrua. [8]

Es handelt sich hier um das Bild des triumphierenden Christus, das durch die Metapher des "feurigen Wagens" einmal in direkter Verbindung mit dem Alten Testament steht, und zum anderen die eschatologischen Erwartungen des Neuen Testamentes versinnbildlicht. [9] Nach Augustin wird die Kirche als Triumphwagen durch
unzählige Heilige und Gläubige symbolisiert, die bei Amalarius durch die den Bischof umgebenden Priesterschaften, Sänger und Gläubigen sichtbar dargestellt
sind. [10] Amalarius gibt folgende Beschreibung:

> Multitudo decem milium sanctorum est in ordinibus ecclesiasticis et
> in auditoribus eorum. Septem gradus sunt ordinatorum, octavus can-
> torum, nonus et decimus auditorum utriusque sexus. [11]

Das Ineinandergreifen der dreidimensionalen Sphäre ist hier gleich zu Beginn des
'Introit' durch ein komplexes Bild angedeutet. Die alttestamentliche Metapher des
"Feuerwagens", der Elias gen Himmel trug, erhält durch Christus neue eschatologische Bedeutung. Das Bild enthält somit nicht nur den Sieg der Auferstehung,
sondern deutet auf das bevorstehende Weltende und den endgültigen Sieg Christi.
Die hierarchische Ordnung der Kirche macht die neue Form des Triumphwagens
aus. Die eigentliche Ankunft Christi zu Beginn des 'Introit' ist darum eschatologisch zu verstehen, und nicht, wie es zunächst scheint, nur im Sinne der Geburt
und Menschwerdung. Es schliesst zwar die Erwartung der Israeliten ein, aber
umfasst sowohl die Geburt-Tod-Auferstehung Christi als auch die Erwartung der
letzten, endgültigen Ankunft Christi. Obgleich der Antichrist nicht erwähnt ist
und auch nicht das Weltende, die Metapher des 'currum' provoziert das Gesamt-

bild des Erlösungsdramas, das von hier aus dargestellt wird. Die Dreidimensionalität von Raum und Zeit verschichtet sich noch durch die Auffassung der drei Weltalter: 'ante legem', 'sub lege', 'sub gratia'.[12]

Aus diesem ersten Bild ergibt sich die bischöfliche Prozession, die die Lehre des Neuen Testamentes verkörpert. Sie wird durch ein Weihrauchgefäss, das den Leib des Gekreuzigten darstellt, eröffnet. Der Weihrauch bezeichnet dabei die Lehre des Gekreuzigten, die nach Paulus das erste Gebot der Lehre ist:

> Veniente Domino, ducit secum prophetas, sapientes et scribas; hoc in evangelio promisit se mittere ad invitandum populum. ... Praevenit in turibulo thymiama, quod significat corpus Christi plenum odore bono; hoc enim corpus primo necesse est praedicari in omnibus gentibus.[13]

Danach folgen die Schriftgelehrten, Weisen und Propheten des Neuen Testamentes, die jeweils durch die Ministranten, Subdiakone und Diakone dargestellt sind.[14] Die Schriftgelehrten, deren Aufgabe es ist, die dunklen Stellen der Schrift zu erhellen, werden in der Prozession durch kerzentragende Ministranten verkörpert und folgen unmittelbar dem Weihrauchgefäss. Als nächste kommen die Subdiakone, welche die Weisheit personifizieren, denn durch Weisheit soll die Lehre erleuchtet werden. Die Diakone, welche die Propheten des Neuen Testamentes verkörpern, folgen der Weisheit, da Prophezeihungen ständig (durch Weisheit) überprüft werden sollen. Den Abschluss der Prozession bildet der Bischof. Er folgt unmittelbar dem Evangelienbuch, was seine unbedingte Nachfolge Christi veranschaulicht.[15] Er dominiert das Bild sozusagen als Nachfolger, Verwalter der Lehre, und als Person Christi: "Ante oculus habeat sepissime episcopus quod in mente semper oported retinere."[16] Durch 'Positionssymbolik', sowie durch simultane 'Personifizierung' von Christus durch das Weihrauchgefäss, durch das Evangelienbuch und durch den Bischof, ergibt sich eine Gleichzeitigkeit, die das Sinnesganze dieser Darstellung ausmacht.

In dem folgenden Bild wird der Uebergang zur neuen Lehre realisiert, und zwar stellt Amalarius beide Seiten der Lehre dar: die 'kontemplative' durch Gebet (und Gesang), die 'aktive' durch gute Werke.

Die Siebenzahl der Diakone stellt die siebenfache Aufteilung der Schrift, des Alten und Neuen Testamentes, dar.[17] Während sie, mit dem Bischof in der Mitte, zum Altar übergehen, unterweisen die Subdiakone, im Sinne der Weisheit, den Prophetenchor des Alten Testamentes in die Lehre Christi ein. Hiermit kommt zur Darstellung, was in der vorhergehenden Szene angedeutet wurde,[18] nämlich, dass Prophezeihungen von Weisheit überprüft werden sollen. Mittlerweile steht der Bischof in gebeugter Haltung vor dem Altar, was die Knechtsgestalt Christi darstellt:

> Christum semet ipsum exinanivisse se et formam servi accepisse. Quapropter, postquam praesentatus est ecclesiae, inclinatus stat usque ad impletionem suae humilitatis.[19]

Der Bischof, in gebeugter Haltung verharrend, wendet sich zu beiden Seiten und reicht den Diakonen den Friedenskuss. Hierdurch wird die Einheit des Alten und Neuen Testamentes symbolisiert. Nach dieser Geste geht er zum Chor der Propheten über, um auch ihnen den Frieden zu bringen. Die Propheten kommen dabei zur vollen Erkenntnis der neuen Lehre und wechseln von Gesängen des Alten Testamentes zum Lobgesang des Dreieinigen Gottes: "Gloria Patri et Filio et Spiritu Sancti" über.[20] Dieser Wandel wird weiterhin dadurch veranschaulicht, dass die Propheten des Alten Testamentes nun zusammen mit den Diakonen, den Propheten des Neuen Testamentes, in demütiger Haltung vor dem Bischof stehen, und ihn bitten, sie beten zu lehren: 'Domine, doce nos orare'.[21]

In diesem Bild kommen die inneren Voraussetzungen des Gebetes: Erkenntnis durch Weisheit und Glaube an Christus, sowie Umkehr und Demut des Herzens zur Darstellung. Die Bewegung der Subdiakone versinnbildlicht die Erleuchtung der Propheten durch Weisheit, die zum Glauben an Christus führte, während die 'gebeugte Haltung' des Bischofs und der Diakone, die Demut Christi, des Bischofs und der Diakone und der Apostel veranschaulicht. Der 'Gesang' des Neuen Testamentes sowie der 'Rollenwechsel' des Chores veräusserlicht Umkehr des Herzens und Glaube an Christus, die Stellung der Propheten versinnbildlicht Einheit in Christus.

Die aktive Seite wird durch die Aussendung der Jünger veranschaulicht. Paarweise treten die Diakone, von beiden Seiten kommend, vor den Altar, küssen ihn und kehren dann schriftgemäss zum Bischof, dem Stellvertreter Christ, zurück. Durch 'wenige Schritte', 'symbolische Gestik' und 'Ortsveränderung' erfährt die Handlung eine Raumerweiterung und Zeitbewältigung. Der Altar hat durch den Friedenskuss eine doppelte Bedeutung erhalten: er versinnbildlicht einmal den äusseren Raum der Umgebung von Jerusalem, das konkrete Arbeitsfeld der Apostel:

> Eodem modo vicissem duo et duo diaconi altrinsecus vadunt osculari latera altaris. Per osculum eorum demonstratur pax quam eis commendavit Dominus: "In quamcumque domum intraveritis, primum dicite: Pax huic domui."[22]

und zum anderen weist der Altar allegorisch auf die Herzen der Gläubigen "innerhalb und ausserhalb Jerusalems." Dieses kann am folgenden Beispiel exemplifiziert werden:

> Altare vel, alio modo, mensa quae osculatur, corda electorum significat, sive in Hierusalem sive extra Hierusalem. Unde Gregorius in libro de Aedificio templi: "Corda itaque sanctorum mensae Dei sunt."[23] Dein, postquam tempus advenit praeconii dominicae passionis, cantores, ut ad memoriam reducant Christi novissimam humiliationem, dicunt versum de psalterio. Psalterium ex inferiore parte percutitur, et ex superiore parte habet in quo reboat. Sic et opus passionis Christi ab inferiore parte habet percussuram.[24] ...

Dann wird ohne weiteres die Figur Christi mit der Rolle des Zelebranten identifiziert, was auf ihre wesentliche, typologische Kongruenz hinweist:

> Adimpleto tempore praeconatus praeconum, vadit Christus ad Hierusalem, in qua est altare, quod osculatur in medio, quoniam ipse est de quo dicitur in Canticis canticorum: "Media caritate constravit propter filias Hierusalem."[25]

Der Weg nach Jerusalem symbolisiert die Liebe Christi in der Geste des Friedenskusses zu aller Welt und zu allen Völkern:

> Osculatur altare, ut ostendat adventum Christi fuisse Hierusalem; osculatur evangelium, in quo duo populi ad pacem redunt. ...[26]

Durch die 'Umrahmung des Gesanges', 'wenige Schritte', 'Ortsveränderung' und 'Gestik' entsteht die Leidensgeschichte durch Gleichzeitigkeit vor Augen. Die Zeitbewältigung, die hier vor sich geht, erfolgt eigentlich durch die Ortsveränderung. Das Evangelienbuch verbleibt auf der linken Seite des Altares, da das Wort zuerst von Jerusalem ausging, aber dort nicht angenommen wurde. Von hier aus geht der Bischof zur rechten Seite des Altares über, die das himmlische Jerusalem darstellt, wo Christus zur Rechten des Vaters thront:

> Dein transit episcopus ad dexteram altaris. Liquet omnibus quod semper Christus egit dexteram vitam postquam resurrexit a mortuis.[27]

Der Uebergang zu dieser Stellung mag zunächst wie eine sprunghafte Wendung anmuten. Jedoch ist hier der Gesang von ausserordentlicher Bedeutung, denn der Psalter deutet nicht nur das Leiden voraus, sondern hat auch zeitüberbrückende Funktion. Es entsteht somit keine Lücke im Gesamtbild. Durch diese Stellung des Bischofs wird die eschatologische Richtung auch wieder deutlich sichtbar. Das Bild bedeutet nicht nur den Triumph des Auferstandenen, sondern Christus ist auch der Richter, nicht nur des Letzten Gerichtes, sondern über jeden Einzelnen. Diese Aufstellung ist darum gleichzeitig eine Vorbereitung auf das nun folgende 'Kyrie eleison'. Nachdem der Bischof die Stellung auf der rechten Seite eingenommen hat, erfolgt wiederum eine Rückblende, und zwar auf die gegenwärtige Kirche. Die Diakone als unbedingte Nachfolger Christi (und des Bischofs) stehen jeweils auf der rechten und linken Seite hinter dem Bischof. Die Mehrzahl steht dabei auf der rechten, der Rest auf der linken Seite, das Alte und Neue Testament darstellend. Mitten unter ihnen stehen die kerzentragenden Ministranten und weisen daraufhin, dass nicht die Lehre allein genügt, sondern sie auch zu guten Werken führen muss.[28]

Mit dem 'Kyrie eleison' ist eine dramatische Wendung erzielt worden, die gleichzeitig den Uebergang vom Alten Testament zum Neuen Testament darstellt. Durch 'Gesang', 'Bewegung' und 'Positionssymbolik' hat sich eine Bildänderung vollzogen, die das Drama bis zur 'Fractio' bestimmen wird. Der aufgerissene, komplexe Hintergrund umspannt eine ungeheure Weite, die alle Dimensionen der doppelschichtigen Sphäre einschliesst. Mit dem Chor im Rückhalt, dem Evangelienbuch auf der linken Seite des Altares, dem Bischof auf der rechten Seite sitzend, sowohl den triumphierenden Christus als auch den ewigen Richter darstellend, findet ein Ineinandergreifen des irdischen und himmlischen Jerusalems statt. Die Diakone, Subdiakone und Akolyten in der mittleren Stellung, und die Gemeinde im Vordergrund, geben Bereitschaft zur Busse und Aufnahme des Wortes Gottes zum Ausdruck. Hierbei verflicht sich die Unmittelbarkeit des bevorstehenden Evangeliums mit der Unmittelbarkeit des unsichtbaren, ewigen Richters. Dieses Bild spiegelt das Zeitalter 'sub gratia', vom Gesetz des Alten Bundes herkommend und im Neuen Gesetz gipfelnd, wider.

Kyrie eleison

Mit dem 'Kyrie eleison' wird das Motiv der Demut völlig entfaltet. Die Blickrichtung zentralisiert sich wieder auf die menschliche Situation 'hic et nunc'. Nicht mehr das israelitische Volk, wie in der Eröffnungsszene, sondern die christliche Gemeinde, ersucht das Erbarmen Gottes und Befreiung von falschen Lehren. Dem Chor fällt dabei wiederum eine Hauptrolle zu. Amalarius schreibt hierzu:

> Potest et simpliciter intellegi de "Kyrie eleison" necessario constitutum esse a praeceptoribus ecclesiae, ut cantores post finitam antiphonam deprecentur Domini misericordiam, quae deprimat inanem iactantiam, quae solet sequi cantores ... Qua de re possunt fallaciter depici per philosophiam et inanem fallaciam secundum traditionem hominum. [29]

Durch 'Gesang' und 'Kerzensymbolik' wird die menschliche Unwürdigkeit herausgestellt, aber auch die Erlösungsfähigkeit betont. Bei der Entwicklung dieses Themas spielt besonders die Licht- und Positionssymbolik der Kerze eine Rolle. Während der Chor das 'Kyrie eleison' singt, stellen die Ministranten die 'Kerzen' zu beiden Seiten des Altars auf, wobei 'eine Kerze' in der Mitte steht. Dieses Bild hat mehrfache Bedeutung: es stellt die Erleuchtung des Heiligen Geistes, der zur Demut und guten Werken anleitet, dar. Es versinnbildlicht auch im Sinne von 'memento mori', dass der Mensch wieder zu Staub und Asche werden wird: ... 'ut vere nos cognoscamus esse cincerem et pulverem'.[30] Ferner veranschaulicht die Kerze in der Mitte, dass Christus mitten unter der Gemeinde ist:

> Cereus in medio stans eum designat qui dixit: "Ubi duo vel tres congregati fuerint in nomine meo, in medio eorum sum."[31]

Hierbei handelt es sich nun um eine gewisse Personifizierung der in der Mitte stehenden Kerze, eine Darstellung des inneren, geistigen Lebens.

Während nun der Bischof seinen Platz einnimmt, wandelt sich die Bedeutung, und damit auch die Position der vor dem Altar stehenden Kerzen. Sie werden nun in einer geraden Linie aufgestellt, mit Ausnahme der ersten Kerze, die vor dem Altar stehen bleibt.

> Episcopo ascendente ad sede, cereostata mutantur de locis suis in ordine unius lineae, excepto primo, usque ad altare. [32]

Dieses Bild veranschaulicht die Gegenwart des Heiligen Geistes und die Manifestierung der guten Werke durch die Gaben des Geistes. Die vor dem Altar stehende Kerze personifiziert Christus, von dem der Heilige Geist ausgeht. Wiederum ist hier eine doppelte Darstellung Christi zu beobachten - einerseits in der Person des Bischofs und andererseits in der brennenden Kerze, sowohl auf die sichtbar-hierarchische als auch unsichtbar-mystische Kirche hinweisend.

In diesem Bild greift die geistige Sphäre doppelschichtig ineinander und reicht dabei in die sichtbare Welt. Einerseits stellen die Kerzen die Gläubigkeit der auserwählten Herzen dar, die eine innere Verbindung der Gläubigen durch die Wirklichkeit des Heiligen Geistes aussagt, andererseits bedeuten sie die Manifestierung der einzelnen Geistesgaben in unaufhörlich guten Werken (Karitas). Der Quell dieser Kraft ist letzten Endes Christus, von dem der Heilige Geist ausgeht. Somit ergibt sich das Ineinandergreifen der immanenten und transzendentalen Sphäre, die Darstellung der einen geistigen Wirklichkeit und die Einbezogenheit oder Transformation der äusseren sichtbaren Welt.

> In donis memoratis duo debemus memorari, id est multifari dona et unitatem spiritus. Per cerostata altrinsecus posita, usque nunc distributa dona per corda electorum signantur; per compositionem unius lineae, unitas Spiritus Sancti in singulis donis quae compositio examusin habet a primo cereo, quem diximus significare Christum, a quo procedit Spiritus Sanctus et in quo aeternaliter manet. [33]

Amalarius versucht hier wohl einen inneren Vorgang dramatisch darzustellen, und zwar wiederum durch den 'Gesang', der das Gebet vergegenwärtigt, und ein Gegenbild in den 'Kerzen' hat, die sowohl die Gegenwart Christi versinnbildlichen als auch die menschliche Unwürdigkeit darstellen. Mit der Wendung und Bewegung des Bischofs, wird der Blick auf den Himmel gerichtet, und somit wird das Bild fast mystisch ausgerichtet. Von hier aus wird die Stimmung und der Uebergang zum 'Gloria' eingeleitet.

War am Ende des 'Kyrie eleisons' die geistige Einheit angedeutet, so kommt es im 'Gloria' zu einer fast kosmischen Einheit, alle Grenzen von Raum und Zeit durchbrechend. Es kommt zu einer Darstellung von grosser Verschmelzung des 'Sicut erat in principio'. [33] Hier kommt nicht nur Amalarius mystische Vision, sondern vor allem seine dramatische Fertigkeit durch Gleichzeitigkeit zum vollsten Ausdruck.

Gloria

Während der Zelebrant das 'Gloria in excelsis Deo' anstimmt, richten sich seine Augen suchend auf die östliche Seite der Kirche, hier wohl das Presbyterium, 'als ob' Christus dort auf seinem Platz ('sedes') sein müsste; er könnte jedoch auch überall sein:

> Sacerdos quando dicit, "Gloria in excelsis Deo", orientes partes solet respicere, in quibus ita solemnus Dominum requirere, quasi ibi propria eius sedes sit, cum potius eum sciamus ubique esse. [34]

Der Gesang der Engel, jetzt durch den Chor versinnbildlicht, und in den die ganze Kirche miteinstimmt, kommt auch aus der östlichen Richtung - aus Bethlehem, wo der allgegenwärtige Herr die Form einer Knechtsgestalt angenommen hat. In kurzen Zügen verwandelt sich die Kirche in die Stadt von Bethlehem, wo Menschen- und Engelstimmen das Gloria zur Geburt Christi singen:

> Ipsum statum ex qualitate loci ubi angeli cecinerunt memoratum ymnum, possumus conicere Dominus qui ubique est, secundum formam servi in Bethleem erst; quae Bethleem nostram ecclesiam signat, quae est domus panis. [35]

In 'Expositionis Missae Expositionis, Cod. I et II', identifiziert Amalarius den Bischof oder Zelebranten mit dem ersten Engel von Bethlehem und den Gesang der Kirchengemeinde mit dem Gesang der Engelscharen:

> Non unus solus angelus cantavit, sed unus primo adfuisse dicitur, et subito cum eo factam esse multitudinem angelorum laudantium Deum. Sicque modo unus episcopus inchoat, et omnis ecclesia resonat laudem Deo. [36]

Das 'Gloria' durchbricht hier die Grenzen der einen Gemeinde und des Kirchenbaus. Das Suchen des Zelebranten deutet ebenfalls das Suchen der Engel und Hirten von Behtlehem an, und wie der Bischof, so ist auch die Gemeinde in einer doppelten oder dreifachen Rolle verwickelt. Sie gehört zu den Engeln, den suchenden Hirten und der strömenden Menschenmenge von Bethlehem:

> Angeli ad orientem cecinerunt. De quo statu dicit Micha: "Et tu turris gregis nebulosa filiae Sion, usque ad te venient." Turris quippe gregis ... mille circiter passibus a civitate Bethleem ad orientem distat. [37]

Nach diesem Bild oder besser, "dargestellten Erlebnis", kommt es zunächst zu einem Rückgriff, der zugleich Vorausdeutung ist, sowie zu Raum- und Zeitüberschneidungen. Amalarius erinnert an den Uebergang des Bischofs auf die rechte Seite des Altares, was Christi Auferstehung und Himmelfahrt versinnbildlicht hatte. Und dann verschmilzt das jubelnde 'Gloria' von Bethlehem mit dem 'Osteralleluia' von Jerusalem und dem Gesang der Engelsscharen bei der Himmelfahrt in Bethanien:

> Diximus superius transitum episcopi de altari in dexteram partem significare Christi transitum de passione ad aeternam vitam, ac ideo hoc in loco dicimus, "Gloria in excelsis Deo", cantandum, quoniam gloria ineffabilis in excelsis facta est, quando Christus transitu suo animas sanctorum copulavit consortio angelorum. Hoc gaudium adnuntiavit angelus in nativitate eius dicens: "... qui natus est vobis hodie salvator." Manifestum est quibus extitit salvator: quando gloria resurrectionis eius caelebrata est, tunc in terra pax hominibus fuit, quibus dicebat: "Pax vobis", Pax magna est, quando sub uno domino copulantur caelestia et terrena. [38]

Der über Bethlehem verkündigte Friede wird zum grossen Frieden der Kommunion und Auferstehung, ein Friede, der Himmel und Erde vereinigt. Der Engelsgesang von Bethlehem, der zur Geburt Gottes in Kindsgestalt erklang, wird zum Triumphgesang des Auferstandenen von Jerusalem, dem alle Gewalt über Himmel und Erde gegeben ist:

> Ita factum esse post resurrectionem suam denuntiat salvator dicens: "Data mihi est omnis potestas in caelo et in terra."[39]

Und hiermit konzentriert sich die Darstellung wieder auf die Figur des Bischofs, den thronenden Christus darstellend.

Diese kosmisch-mystische Gesamtschau verrät nicht nur eine ausserordentliche Vorstellungskraft von existentieller Bedeutung, sondern auch dramatische Fertigkeit und meisterhafte Beherrschung des Gleichzeitigkeitsprinzips, das uns hier hauptsächlich interessiert. Durch den 'suchenden Blick' des Zelebranten kommt es zu einer anfänglichen Spannung und Raumerweiterung, es deutet auch gleichzeitig einen 'Rollenwechsel' an. Der suchende Blick kann sich einerseits auf den noch leeren Sitz des Bischofs richten und die Frage stellen: Wo ist Christus? Sein Platz ist noch leer. Oder sie kann auch gleichzeitig eine Rückblende zur Geburt Christi andeuten. Die Frage kann sich auch in das Suchen der Hirten umwandeln. Innerhalb des liturgischen Dramas ist gleichzeitig eine Vorausdeutung auf die unmittelbar bevorstehende Thronbesteigung des Bischofs nach dem ersten Segen, das heisst dann, gleichzeitig auch zur Kommunion und letztem Segen, Auferstehung und Himmelfahrt, gegeben. Besonders bedeutungsvoll für die dramatische Handlung ist die 'Ortsveränderung' und 'Raumerweiterung' durch 'Richtungssymbolik', hier besonders der östlichen Richtung. 'Der Rollenwechsel' ist vielschichtig in dieser Szene. Der Chor verwandelt sich in Engelstimmen, über Bethlehem, Jerusalem, und Bethanien zugleich. Auch die Gemeinde wird in diese komplexen Bedeutungsrollen einbezogen. Ganz besonders wichtig ist der 'Gesang', durch den Menschen- und Engelstimmen, Himmel und Erde vereinigt werden. Die Geburt hat den Tod überwunden, und durch das Machtbild des Auferstandenen, bildlich dargestellt in der Person des Bischofs, erhält die Blickrichtung eschatologische Bedeutung und deutet auf das Endgericht und die grosse Auferstehung. Zusammenfassend kann von diesem Bild gesagt werden, dass mit wenigen Mitteln, 'Suggestion', 'Bewegung', 'Rollenwechsel' und 'Gesang' eine intensive Gleichzeitigkeit hergestellt ist, die in einer grossen kosmischen Einheit und Verschmelzung mündet.

Das 'Gloria' ist auch eine Ueberleitung vom Grossen Frieden zum 'Dominus vobiscum' des ersten Gebetes, zur Thronbesteigung des Bischofs, die unmittelbar folgt, und über sich hinaus auf den thronenden Christus weist.

De Prima Oratione

Das erste Gebet bringt einerseits die gegenwärtige Kirche wieder voll ins Licht, andererseits steht es in unmittelbarer Verbindung zu der kosmischen Auferstehungsszene des 'Glorias'. Mit dem Friedensgruss, "Dominus vobiscum" wendet sich der Bischof zur Gemeinde, die mit einem lauten "et cum spiritu tu tuo" antwortet.[40] Diese Gestik ist in erster Linie Ausdruck der Gemeinschaft von Bischof und Gemeinde:

> Hac salutatione episcopi et responsione populi intellegimus unum debere esse affectum episcopi et populi, sicut hospitum unius domini.[41]

Nach diesem Gemeinschaftsakt des ersten Gebetes wendet sich der Bischof zum Osten, spricht das 'Oremus', und gibt den Segen. Diese Andeutung bezieht sich auf den letzten Segen Christi vor seiner Himmelfahrt von Bethanien.

> Deinde revertitur episcopus ad orientem et dicit, "Oremus." Ac dein sequitur benedictio. Sic et Christus, ante quam ascenderet ad caelum, benedixit eos, sicut scriptum est in evangelio ...[42]

Mit dem ersten Gebet und dem Segen ist die Ueberleitung zur letzten Szene des 'Introit', der Thronbesteigung des Bischofs erfolgt, die die eigentliche Himmelfahrt darstellt. Augenfällig ist hier, dass das Motiv des "Feuerwagens" wieder aufgenommen wird. Hierdurch wird nicht nur die Verbindung zur Eröffnungsszene und des Alten Testamentes hergestellt oder auf den letzten Segen am Ende der Liturgie hingewiesen, sondern hier sticht die eschatologische Bedeutung der Gesamtschicht hervor.

De Sessione de Episcopi

Es entsteht nun folgendes eschatologisches Bild:

> Dein Christus ascendit in caelum, ut sedeat ad dexteram Patris. Episcopus, quia vicarius est Christi, in omnibus memoratis superius debet et hic ad memoriam nobis intronizare Christi ascensionem et sedem. Quapropter ascendit in sedem post opus et laborem ministerii commissi. Christus, disposito curru suo per convenientia loca, id est presbyteros in suo ordine, diaconos in suo, subdiaconos in suo, ceterosque gradus in suis, necnon et auditores unumquemque in suo, ascendit ad sedem et sedet. ... De his qui ascenderunt secum, aliqui sedent et aliqui stant. [43]

Das hier entworfene Bild bezieht sich zunächst auf die Himmelfahrt Christi von Bethanien. Danach wird die Figur des thronenden Christus, in seiner Machtstellung, in die Person des nun auf dem Bischofssitz thronenden Bischofs projiziert. Auch die Metapher des "Feuerwagens" wird in das Bild verwoben und so die hierarchische Ordnung der Kirche in das unsichtbare Reich Gottes geblendet. Die Position des Klerus und der Gemeinde ist dabei jeweils stehend oder sitzend, das aktive oder kontemplative Leben symbolisierend. Das Doppelbild wird aber noch weiter ausgeführt. Wie der Bischof über die Kirche wacht, so bewacht Christus seinen "Triumphwagen", 'currum'. Aus der kirchlich-hierarchischen Ordnung entwickelt sich das anagogische Bild des himmlischen Jerusalems.

> Dominus in alto caelorum sedens custodit currum suum, id est civitatem de qua dicit psalmista: "Nisi Dominus custodierit civitatem, frustra vigilat qui custodit eam." ... custodiebat, custos erat, vigilabat, quantum poterat super eos quibus praeerat; et episcopi hoc faciunt. Nam ideo altior locus positus est episcopis, ut ipsi superintendant et tamquam custodiant populum. [44]

Von Bedeutung wird die Position des Bischofsstuhls in der Mitte des Presbyteriums. Durch die Symbolik der Mitte[45] besteht einerseits eine direkte Beziehung zum Altar, das heisst zum irdischen Jerusalem, andererseits, von dieser Mitte aus, zum himmlischen Jerusalem. Weiterhin entsteht durch das Bild des "Feuerwagens" eine Verbindung mit der Eröffnung des 'Introits', d.h., des Alten Testamentes und der Ankunft Christi und seiner Ueberwindung Satans. Gleichzeitig wird aber auch das Ende der Handlung, der Segen und das 'Ite missa est' mit der darinliegenden Vorausdeutung der Wiederkunft Christi am Tage des Weltgerichtes und seines endgültigen Sieges über den Antichristen einbezogen. In sich stellt das Gebilde das Ineinandergreifen der sichtbaren und unsichtbaren Welt dar und bringt den tieferen Sinn der Schrift und des Ritus zum Ausdruck - ist Darstellung der 'ratio'.

DRAMATISCHE ANALYSE

Amalarius hat somit durch den 'Introit', der als 'Vorspiel' des liturgischen Dramas bezeichnet werden kann, den sinngemässen Hintergrund für die Handlung geschaffen. Durch die verschiedenen Techniken und Mittel der Gleichzeitigkeit kam es zu einer allmählichen Entfaltung des Hintergrundes, einer körperlichen Manifestierung der sichtbaren und unsichtbaren Welt. Der Hintergrund ergab sich sichtbar aus der Handlung und kulminierte in dem Bild des thronenden Bischofs mit all seinen komplexen Kombinationen. 'Gesang', 'Gestik', 'Positionssymbolik', 'simultane Personifizierung', 'Bewegung' sind die offensichtlichen dramatischen Prinzipien die bei Amalarius besonders im 'Introit' die Gleichzeitigkeit bewerkstelligen. Hieraus ergibt sich dann ein unter-sich-bezogenes Gebilde von gewisser Formschönheit. Ein Zeichen ergibt oft ein anderes Zeichen, hinter einem Bild steckt oft ein anderes. Die Darstellung vieler Mysterien ist Ausdruck eines Mysteriums, dessen Bezugsgrund, 'ratio', Gott in Christus ist.

Die drei nun folgenden Akte der 'Lectio', des 'Offertorio' und der 'Confractio' können sich unter dem im 'Introit' aufgeschlagenen Hintergrund der doppelten Wirklichkeit abspielen.

LECTIO: LEBEN UND WIRKEN CHRISTI

Nachdem das letzte Bild des 'Introitus' mit dem thronenden Bischof nach dem anagogischen 'Gloria' kosmisch-eschatologisch ausgerichtet war, und diese Konstellation auch weiterhin richtungsweisend für den Ablauf des liturgischen Dramas bleibt, so erfolgt mit dem zweiten Teil oder Akt, der 'Lectio' (Epistel und Evangelium) zunächst eine Rückblende in das Alte Testament.

Es muss hierbei darauf hingewiesen werden, dass Amalarius bei dem Aufbau des Lesungsteils zwei Strömungen folgt, wovon eine klar und deutlich in 'Missae Expositionis Cod. I et II' und im späteren 'Eclogae' manifestiert ist, die andere dagegen aus dem dritten Buch des 'Liber Officialis' spricht. Während die erstere Fassung neutestamentlich ausgerichtet ist, geht die letztere offensichtlich auf die alte Tradition der Synagoge und der jungen Kirche zurück und baut sich traditionsgemäss vorwiegend aus den Lesungen des Alten Testamentes auf, was Amalarius auch spezifiziert:

> Usus lectionis et cantus sumptus est a veteri testamento, ut legitur in libro Esdrae ... Lectio legis et prophetarum frequentabantur a populo antiquo. Unde scriptum est ... : "Et ingressi synagogam die sabbatorum, sederunt. Post lectionem autem legis et prophetarum ..."[46]

Da beide Strömungen nebeneinander bestanden haben, und sie als dramatische Varianten bedeutend sind, sollen hier auch beide Fassungen berücksichtigt werden. Wir folgen dabei zunächst dem 'Liber Officialis', dessen Aufbau der weitaus kompliziertere ist.

Die gesamte Lesung baut sich aus drei Teilen auf: 1. aus Lesungen des Alten Testamentes; 2. 'Responsorium' mit sequenzartiger Erweiterung durch 'tractus' und 'alleluia' oder 'tractus/alleluia' und 3. 'Evangelium'.[47]

LECTIO: LESUNGEN DES ALTEN TESTAMENTES

Dieser Lesungsteil muss besonders von seiten der allegorischen Schriftauslegung, die hier zur Darstellung kommt, berücksichtigt werden. Dabei ist es zunächst erforderlich, die Funktion und wesentliche Aufgabe der Lesung und des Gesanges herauszuarbeiten, da ihr Verständnis für die dramatische Interpretation unumgänglich ist.

Die Lesungen beziehen sich in erster Linie auf die Gesetzbücher Mose, wobei dem 'lector' folgende Aufgabe zufällt:

> Lector egem Domini debet tradere auditoribus, quasi incipientibus in scola Domini exerceri; ... Audiant doctorem necesse est. Doctor et lector unum sunt.[48]

Der Lektor hat nicht nur vorzutragen, sondern auch gleichzeitig zu lehren. Die Aufgabe des Kantors ist dagegen vielseitiger. Ihm fällt hauptsächlich die Rolle des Propheten zu, und er ist schon darum in seiner Aufgabe beweglicher und vielseitiger, da sie den verschiedenen Manifestierungen des Geistes von Mose bis Christus entspricht. Amalarius bemerkt hierzu:

> Cantor multa officio habet ... Possemus etiam officio cantoris officium prophetae intellegere.[49]

Bei der Einführung in die Lehre des Alten Testamentes ergänzen sich 'lector' und 'cantor' wechselwirkend. Amalarius versteht sie als Instrumente der Grundstufe der christlichen Lehre.[50] Obwohl beide, Lesung und Gesang, sich auf die Grundstufe beziehen, müssen sie im Sinne der Schriftexegese differenziert werden. Dabei dürfte die Lesung aus den Gesetzbüchern dem historisch-allegorischen Sinn, der Gesang der Propheten dem allegorisch-tropologischen Sinn entsprechen. D.h., der Gesang des 'Cantoris' entspricht einer höheren Stufe der Grundlehre, da er in die Erfüllung des Gesetzes überleitet. Amalarius spezifiziert beide Teile entsprechend:

> Per lectionem praedicationem veteris testamenti, quae humilior est, possumus intellegere; per responsorium novi testamenti, quae excelsior est. Haec duo praedicamenta per Johannis vitam et Christi designatur.[51]

Von der Grundstufe des Alten Gesetzes kulminiert der Gesang der Propheten in der Figur und Stimme des letzten Propheten vor Christus, Johannes dem Täufer in der Wüste, und mündet von dort in der Erfüllung des Neuen Gesetzes, Christus. Dieser sich steigernde Aufbau wird durch Positionssymbolik im Ambo und Tribunal entsprechend veranschaulicht.

'Lector' und 'doctor' sind in ihrer Lehre des geschriebenen Wortes beschränkt, und daher wird der Sinn des Gesetzes nur von aufgeschlossenen Schriftgelehrten verstanden. Darum ist es die Aufgabe des Sängers, nach dem Gesetz der Propheten die weniger aufnahmebereiten Herzen aufzurütteln und zu erregen, und den tieferen Sinn der Gesetzgebung freizulegen. Amalarius weist auf diese Aufgabe besonders hin:

> Dent lectores sive doctores precium Domini, id est verba legis, et recipiant scolasticas mentes ... At sic adhuc aliquis surdus, obturatis auribus cordis, torpescit, veniat cantor cum excelsa tuba more prophetarum, sonetque in aures eius dulcedenim melodiae; forsan excitabitur.[52]

Die Stimme des 'cantoris' ist, wie die des Propheten, der Anruf Gottes an das israelitische Volk, das hier durch die Kirchengemeinde dargestellt ist.

Responsorium

Nach dem ersten Teil des Gesanges antwortet der Chor stellvertretend für diejenigen des Volkes, die das Wort des Gesetzes verstanden und angenommen haben und singt einen Preisgesang:

> Cantores qui respondent primo canenti, vocem auditorum proferunt, quos testificant laudare Deum.[53]

Durch diesen Wechselgesang wird die kirchliche Gemeinde wieder aktiv in das liturgische Drama einbezogen. Für die Israeliten, die das Gesetz noch nicht verstanden haben, wechselt die Rolle des Propheten in die des Predigers über. Dabei wird der dem zweiten Gesang folgende Vers zur Predigt, und dem Kantor fällt hier die Rolle des Predigers zu. Amalarius erklärt dieses wie folgt:

> Lex enim scripta data est in tabulis. Scriptura enim pertinet ad lectoris officium; prophetia menti inscripta erat, quam voce fidenti prophetae proferebant; quod pertinet ad cantoris officium. Fidi praedicatoris officium gerit cantor, quem oportet post oboedientiam auditorum versum cantare.[54]

Amalarius verwendet bei dieser Interpretation eine komplizierte Allegorie des Pflügens, das, wie die Erde, auch die Herzen durchbricht und freilegt, was tief vergraben war.[55] Dass bildliche Vorstellungsweise und Darstellungen, sowie gefühlsmässige Orientierung als wesentliche Mittel der Einführung in die Lehre Christi zu betrachten sind, geht aus Amalarius abschliessender Erklärung von 'lectio' und 'responsorium' hervor. Der Text soll hier wiedergegeben werden, da er wesentlich die Bedeutung und den Zweck der dramatisch-allegorischen Methode zusammenfasst:

> ... Ideo scribuntur litterae, ut per eas memoriae reddatur quod oblivione deletum est; simili modo ex pictura recordamur quod interius memoriae commendari potest. Ita et responsorio ammonetur praedicatur quomodo doctrinam, quae praecessit in lectione, exerceat. Primo, ut dulcedine suae imitationis plurimos sibi asciat; coniuncti corda multorum excitent ad conpunctionem et lacrimas; et ne se pulsatur versu, quatinus ad memoriam sibi reducat de propriis causis iudicandum ante Dominum. [56]

Diese Aktivierung von Vorstellung, Gemüt und Intellekt, durch Wort und Schrift, Darstellung der biblischen Gestalten, Positionssymbolik, Gesang und Gestik, wird nicht ohne Wirkung gewesen sein, wobei Gestik und Gefühlsausbrüche innerhalb der Gemeinde durchaus nicht ausgeschlossen gewesen sein könnten.

Zusammenfassend handelt es sich bei 'lectio' und 'responsorium' um folgenden Aufbau: Die erste Stufe ist Lehren des Gesetzes nach historisch-allegorischem Sinn. Sie bildet dabei das Erlösungsfundament. Die zweite Stufe, dem allegorisch-tropologischen Sinn entsprechend, ist die Stimme des 'cantoris', der nach dem Gesetz der Propheten die Herzen aufrüttelt. Als Antwort auf diesen Anruf Gottes singen die Stimmen des Chores stellvertretend für die Gemeinde einen Hymnus. Der danach folgende Vers versinnbildlicht die Predigt, wobei dem 'cantoribus' die Rolle des Predigers zufällt.

Dieser, an sich schon komplizierte Aufbau des modulierten Responsoriumgesanges wird noch durch jeweils einen Leidensgesang, dem 'tractus' oder durch einen Freudengesang, dem 'alleluia' erweitert. Der 'tractus' wird in einfachem auf- und niedersteigendem Ton, im Gegensatz zu den Modulationen des 'responsoriums' oder 'alleluias' gesungen. Diese sequenzartige Erweiterung hat ihren besonderen Sinn. Amalarius macht dabei drei Unterscheidungen, und zwar: 'responsorium et tractus', 'alleluia' und 'tractus alleluia'.

Responsorium et tractus

Diese beiden Gesänge werden durch die Allegorie des Tauben- und Turteltaubenopfers verbunden. Dabei versinnbildlichen die Tauben durch ihre gruppenartige Tendenz das aktive Glaubensleben ('vita activa'). Sie beziehen sich durch dieses Merkmal auf den 'Responsoriumgesang'. Die Turteltauben dagegen tendieren zum Einzelgang und -flug und werden daher mit dem spekulativen oder kontemplativen Leben ('vita contemplativa') in Verbindung gebracht, und sie sind daher ein Sinnbild des 'tractus'. Im Gesang des 'tractus' werden Reue, Sühne, Gebet und Klagen ('tribulationis'), aber auch mystisches Leiden und Einsamkeit zum Ausdruck gebracht. Dieser Gesang kann sich aber auch auf befreiende Freude oder eschatologische Vision beziehen. Als Beispiel führt Amalarius Mose, Daniel und Ezechiel an:

> Moyses quasi tractum cantat tribulationes, qui solus ascendit ad Dominum, et ne idem populus feriatur, lacrimosis precibus impetrat. Daniel tractum laetitiae cantat, quando "solus fugientibus sociis, inter angelos remanet. Solus Ezechiel quadrigas, cerubin et supernae civitatis aedificia celsa miratur."[57]

Dramatische Darstellungen dieser Figuren während des Gesanges sind wahrscheinlich, da Amalarius eine besondere dramatische Beschreibung des leidenden Jobs während der Opferung gibt.[58] Im Sinne der Schriftexegese wäre der 'tractus' eine Weiterführung des tropologischen Sinnes des 'Responsoriums' zu verstehen, der aber auch in den analogisch-mystischen Sinn überleiten kann.

Alleluia[59]

Das 'alleluia' ist ausschliesslich ein Preis- oder Freudengesang mit Modulationen aller Art. Es kann sowohl ein tropologischer Preisgesang als auch ein anagogischer Freudengesang im Sinne der Geburt und Auferstehung sein.

Tractus et alleluia[60]

Werden 'tractus' und 'alleluia' in einem Wechselgesang miteinander verbunden, so dürfen nur zwei aufeinanderfolgende Verse im einfachen Ton des 'tractus', der dritte Vers dagegen muss in Modulationen des 'alleluias' gesungen werden.

> Post duos tribulationis tertius occurrit laetitae, quoniam, post duos dies sepulturae, tertius occurrit resurrectionis.[61]

Sowohl 'alleluia' als auch 'tractus/alleluia' sind als Ueberleitung zum bevorstehenden Evangelium zu verstehen.

Es wurde versucht den sequenzartigen Aufbau der 'lectio' und die Aufgabe des 'lectoris' und 'cantoris' herauszuarbeiten. Dieser Aufbau, der in das Evangelium überleitet, ist, wie gezeigt werden konnte, äusserst kompliziert und beweglich, aber darum auch besonders ausdrucksfähig. Er fundiert auf der allegorischen Schriftexegese, die durch 'lector' und 'cantor' entsprechend angewandt und dargestellt ist.

Dramatische Analyse

Der 'lectio'-Aufbau dieser Fassung ist wesentlich raumbezogen und aus dieser Raumbezogenheit ergeben sich die dramatischen Formen und Ausdrucksmöglichkeiten. Von der Grundstufe der 'lectio' ist dieser Teil des liturgischen Dramas in sich ständig steigernder Weise so aufgebaut, dass die Figur des Alten Gesetzes, Moses, durch den 'lector' dargestellt, letzten Endes in Christus, und der 'cantor' in Johannes dem Täufer gipfelt. Diese Steigerung kommt sowohl im Aufbau der 'lectio' als auch in der äusseren Raumanlage der Basilika zum Ausdruck, die hier besonders durch Kirchenschiff, Ambo und Tribunal veranschaulicht ist. Der Zweck der 'lectio' ist nicht nur didaktisch durch das gesprochene Wort, sondern ist vielmehr auch auf aesthetisch objektive Formschönheit durch symmetrische Darstellung ausgerichtet. Durch den stufenweisen inneren Aufbau des Lesungsteils, der besonders durch den vierfachen Schriftsinn in sich raumbezogen ist, entsteht genügend Spielraum und Beweglichkeit, woraus dann Heilsgeschichte und Heilslehre zum Ausdruck kommen können. Der stufenweise Aufbau des architektonischen Kirchenraums entspricht diesem eigentlichen Spielraum, worauf bereits hingewiesen wurde.[62] Es ist aber wichtig, diese Konstellation und Wechselwirkung von äusserem architektonischem Raum und dem eigentlichen Spielraum sowie das Ineinandergreifen von innerem und äusserem Raum ständig vor Augen zu halten, da es zum Wesen des liturgischen Dramas des neunten Jahrhunderts gehört. Aus dem Wesen der Beweglichkeit dieses Aufbaus ergibt sich nun folgende dramatische Darstellung:

Die Kirchengemeinde hat in sitzender Haltung die Rolle des israelitischen Volkes übernommen. Amalarius weist auf die Haltung nach alter Sitte hin:

> Quamdie haec dum caelebratur id est lex et prophetia, solemus sedere more antiquorum.[63]

Demgegenüber erhalten 'lector' und 'cantor' ihren Platz in erhöhter Stellung auf dem Ambo: 'Lector et cantor in gradum ascendunt more antiquorum'.[64] Hierbei kommt aller Wahrscheinlichkeit nach dem 'cantor' ein Platz auf der höheren Stufe zu, da der Gesang des Propheten dem tropologischen Sinn entsprechend aufbaugemäss höher einzustufen ist als die Lesung. Der erste Teil wird von einem Subdiakon gelesen und bezieht sich im historisch-buchstäblichen Sinn auf das Gesetz des Alten Testamentes. Die Figur des Subdiakons in erhöhter Stellung auf dem Ambo stehend, erhält somit leicht die Konturen des Lehrers des Alten Gesetzes, nämlich Moses, wie später beim Vortragen des Evangeliums der Diakon Christus personifiziert.

Die gesanglichen Modulationen des 'responsoriums' mit sequenzartiger Erweiterung von 'tractus' und 'alleluia' haben in ihrem beweglichen Aufbau besonders potentielle dramatische Möglichkeiten in sich.[65] Der Gesang drückt die Beweglichkeit des Geistes durch die Propheten sowie die Dynamik des Wechselverhältnisses von Gott und israelitischem Volk im Sinne von Anruf und Antwort aus. Das 'responsorium' ist durch die Gemeinschaftssymbolik und Wechselwirkung von 'cantor' und 'chorus' eine Darstellung des aktiven Glaubenslebens ('vita activa'), während der 'tractus' mit seinem gleichmässigen Ton in Verbindung mit einer biblischen Gestalt, das mystische Leben ('vita contemplativa/speculativa') darstellt. Personifizierungen wie Moses, Daniel, Ezechiel oder Tobias, Judith und Job oder andere Gestalten wären dabei nicht ausgeschlossen.

In diesem Gebilde, das vor unseren Augen mit seinen biblischen Gestalten, dem sich von Gott abwendendem und auch bekehrendem israelitischen Volk, der mystischen Einsamkeit und jubilierenden Freude der eschatologischen Vision, entsteht, leitet durch seinen stufenweisen, in sich bewegtem Aufbau in das Evangelium, der Erfüllung des Gesetzes über. Der Höhepunkt, besonders durch die erhöhte Stellung des Diakons im Tribunal versinnbildlicht, ist von grossem dramatischen Aufwand umgeben. Sich auf Cyprian[66] beziehend, beschreibt Amalarius die Stellung des Diakons im Tribunal:

> ... quid aliud quam super pulpitum, id est super tribunal ecclesiae, oportebat imponi, ut, loci altioris celsitate subnixus, et plebi universae pro honoris sui claritate conspicuus, legat praecepta et evangelium Domini ... Vox Domini confessa in his cotidie quae Dominus locutus est auditur; viderit an sit ulterior gradus ad quem profici in ecclesia possit.[67]

Durch die erhöhte Stellung des Tribunals dehnt sich das Bild nun in kosmische Weite, die Perspektive richtet sich von der Vergangenheit des Alten Testamentes in die Zukunft des Letzten Gerichtes. Im Hintergrund ist das Bild des zur Rechten des Vaters thronenden Christus durch den Bischof versinnbildlicht. Mit dieser dramatischen Wendung ist das neue Testament, das Evangelium, eingeleitet.

Evangelium: De Diaconi Ascensione in Tribunal[68]

Die Kirchengemeinde wechselt jetzt ihre Rolle des israelitischen Volkes in die Volksscharen von Jerusalem. Sie geht dabei von sitzender zu stehender Haltung über:

> Nunc revertamur ad ordinem. Usque nun sedimus more veteris consuetudinis; ... modo surgentibus est ad verba evangelii.[69]

Während die Gemeinde und Priesterschaft in stehender Haltung verharrt, füllt der Zelebrant ein Weihrauchgefäss, das den mit dem Feuer des Heiligen Geistes gefüllten Körper darstellt. Der Weihrauch symbolisiert die von Christus ausgehenden guten Werke:

> Turibulum Christi corpus significat, in quo est ignis, scilicet Spiritus Sanctus, et ex quo procedit bonus odor[70] ...

Danach bittet der Diakon um den priesterlichen Segen, was seine Bereitschaft, das Wort Gottes aufzunehmen, ausdrückt, und er schreitet von dort zum Altar. Amalarius gibt folgende Rollen- und Szenenbeschreibung:

> Deinde vadit ad altare, ut inde sumat evangelium ad legendum. Altare
> Hierusalem potest designare ... vel ipsius Domini corpus, in quo sunt
> verba evangelii, videlicet bonae nuntiationis. Ipse praecepit apostolis
> praedicare evangelium omnis creaturae. [71]

Durch diese wenigen Schritte ist die Ueberleitung von Johannes dem Täufer zur Aussendung der Apostel und Jünger' entstanden, hat sich also ein Szenenwechsel ergeben. Der Altar stellt Jerusalem dar, von wo das Wort Gottes zuerst ausging, und die Apostel zu predigen begannen.

Der Diakon nimmt nun das Evangelienbuch und trägt es in seinem linken Arm. Dies bedeutet, dass er die Füsse Christi darstellt, während der linke Arm die empirische Welt versinnbildlicht, in der das Evangelium gepredigt werden soll. Amalarius bemerkt:

> Diaconnus qui portet evangelium, Christi pes est. Portat evangelium
> in sinistro brachio, per quod significatur temporalis vita, ubi necesse
> est praedicare evangelium. [72]

In dieser eigenartigen Miniaturdarstellung wendet sich der Diakon in einer Geste der Gemeinschaftssymbolik zur Gemeinde, die Gemeinde mit ihm zum Osten, alle sich verbeugend und mit dem Kreuzzeichen bezeichnend. Dieser Akt bedeutet sowohl die Weitergabe des priesterlichen Segens als auch die Bereitschaft, das Wort Gottes aufzunehmen. Während die Gemeinde in gebeugter Haltung verharrt, schreitet der Diakon auf das Tribunal. Ihm voraus werden zwei Kerzen getragen, das Buch der Gesetze und Propheten darstellend, unmittelbar danach geht ein Akolyte, ein Weihrauchgefäss tragend, was die guten Werke versinnbildlicht, die der Lehre vorausgingen. Es ist im Grunde eine Darstellung des 'facere et docere'. Während nun die Kerzen auf dem unteren Ambo stehen bleiben, der Platz, von wo die Lesungen und Gesänge des Alten Testamentes vorgetragen wurden und was eine niedrigere Stellung versinnbildlicht, wird das Weihrauchgefäss dem Evangelium direkt voran, auf das Tribunal getragen. Das versinnbildlicht, dass die guten Werke der Lehre Christi vorausgehen, wie es im Leben Christi selbst der Fall gewesen war. Hiermit wird das 'facere et docere' [73] wörtlich dargestellt.

> Duo cerei qui portantur ante evangelium, legem et prophetas desig-
> nant praecisse evangelicam doctrinam. Turibulum vero opinionem bo-
> narum virtutum procedentem de Christo. Ipsum turibulum in tribunal
> ascendit ante evangelium, et sibi suavem odorem ministret. Christi
> enim bona opera praecesserunt evangelicam doctrinam, ut Lucas tes-
> tatut in Actibus apostolorum: "Quae coepit Jesus facere et docere."[74]

Man kann sich vorstellen, dass sich für den Zuschauer die Figur des Diakons in dieser Stellung leicht mit der Person Christi verwob. Ausserdem schafft die erhöhte Stellung eine Parallele zu dem erhöhten Bischofssitz,[75] wo der Richter aller Welt durch den thronenden Bischof dargestellt ist. Amalarius hebt dieses Bild in seiner eschatologischen Bedeutung auch hervor:

> Excellentior locus, in quo evangelium legitur, eminentissimam doctrinam evangelicae praedicationis atque manifestatissimam auctoritatem iudicandi signat. Status cereorum monstrat inferiorem esse legem et prophetas evangelio.[76]

Mit einem geschickten Griff auf die Kerzen bringt Amalarius das gesamte Bild der Heilsgeschichte in den Blick. Nicht mehr das alte Gesetz Mose und der Propheten, sondern Christus, die Erfüllung des Gesetzes und der ewige Richter dominiert das Bild und ruft zur Verantwortung.

Das Auslöschen der Kerzen nach dem Evangelium versinnbildlicht das Aufhören des Alten Testamentes und das Anbrechen einer neuen Zeit von eschatologischer Bedeutung. Es ist auch der Anbruch der öffentlichen Predigt des Wortes Gottes, das bis dahin in Stille verborgen war. Diese Verborgenheit des Wortes wurde durch das Still-Liegen des Evangelienbuches auf dem Altar nach der Thronbesteigung des Bischofs angedeutet.[77]

Mit epischer Vorausdeutung weist Amalarius dann auf den Weitergang des liturgischen Dramas. Er schreibt:

> Praecedens officium praedicationem Christi usque ad oram passionis demonstrat, et suorum praedicatorum usque in finem mundi, et ultra. Sequens opus passionis Christi et resurrectionis atque ascensionis in caelos, similiter suorum vel sacrificium vel mortificationem, et resurrectionem per confessionem, atque suspirium in caelum, ubi audituri sunt: "Venite, benedicti Patris mei, possidete paratum vobis regnum."[78]

Nach der Entlassung der Katechumenen, wird die fortgeschrittene christliche Gemeinde in die Vergegenwärtigung des historischen Leidens und der Auferstehung miteinbezogen. Ihre aktive Teilnahme am liturgischen Drama wird dadurch noch intensiviert.

Dramatische Analyse

Zu den dramatischen Mitteln, die das Evangelium zur Darstellung bringen, gehören hier besonders 'Rollenwechsel', das Sichtbarmachen eines bestimmten Vorgangs durch 'körperhafte Gegenstände', wie hier das Weihrauchgefäss und die Kerzen, 'Bewegung', 'Gestik', 'Schritte' die eine Raumerweiterung implizieren; 'Gemeinschaftssymboli' und Darstellung des Alten und Neuen Testaments durch bestimmte 'Positionssymbolik', 'Parallelisierung' von Ambo und erhöhtem Bischofssitz, auf das Tribunal des ewigen Gerichtes hinweisend.

Missae Expositionis Codex I et II[79]

Lectio

Diese Fassung hat im ersten Lesungsteil neutestamentliche Orientierung, wobei der Schwerpunkt zunächst auf dem letzten Propheten, Johannes dem Täufer und danach auf Christus liegt. Subdiakon und Diakon übernehmen diese beiden Rollen und werden in ihrem Verhältnis zu ihren Rollen folgendermassen definiert:

> Christus enim minister fuit, qui dixit: "Non veni ministrari sed ministrare." Johannes nampe subminister qui dixit: "Hic erat quem dixit vobis: quia post me venturus est. Ante me factus est, quia prior me erat ..."[80]

Amalarius definiert dann ganz genau die Rolle des Subdiakons:

> Videamus quae convenientia sit officio apostolorum sive aliorum praedicatorum, quorum dicta subdiaconi legunt in ambone, cum Iohanne ... Epistola quae legitur ante evangelium, ministerio Iohannis convenit.[81]

Durch die Figur des Johannes, der Stimme in der Wüste, ergibt sich auch ohne weiteres Zeit- und Ortsumschreibung, nämlich die Wüste, die Nähe des Jordans und die Umgebung von Jerusalem.

Responsorium

Dieser Teil hat auch hier eine ganz andere Orientierung. Es versinnbildlicht den Ruf Christi an die Apostel, wobei Christus durch den Sänger dargestellt wird, der Chor dagegen personifiziert die Apostel. Wiederum erfolgt eine genaue Rollenbeschreibung:

> Veniamus modo ad chorum apostolorum. Responsorium in ecclesia cantatur, post lectionem. Responsorium ideo dicitur, eo quod uno cantate ceteri respondeant, Cantavit unus Christus, id est vocavit Petrum et ceteros apostolos et illi responderunt, quia Christum imitati sunt; et ideo responsorium convocationi apostolorum convenit.[82]

Die Positionssymbolik ist bei dieser Darstellung genau zu beachten. Der 'lector' Johannes den Täufer darstellend, dominiert den Ambo. Der 'cantor', Christus personifizierend, steht auf dem Tribunal in der höchsten Stellung. Wogegen der 'chorus', die Apostel und Jünger darstellend, zwischen 'lector' und 'cantor', niedriger als der 'cantor', und in einer höheren Stelle als der 'lector' steht.[83]

Nach dem antwortenden Gesang des Chores, der sehr wahrscheinlich auch in
Solostimmen, die einzelnen Apostel darstellend erfolgt, folgt ein Vers, im Solo
vom 'cantor' gesungen, der sich auf die Einsamkeit des Gebetes bezieht, da
Christus sich nach der Berufung der Apostel in die Berge zurückgezogen hatte,
um zu beten. Amalarius schreibt hierzu:

> Ipse idem qui inchoavit solus, solus versum cantat quia Christus, qui
> apostolos vocavit seorsum, et pernoctans et solus orabat. [84]

Auch weitere Themen kamen dabei zur Darstellung, wie zum Beispiel Christus
und Petrus auf dem Meere wandelnd. Amalarius gibt dazu folgenden Text:

> Vis audire ubi iterum incipiat responsorium: "Statimque Jesus locu-
> tus est, dicens: "Habete te fiduciam, ego sum, nolite timere." Audi
> et ubi respondeat chorus: "Respondens autem Petrus dixit: Domine, si
> tu es, iube me venire ad te." Ambulabat Christus super mare, et fe-
> cit et Petrum ambulare supra mare. [85]

Durch Gestik und kleine Bewegungen, sowie wenige Schritte könnte sich hieraus
durchaus eine ganze Szene entwickeln. Auf gleiche Weise könnten schriftgemäss
weitere Themen zur Darstellung gekommen sein. Dass Amalarius seine Darstellungen aus der Schrift selbst rechtfertigt, lässt sein Abschluss des 'Responsoriums' erkennen:

> Si quis vult investigare de vocatione apostolorum, legat ex evangelium,
> et ibi inveniet vocatos esse apostolos a Christo post praedicationem
> Johannis Baptistae. [86]

Eine solche Rechtfertigung lässt auf Amalarius eigene schöpferische Auffassung
der Liturgie schliessen, obgleich sie ihren Impetus in Konstantinopel erhalten
haben wird.

Alleluia

Das dann dem Responsorium folgende 'alleluia' bezieht sich auf den Jubelruf
Christi nach der Berufung und Aussendung der zweiundsiebzig Jünger:

> "In ipsa hora ... exultavit Jesus in Spiritu Sancto, et dixit: Confiteor
> tibi, Pater, Domini caeli et terrae ... "[87]

Die Darstellung dieses Jubelrufes ist die Vollendung des anagogischen Schriftsinnes, und Amalarius schliesst diese Alleluiabeschreibung mit einem Ausruf an
die Sänger:

O cantores, "cantate Domino canticum novum, quia mirabilia fecit."
Mirabile opus, ut te vocaret, fecit, quando hoc quod totus mundus capere non potest, ad hoc contractum est, ut in uno homine totem maneret et tu haberes quod imitareris. [88]

Der Jubelruf Christi nach der Aussendung seiner Jünger ist die höchste Verbindung des tropologisch-anagogischen Sinnes.

Die Fassung der 'Missae Miss. Exp. Cod. I', lässt darauf schliessen, dass das Evangelium singend vorgetragen wurde, jedoch in schlichterer Weise, das Thema der Bergpredigt darstellend. Die Fassung des 'Cod., II' ist dagegen wiederum voller Gestik und Bewegung, wie es im 'LO' beobachtet werden konnte. [89]

ERGEBNIS

Wir konnten beobachten, dass die alttestamentliche Orientierung des 'Liber Officialis' vorwiegend raumbezogen ist und sich in dieser Raumbezogenheit in horizontaler, wie in vertikaler Richtung aufbaut. Der sich langsam stufenweise aufbauende Raum ergibt sich dabei sowohl aus der äusseren Raumlage der Basilika als auch aus dem inneren Aufbau des Weltbildes, das im allegorischen Bild der Schriftexegese wurzelt. Die Zeitperspektive ruht in dem Bild der drei Zeitalter. Sie beginnt hier mit Mose und endet in dem eschatologischen Bild des ewigen Richters. Aus dieser Blendung von räumlichen Dimensionen und zeitlicher Perspektive erwächst vor unseren Augen ein Gebilde biblischer Gestalten, das im allmählichen stufenweisen Aufbau in Christus kulminiert. Die strukturellen dramatischen Mittel, die helfen, das Gesamtbild zu provozieren, sind hier 'Personifizierungen', 'Positionssymbolik', der 'Gesang' in all seinen Modulationen und Variationen, 'Gestik' und 'Bewegungen'. Die Gleichzeitigkeit, die als dramatisches Mittel besonders gewertet werden muss, ergibt sich hier insbesondere aus der Positionssymbolik.

'Missae Expositionis Cod. I et II' ist neutestamentlich ausgerichtet, wobei der Schwerpunkt auf den Figuren von Johannes dem Täufer und Christum liegt. Die Raumbezogenheit ist gradliniger und konzentriert sich auf das Tribunal, und nimmt von dort horizontale Richtung an. Die horizontale Ausrichtung wird besonders durch die Berufung der Apostel und Aussendung der Jünger dargestellt. Die Grenzenlosigkeit entsteht hier nicht so sehr durch den ewigen Richter des eschatologischen Bildes, als vielmehr durch den anagogischen Jubelruf Christi. Auch scheint der Uebergang zum Evangelium direkt zu sein, denn Christus selbst ist ja das Evangelium. Gesang, Personifizierung und Positionssymbolik sind hier die wesentlichen Darstellungsmittel. Diese Varianten sind, so meinen wir, dramatisch äusserst interessant, da sie einen ungeahnten Reichtum von Fantasie und dramatischen Darstellungsmöglichkeiten andeuten.

OFFERTORIO: PASSION CHRISTI[90]

De oblatione legali

Nach Entlassung der Katechumenen beginnt die Opferhandlung des liturgischen Dramas. Amalarius blendet wiederum ins Alte Testament zurück und gibt dabei folgende Einführung:

> Primo ad memoriam reducenda est oblatio legalis, ac deinde Christi, postremo nostra.[91]

Der Zweck der Opferung ist es, die Opfer des Alten Gesetzes zu vergegenwärtigen, die Vorbereitung auf das Opfer Christi darzustellen, und damit gleichzeitig das Opfer der christlichen Gemeinde zu verbinden. Die Darbringung von Opfergaben in Form einer Opferungsprozession versinnbildlicht die Vorbereitung, die in Christus mündet.

Durch Orts- und Rollenwechsel wird der Opferungsritus des Alten Gesetzes nun vergegnwärtigt, wobei dem Altar selbst die Bedeutung der Mosaischen Opferaltäre, der Gemeinde die Rolle der Israeliten zukommt, und dem Priester die Rolle des Hohen Priesters nach der Ordnung des Melchisedeck zuteil wird:

> Oblatio legalis habebat duo altaria, unum in introitu tabernaculi, alterum in tabernaculo. Altare in introitu praefigurabat praesens officium ... Est et alterum genus sacrificii, quia duae sunt nostrae oblationes: una est per mortificationem carnis, altera in oblatione bonorum operum; quae utraeque offeruntur in introitu tabernaculi. In praesenti vita morificare carnem oportet et bona opera reddere ... Et quod per sacerdotis manum debeat offerri, manifestatur in Levitico ...[92]

Während der Darbringung der Opfergaben singen die Leviten nach der Ordnung des Hauses David. Dem priesterlichen Stamm der Leviten kam die Aufgabe zu, verschiedene Funktionen im Tempelheiligtum auszuführen, und ihre Aufgabe wird hier vom Chor der Sänger übernommen. Der Gesang ist strukturell wichtig, da er mit der Reinigung der Gaben zu einem Gott wohlgefälligem Opfer verbunden ist. Der Levitengesang fällt allegorisch mit dem Erlösungsmotiv zusammen, und begleitet die gesamte Opferung. Es heisst hier:

> Interim cantus celebratur in templo Domini, dicente eodem 'Paralipemenon': " ... Cumque offerrentur holocausta, coeperunt laudes canere Domino, et clangere tubis, atque in diversis organis quae David rex reperrerat concrepare. Omni autem turba adorante, cantores qui tenebant tubas, erant in officio suo, donec compleretur holocaustum; cumque finite esset oblatio, incurvatus est rex, et omnes qui erant cum eo, et adoraverunt.[93]

Die Leviten haben somit eine Mittlerstelle und ihre Funktion ist durch diese priesterliche Aufgabe mit dem Symbol der Reinheit verbunden. Die dann folgende Händewaschung des Hohen Priesters, ebenfalls ein Sinnbild der Reinigung vor der Darbringung der Gaben, leitet zur eigentlichen Opferung, dem Brand- und Sühneopfer des Alten Gesetzes über:

> Sed ante quam ingrederentur sacerdotes ad holocausta, lavabant manus suas, ut scriptum est in libro Exodi ... [94]

Gesang und Händewaschung haben in ihrer allegorischen Bedeutung der Reinheit überleitende Funktion und sind darum auch strukturell wichtig. Amalarius leitet von hier sinngemäss in das Neue Testament über:

> Sufficiant ista interim de oblatione veteri nunc videamus Christi oblationem. [95]

Aus dem Hintergrund des Alten Testamentes kommt die Figur Christi hervor.

De oblatione Christi

Bei dem hier aufgezeigten Aufbau handelt es sich um die Opferungsvorbereitung im doppelten Sinn, und zwar um das Opfer des Alten Gesetzes, das in sich Vorbereitung auf das Opfer des Neuen Testamentes ist, und um die Vorbereitung innerhalb der Struktur des liturgischen Dramas, dargestellt durch den Beginn des Opferganges der Gläubigen und den Vorbereitungen am Altar.

Gleich zu Anfang kann wiederum die Bedeutung der Raumbezogenheit beobachtet werden, und beachtenswert ist auch hier wiederum das Ineinanderspielen von innerem und äusserem Raum, denn die äusseren Mosaischen Altäre haben ein Gegenbild im Herzensinnern der Gläubigen; das äussere Opfer entspricht einer inneren Haltung, die sich in Abtötung und guten Werken manifestiert. Levitengesang und Händewaschung werden zum äusseren Zeichen der Reinigung und Reinheit und leiten in die Annahme der Opfergaben über.

Durch den Opfergang der Gläubigen entsteht eine gewisse Bewegung im gesamten kirchlichen Raum, die sich allmählich auf die Mitte des Altars hin konzentriert. Sie entspricht der historischen Bedeutung des israelitischen, auf das jüdische Volk bezogenen Opferganges, verbunden mit allegorisch-tropologischer Bedeutung des inneren Opfersinnes, dem Levitengesang und der Händewaschung.

Durch die dramatischen Mittel des Orts- und Rollenwechsels, Positionssymbolik der Leviten und des Hohen Priesters, und besonders durch die raumbezogene Bewegung des physischen Opferganges, ist der alttestamentliche Hintergrund, aus dem sich dann das nächste Gebilde des liturgischen Dramas ergibt, allmählich erwachsen.

Die eigentliche Opferung beginnt nach Amalarius mit dem 'Dominus vobiscum' des Priesters und endet nach dem 'Secreta' mit einem lauten, die Präfation einleitendes 'Per omnia saecula saeculorum'. Amalarius bringt jedoch zunächst die Opferungsvorbereitung Christi in den Blickpunkt. Das geschieht zunächst wiederum durch die dramatischen Mittel von Orts- und Rollenwechsel. Nach der Händewaschung ('Lavabo') vor der Opferung rückt der Altar deutlich in den Vordergrund. Hierbei verwandelt sich das Bild des Alten Testamentes in die Umgebung Jerusalems während der Leidenswoche, wo die Ereignisse der Passion angefangen vom Palmsonntag bis zum Karsamstag zur Darstellung kommen. Die physische Bewegung der Opferungsprozession, sowie die Bewegung des Priesters am Altar, trägt besonders zur Entfaltung des nun folgenden Bildes bei. Die Figur des Hohen Priesters wechselt deutlich in die Person Christi über, der Altar stellt Jerusalem und die Umgebung des Oelbergs dar, die christliche Gemeinde wird zu den jüdischen Volksscharen von Jerusalem, während die Sänger ihre Rolle als priesterliche Leviten beibehalten. Auch die Gegenstände des Altars, wie 'linteum', ein den Altar bedeckendes weisses Leinentuch, 'sindon' und 'sudarium', nahmen von hier an ganz bestimmte Bedeutungen und Funktionen an. Sie sind Sinnbild des Körpers und Körperhaften und gehören daher wesentlich zum Ausdruck der Passion des liturgischen Dramas.[96]

De oblatione nostra

Aus dem Ganzen ergibt sich nun folgendes bewegtes Gebilde, das den ganzen kirchlichen Raum einbezieht. Aus dem Hintergrund des Kirchenschiffes kommend, bewegt sich langsam die Opferungsprozession mit Gaben, die sowohl zur Segnung als auch zur Darbringung bestimmt sind. Im Vordergrund des Altares schreitet der Priester nach der Händewaschung von der Seite auf die Mitte des Altares und dann dem Altareingang zu. Die Person des Priesters verwebt sich dabei mit der Figur Christi, und das Bild verwandelt sich in den Palmsonntag: die singende Opferungsprozession wird zu den hosannarufenden Volksscharen von Jerusalem und Christus schreitet ihnen, vom Oelberg herabkommend, entgegen. Amalarius schreibt:

> Christus enim venire dignatus est Hierusalem die palmarum, et ibi expectare diem immolationis suae. Omnis retro immolatio illum praefigurabat; in illo consummata est omnis immolatio. In eo die descendit Dominus de monte Oliveti, veniente ei obviam turba multa.[97]

Hierbei handelt es sich um eine ganz genaue Rollen- und Szenenbeschreibung. Christus schält sich als Protagonist heraus, die Ortsumschreibung bezieht sich auf Jerusalem mit dem Oelberg im Hintergrund, die Zeit ist Palmsonntag. Die Volksscharen empfangen Christus mit ihren Gaben nach altem jüdischen Brauch, der ebenfalls der Tradition der gallikanischen als auch byzantinischen Liturgie entspricht.[98] Diese Opfergaben schliessen auch, wie es scheint, den Hosannagesang selbst mit ein. Opfergaben und Gesang umfassen die ganze Kirche, nicht nur die Priesterschaft. Die Darbringung der Opfergaben am Altareingang entspricht der Segnung der Früchte, und ist deutlich mit den Hosannarufen, dem Segensspruch des Volkes über Christus, verbunden. Amalarius fährt in seiner Beschreibung folgendermassen fort:

> Non est dubium quin salutaret eam secundum morem bonum antiquae traditionis, quem etiam nostra, non solum perita ecclesia, sed etiam vulgaris tenet. Solet sibi obvianti aliquod bonum optare cause salutationis, et praecipue proterea dicimus Dominum salutasse turbam venientem sibi obviam, quoniam talis erat consuetudo Iudaeorum, ut Augustinus in psalmo 'Saepe expugnaverunt me': "Nostis enim ... quando transitur super operantes, est consuetudo ut dicatur illis: Benedictio Domini super vos, et magis ista consuetudo erat in gente Iudaeorum. Nemo transiebat et videbat aliquod opus in agro, vel in vinea, vel in messe ... non licebat transire sine benedictione."[99]

Diese Segnung der Opfergaben, die auch noch zu Amalarius Zeiten offensichtlich Brauch der gallikanischen Kirche war, ist hiermit deutlich von der eigentlichen Darbringung von Brot und Wein zu unterscheiden. Amalarius weist auf den Unterschied und die Ueberleitung hin:

> Haec consuetudo manet usque hodie in nostra ecclesia; quando transitum facimus de uno officio ad alterum, quasi nuper introeamus operarios, salutamus eos verbis benedictione plenis.[100]

Der dramatische Effekt dieser Stelle liegt besonders in der Raumbezogenheit und der damit verbundenen Bewegung des Schreitens und langsamen Aufeinanderzukommens von Christus und den singenden Volksscharen Jerusalems, dargestellt durch die Opferungsprozession und das Herabkommen des Priesters vom Altar. Diese äussere Bewegung des ruhigen Schreitens von Christus steht in Kontrast zu den singenden, hosannarufenden und gemütsbewegten Volksscharen, wahrscheinlich verbunden mit gestikulierenden Bewegungen. Weiterhin entspricht der äusseren Bewegung eine innere: der Gelassenheit Christi einerseits und der Erregung und Freude der Volksscharen andererseits. Diese Kombination von alttestamentlichen Opfergaben mit dem Hosannagesang des Palmsonntages, verdient Beachtung, denn sie scheint strukturmässig bedeutend zu sein. Sie wirkt wie Anwendung des historischen Sinnes auf den Ritus. Beide, sowohl Gaben wie auch Gesang, bedürfen der Reinigung durch die Hände des Priesters, letztlich durch Christus. Dass wir es hier mit einer bedeutenden Schicht des Gesanges zu tun haben, geht aus Amalarius weiteren Ausführungen hervor. Er erklärt, das 'Oremus'-Gebet solle beruhigen, damit Christus erkannt werde:

> Postea dicit sacerdos, "Oremus." Nisi Christi virtus corda replesset turbarum ad orationem, non ein canerent tam magnificas laudes. Oratione enim serenatur cor ad cognoscendum Dominum.[101]

Der daraufhin folgende Hinweis auf die Vertreibung der Käufer aus dem Tempel könnte auch darauf schliessen lassen, dass es bei dem lose aufgebauten Opferungsteil zu bewegten Gefühlsausbrüchen hätte kommen können oder zu Darstellungen, die nicht ganz mit der Schrift übereinstimmten. Gerade an dieser Stelle erfolgt auch der Einschub des Symbols der Reinheit, dem weissen Altartuch, das zur eigentlichen Darbringung der Opfergaben überleitet, denn Reinheit des Herzens und der Gedanken sind auch Voraussetzung für Gebet und Gesang im Tempeldienst:

> Puritas lintei quod ponitur in altari, puritatem mentium eorum signat, qui Domino cantabant. Eandem puritatem qui repleverat corda cantantium, requirebat in templo, quando eiecit inde vendentes et ementes ... 102

Das Reinheitssymbol des Leinentuches leitet somit auch zur Annahme der Opfergaben durch den Priester oder Diakon über. Der Levitengesang wird in diese Bedeutung einbezogen. Amalarius selbst unterscheidet zwischen diesen beiden Schichten des Gesanges:

> Dum enim sacerdos suscipit oblationes, cantores cantant. Quamdiu enim turba cantabat: "Osanna in excelsis, Christus vota eorum suscipiebat."103

Die Erweiterung des Levitengesanges sollte hier allegorisch-tropologisch zu verstehen sein. Strukturell gesehen handelt es sich um die zweite Schicht im allegorischen Aufbau der Liturgie.

Während des Levitengesanges folgt die Annahme der Opfergaben durch den Priester oder Diakon. Die nach der Annahme am Eingang des Altares folgende Rückkehr zum Altar versinnbildlicht den Eintritt Christi in den Tempel von Jerusalem, um dort zu beten und sich dem Vater aufzuopfern. Hier heisst es:

> Oblatione suscepta, sacerdos redit ad altare, ut in eo disponat ... oblationes coram Domino, quas illi immolaturus est in sequentibus missae. Christus enim post accepta vota cantantium, Hierusalem et templum Domini intravit, in quo erat altare, ibique se praesentavit sibi Deoque Patri ad immolationem futuram. 104

Die Figur des leise betenden Priesters verwebt sich hier leicht mit dem Bild des betenden Christus im Tempel zu Jerusalem. Es ist zugleich ein Hinweis auf den dem bevorstehendem Opfer innewohnendem tieferen Sinn, der den Aposteln, Jüngern und den Volksscharen noch Geheimnis ist. Der Sinn der eigentlichen Opfer liegt noch verborgen in Christus, so wie er noch verborgen in den Gestalten von Brot und Wein liegt. Amalarius schreibt im Sinne der Zeichentheorie Augustins:

> Agnus paschalis latebat in Christo, qui immolandus erat. Hoc erat secretum apostolis, erat secretum ceteris fidelibus qui cum eo erant,

> erat secretum populo Iudaeorum, usque ad diem caenae, quo ipse
> aperitibus manifestare dignatus est passionem suam; usque ad illum
> diem protenditur secreta sacerdotis. [105]

Und hiermit schliesst die eigentliche Opferungsvorbereitung des Volkes auch ab, die aber durch den Einbezug von Christi Opferungsvorbereitung eine sichtbare Bedeutungserweiterung erfahren hatte, denn sie fällt mit der Vorbereitung der christlichen Gemeinde innerhalb des liturgischen Dramas zusammen. Amalarius erzielt diese Blendung durch einen geschickten dramatischen Griff, indem er das Hosanna der Präfation in den Opfergesang des Volkes projiziert und die Bewegung des Zelebranten noch der ersten Händwaschung umdeutet und mit Christus am Palmsonntag in Verbindung bringt. Das Ganze ist eine Blendung des historischen, allegorischen und tropologischen, aber noch nicht anagogischen Sinnes.

Der Uebergang zur Opferung erfolgt mit einem Hinweis auf das 'sindon', das die allegorisch-tropologische und dramatische Bedeutung der Abtötung, Sühne und Reinigung hat, und Voraussetzung zur Verbindung mit dem Opfer Christi ist:

> Interim ponitur sindone in altare. Sindone, quam solemus corporale
> nominare, admonetur omnis scilicet populus, et ministri altaris, nec
> non et sacerdos ut sicut illud linteum castigatum est ab omni naturali viridate et humore ... ita intentio offerentium simplicitate niteat
> coram Deo. [106]

Danach erfolgt die Darbringung von Brot und Wein, wobei Amalarius abermals die beiden Schichten des Gesanges betont, und auf die in den Gestalten liegende tiefere Bedeutung hinweist. Hierdurch wird die Verbindung zu dem sich selbst aufopfernden Menschensohn im Tempel gesehen. Wie die Apostel und Jünger von Jerusalem, so sind auch die Christen noch unwissend um den tieferen Sinn des Opfers. Hiermit kommt besonders Amalarius ständiges Suchen nach dem tieferen Sinn ('ratio') zum Ausdruck. Es heisst hier:

> Dein transit sacerdos ad suscipiendas oblationes. Interim cantores
> cantant more antiquorum, ut iam praetulimus, sive turbarum, quae
> cantabant Christo venienti Hierusalem. Populus dat oblationes suas
> id est panem et vinum, secundum ordinem Melchisedech. Panis, quem
> offert, et vinum exprimunt omnia desideria pia intrinsecus latentia,
> sive sint pro immolatione seu pro hostia viva. Quod foris agitur, signum est illius quod intrinsecus latet. [107]

Die beiden Gesangsschichten des sichtbaren Opfers schälen sich als strukturell wesentliche Bestandteile heraus, [108] gleichzeitig rückt die Bedeutung des unsichtbaren Opfers immer mehr in den Vordergrund. Danach werden zur Erinnerung an die ersten sieben Diakone, die Gestalten auf den Altar gelegt, 'disponente diacono super altare more primorum septem diaconorum'. [109] Die dann folgende Händewaschung ist zunächst im Sinne der alttestamentlichen Ordnung ein Sinnbild der Sühne und Reinigung. Sie wird aber hier auch auf die 'Tränen' Christi bezogen, die er vor seinem Tode für die Menschheit und bei der Erweckung des toten Lazarus vergossen hatte.[110] Strukturell sind die Tränen Christi in Verbindung mit der Erweckung des toten Lazarus von vorausdeutender Bedeutung, da sie sich auf seinen eigenen Tod, der innerhalb des liturgischen Dramas nun unmittelbar bevorsteht, beziehen. Auch der an dieser Stelle dargebrachte Weihrauch hat sowohl rückgreifende als auch vorausdeutende Bedeutung. Er bezieht sich auf das brennende Opfer Aarons, sowie auf das unsichtbare Opfer der Engel, das unmittelbar während der Präfation bevorsteht. Das Weihrauchgefäss selbst stellt wiederum den Leib Christi dar.[111]

Die Mischung von Wasser und Wein ist keine Fortsetzung des Kreuzigungsthemas, sondern eher eine Vorausdeutung der Auferstehung. Amalarius verwebt hier einen alttestamentlichen Brauch der Leviten, die das Wasser darzubringen haben, mit der organischen Metapher des mystisch-kosmischen Liebes Christi. Er schreibt zusammenfassend:

> Omnis populus, intrans ecclesiam, debet sacrificium Deo offerre; at cantores, qui sunt de genere levitarum propter instantem necessitatem cantandi non habent licentiam huc illucque discurrendi, ut singuli offerant cum ceteris; statutum est eis, ut penitus non sint extorres a sacrifio, custodire aquam, et hanc unum offerre pro ceteris. Populus offert vinum, cantores aquam. Sicut vinum et aqua unum fiunt in calice, sic populus et cantores in corpore Christi. Cantores more levitarum antiquorum, qui omnia necessaria tabernaculi providebant, quaerant aquam ad fontem, et servent eam coopertam usque ad tempus sacrificii, et tunc mundam eam offerant.[112]

Das Wasser kann in Verbindung mit den Leviten ebenfalls als besonderes Reinigungssymbol verstanden werden. Ferner, so scheint es, wird die Mittlerstelle der Leviten durch die Darbringung des Wassers auch innerhalb des liturgischen Dramas anerkannt.

Nach der Mischung von Wasser und Wein stellt der Diakon den Kelch auf den Altar, das 'sudarium', das als Sinnbild der Anstrengung, Leidensqual und des Schweisses gilt, wird auf die rechte Seite gelegt. Es hat alle zurückgebliebenen Unreinheiten wegzuwischen.

> Postea ponit calicem in altari diaconus, et sudarium suum in dextro cornu altaris; est habile ad hoc, ut, quicquid accesserit sordidi, illo tergatur ...[113]

Durch das 'sudarium', und besonders durch seine Positionssymbbolik auf der rechten Seite, wird die Passion und der Tod Christi vorausgedeutet.

Das abschliessende 'Orate fratres' ist eine Bitte um Annahme des Opfers durch die Hände des Priesters, wobei sich dann das Gebet des Volkes mit dem Gesang der Leviten und des Priesters mischt. Diese Blendung von Gebet und Gesang ist aufschlussreich und strukturmässig von Bedeutung. Amalarius gibt folgende Zusammenfassung der Opferung:

> Quo facto, revertitur ad populum sacerdos, et precatur ut orent pro illo, quatinus dignus sit universa plebis oblationem offerre Domino. Praesentes adorationes pralibatae sunt in Paralipemenon. ubi orat tuba, cantantibus levitis. Post holocaustum nempe 'incurvatus est rex' et omnis populus. Audivi dicere quod plebs eadem ora tres versiculos cantet pro sacerdote: 'Mittat tibi Domini auxilium de sancto' et duos sequentes. [114]

Das Bild hat zunächst kosmisch-eschatologische Bedeutung; danach folgt eine Rückblende ins Alte Testament unter Hervorhebung der gebeugten Königshaltung während der Bitte um Annahme des Opfers. Was uns besonders interessiert ist der Ausklang des Gesanges unter Blendung des Gebetes. Wir hatten oben festgestellt, [115] dass bei der Segnung der Gaben, Christus die singenden Volksscharen aufgefordert hatte zu beten, damit sie durch Gelassenheit und ruhiges Gemüt Christus erkennen würden. Der Gesang bedurfte, wie die Gaben, der Reinigung zur Annahme des Opfers. Durch das Gebet sind nicht nur die Gaben, sondern auch die Herzen der Gläubigen gereinigt worden und gelassenes Beten hat weitere Opferbereitschaft erzielt. Darum ist, wie es scheint, jetzt die Blendung des Volksgebetes mit dem Levitengesang möglich, wogegen der historische Gesang des Volkes nicht mit dem tropologisch-allegorischen Gesang der Leviten zusammenfiel. Das Gebet des Volkes ist jetzt auch als tropologisch zu verstehen, das heisst, es bezieht sich auf Umkehr und Reinigung des Herzens.

Im Gegensatz zum Lesungsteil, definiert Amalarius den gesanglichen Aufbau des Opferungsteils nicht genau. Aber aus seinem wiederholten Hinweis und seiner vielseitigen Anwendung geht hervor, dass dem Gesang sowohl dramatische als auch allegorische Bedeutung zugekommen sein wird. Dass es in dem gesanglichen Aufbau zu dramatischen Darstellungen kam, und dass es sich dabei um verschiedene Gesangsschichten handelte, geht aus Amalarius Ausführungen im Anhang des dritten Buches des 'LO' hervor. Es handelt sich dabei um die Darstellung der dramatischen Figur des leidenden Job, wo Amalarius besonders auf die Unterscheidung von historischem und allegorischem Sinn eingeht. Diese Stelle soll kurz behandelt werden:

De Offerenda Vir erat in Terra

> Interim occurrit mihi repetitio verborum quae est in versibus offertori "Vir erat." Nolui praetermittere quod senso de illa, quamvis ordo rerum teneat post scriptionem nativitatis sancti Iohannis nativitatem Christi scribere. In offertorio non est repetitio verborum; in versibus est. 'Verba historici' continentur in offertorio: verba Iob aegroti et dolentis continentur in versibus. Aegrotus cuius anhelitus

non est sanus neque fortis, solet verba inperfecta saepius repetere.
Officii, auctor, ut affectanter nobis ad memoriam reduceret aegrotantem Iob, repetivit saepius verba more aegrotantium. In offertorio, ut dixi, non sunt verba repetita, quia historicus scribens historiam non aegrotabat. [116]

Offensichtlich unterscheidet Amalarius zwischen dem Opferungsgang, der sich, wie er selbst ausdrücklich hervorhebt, auf den historischen Sinn bezieht, 'verba historici continentur in offertorio', und den Versen, die dem Opferungsgesang folgen, den leidenden Job darstellend: 'verba Job aegroti et dolentis'. Bei den modulierten Versen würde es sich dann um den allegorisch-tropologischen Sinn handeln, wobei der Schmerz und das Leiden Jobs dramatisch zur Darstellung kommen. Nach dieser Definition folgt eine genaue Rollenbeschreibung: 'Aegrotus cuius anhelitus non est sanus neque fortis, solet verba inperfecta saepius verba more aegrotantium'. Die weichen Töne des modulierten Gesanges, wahrscheinlich verbunden mit mimischer Gestik, bringen die dramatische Figur Jobs in Verbindung mit dem Reinigungs- und Sündenthema des Opferungsteils zur Darstellung.

Dieser Anhang ist eine zusätzliche Beweisführung der besonderen Beweglichkeit des Opferungsteils und der Bedeutung des Gesanges als dramatisches Strukturmittel. Sie rechtfertigt weiterhin die Schlussfolgerung, dass die vierfache Schriftexegese auch auf die Schriftexegese die Darstellungen der Liturgie angewandt worden ist, was auch im nächsten Teil des Kanons zu beweisen möglich sein wird. Dass es während des Opferungsteils zu variierenden Darstellungen biblischer Figuren kam, ist wahrscheinlich. [117]

Secreta

Nach der Blendung von Gebet und Gesang am Schluss der Opferung folgt das Stillgebet ('Secreta'). Hier scheint sich auch zu bestätigen, dass erst jetzt die Gaben und mit ihnen der Gesang, als Opfer bezeichnet werden: 'In hac primo nominatur hostia sive sacrificium, oblatio'. [118] Während der Priester hier allein betet, erinnert er wiederum an Christus im Tempel. Der dann folgende, von Priester und Gemeinde zusammen gesungene Gesang, scheint abermals den Reinigungsaspekt zu bestätigen.

In sequenti namque oratione clamat populum ut quod ipse iam habet, habeat et ille, hoc est sursum cor, ac deinde ut gratias agant Deo pro serenitate mentis. Igitur haec necessario extollitur voce. [119]

Der Gesang entwickelt sich im nächsten Teil zum Höhepunkt, im Wechselgesang von Engel- und Menschenstimmen kulminierend. Strukturmässig sollte das Stillgebet in seiner Positions- und Gemeinschaftssymbolik als Uebergang zum Kanon, d.h., des sichtbaren Opfers zum unsichtbaren, betrachtet werden. Christus ist der Mittelpunkt dieser beiden Ordnungen: hier der israelitischen und gegenwärtig christlichen, und dort der Engel und Heiligen. Beide fliessen am Opferaltar Christi zusammen. Auch die christliche Gemeinde nimmt nach dem Reinigungsvorgang durch Busse an dem unsichtbaren Opfer, obgleich in verschiedenem Grade, teil.

Dramatische Analyse

Die wesentlichen dramatischen Merkmale in diesem Teil liegen wiederum in seiner 'Raumbezogenheit' und den 'Ueberschneidungen' der 'zeitlichen Dimensionen'. Aus diesem Grundbild erwachsen zunächst die biblischen Gestalten des Hohen Priesters, der Leviten und der israelitischen Volksscharen, danach der Protagonist Jesus und die Umgebung von Jerusalem mit dem Oelberg im Hintergrund. Der 'Gesang' ist ein wesentliches Strukturmittel der verschiedenen Schriftsinne und gibt in seinem Aufbau Möglichkeiten zu dramatischen 'Personifizierungen'. Der besondere dramatische Effekt dieses Gebildes liegt in der Bewegung des Aufeinanderzukommens von Christus und den Volksscharen wobei die verschiedenen Gemütsbewegungen durch Gesang und Gebet differenziert werden. Auch die Leinentücher des Altars wie 'linteum', 'sindon' und 'sudarium' fangen an, sich in ihrer bestimmten allegorischen Bedeutung und dramatischen Funktion herauszuschälen. Auch der Uebergang von Volksgesang zu Volksgebet und der Trennung und späteren Blendung mit dem Levitengesang, einer höheren und niederen Stufe entsprechend, ist als wesentlich verbunden mit dem allegorischen Schriftsinn zu verstehen.

Das 'Per omnia saecula saeculorum' am Ende des 'secreta' schliesst den Teil der sichtbaren Opferung der Gläubigen ab und leitet durch den Wechselgesang, ausgedrückt durch den 'Sursum-corda'-Anruf des Priesters, und der Antwort des Volkes durch das bejahende 'Habemus ad Dominum', in die Präfation über. Diese tropologische Einheit von Priester- und Volksgesang scheint ein Gegenbild des anagogischen Sanktushymnus, ein Wechselgesang von Engel- und Menschenstimmen am Ende der Präfation zu sein.

Der Kanon besteht wie die "sichtbare" Opferung, aus einem dreifachen Schema: 1. dem unsichtbaren Opfer der Engel, durch Präfation und Sanktus zum Ausdruck gebracht; 2. dem Opfer der Heiligen und Auserwählten, durch die Gebete des 'Te Igitur' versinnbildlicht, und 3. dem universalen Opfer Christi während der Konsekration. Dieser Teil erhält auch noch besondere dramatische Einheit durch die 'patena'.[120]

De ymnus ante Passionem Domini

Die Präfation, und somit der ganze Kanon, muss, um richtig verstanden zu werden, in Verbindung mit Amalarius Frühwerk 'De Canonis Missae Interpretation'[121] gesehen werden, denn dieses Werk ist eine wesentliche Interpretation der unsichtbaren Welt, die hier nun in der Umgebung des Altares zur Wirklichkeit wird. Amalarius beginnt dann auch diesen Teil der Liturgie mit einem Hinweis auf die Gegenwart der Engel bei dem zufolgendem Opfer Christi:

> Ymnus ideo dicitur, quia refertus est gratiarum actione et laudibus angelorum, praeparatio, quia parat fratrum mentes ad honestatem decentem conventum sanctorum angelorum, qui solent adesse consecrationi corporis Christi, et ad ipsam reverentiam tantae consecrationis; ac ideo excelsa voce cantatur ... [122]

Der hohe Gesang der Engelstimmen spiegelt mit seiner anagogischen Tonlage die höchste Stufe der allegorischen Aufbauschicht wider. Die Präfation ist noch eine tropologische Vorbereitung auf diesen Hymnus. Hier gehört der Gesang zu einem bedeutenden Ausdrucks- und dramatischen Strukturmittel, denn es gilt, die Ineinanderblendung von sichtbarer und unsichtbarer Welt zu versinnbildlichen.

Nachdem nun der Altar die zusätzliche Vergegenwärtigung des unsichtbaren Engelsopfers erhalten hat, macht Amalarius eine Wendung zur konkreten Vergegenwärtigung des historischen Letzten Abendmahls, und zwar geschieht das durch den Ortswechsel und bestimmte allegorische Funktion der Altargegenstände und Paramente:

> Praesens officum illud tempus nobis ad memoriam reducit, quando Christus in caena ascendit in 'cenaculum magnum stratum' et ibi locutus est multa cum discipulis, et ymnum retulit Deo Patri, quem Iohannes commemorat, usque dum exiret in montem Oliveti. ... Iuxta hunc sensum, altare est mensa Domini, in qua convivabatur cum discipulis; corporale, linteum quo erat ipse praecinctus; sudarium labor de Iuda proditore. [123]

Der Altar wird zum Abendmahlssaal in Jerusalem mit dem Oelberg im Hintergrund und 'sindon' und 'sudarium' werden immer mehr zum Ausdruck der Demut und der Leidensqual, der Anstrengung ('labor') des Erlösungswerkes. 'Sindon' wird zum Zeichen der Demut und zum Tuch mit dem Christus sich vor der Fusswaschung gürtete, und das 'sudarium' deutet hier den Verrat des Judas an.

Mit diesen Konturen des Abendmahlssaales rückt der Altar immer mehr in den Vordergrund. Durch das 'Sursum Corda' werden auch die Mitglieder der christlichen Gemeinde in den Abendmahlssaal einbezogen, wodurch sich der äussere Raum weitet, aber auch gleichzeitig den inneren tropologischen Raum der Herzen miteinbezieht, denn der äussere Opferaltar erhält ein Gegenbild im inneren Opferaltar. Amalarius schreibt:

> Hunc ordinem sequitur sacerdos: cum suis auditoribus ascendit in cenaculum, quando dicit: "Sursum corda"; ... Illud intendendum est in omnibus officiis immolationis est cor offerentium. [124]

Mit dieser Koppelung von äusserem und innerem Opferaltar ist eine Fortschreitung und Vertiefung des tropologischen Sinnes zu verstehen, der dann immer mehr auf den anagogischen Sinn der Auferstehung hinleitet.

Sanctus-Hymnus

Bei dem nun folgenden 'Sanctus-Hymnus' kommt es zu einer faszinierenden Darstellung des Ineinandergreifens von unsichtbarer und sichtbarer Welt. Das 'Sanctus, Sanctus, Sanctus' der Engelwelt, bricht durch den anagogischen Gesang des Chores in den sichtbaren Raum des Opferaltares, und wird dann durch den 'Hosannagesang' der Menschenstimmen, was einerseits die israelitischen Volksscharen, andererseits den gereinigten Gesang des gläubigen Volkes versinnbildlicht, ergänzt. Dieser tiefsinnige Wechselgesang bezieht den ganzen kirchlichen Raum mit ein:

> Idem ymnus horum duorum ordinem voces continet: ordo angelorum dicit: "Sanctus, sanctus, sanctus Dominus Deus sabaoth, pleni sunt caeli et terra gloria tua"; ordo hominum dicit: "Osanna in excelsis, benedictus qui venit in nomine Domini." Quam partem ymni cantavit turba die psalmarum praecedens Dominum Hierusalem.[125]

Entsteht hier zunächst ein Bild der beiden hierarchischen Ordnungen von Engel- und Menschenstimmen, so fasst Amalarius am Schluss das Bild nochmals im Sinne des 'Glorias' und der Menschwerdung Christi zusammen:

> ... Angelorum concentus, dicendo: "Sanctus"..., maiestatem divinam introducit; turbarum vero Domini incarnationem, dicendo: "Benedictus ..."[126]

Rückblendend und vorausdeutend zugleich kommt es hier durch Gesang und Darstellung zu einem Ineinandergreifen des historisch-tropologischen und anagogischen Sinnes.

Nach dieser Beschreibung des Sanktushymnus rückt Amalarius wieder den Altar in den Vordergrund, und bezieht so die Engel in die Körperhaftigkeit des Erlösungswerkes ein. Er tut das mit Hilfe des 'sudarium', das die allegorische Bedeutung des Schweisses und der Anstrengung hat.

> Iam diximus de altari quid significet. Dicendum est de sudario. Sudarium iacens in altari significat laborem quem habent angeli in ministerio humano, sive perfecti viri, qui non cessant orare pro nostra fragilitate; corporale vero intentionem non fictam.[127]

Die Aufstellung der Priesterschaft um den Altar erfolgt positionssymbolisch im Sinne von Lukas: die Subdiakone stehen wegen ihres niedrigeren Ranges vor dem Priester, die Diakone in ihrem höheren Rang in niedrigerer Stellung hinter ihm:

> Stant interim episopi, sive sacerdotes, seu diaconi post pontificem; subdiaconi vero facie eius. Ibi illud adimpletur quod in memorato cenaculo dixit Dominus discipulis secundum Lucam: "... Vos autem

non sic, sed qui maior est in vobis, fiat sicut iunior, et qui praecessor est, sicut minister. ..."[128]

Amalarius weist weiter daraufhin, dass es sich bei dem Abendmahlssaal um einen Raum im Hause des Joseph von Arimathäa handele,[129] was sofort die ganze Leidensgeschichte bis zur Grablegung vorausdeutet, denn Joseph wird zu einer dominierenden Figur nach der Kreuzigung. Die so aufgestellte Priesterschaft nimmt während des Sanktus eine gebeugte Haltung an, die hier Anbetung und Ehrfurcht vor der Majestät und Menschwerdung Gottes ausdrückt. Der Altar in seiner mehrschichtigen Bedeutung und der positionssymbolischen Aufstellung des Klerus, sichtbare und unsichtbare Kirche miteinbezogen, rückt jetzt in den Vordergrund, wo sich die Handlung der Passion konzentriert.

Durch den Abendmahlssaal im Haus des Joseph von Arimathäa wird der Weg der Leidensgeschichte vorausgedeutet und leitet in die Rollenbeschreibung der heiligen Frauen über:

> Hos credimus designari per subdiaconus qui in facie stant, sicut ille stetit, sive per praesentiam suam seu per ministerium, cuius erat cenaculum, sive mulieres, qua perseveraverunt in passione Domini. De quibus Gregorius in Moralibus scribit: "Sed cum ad crucis oram ventum est, eius discipulos gravis ex persecutione Iudaeroum timor invasit; fugerunt singuli; mulieres astiterunt. Quasi ergo, consumpta carne, os Domini pelli suae adhesit quia ... mulieres invenit. Stetit equidem aliquandiu Petrus, sed tamen post territus negavit; stetit etiam Iohannes, cui ipso crucis tempore dictum est ... Mulieres autem non solum non timuisse, neque fugisse, sed etiam usque ad sepulchrum stetisse memorantur ...[130]

Bei seiner Interpretation hängt Amalarius hier von Gregor dem Grossen und seiner Allegorie ab.[131] Beachtenswert ist, dass die Darstellung der heiligen Frauen hier bereits von der Passion erfolgt, und nicht erst später mit der Auferstehung.

Die gebeugte Haltung leitet durch Bedeutungswechsel in den nächsten Teil über und bleibt dort das leitende dramatische Ausdrucksmittel. Die bedeutendsten dramatischen Mittel der Präfation und des Sanktus liegen im Wechselgesang zu Beginn der Präfation zwischen Zelebrant und kirchlichem Volk und während des Sanktus zwischen Engel- und Menschenstimmen, die sowohl die hierarchischen Ordnungen zur Darstellungen bringen als auch die Majestät Gottes und Menschwerdung Christi andeuten. Dieser Höhepunkt wird abermals durch einen geschickten Griff des Gleichzeitigkeitsprinzips zum Ausdruck gebracht, wie er beim Gloria beobachtet werden konnte. Positionssymbolik und die allegorische Bedeutung des 'sindon' und 'sudarium' werden zu weiteren führenden Ausdrucksmitteln. Der Protagonist Jesus steht im Mittelpunkt, wogegen die Tat des Judasverrats allegorisch durch das 'sudarium' angedeutet wird. Die Raumbezogenheit konzentriert sich zusehends um den Altar, wird aber auch durch den Einbruch der unsichtbaren Engelswelt transzendental erweitert.

De "Te Igitur" usque "Hanc igitur"

Dieser Teil des liturgischen Dramas erstreckt sich vom 'Te igitur' bis zum
'Hanc igitur' Gebet und wird von Amalarius als Opfer der Auserwählten ('electi')
und Heiligen bezeichnet. [132] Es bringt nach Amalarius eigenen Worten die Leidensgeschichte vom Letzten Abendmahl bis zur Grablegung am Karfreitag zur Darstellung:

> Celebratio huius officio ita currit, ut ostendatur quid illo in tempore
> actum sit circa passionem Domini et sepulturam eius, et quomodo nos
> id ad memoriam reducere debeamus per obsequium nostrum, quod pro
> nobis factum est. [133]

Hier weist das Verbum 'ostendatur' besonders auf den Darstellungscharakter der
Liturgie.

Die Betonung liegt auf dem Thema der Sünde und die eigentliche Szene ist hier die
Oelbergszene Christi. Die Positionssymbolik der gebeugten Haltung ist das führende dramatische Ausdrucksmittel dieses Teils. 'Sindon' und 'sudarium' bleiben
bedeutungsvolle Leitmotive der Demut, Erniedrigung, Qual und Anstrengung des
Erlösungswerkes. Die aktive Handlung selbst konzentriert sich jetzt um den Altar, und beschränkt somit, im Gegensatz zu den vorhergehenden Szenen, zunächst den äusseren Raum. Um so klarer und intensiver arbeitet Amalarius dagegen den inneren Herzensraum heraus, der ein sichtbares Gegenbild im Opferaltar findet. Weiterhin ist die Vorstellungskraft von wesentlich instrumentaler
Funktion zur Vergegenwärtigung des Lebens und Leidens des Protagonisten Jesu,
die dem Kern der Liturgie, der Einsetzung des Letzten Abendmahles, entspringt.

Nach dem Sanktus rückt zunächst die Positionssymbolik der gebeugten Haltung in
den Vordergrund, deren Sinn sich von Anbetung und Ehrfurcht, nun in Furcht,
Traurigkeit und Tapferkeit umgewandelt hat. Amalarius gibt folgende Beschreibung:

> Perseverant retro stantes inclinati, usque dum finiatur omnes praesens oratio, id est usque dum dicatur post orationem dominicam:
> "Sed libera nos a malo..." Ipsi stant inclinati, donec liberentur a
> malo. Hi enim sunt apostoli, qui magna tribulatione erant oppressi;
> ante quam audirent Domini resurrectionem, non se audebant erigere,
> ut confiterentur se esse Christi discupulos. Hi, quamvis in passione
> non forent preasentes, tamen perseverant post Christi resurrectionem
> in temptationibus. [134]

Die Diakone hinter dem Zelebranten stehend, versinnbildlichen hier die sich fürchtenden Apostel, während die gleiche gebeugte Haltung in der Frontstellung Traurigkeit und Tapferkeit besonders der heiligen Frauen darstellt. Es heisst weiter:

> At qui facie stant, signant discipulos occultor propter metum Iudaeorum, sive mulieres, quae poterant in facie persistere. Sua declinatione subdiaconi mestitiam eorum signant, de quibus dicit idem qui supra in eodem (Beda): "Non autem ideo solus mulierum planctus eum sequebatur, quia non innumerus etiam praesentium virorum coetus de eius erat passione mestissimus ... [135]

Die Subdiakone in ihrer gebeugten Haltung dominieren das Bild eine Weile, da durch sie besonders der Bezug zur Passion Christi ausgedrückt wird. Die folgende Meditation lässt erkennen, mit welcher Intensität und Wirklichkeit die Leidensgeschichte während des liturgischen Dramas erlebt wurde:

> Qui poterant non dolere, quando eum quem nimio amore dilexerunt et noverunt innocentem, ab impiis comprehendi, ligari, duci ante eos, flagellari, spui in faciem, crucifige viderunt? [136]

Die Auferstehungsfreude, die am Ende des liturgischen Dramas ausbricht setzt diese Leidens- und Sündenerfahrung voraus. Dass es dabei dann auch besonders zu gestikulierenden Schmerzensausdrücken wie Weinen, Schluchzen und anderen Bewegungen hat kommen können, deutet Amalarius in seinem späteren Werk 'Eclogae'[137] an, wo er in Verbindung mit dieser Stelle ausdrücklich bemerkt:

> ... quoniam discipulis et mulieres sequentes erant Dominum usque ad locum crucifixionis, non solum sequentes, sed et plagentes ... Mulieres ostendit non super illo debere flere, sed super ipsis quae peccatrices erant. [138]

Die gebeugte Haltung und andere Gestik verbunden mit Furcht, Trauer, Schmerz und Tapferkeit, ist aber auch vorwiegend Ausdruck des Sündenjochs. Sie wird darum von Amalarius als Sündenbewusstsein und Sinnbild der Reue interpretiert, und er spezifiziert diese Haltung im tropologischen Sinn:

> Et quid vis dicere quale ministerium habeant subdiaconi, quanod stant inclinati, si pro suis peccatis non orant et plorant? Per tropologiam subdiaconi inclinati sunt, quia declinaverunt ... [139]

Da es sich bei 'Eclogae' sozusagen um eine Rückschau und Zusammenfassung handelt, dürften diese Stellen dramatisch aufschlussreich sein, denn sie beziehen sich auf genaue Rollenbeschreibung.

Mit dieser Aufstellung vor dem Altar, wo Furcht, Trauer und Sünde dominieren, ist der Hintergrund für die Oelbergszene entstanden, die zwischen 'Te igitur' und 'Hanc igitur' durch die drei Gebete 'Te igitur', 'Memento Domini' und 'Et communicantes' veranschaulicht wird. Diese drei Gebete beziehen sich auf die Gebete Christi am Oelberg, wobei sich das stille Beten der Gottverlassenheit des Menschensohnes [140] als auch auf das Gebet in Zurückgezogenheit bezieht. Während der monologartigen Darstellung der Gebete verwebt sich das Bild des Priesters in gebeugter Haltung vor dem Altar stehend, leicht mit Christus im Oelgarten, die Diakone hinter ihm stehend, werden leicht zu den schlafenden Aposteln.

Diese drei Gebete, 'Te igitur', 'Memento Domini' und 'Et communicantes' werden von Amalarius folgendermassen interpretiert:

> Primo vice Christi sacerdos tres orationes exercet, sicut Dominus fecit, postquam exivit in montem Oliveti ante traditionem suam, id est pro universali ecclesia, et pro specialibus fratibus, et pro coro sacerdotum.141

Sie beziehen sich auf die Oelbergszene. Diese Oelbergszene mit den drei Gebeten Christi ist jedoch bereits ein 'topos' des liturgischen Dramas, denn in 'Missae Expositionis Cod. II' wird diese Szene zum Beispiel nach dem Evangelium vor der bischöflichen Thronbesteigung in Verbindung mit drei Weihrauchgefässen dargestellt. Es handelt sich um eine Darstellungsvariante desselben Themas, und es heisst dort:

> ... Ideoque statim post candelabra aliquotiens portatur unum, aliquotiens duo, aliquotiens tria ... Quibus non desunt mysteria secreta: si unum portatur, Christus corpus significat; si duo portantur, ostendit Christum venisse et passum pro duobus populis; si tria, ostendit orationes ipsas quas Ipse Dominus fecit ante passionem suam in monte Oliveti.142

Das Weihrauchgefäss personifiziert Christus, und die weitere Dramatisierung entsteht durch die monologartigen qualvollen Gebete Christi, die dem Text des 'Liber Officialis' zugrunde liegen. Der Text das 'Missae Expositionis Cod. II' ist lebendiger und noch dramatischer gehalten: Er lautet:

> Primo oravit: "Pater mi, si possibile est, transeat calix iste, id est ut ipsa gens qua carnem adsumpsi, non me occidat." Secundo oravit: "Pater mi, si non potest hic calix transiere, nisi bibam illum, fiat voluntas tua, id est si aliter gentes salvari non possunt, nisi ad tempus fiat deminutio Iudeorum, fiat voluntas tua, ut secundem prophetias ipsi me crucifigent, ut plures salvi fiant ... 143

Das Augenfällige hier ist, dass Amalarius seine eigene Vorstellung in den Mund Christi legt durch Weiterführung des biblischen Gebetstextes. Diese gleiche Neigung kann auch später bei dem Text des Abendmahls festgestellt werden.144

'Sindon' und 'sudarium' beziehen sich ebenfalls auf die Oelgartenszene und erhalten von hier ihre intensivierte, allegorische Bedeutung. Im 'LO' schreibt Amalarius:

> In hac oratione ('Te igitur') designat sindo quantum caput pertinet, humilitatem Christi, quam assumpsit ex terreno habitu; in qua oravit

> Deum Patrum. Sudarium vero, quod iacet in cornu altaris, laborem
> suum, quem sustinuit in oratione, sicut Lucas dicit: "Et factum est
> in agonia et prolixius orabat; et factus est, sudor eius sicut guttae
> sanguinis decurrentis in terram."[145]

'Sindon' und 'sudarium' erhalten immer tiefere allegorische Bedeutung der Passion und Leidensqual Christi. Das 'sindon' wird an dieser Stelle zum Ausdruck äusserster Erniedrigung, während das 'sudarium' die allegorische Bedeutung des Angstschweisses erhält. Gebetshaltung, in gebeugter Position des leise betenden Priesters, und die Altargegenstände von 'sindon' und 'sudarium' decken sich in ihrer allegorischen Bedeutung mit der Gottverlassenheit, die bei Jeremias zum Ausdruck kommt und auch von Amalarius zitiert wird:

> Ego Deus appropinquans et non Deus longe. Si absconditus fuerit homo
> in absconditis, ego ergo non videbo eum? Nonne caelum et terram ego
> impleo?[146]

Und abermals wird am Ende des Opfers der Auserwählten ('Hanc igitur') die Ueberlieferung Christi an seine Verräter zum Ausdruck gebracht:

> De corporali et de sudario dictum est, quantum ad corpus pertinet ...
> Christus, postquam oravit pro membris suis, dixit discipulis suis:
> "Surgite, eamus, ecce adpropinquabit qui me traditurus est." ... In
> hac oratione significat sindo subsistens humilitatem maximam, in qua
> non solum dignatus est orare pro suis, sed etiam tradi in manus impiorum;
> sudarium vero laborem quam sustinuit ex traditore.[147]

Amalarius wiederholter Hinweis auf 'sindon' und 'sudarium' deutet daraufhin, wie bedeutend diese Altargegenstände in ihrer allegorisch-symbolischen Funktion für die Provozierung und Intensivierung der Oelbergszene waren. Sie kehren auch in ihrer Funktion immer wieder. Während die Ueberlieferungsszene hier besonders durch diese beiden Altargegenstände angedeutet wird, kommt sie während der Leidenswoche in der Fastenzeit durch komplizierte Gestik und bestimmte Bewegung zum Ausdruck. Da auch diese Variante dramatisch bedeutend ist, soll dieser Text, aus dem ersten Buch des 'Liber Officialis' wiedergegeben werden:

> "Statim duo diaconi nudant altare sindone quae prius fuerat sub evangelio
> posita, in modum furantis." Altare, ut heri diximus, Dominum nostrum
> significat, in quo nostras oblationes Patri offerimus; vestimenta,
> apostolos et omnes sanctos. Congruum est ut subtus evangelium
> aliquid iaceat propter honestatem. Quo sublato, rapitur quod subiectum
> fuit, quia, dedito Christo inter manus iniquorum, apostoli, more
> furum fugerunt et latuerunt. Quod enim significat altare, hoc et evangelium.
> Potest in hac sindone intellegi specialiter Iohannes, qui perseveravit
> cum Domino usque ad crucem, qui et audivit: "Ecce mater tua",
> et postea propter metum Iudaeorum se occuluit more forum.[148]

Die spezifische Beschreibung von 'modum furantis' wird dramatisch bedeutend, da sie genaues Verhalten vorschreibt, und sowohl Hass der Juden als auch Furcht der Apostel zum Ausdruck bringt. Auch die Personifizierung des Altares durch Christus ist auffallend. Diese Personifizierung bringt natürlich die Gefangennahme und die Beraubung der Kleider plastischer zum Ausdruck, während es auch gleichzeitig Christus seiner Jünger und Apostel beraubt darstellt.[149] Ob sich diese Darstellung nur auf die Leidenswoche bezieht, oder aber auch während des eigentlichen Messaufbaus im liturgischen Zyklus, muss eine Hypothese bleiben. Der Beweglichkeitscharakter der Liturgie lässt jedoch auf Variationen dieser Art während des Jahres durchaus schliessen.

Der Opfersinn des 'Te igitur' umfasst den äusseren und inneren Opferaltar. Diese Allegorie des Herzens wird zum Sinnbild des inneren psychischen Raumes, der sich von hier ab immer mehr weitet und ein Gegenbild des transzendentalen Raumes ist. Amalarius zitiert in dieser Verbindung Augustin:

> "Sacrifium ergo visibile invisibilis sacrificii sacramentum, id est sacrum signum est." ... "Quocirca, sicut orantes atque laudantes ad eum dirigimus sacrificamus, offerimus, ita sacrificantes non alteri visibile sacrificium offerendum esse noverimus, quam illi cuius in cordibus nostris invisibile sacrificium nos ipse esse debemus.[150]

An der äusseren Darstellung des Opferaltars erwächst der innere Opfersinn aus dem sich dann immer wieder die Lebendigkeit der Darstellung ergibt.

DRAMATISCHE ANALYSE

Die Bedeutung der dramatischen Mittel liegt in diesem Teil in der 'gebeugten Haltung', die zum Ausdruck der Furcht, des Versteckthaltens, der Trauer und Tapferkeit, aber auch des Sündenjochs wird. Der dramatische Effekt dieses Teils liegt in der Andeutung der Oelbergszene durch das dreifache Gebet des 'Te igitur', der gebeugten stillen Haltung des Priesters, und besonders in der vielschichtigen allegorischen Bedeutung von 'sindone' und 'sudario', die zum Ausdruck der Leidensqual und Erniedrigung des Erlösungswerkes werden. Die 'Positionssymbolik' ist besonders in diesem Teil als Gleichzeitigkeitsprinzip zu werten, da sie sowohl die sich versteckt haltenden Apostel als auch die tapferen Frauen darstellt. Im Sinne der allegorischen Interpretation könnte dieser Teil als vorwiegend tropologisch bezeichnet werden.

De Institutione Dominica

War das 'Sanctus' das unsichtbare Opfer der Engel, das 'Te igitur' das Opfer der Auserwählten und Heiligen gewesen, so ist die Konsekration, 'Qui pridie', das universale Opfer Christi, das im Letzten Abendmahl vorausgedeutet war.[151] Es steht im Mittelpunkt der auf- und absteigenden Bewegung, die bisher beobachtet werden konnte. Amalarius schreibt hier:

> Immolatio priore sacrificio, quod constat orationibus perfectorum, et est coniunctum sacrificio angelorum, descenditur ad universale sacrificium, immolationem scilicet Christi, quod caelebratur ante 'Nobis quoque peccatoribus'. Etenim Christus pro peccatoribus descendit ad immolandum ...[152]

Im Mittelpunkt der Darstellung steht jetzt der Kreuzestod Christi, verbunden mit dem Thema der Sündenwirklichkeit. Um die Verbindung des Letzten Abendmahls mit dem Kreuzestod Christi und Sündentod der Menschheit herzustellen, ist dramatisch gesehen ein Rückgriff erforderlich. Amalarius bringt somit auch nach dem 'Hanc-igitur. Gebet', das sich auf die Ueberlieferung Christi an seine Verräter bezogen hatte, während des 'Quam oblationem, tu Domino', das Bild des Abendmahls wieder in den Vordergrund. Das geschieht natürlicherweise vorwiegend durch das Gleichzeitigkeitsprinzip und Bindeglied der Positionssymbolik der Diakone und Subdiakone in ihrer gebeugten Haltung verharrend, durch die allegorisch-symbolische Funktion des 'sindon' und 'sudarium', sowie durch Ortswechsel des Altars, der sich von der Szene des Oelgartens in den Abendmahlssaal verwandelt. Nicht nur der Altar in seiner Bedeutung des Opfers, sondern auch die Worte Christi werden in den Mittelpunkt gerückt und in Verbindung mit dem ganzen liturgischen Ablauf gebracht. Sie sind der Quell aus dem Amalarius die Liturgie schöpferisch gestaltet. Er führt aus:

> Hic concrepant verba dominicae mensae cum toto officio missae ...
> Sindo iacens in altari signat linteum quo erat Dominus praecinctus, et
> sudarium laborem quem assumpsit in lavatione pedum, sive quem su-
> stinuit pro labore Judae; altare mensam Domini.[153]

Beachtenswert ist, dass sich mit dem Szenenwechsel auch jeweils die subtile Bedeutung des 'sindon' und 'sudarium' ändert. Hier bedeuten sie wieder Demut und
Dienst in Verbindung mit der Fusswaschung Christi, sowie das Werk der Erlösung
für das israelitische Volk. Die Konturen des Abendmahlssaals bilden nun den wesentlichen Hintergrund, aus dem das nächste Bild des Kreuzestodes Christi erwächst.

De Ascensione Christi in Crucem

Nach dem Ausspruch der Worte, die zur Gegenwart des Leibes und Blutes Christi
führen, wird das Gebet zur Erinnerung an das Erlösungswerk Christi 'Unde et
memores sumus', zum Quell und Ausgangspunkt der Vergegenwärtigung, nicht
nur des ersten liturgischen Aktes, sondern des ganzen Lebens Christi, denn für
Amalarius liegt die Darstellung des gesamten Lebens Jesu wesentlich im Ausspruch Christi selbst.[154] Hier liegt nicht nur der Kern der Liturgie, sondern
auch der Kernpunkt der Amalarischen Darstellungsmethode überhaupt, denn seine
Ausführungen lauten:

> In sacramento panis et vini, necnon etiam in memoriae mea, passio
> Christi in promptu est. Dixit ipse: "Haec quotiescumque feceritis, in
> mei memoriam facietis", id est quoties hunc panem et calicem bene-
> dixeritis, recordamini meae nativitatis secundum humanitatem, pas-
> siones ac resurrectionis. Quare subdit sacerdos ex voce sua et plebis:
> "Unde et memores sumus ..."[155]

Bedeutend ist die Verbindung von 'in memoria mea' mit dem Ausspruch Christi:
"... 'in mei memoriam facietis'." Die Vergegenwärtigung Christi in den Gestalten von Brot und Wein entspricht dem Inne-werden, der Er-innerung im Herzen
von Amalarius und aller Christen. Sie wird sozusagen zur mystischen Gegenwart
und Ein-bildung. Aus dieser Auffassung heraus, legt Amalarius auch fast natürlicherweise seine eigenen Worte in den Mund Christi, wenn er sagt: "'id est quo-
ties hunc panem et calicem benedixeritis, recordamini meae nativitatis secundum
humanitatem, passionis ac resurrectionis'." Die dramatisch-allegorische Darstellung entquillt somit sozusagen der Fülle der mystischen Gegenwart in Verbindung
mit der Einbildungskraft, wobei die veräusserlichte Darstellung zu immer weiterer Erkenntnis der Glaubenswahrheiten führt. Nicht nur in den Gestalten von Brot
und Wein, sondern in 'memoria', dem Sich-erinnern, liegt der Sinn, die 'ratio',
des liturgischen Aktes, in 'promptu est', und seiner Darstellung. Aus der Dynamik von 'ratio' und 'memoria' entsteht hier das Bild des Kreuzes mit dem toten
Christus. Amalarius beschreibt diesen Vorgang fast wörtlich:

> Sicut in superioribus Christi corpus est in sacramento panis et vini, atque in memoria mea, ita in praesenti ascendit crucem. Cordis sacrifico intendit Deus ... De donis Dei ac datis hostiam puram, hostiam sanctam, hostiam immaculatam offerimus, quando caritate accensi hostiam offerimus de corde puro, et conscientia bona, et fide non ficta. [156]

In Verbindung mit dem äusseren Opferaltar erscheint wiederum das Gegenbild des inneren Herzensaltars. Beide Altäre haben ihr Gegenbild im Altar des Allerhöchsten, wohin das Opfer Christi und des christlichen Volkes durch die Hände der Engel getragen wird. Die Veräusserlichung des innegewordenen Christusbildes gewinnt Gestalt in der Figur des Priesters, der mit gebeugtem Haupt betend vor dem Altar stehend, zugleich die Gaben aufopfert und zum Opfer selbst wird. Für den stillen (germanischen) Betrachter erwachsen langsam die Konturen des sterbenden, am Kreuze hängenden Christus. Die Engel gehören zu den Wirklichkeiten des Altares, die das Opfer vor den Thron des Allerhöchsten tragen. Hierbei wird durch den Einbezug des transzendentalen Raumes das Bild des Opferaltares grenzenlos erweitert, verbinden sich Vorstellung und Glaubenswirklichkeit. Amalarius schreibt:

> Dein precatur ut suscipiantur, dicendo: "Supplices te rogamus, omnipotens Deus, iube haec perferri per manus angeli tui in sublime altare tuum, in conspectu divinae majestatis tuae, ut, quotquot ex hac altaris participatione sacrosanctum Filii tui corpus et sanguinem sumpserimus: " ... Precatur sacerdos, ut praesens oblatio ita sit accepta in conspectu divinae maiestatis, quatinus sumpturi eam simul fiant cealestes et gratia Dei repleti. Mira et magnam fides sanctae ecclesiae, quae suis oculis videt quod mortalibus deest, videt quid credere, quamvis nondum videat quod in specie est; credit sacrificium praesens per angelorum manus deferri ante conspectu Domini ... [157]

Ausserdem muss ja daran erinnert werden, dass der Thron des Allerhöchsten auch durch den thronenden Bischof konkret angedeutet wird. Nachdem Amalarius somit den unsichtbaren Thron besonders durch die Gegenwart der Engel genügend einbezogen hat, blendet er zurück zu der sichtbaren Welt der äusseren Darstellungen des liturgischen Dramas. Durch Personifizierung, Gestik, Ortswechsel, 'sindon' und 'sudarium' entsteht die Gottverlassenheit der Kreuzigungsszene und der Tod Christi:

> nempe Christus oravit in cruce insipiens in psalmo, "Deus, Deus meus", usque ad versum: " 'In manus tuas commendo spiritum meum'. Postea, inclinato capite, emisit spiritum. Sacerdos inclinat se, et hoc quod vice Christi immolatum est, Deo Patri commendat. Sancita est passio Christi pro nobis usque at istum locum ab eo loco, ubi dicit: "Unde et memores sumus."[158]

Die Gestik des in gebeugter Haltung verharrenden Priesters wird zu einer dramatischen Imitation des sterbenden Christus, was gleichzeitig auf die Gegenwart der Engel verweist, die das Opfer oder die Seele Christi vor den Altar des Allerhöchsten tragen. Der Altar hat jetzt die Bedeutung des Kreuzes Christi. 'Sindon' und 'sudarium' sind körperhafte Zeichen der Passionsqual:

> Altare praesens altare est crucis: in isto nos peccatores, qui ex gentibus venimus, reconciliati sumus Deo, ad offerenda ei sacrificia. Sindo in isto humilitatem illam signat, qua humilitas est Christus Patri usque ad mortem ... Sudarium vero laborem passionis. [159]

Der zum Kreuz gewordene Altar bildet jetzt den Hintergrund des Bildes und erweitert die konkrete Vorstellung des am Kreuze hängenden toten Christus, durch den vor dem Altar mit gebeugtem Haupt stehenden Priesters. Die Qual und Erniedrigung des Kreuzestodes wird in der Vorstellung durch das 'sindon' verwirklicht, während das 'sudarium' alle Schattierungen des Erlösungswerkes einbezieht. Dieses komplexe Bild des Kreuzestodes bildet den Höhepunkt, wo alle Bewegung des Auf- und Abstiegs der vorhergehenden Handlungen zu einem vorübergehenden Stillstand kommt.

In diesem Stillstand kommt es zu einer interessanten Bewegung und Erweiterung des sichtbaren Raumes. Amalarius richtet unsere Aufmerksamkeit auf die vor dem Priester und Altar stehenden Subdiakone, die seit dem 'Sanctus' in gebeugter Haltung verharrt standen, die heiligen Frauen, Jünger und auch Volksscharen darstellend. Nachdem der Priester sein Haupt gebeugt hatte, was den Tod Christi andeutet, richten sich die Frauen und Jünger auf. Dieses Aufrichten versinnbildlicht ein gewisses Aufatmen, eine Befreiung um das Wissen, dass jetzt Verräter und Feinde keine Gewalt mehr über den Leib und das Leben Christi haben. Die folgende Stelle ist von dramatischer Seite besonders aufschlussreich, da es sich um genaue Rollenbeschreibung, sowie um die dramatische Bedeutung der Raumbezogenheit an sich handelt. Diese Umschreibung zeigt wiederum mit welcher Wirklichkeit und Intensität die Leidensgeschichte und der Leidensweg durch Darstellung und allegorische Funktion der Altargegenstände erlebt wurde. Amalarius Beschreibung lautet:

> Inclinato subdiaconorum usque modo mestitiam demonstrat eorum discipulorum quibus licitum erat perseverare in praesentia Christi. Quando flagellabatur et omnia illa agebantur quae de eius erant sectatores; at postquem emisit spiritum, scientes non iam habere perscutores unde rabiem suam amplius in Christi corpus expleant, ut ipsi dicit in evangelio ... consolantur aliquo modo, et erigunt se, aspicientes in dilectum sibi corpus, quousque pendet in cruce, maxime cum vident multa miracula fieri. Unde conturbari poterant persecutores, et obsequentes solari. [160]

Die Figur des Priesters wird, mit gebeugtem Haupt zur Wirklichkeit des am Kreuze hängenden toten Christus, die Subdiakone personifizieren die heiligen

Frauen und Jünger, die betrachtend vor dem Kreuze stehen, die christliche Gemeinde stellt die jüdischen Volksscharen von Jerusalem dar und wird im doppelten Sinn zum Spektator des grossen Dramas. Durch die Aufrichtung der Subdiakone und ihr stilles Stehen vor dem Kreuz-Altar und durch den Einbezug des christlichen Volkes, ergibt sich eine Raumerweiterung die einer panoramartigen Konstellation gleicht, und man könnte die Frage stellen, ob diese allegorische Darstellung der historischen Ereignisse, die gleichzeitig genügend Spielraum für die Fantasie vorbehält, im engeren liturgischen Raum nicht genau so effektiv gewesen sein könnte, wie die späteren Passionspiele im weiteren Rahmen des liturgischen Zyklus.

Die eigentümliche, in gebeugter Haltung folgende Händewaschung der Diakone, die Apostel darstellend, muss in Verbindung mit dem Thema des Sündenjochs gesehen werden; sie lässt weiterhin die wesentliche Bedeutung der gebeugten Haltung erkennen.[161]

De Corpore Domini post emissum spiritum

Auch in der nächsten Darstellung dominiert das Bild des toten Christus verbunden mit dem Motiv des Sündentodes. Die vor dem Kreuze stehenden Subdiakone übernehmen hierbei die Rolle der universalen Sünder. Amalarius fasst ihre Bedeutung am Schluss wie folgt zusammen:

> Moraliter. Possumus subdiaconus nos peccatores intellegere; qui faciem, id est conscientiam peccatorum nostrorum, sacerdoti ostendimus, ut nostram confessionem offerat Deo. Quo peracto non ilico saltum facimus in locum magistrorum, sed post diutinam humiliationem, fervore crescente Spiritu Sancti, dilatantur corda nostra, quasi patena, ad suscipienda sacramenta ecclesia.[162]

Dieses Doppelbild der Kreuzigung, das sowohl den Tod Christi als auch den Sündentod der christlichen Gemeinde einschliesst, trägt wesentlich zum rechten Verständnis und Erlebnis der Auferstehung und des liturgischen Dramas bei. Auch die 'patena', die dramatische funktionelle Bedeutung erhält, wird hier zum ersten Mal allegorisch mit dem vom Geist erfüllten Herzen in Verbindung gebracht: 'dilantur corda quasi patena'. Der Hinweis auf das aus der Seite Christi fliessende Wasser und Blut intensiviert das Thema der Sündenbefreiung, da es unmittelbar mit der Bekehrung des römischen Hauptmanns in Verbindung gebracht wird. Amalarius beschreibt folgendes Bild:

> Christus iam emisit spiritum, exivit ab eius latera sanguis et aqua; sine his sacramentis nemo intrat ad vitam aeternam ... "Ille sanguis in remissionem fusus est peccatorum; aqua illa salutare temperat poculum haec et lavacrum praestat et potum ... Hic secundus Adam, inclinato capite, in cruce dormivit, ut inde formaretur ei coniux, quod de latere dormientis defluxit."[163]

Der mit gebeugtem Haupt stehende Zelebrant stellt den am Kreuz schlafenden Christus dar: 'in cruce dormivit', wobei der auf der rechten Seite stehende Kelch bereit steht, das aus der Seite fliessende Wasser und Blut Christi aufzufangen. Die Verwebung von Fantasie und plastischer Darstellung mit Glaubenswirklichkeiten dürfte bei der tiefen Empfindung dieses Ereignisses besonders intensiv gewesen sein und besonderen Nährboden für das gallo-fränkisch germanische Gemüt bereitet haben. In dieser Szene, wo das Motiv des Sündentodes überwiegt, kommt es auch zur Darstellung der ersten heidnischen Sündenbekehrung, des römischen Hauptmanns, der Jesus mit der Lanze in die Seite gestochen hatte. Er wurde das Bindeglied, 'coniux', zu den durch den Tod Christi erlösten Heiden, dessen Bekehrung nicht der Erfolg der Reue, sondern vielmehr der Liebe zu Christus war. Amalarius bemerkt:

> Nisi futurum esset ut sacramento sanguinis et aquae inficeretur gentilitas, non ilico se centurio mutaret ad tantam compunctionem, ut aperte clamaret ex intimo cordis affectu: Vere hic homo iustus erat.[164]

Die Rolle des Hauptmanns wird vom Zelebranten übernommen, wobei Rollenwechsel und Bekehrung hier durch Stimmenwechsel angedeutet werden. Der Stimmenwechsel versinnbildlicht auch scheinbar den Lanzenstich:

> Hanc mutationem designat sacerdos per mutationem vocis, quando exaltat vocem, dicende: "Quoque peccatoribus."[165]

Diese Szene wird weiterhin intensiviert, und das Bild noch einprägsamer provoziert durch ein Zitat von Beda, womit Amalarius nun auch die aus der Ferne den Gekreuzigten betrachtenden Frauen, Jünger und Volksscharen in das Bild einbezieht, da auch sie Zeugen der Bekehrung gewesen waren:

> ... "Notanda distantia gentis et gentis. Et gentiles quippe, moriente Christo, Deum timentes aperta confessionis voce glorificant..." Interim "stabant autem omnes noti eius a longe, et mulieres quae secutae erant eum a Galilaea, haec videntes."[166]

Das Panorama der Kreuzigungsszene erhält nun auch kosmische Weite, 'gentis et gentis', der kirchliche Raum universale Dimensionen. Die unmittelbare, dramatische Funktion kommt dabei den Subdiakonen zu, die ihre Augen auf Tun und Bewegung der Kreuzigungsszene gerichtet halten:

> Hos amicos et proximos ad memoriam nobis ducunt subdiaconi erecti et intuentes in presbyteri opus.[167]

Amalarius unterscheidet deutlich zwischen Nähe und Ferne, den unmittelbaren Nachfolgern Christi, denen die aus der Ferne folgen, und den Nachfolgern Christi allter Zeiten. Die Rollenunterscheidung bezieht sich auf die Subdiakone einerseits, und die christliche Gemeinde im Kirchenschiff andererseits. Raumbezogenheit und Rollenunterscheidung stechen hier besonders als dramatische Mittel hervor.

Während die Frauen und Jünger in stiller Betrachtung ihre Augen nicht von dem
Gekreuzigten abwenden, halten sich die fürchtenden Apostel noch immer versteckt.
Aus diesem Gebilde, den betrachtenden Frauen und Jüngern, und den sich versteckt haltenden Aposteln, durch die gebeugte Haltung der Diakone dargestellt, beginnt sich jetzt die bedeutungsvolle Figur des 'Joseph von Arimathäa' abzuzeichnen. Amalarius beschreibt es, von Lukas ausgehend, folgendermassen:

> His ita intuentibus, venit "vir nomine Ioseph, qui erat decurio, vir bonus et justus; hic non consenserat consilio et actibus eorum, ab Arimathia civitate Iudeae ... ; hic accessit ad Pilatum, et petiit corpus Iesu, et depositum involvit sindone, et posuit eum in monumento exciso, in quo nundum quisquam positus fuerat."[168]

Hierzu gibt Amalarius seine eigene Auslegung und Umschreibung des Kreuzabnahme- und Grablegungsthema:

> Qui quamvis omnes transcendit, scilicet et discipulos et apostolos.
> Discipulis tantummodo a longe stantibus et intuentibus, apostolis vero latentibus in abditis, Ioseph mercatus est sindonem at depositum corpus Iesu involveret.[169]

Bei der liturgisch-dramatischen Verarbeitung dieses biblischen Textes steht Amalarius, wie gezeigt werden konnte, in einer langen Tradition sowohl der Syrer als auch der Byzantiner.[170] Aber Amalarius scheint diesen 'Grablegungstopos' auf eigene Weise auszuarbeiten. Er unterstreicht die Rolle, die Joseph von Arimathäa zukommt, womit gleichzeitig eine Wendung im liturgischen Drama gegeben ist. Joseph durchbricht die Schranken der Furcht und den Bann des Stillstandes, der nach dem Tode Christi eingetreten war. Amalarius beschreibt diese Situation sehr treffend, indem er bemerkt: 'Qui quamvis omnes transcendit'. Josephs Aufbruch nach Pilatus und der Kauf des Leinentuches bringt Bewegung, obwohl zunächst beschränkt, in das Bild, woraus dann die Kreuzabnahme- und Grablegungsszene erwächst. Hier entsteht somit ein dialektisches Doppelbild der Stille und Bewegung: Die sich fürchtenden und versteckt haltenden Apostel und die still betrachtenden Frauen und Jünger stellen ein Bild der Stille dar. Aus dieser Mitte löst sich nun Joseph von Arimathäa, und es entsteht Bewegung. Durch sein Aufrichten und sein Schreiten zum Altar wird sein Gang nach Pilatus, der Kauf des Leinentuches und sein Zusammentreffen mit Nikodemus angedeutet. Dieses Bild der sich langsam ausdehnenden Bewegung wird durch die Abwesenheit[171] des Pilatus und des Krämers, das man auch vielleicht epischen Einschub nennen könnte, notwendigerweise in den Hintergrund projiziert. Dieser Hintergrund bleibt auch die langsame Vorbereitungsszene zur Auferstehung.

Die eigentliche Kreuzabnahme und Grablegung wird durch Personifizierung, Gestik, Bewegung, sowie durch die allegorische Bedeutung von 'sindone' und 'sudario' provoziert. Der Erzdiakon personifiziert Joseph von Arimathäa:

> Hunc Joseph ad memoriam ducit archidiaconus, qui elevat calicem de altari, et involvit sudario, scilicet ab aure calicia usque ad aurem. Sicut ille diaconus primatum tenet inter ceteros diaconus, qui levat calicem cum sacerdote, ita iste Joseph tenuit inter ceteros discipulos qui meruit corpus Domini de cruce deponere et sepelire in monumento suo; idem deputatur retro stare cum apostolos quoniam timore Iudaeorum occultus erat. [172]

Der Zelebrant dagegen stellt Nikodemus dar, der schriftgemäss bei der Kreuzabnahme behilflich war:

> Sacerdos qui elevat oblatam praesentat Nichodemus, de quo narrat Iohannes dicens: "Venit autem et Nichodemus, qui venerat ad Iesum nocte primum, ferens mixturam myrrae et aleos ..." Acceperunt ergo corpus Iesu, et ligaverunt eum linteis cim aromatibus sicut mos Judaeis est sepelire. [173]

Bei beiden Beschreibungen handelt es sich um genaue Rollenverteilung, die jeweils dem Zelebranten und Erzdiakon zukommen. Auch die Gestik des Kreuzzeichens wird dramatisch bedeutungsvoll, denn die beiden Kreuzzeichen, die der Zelebrant, hier Nikodemus, über die Gestalt des Brotes macht, signalisieren die Kreuzabnahme. Sie bedeuten ferner, dass Christus sowohl für die Juden als auch für die Heiden den Kreuzestod erlitten hat. Die Hochhebung der Gestalten stellt die eigentliche Kreuzabnahme dar. Amalarius schreibt:

> Sacerdos facit oblata duas cruces iuxta calicem, ut doceat eum depositum esse de cruce, qui pro duobus populis crucifixus est. Christi depostionem de cruce monstrat elevatio sacerdotis et diaconi. [174]

Sobald der Erzdiakon sieht, dass der Priester die Kreuzzeichen macht, schreitet er zum Altar, um den Kelch hochzuheben. Die Hochhaltung der Gestalten, d.h., die Kreuzabnahme, dauert bis zum "Per omnia saecula saeculorum", das den Kanon abschliesst. Während nach dem 'Amen' und der Niederlegung der Gestalten von Brot und Wein, verwandelt sich der Altar in das Grab Christi. Die Bedeckung und das Einwickeln des Kelches mit dem 'sudario' weist auf die Grablegung. Das 'sudarium' erhält dabei die Bedeutung des Schweisstuches mit dem Christi Haupt bedeckt und später im leeren Graben gefunden, wogegen das Altartuch das Leinentuch versinnbildlicht, in das der Leichnam Christi eingeschlagen wurde, und das bei der Auferstehung ebenfalls im leeren Grab zurückgeblieben war. Amalarius stützt sich bei dieser Interpretation abermals auf die Schrift:

> sudarium super caput Iesu notum est fuisse, narrante eodem Iohanne quod videret Petrus "linteamina posita et sudarium quod fuerat super caput Jesu." Oblata et calix dominicum corpus signant. [175]

Das 'sudarium' bringt noch einmal die Qual und den Blutschweiss Christi in Erinnerung und weist auch auf das Schweisstuch der Veronika, sowie auf den ganzen

Leidensweg Christi zurück. Dann erweitert Amalarius die Grablegungsszene durch die heiligen Frauen, die dem Begräbnis folgen, nach einem Zitat von Beda:

> ... "Supra legimus, inquiens, quia stabant omnes noti eius a longe, et mulieres quae secutae erant eum. His ergo notis Jesu, post depositum eius cadaver ad sua remeantibus, solae mulieres, quae artius amabant, funus subsecutae, quomodo poneretur inspicere cupiebant. [176]

Da es nur die Frauen waren, die dem abgelegenen Begräbnis folgten und sich dann zurückzogen, um die Spezereien vorzubereiten, stellen die Subdiakone auch hier die Frauen dar.

Der äusseren Stille und der leeren Grablegungsszene sowie der verlassenen Golgothastätte, stellt Amalarius jetzt den inneren Herzensraum wieder gegenüber, wodurch der Sündentod und das Grab Christi eine Parallele im Herzeninneren der Gläubigen findet. Es ist der innere, psychische Raum der Sühne, Abtötung und Busse, wo nun auch sinnbildlich die Sünden begraben werden. Noch einmal werden 'sindon' und 'sudarium' Zeichen der Abtötung, Demut und Reinheit, wie sie es zu Beginn der Opferung bereits gehabt hatten. Hierdurch entsteht auch eine Verbindung zwischen Opferung und dem Opfertod Christi:

> ... Paenitentia sepeliuntur peccata nostra. Altare paenitentum est altars holocausti; altare holocausti signat cor eorum quibus necesse est carnales motus consummare fervore Spiritus Sancti. Sindo est ipsa castigato carnis per ieiunia et vigilas ... ceu quoddam linum, ad candorem, ut fiat de eo corporale, in quo possit Dominus recipere. Ille in sindone munda involvit Iesum, qui pura eum mente susceperit. Sudarium est ipsa intentio, qua festinat omnes venientes motus temptationum pristinarum tergere, ante quam oculos sautiant. [177]

Dieses Doppelbild des äusseren und inneren Raumes muss notwendigerweise immer wieder hervorgehoben werden, denn ohne seinen Einbezug kann das liturgische Drama des neunten Jahrhunderts nicht richtig interpretiert und verstanden werden. Die Allegorie des Herzens in Verbindung mit dem inneren Raum wird besonders auch mit der Auferstehung bedeutend.

Die Grablegungsszene, die sich hier völlig entwickelt in der Liturgie des Westens wiederfindet, ist bereits ein alter 'topos', den Amalarius nach eigener Vorstellung weiter aus- und umgestaltet hat. Als "Quelle" gibt Amalarius nicht Byzanz, sondern Beda an, da er die Eigenschaft Joseph's bereits besonders hervorgehoben hatte. Er beschreibt seine Verdienste so:

> "Magna quidem Joseph ista dignitatis apud saeculum, sed maioris apud Deum meriti fuisse laudatur, ut et per iustitiam meritorum sepeliendo corpore dominico dignus foret, et per nobilitatem potentiae saecularis idem corpus accipere possit ... [178]

Aber Ephrem der Syrer hatte ja, auf Tatian fussend, die besonderen Eigenschaften Joseph's von Arimathäa bereits herausgestellt. [179] Und Amalarius hat aus dieser Tradition heraus, wahrscheinlich doch über Konstantinopel und nicht nur durch Beda, und wie er sich das selbst vorstellte ('scripsi quod sensi'), die dramatische Potenz dieser Figur völlig aktiviert. Sie mutet jedoch bereits wie ein 'typus' an, d.h., aus einer langen Tradition kommend.

Dramatische Analyse

Durch ein paar Bewegungen, Gesten, Ortswechsel, Raumbezogenheit mit genügend Spielraum für Vorstellung und Fantasie, ist eine neue Szene entstanden, die gleichzeitig die erste Wendung im liturgischen Drama ausmacht und auf die Auferstehung vorbereitet. Durch die überragende Figur des Josephs von Arimathäa, der die Grenzen der Furcht und Stille durchbricht, erhält die Aufrichtung und Bewegung des Erzdiakons dramatisch funktionelle Bedeutung, da sie zunächst seinen Gang nach Pilatus und den Kauf des Leinentuches andeutet. Die Kreuzzeichen werden gleichzeitig mit dem Rollenwechsel des Zelebranten, der jetzt Nikodemus darstellt, verbunden, und sie signalisieren die Beschäftigung des Nikodemus mit dem Kreuz und der Abnahme des Leichnams Christi. Die Kreuzzeichen werden somit innerhalb des liturgischen Dramas funktionell bedeutend. Nachdem die Gestalten von Brot und Wein wieder auf den Altar gelegt worden sind, wird der Altar zum Grab Christi, wobei die Bedeckung des Kelches das Einwickeln in die Leichentücher und die Grablegung spezifiziert. Durch den Hinweis auf die Subdiakone erfährt das Bild eine Raum- und Bedeutungserweiterung, da sie hier nur die heiligen Frauen darstellen, die dem Begräbnis folgen, um danach die Spezereien vorzubereiten. Die Begräbnisprozession der Frauen wird zur Vorausdeutung der Auferstehung. Nach dieser historisch-allegorischen Darstellung erfährt das Bild eine tropologische Bedeutung durch den 'altar holocausti', gewinnt der innere Herzensraum an Bedeutung. Amalarius bringt in ständig sich wiederholender Weise Joseph von Arimathäa und die Bedeutung von 'sindone' und 'sudario' in den Mittelpunkt. Nikodemus wird nur einmal erwähnt, und dabei scheinen die Leinentücher und Spezereien wichtiger zu sein als die Figur des Nikodemus selbst. Die vielschichtige Bedeutung des Altares und die Länge der Szene fasst Amalarius am Schluss der Grablegung abermals zusammen:

> Haec oratio "Nobis quoque peccatoribus" tendit usque "Per omnia saecula saeculorum." Usque ad istum locum quantum pertinet ad exequias sepulturae Christi, altare crucem praestat; quantum ad nostram mortificationem, altare holocausti. Sindon et sudarium sunt quae supra memoravi. [180]

Die Grablegungsszene endet jedoch keineswegs mit Joseph von Arimathäa, sondern leitet mit den Frauen in die Sabbatstille und in die Einbalsamierungsvorbereitungen über. Das 'Pater noster' ist liturgisch der Ausdruck dieser Sabbatstille. Es erhält aber auch funktionelle Bedeutung innerhalb des Dramas. Wiederum entsteht in dieser Szene ein Doppelbild der Stille und Bewegung, wobei die Stille im Vordergrund dominiert, die Bewegung sich aber im Hintergrund abspielt und auf die Auferstehung zuleitet. Bei dieser Ueberleitung erhält besonders die 'patena' dramatisch-allegorische Bedeutung.

De Officio quod Memorat Requiem Domini[181] in Sepulchro

Pater noster

Das nun folgende 'Pater noster' ist eine Ueberleitung zur Auferstehung, da es sich auf das Beten der Sabbatstille nach der Grablegung bezieht. Die sieben Vater-unser-Bitten bringen rückwirkend die sieben Tage der Leidenswoche zum Ausdruck, sie deuten aber gleichzeitig die sieben Gaben des Heiligen Geistes voraus, die sich am Pfingsttage manifestieren werden. Bei dieser Verbindung des 'Pater nosters' mit der Sabbatstille des Karsamstags, handelt es sich um eine ältere Tradition, die Amalarius hier auch dramatisch ausgestaltet. In der eigenen Abhandlung über das Gebet des Herrn schreibt Amalarius:

> In recordatione septimae diei, quando Christus quievit in sepulchro, agitur dominica oratio, quae septem petitiones continet. In quo septimo die laborabant apostoli tristitia ac metu Iudaeorum, et, ni fallor, orabant, ut liberarentur, et consecuti sunt quod orabant, resurrectionem Domini.[182]

Die Darstellung der Sabbatstille erfolgt durch die Position der Diakone und Subdiakone. Die Subdiakone ziehen sich von ihrer Frontstellung des Altares, der hier das Grab Christi versinnbildlicht, zurück, und wechseln dabei ihre aufrechte Haltung zu einer gebeugten Position. Das bedeutet jedoch nicht das das Verlassen des Leichnams Christi, sondern deutet auf die Vorbereitungen des Einbalsamierens und auf das Gebet in Stille. Amalarius spezifiziert den Wechsel der Stellung und die daraus folgende Bedeutung genauestens:

> Subdiaconi, qui stant usque modo in facie sacrificii, et nunc recedunt, ministeria feminarum ad memoriam nobis ducunt, quae recesserunt de monumento, sepulto Domino. Non etim ita recesserunt a sepulchro, ut abessent ministerio Domini, sed sabbato siluerunt; quo transacto paraverunt aromata, ut ungerunt corpus eius. Eo modo praesentes subdiaconi recedunt a praesentia sacrificii, ut sabbato quidem, hoc est quamdiu septem petitiones dominicae orationis dicuntur, sint in silentio et inclinati, sicut erant apostoli illo in tempore et sanctae mulieres.[183]

Zunächst handelt es sich hier abermals um genaue Rollenbeschreibung und Ortsangabe. Aber diese Stelle ist weiterhin bedeutend durch das Doppelbild der Stille, die sich einerseits noch auf das Joch der Sünde und des Todes, andererseits auf

Furcht und Trauer bezieht, aber auch die innere Stille des Gebetes zum Ausdruck
bringt. Die gebeugte Haltung impliziert diese drei Aspekte: Sündenjoch-Furcht-
Gebet. Im Hintergrund wird aber eine Bewegung durch das Rüsten zur Einbalsamierung angedeutet, die die Auferstehung ankündigt. In diesem vielschichtigen
Bild liegt eine gewisse Spannung. Diese Spannung ist aber kurz vor dem Wendepunkt des Dramas äusserst bedeutungsvoll, denn aus dieser Spannung heraus wird
der Bann gebrochen, was zu einer neuen Schöpfung und Geburt führt. Amalarius
schliesst seine Beschreibung des Positionswechsels mit einem Hinweis auf die
'patene', die besonders mit den Vorbereitungen zum Rüsttag und dem Gang zum
Grab in Verbindung gebracht wird. Im Gegensatz zur Stille, die durch die gebeugte Haltung versinnbildlicht wird, deutet sie zunächst auf äussere Bewegung,
sie wird aber dann auch zum allegorischen Sinnbild des Herzens, ist also auch
auf den inneren Raum bezogen. Amalarius schliesst seine Ueberleitung zur Auferstehung, deren sichtbare Darstellung mit der 'Fraktion' und 'Kommunion' beginnt, folgendermassen:

> Qui postea satagunt cum patentis ad requirendem corpus Domini circa
> altare, ut mulieres quaesierunt corpus Domini circa sepulchrum.[184]

Hier ist gleichzeitig ein Suchen der Frauen nach dem Leichnam Jesu impliziert.

De Praesentatio Patenae

Da Amalarius selbst der 'patena' ein eigenes Kapitel widmet, ist auch ihre dramatisch-allegorische Funktion, die ihr in Verbindung mit der Grablegungs- und
Auferstehungsszene zukommt, unverkennbar. Sie soll auch darum an dieser Stelle eingehend behandelt werden. Amalarius gibt als eigentliche Quelle zwar hier
den 'Ordo Romanus II (A: V)' an, jedoch gehört auch ihre Grundbedeutung in die
byzantinische Liturgie des Germanos von Konstantinopel.

Nach dem 'Ordo Romanus II (A:V)' hat die 'patena' von Beginn der Präfation an
folgende Bedeutung: Während des 'Sursum cordas', zu Beginn des Kanons also,
kommt ein 'acolytus' von der rechten Seite des Altares herein, die 'patena', in
ein Tuch gewickelt, vor seine Brust haltend. Danach geht ein 'subdiacon' auf den
'acolytus' zu, nimmt die 'patena' entgegen, geht vor den Altar und wartet dort
stillstehend bis der 'subdiaconus regionarius' sie entgegennimmt. Während des
Gebetes "Et ab omni perturbatione securi", der Weiterführung der Vater-unser-
Bitten, dreht sich der 'archidiaconus' um, küsst die 'patena', und gibt sie dem
zweiten 'diaconus'.[186]

Diese Fassung des 'Ordo Raomanus' ändert Amalarius in gewissem Sinne schöpferisch um, indem er sie allegorisch-dramatisch gestaltet. Er verbindet die 'patena' zunächst mit der Grablegungsszene:

> Mea humilitas dicit quod sibi videtur rationi congruere, relinquens arbitrio magistrorum quid potissimum tenendum sit. Videtur mihi ut ea ora praesentanda sit patena, qua circa mysteria passionis Domini satagebant discipuli vel mulieres. Postquam enim ivit ad mensam, studuerunt circa mysteria passionis. Sequens vero subdiaconus in medio canone, id est cum dicitur 'Te igitur', suscipit eam ab acolyto, et stat ante altare cum patena, usque dum suscipiatur a subdiacono regionario. Suscipitur enim, cum dicitur: "Per omnia saecula saeculorum." Regionarius suscipit illam finito canone, id est ubi dicitur: "Per omnia ...", et tenet illam usque ad susceptionem diaconi. Potest etiam intellegi simpliciter recessio subdiaconi de facie pontificis accessio ad patenam.[187]

Deutlich bringt Amalarius die 'patena' zu Beginn des Kanons mit der Grablegung in Verbindung: ... 'praesentanda sit patena qua circa mysteria passionis Domini satagebant discipulis vel mulieres. Post uam enim ivit ad mensam, studuerunt circa mysteria passionis'. Amalarius bringt aber die 'patena' nicht nur mit der allgemeinen Rüstung zur Grablegung in Verbindung, sondern er spezifiziert sie als das Alabastergefäss, in dem Maria Magdalena die Salbe und das Oel zur Einbalsamierung vorbereitete und zum Grab trug, um den Leichnam Jesu einzubalsamieren: 'Sicut alabasterum in quo portavit unguentum Maria ad unguendum Dominum' ...[188] Die 'patena' erhält aber nicht nur allegorisch-dramatische Bedeutung im Sinne des Alabastergefässes, sondern sie wird auch zur Allegorie des gläubigen und bekehrten Herzens. Hierdurch leitet der allegorisch-tropologische Sinn in den anagogischen Sinn der Osterfreue über, dargestellt durch das geweitete Herz. Auf diese, der 'patena' wesentlich innewohnende Ausweitung weist Amalarius selbst hin. Er führt aus:

> Patena dicitur eo quod patet; corda ampla significat. Sicut alabastrum in quo portavit unguentum Maria ad unguendum Dominum, significavit cor eius, in quo erat fides sine impostura; ita et patena potest corda sanctarum feminarum designare, quae patebant latitudine caritatis in obsequio Christi.[189]

Eine solche spezifische Bezeichnung der 'patena', zunächst generell mit der Grablegung verbunden, dann als Alabastergefäss bezeichnet und ausserdem allegorisch das durch Opfer und Reinheit geweitete gläubige Herz darstellend, ist dramatisch äusserst bedeutend, da sie die vorhergehenden Szenen, miteinander verbindet. Sie gibt auch dem Kanon dramatische Einheit und ist, da sie sich auf die Auferstehung bezieht, zur gleichen Zeit vorausdeutend. Zur genauen Analyse ist hier eine Rückblendung erforderlich. Wir erinnern uns, dass sowohl die Opferung der Gläubigen als auch das Opfer der Engel zu Beginn der Präfation mit dem Beginn der Leidenswoche in Verbindung gebracht wurde. Ferner wies die Händwaschung, 'lavabo', nach der Opferung auf die Tränen hin, die Christus vor seinem Tode vergossen hatte. Nun wird kurz vor der Präfation, nach der Händwaschung also, die 'patena' von einem Akolyten getragen, an den Altar gebracht. Obwohl Amalarius in keiner Weise darauf eingeht, könnte das Hereinbringen der 'patena' schriftgemäss mit der Salbung Christi zu Betanien in Verbindung gebracht werden, die zwischen der Erweckung des Lazarus und dem Palmsonntag liegt. Diese Hypothese scheint gerechtfertigt, da im ersten Buch des 'Liber Officialis', wo Amalarius den liturgischen Aufbau von Septuagesima behandelt, die Passionswoche nicht mit dem Palmsonntag, sondern mit dem Samstag vor diesem Sonntag eröffnet wird. Dieser Samstag wird als Almosentag des Papstes bezeichnet, und bezieht sich auf die Betanien.[190] Somit dürfte die Hypothese, dass die 'patena' als Alabastergefäss die Salbung von Betanien, die ja auch in sich nach den Worten Christi seinen Tod und sein Begräbnis vorausdeutet, nicht unbegründet sein. Ausserdem wird ja auch die Leidenswoche, besonders das Thema des Palmsonntags, in den generellen liturgischen Aufbau als selbstverständlich miteinbezogen oder besser, sie macht das Wesen des Liturgieaufbaus aus.

Wir sollten uns hier abermals die Stellung der Subdiakone und Diakone vor Augen halten. Die Subdiakone stehen vor dem Priester (hinter dem Altar). Nachdem der Akolyte zu Beginn des 'Sursum cordas' von der rechten Seite eingetreten ist, löst sich ein Subdiakon, der 'subdiaconus regionarius' aus der Reihe heraus, wendet sich also vom Priester weg, um die 'patena' während des 'Te igitur' entegegenzunehmen. Amalarius selbst gibt dem Entgegennehmen der 'patena' durch den Subdiakon dramatische Bedeutung, indem er seine unmittelbare Interpretation des Textes mit folgendem Bemerk schliesst: "'Postest etiam intellegi simpliciter recessio subdiaconi accesio ad patenam'."[191] Diese Wendung ist dramatisch gesehen besonders wegen des Doppelsinnes der 'patena' bedeutend. Sie bringt die eigenen Worte Christ bei der Salbung in Betanien in Erinnerung und zur Datstellung, deutet Begräbnis, aber auch Auferstehung voraus.

Durch ihre Form enthält die 'patena' in sich das Zeichen der Bewegung und Ausdehnung. Sie symbolisiert als Alabastergefäss die physische Bewegung der Vorbereitungen auf den Rüsttag, der Einbalsamierung und den Gang zum Grab, die am stillen Sabbat vor sich geht. Da die 'patena' aber auch ein Gegenbild des Herzens, also des physischen Raumes ist, deutet sie sowohl auf das stille Werken des Gebetes und des Heiligen Geistes, das zur Auferstehung führt und besonders durch die Siebenzahl der Geistesgaben angedeutet ist.

Während die Diakone und Subdiakone, die Apostel und Jünger darstellend, zusammen in gebeugter Haltung die sieben Bitten des 'Vater unsers' leise beten, bleibt die 'patena' sozusagen im Hintergrund und deutet auf die Vorbereitungen des Einbalsamierens. Das stille Beten drückt Furcht und Traurigkeit aus. Diese gebeugte Haltung ist weiterhin ein Sinnbild des Verstecktshaltens und somit eine Darstellung der Apostel und Jünger hinter verschlossenen Türen aus Furcht vor den Juden. Bei dem Raum handelt es sich um den Abendmahlssaal im Hause des Joseph von Arimathäa, worauf Amalarius früher hingeweisen hatte, und wo sich die Nachfolger Jesu während des Pfingstfestes versammelten.

Durch die 'patena' sozusagen im Hintergrund wird auf die Vorbereitungen des Einbalsamierens hingewiesen. Das stille Beten drückt Furcht und Traurigkeit aus. Die gebeugte Haltung ist weiterhin ein Sinnbild des Verstecktshaltens und somit eine

Darstellung der Apostel und Jünger hinter verschlossenen Türen aus Furcht vor den Juden. Bei dem Raum handelt es sich um den Abendmahlssaal im Hause des Joseph von Arimathäa wo sich die Nachfolger Jesu während des Pfingstfestes versammelt hatten.

Durch die 'patena' in ihrer allegorischen Bedeutung des Alabastergefässes ist genügend auf die Auferstehungsszene am leeren Grab hingewiesen worden. Die gebeugte Haltung hat sowohl die Stille als Todesbann, Sündenjoch, Furcht und Traurigkeit als auch Ausharrung im Gebet provoziert. Die Spannung zwischen Stille und Bewegung erreicht ihren Höhepunkt und löst sich in der siebten Vatern-unser-Bitte, 'sed libera nos a malo' auf, wenn sich Diakone und Subdiakone aus ihrer gebeugten Haltung aufrichten. Dieses Aufrichten wird somit ein sichtbares Zeichen der Auferstehung und stellt eigentlich den Wendepunkt des liturgischen Dramas dar. Es ist sozusagen das Sichtbarwerden des unsichtbaren Auferstehungsvorganges. Die Positionssymbolik der aufrechten Haltung wird nach einer langen Zeit (seit dem Sanktus) zum stummen, aber effektiven Ausdrucksmittel der Befreiung und Aufatmung. Parallel zu dieser stillen Aufrichtung muss das eifrige Suchen der Frauen am leeren Grab gesehen werden, wo die Auferstehung sichtbar manifestiert wird. Amalarius beschreibt dieses Doppelbild am besten selbst:

> Subdiaconus regionarius accipit patenam, finito canone, quia laetitiam dominicae resurrectionis mulieres primo audierunt. Illae huc illucque discurrebant ferventi studio circa sepulturam Domini. Stant diaconi stantque subdiaconi inclinati, usque dum audiant: "'Sed libera a malo' ..." Septima petitiones dominicae orationis finis signatur totius tristiae ac perturbationis apostolorum, quam habebant de Domini morte.[192]

Die Bewegung, die aus dieser Stille bricht und dramatisch zur Darstellung kommt, kann nur als eindrucksvoll bezeichnet werden. Sie kann aber nur richtig verstanden werden, wenn sie in Verbindung mit dem Sündenmotif gesehen wird, das so ausgiebig zur Darstellung kam. Hier liegt auch Amalarius meisterhafter, dramatischer Griff, die Befreiung, die inneren und äusseren Raum miteinander verbindet, darzustellen. Er macht auch hier abermals eine sorgfältige Rollenunterscheidung und betont, dass Diakone und Subdiakone in ihrer gebeugten Haltung die Apostel und Jünger betend in Furcht und Traurigkeit darstellten, nicht aber die heiligen Frauen, die ja auch mit den Spezereien und dem Gang zum Grabe beschäftigt sind. Er differenziert auch zwischen Diakonen und Subdiakonen, da die Jünger, die durch die Subdiakone dargestellt werden, sich auf die Jünger von Emmaus beziehen, die in Traurigkeit mit Christus gesprochen hatten, und deren Traurigkeit erst durch die Brotbrechung schwand. Die Auferstehung erhält somit eine doppelte Vorausdeutung. Es heisst:

> Quid illo tempore, hoc est quando Christus quievit in sepulchro, apostoli agerent, non legitur aperte, sed ex Iohannis evangelio metum eorum cognoscimus, qui dicit: "Cum esset ergo sero die illo una sabbatorum, et fores essent clause, ubi erant discipulis congragati propter metum Iudaeorum." Ex quo discimus tristes fuisse apostolos timore.

> Ipsa tristitia demonstratur per diaconorum declinationem. Discipulorum vero tristiam cognoscimus ex Domini sermone, qui dicit ... ad duos qui ibant in die resurrectionis in castellum Emaus ... [193]

Hier kann abermals genaue Rollenbeschreibung, Ortsangabe, und spezifische Bedeutung der Positionssymbolik beobachtet werden, die Furcht, Traurigkeit und stilles Beten versinnbildlichen.

Durch die Gemeinschaftssymbolik des 'Pater nosters' wird auch die christliche Gemeinde wiederum aktiv in das liturgische Drama einbezogen, und erfährt die Befreiung aus der Knechtschaft auch durch das Aufrichten aus der gebeugten Haltung. Amalarius führt aus:

> Publica est nobis et communis oratio, et, quando oramus, non pro uno, sed pro toto populo oramus, quia totus populus unum sumus. [194]

Befreiung durch Sündenbewusstsein bezieht sich auch letztlich auf die ganze Kirche:

> Orat et nunc sancta ecclesia, quasi in septima die, quanod, iam quiescentibus animabus sanctorum, instat ieiunando, vigilando, orando, certando in caritate, ne abrumpatur periculis huis mundi a spe caelestium gaudiorum. [195]

Die vorwiegend historisch-allegorische-tropologische Bedeutung des Opferungsteils, d.h., des dritten Aktes, ist nun in den anagogischen Sinn übergeleitet, und kommt abermals durch Positionssymbolik verbunden mit Bewegung und Gesang zum Ausdruck. Von dramatisch-allegorischer Bedeutung bleibt die 'patena'.

Dramatische Analyse

Nach dem Sanktushymnus, wo Menschen- und Engelstimmen miteinander verschmolzen waren, der Gesang also noch ein wesentliches Strukturmittel war, wird der 'gestus allegoricus' von wesentlicher Bedeutung. Durch 'Bewegung', 'Gestik', 'Position' und durch 'sindon' und 'sundarium' wird die ganze Passion, Kreuzabnahme und Grablegung dargestellt. Die Raumbezogenheit verlagert sich in den inneren, psychischen Raum, dessen Ausdruck besonders die 'patena' ist. Auffallend ist auch die dramatische Bedeutung des 'Stimmenwechsels', durch den die Bekehrung des Hauptmanns angedeutet wird.

CONFRACTIO ET BENEDICTIO:[196] AUFERSTEHUNG UND HIMMELFAHRT CHRISTI

De Praesentatione subdiaconorum ut suscipiant Corpus Domini de Altari

Patena

Die 'patena' bleibt das Hauptbindeglied zur Auferstehungsszene, die in all ihren Manifestierungen während der Kommunionfeier zur Darstellung kommt. Die Ausgangsszene ist dabei die Auferstehung am leeren Grab, die durch die Subdiakone, die sich zum Empfang des Brotes aufstellen, eingeleitet wird. Bei seiner Einleitung in diesen Teil gibt Amalarius folgende dramatische Orientierung:

> Hoc officium ad memoriam ducit devotissimus mentes, quae se ipsas praesentaverunt in exequiis sepultura Domini. Praesentantibus se sanctis mulieribus ad sepulchrum Domini, inveniunt spiritum redisse ad corpus, et angelorum visionem circa sepulchrum, ad adnuntiant apostolis quae viderant. [197]

Wiederum handelt es sich hier um genaue Szenenbeschreibung, Ortsangabe, Rollenbeschreibung, Bewegung, die den Gang zum Grab, das Suchen nach dem Leichnam Jesu, das Vorfinden der Engel und das Verkünden der Osterbotschaft umfasst. Amalarius ist bei seiner Gestaltung abermals von Beda abhängig:

> ... "Quomodo, inquit, posito in sepulchro corpore salvatoris, angeli adstitisse leguntur, ita etiam caelebrandis eiusdem sacratissimi corporis mysteriis tempore consecrationis assistore sunt credendi, monente apostolo: Mulieres in ecclesia velamen habere propter angelos. Cum timerent autem et declinarent vultum in terra, dixerunt ad illas: Quid quaeritis viventem cum mortuis? Non est hic, sed surrexit."[198]

Eine interessante Erscheinung in Bedas Text sind die Engelsflügel, die hier mit den Schleiern der Frauen verglichen werden. 'Mulieres velamen habere propter angelos'. Eine solche Beschreibung wirft mehrere Fragen auf, die kurz behandelt werden sollen. Es fragt sich zunächst, ob die Engel während dieser Szene durch Subdiakone dargestellt oder wenigstens auf irgendeine Weise angedeutet worden sind, denn wie an anderer Stelle gezeigt werden konnte, gehören die Engelsflügel zu den frühesten Motiven der geistigen und unsichtbaren Wirklichkeiten der dramatisch-liturgischen Tradition, die sich besonders um die Grablegungs- und Auferstehungsszenen gruppierten.[199] Auch bei Amalarius gehören die Engel zu den wesentlichen Wirklichkeiten der Altarumgebung, und kommen sie in anderer Form als Gesang zur Darstellung?

Im ersten Buch des 'Liber Officialis' kommt es während der Osternachtsliturgie zu einer variierenden Darstellung der Auferstehungsszene am Grabe, und zwar durch den Engelsgesang. Bei dieser Auferstehungsszene handelt es sich offensichtlich um eine Variante, die die Frauen nicht freudig und jubilierend, sondern sich fürchtend und vom Grabe wegrennend und schweigend darstellt, die Engel aber die Auferstehung durch Gesang verkünden. Da diese Variante besonders wieder den Beweglichkeitscharakter der Liturgie des neunten Jahrhunderts aufzeigt, soll der Text teilweise hier eingeschoben werden:

> Ecce finitum est sacrificum neofytorum. Deinde Christi resurrectio ad memoriam reducitur et angelorum allocutio ad feminas et feminarum affectus. ... Illis locutus est angelus dicens: "Nolite expavescere; Jesum quaeritis Nazarenum crucifixum; surrexit, non est hic." In sequentibus manifestatur affectus mulierum: "At illae exeuntes, fugerunt de monumento, invaserat enim eas tremor et pavor; et nemini, quicquam dixerunt; timebant enim."[200]

Hier entsteht ein Bild der sich fürchtenden und rennenden Frauen nach Markus. 'In sequentibus manifestaur mulierum' ... Amalarius vergleicht wie Beda die Schriftstellen von Markus, Lukas und Matthäus und schliesst mit Bedas Zitat:

> ...; nisi intellegamus ipsorum angelorum nemini ausas fuisse aliquid dicere, id est respondere ad ea quae ab illis audierant, aut certe custodibus, quos iacentes viderunt.[201]

Hiernach bringt Amalarius die Auffassung Bedas zur Darstellung:

> Reducendo ad memoriam silentium et sacrificium mulierum, in tempore sacrificii silent cantores. Eorum sacrificium erat tunc, quod ferebant unguentum ad ungendum corpus Domini. "Sanctus, sanctus, sanctus", cantant, quod est angelorum cantus, quia angeli non tacuerunt de eius resurrectione, sive iste qui modo locutus est in Marco, sive illi quos Iohannes narrat, "'sedentes unum ad caput et unum ad pedes'."[202]

Diese Bemerkung Amalarius zeigt abermals, mit welcher Wirklichkeit die Gegenwart der Engel am Altar erlebt wurde. Nichts lag darum näher, als sie auch darzustellen. Auch stellt diese Auferstehungsszene eine Verbindung zum Sanktushymnus des Opferungsteils her. Die Frauen kommen erst bei dem 'Agnus Dei' wieder in den Vordergrund, und zwar durch Maria Magdalena in der Gärtnerszene.[203] Amalarius fasst die Darstellung der Auferstehung durch die Engel am Ende dieser Abhandlung der Osternachtsliturgie nochmals klar zusammen, was auf die Bedeutung dieser Fassung schliessen lässt:

> Sacerdos, vicarius Christi, implet officium suum, Dubitantibus apostolis de sua resurrectione, timentibus mulieribus nihil dicentibus, angelorum concentus clamat Christum resurrexiss a mortuis. Christus ipse per suam gloriosam apparitionem manifestum se facit quibuscumque vult.[204]

Da diese Interpretation Bedas, auf Markus fussend, offensichtlich während der Osternacht den Vorrang hatte, ist es nicht ausgeschlossen, dass es auch während des liturgischen Jahres zu variierenden Darstellungen dieser Auferstehungsszene kam, andererseits die Engel wesentlich zu den Erfahrungen der Liturgie gehörten und somit auch nach Ausdruck- und Darstellungsform suchten. Ob dies durch allegorisch-symbolische Gestik, Vorstellungskraft oder sichtbarer Darstellung, wie z. B. durch die Flügel geschah, muss dahingestellt bleiben. Oder vielleicht waren die Engelsflügel bereits schon so ein 'topos' seit frühester liturgischer Zeit innerhalb des Christentums, dass sie gar keiner besonderen Hervorhebung bedurften?

In der Fassung des dritten Buches kommt Amalarius dann auf die 'patena', sowie auf das eifrige Suchen der Frauen am Grab zurück:

> Post haec praesentat se subdiaconus cum patena sua ad sepulchrum Domini. Quam accepit a subdiacono sequente, qui ad memoriam, ut supra diximus, reducit sanctarum feminarum studiosissimum affectum circa sepulturam Domini. [205]

Die 'patena' erhält hier die von Amalarius früher erwähnte doppelte Bedeutung des Alabastergefässes und des gläubigen, gereinigten Herzens, das zur Aufnahme des Auferstandenen bereit ist. Unsere besondere Beachtung verdient hier das eifrige Suchen nach Christus am leeren Grab, da es sich dabei um einen geschickten dramatischen Griff handelt. Dieses Suchen wird durch Schreiten oder schnelles Gehen um den Altar angedeutet: 'studiosissimum affectum circa sepulturam Domini'. Weiterhin kann damit Gestik des Körpers wie Herumdrehen, Niederbeugen und vor allen Dingen der suchende Blick das Suchen dargestellt haben. Diese Gesten des Suchens leiten aber die Verbindung zur 'Gloriaszene' während des 'Introits' ein. Es stellt somit die Verbindung von der Geburt des Lebens zur Geburt durch den Tod zu neuem Leben dar.

Pax Domini et Fractio

Nachdem Amalarius die Bedeutung der 'patena' genügend eingeführt hat, spricht der Zelebrant, Christus darstellend, mit gehobener Hostie das 'Pax Domini' und legt gleichzeitig die Gestalt des Brotes auf die 'patena', womit die Erscheinung und Erfahrung des Auferstandenen dargestellt wird. Die 'patena' erhält an dieser Stelle die Bedeutung der gläubigen Herzen der heiligen Frauen, und sie behält von hier ab diese Bedeutung auch bei:

> Postquam sacerdos dicit: "Pax vobis", ponuntur oblatae in patena. Postquam enim Christus sua salutatione laetificavit corda discipulorum, vota feminarum completa sunt percepto gaudio resurrectionis. [206]

Von hier ab erhält das liturgische Drama historisch-anagogische Bedeutung.

Mit diesem Sinnbild der Auferstehung, dem 'Pax Domini' wird die unmittelbare Auferstehungsszene am leeren Grab beendet und auf den weiteren Raum zunächst von Jerusalem und dann auf die ganze Schöpfung übertragen. Die Brotbrechung und Mischung mit dem Wein wird gleichzeitig zum Schöpfungsmotiv der neuen Geburt, sowohl des einzelnen Menschen: " ... 'atque spiritu vivicante vegetari hominum novum' ..., [207] als auch der ganzen Schöpfung. Diese kosmische Weite wird durch das Berühren der vier Kelchseiten angedeutet:

> Ideo tangit quattour latera calicis, quia per illum hominum genus quattour climatum ad unitatem unius corporis accessit et ad pacem catholicae ecclesiae. [208]

Hier, im Kelch des Neuen Bundes scheint der vierfache Schrift- und Schöpfungssinn und der Kern von 'ratio' zusammenzulaufen und von hier ihre tiefere Bedeutung zu erhalten. Amalarius stellt in 'Eclogae', seinem Spätwerk, dieses Berühren der vier Kelchseiten abermals, wie folgt, heraus:

> Sane et illud rationi congruit ut, (quia) quattour sensus sunt in capite, per quattour partes labia calicis tangantur, sive quia per quattour partes mundi Christi resurrectio speratur. Inde scriptum est: "'A quattour ventis veni, et insuffla super interfecto istos, et revivescant'."[209]

Die Mischung der Gestalten von Brot und Wein wird zum Bezugsgrund der neuen Auferstehungsschöpfung, der innere Raum dehnt sich über die Schöpfung aus, und es kommt dabei zu einem Ineinandergreifen beider Sphären.

Nach dem allegorischen Berühren der vier Kelchseiten macht Amalarius einen Rückgriff auf den Frieden des 'Glorias', wie er ja auch am Ende des 'Introits' beim 'Gloria' durch den Engelsgesang den Auferstehungsfrieden vorausgedeutet hatte:

> ... tunc data est pax quam promiserunt angeli in sacratissima nocte dicentes: "Gloria in excelsis Deo et in terra pax hominibus bonae voluntatis."[210]

Durch das Suchen am Grab und durch das 'Pax Domini' stellt Amalarius die Verbindung mit dem Vorspiel des 'Introitus' her und verbindet dabei liturgisch-mystisch die Geburt des Lebens mit dem neuen Leben, das durch den Tod entstanden ist. Nach dieser Rückblende kommt Amalarius auf die gegenwärtige Szene zurück:

> Eandem sacerdos nunc ad memoriam revocat dicens: "Pax Domini sit semper vobiscum"; eandem populus insequitur per blasia blanda.[211]

Danach kommt es in Verbindung mit dem 'Agnus Dei' zur Brotbrechungsszene, die zu den ältesten Auferstehungsszenen gehören muss, denn Amalarius behandelt sie ausführlich in 'Missae Expositionis Cod. I.',[212] gibt eine Variante im ersten

Buch des 'Liber Officialis', [213] weitet sie zu einer grossen Szene, die ganze Priesterschaft einschliessend, im dritten Buch des 'Liber Officialis' [214] aus, und gibt eine klare knappe Zusammenfassung in 'Eclogae'. [215] Die Agnus-Dei-Szene in Verbindung mit der Brotbrechung ist offensichtlich aus der Emmauszene erwachsen, die Amalarius hier bereits selbst als 'typus' bezeichnet.

Agnus Dei

Schriftgemäss deutet die Brotbrechungsszene zunächst daraufhin, dass der Auferstandene, nach dem er den Frauen zuerst erschienen war, auch dem Simon Petrus, den anderen Aposteln und Jüngern unter dem Zeichen des Brotbrechens erschienen war. Die folgende Szene, die Amalarius wiederum nach dem 'Ordo Romantus II' aufbaut, ist darum äusserst bedeutend und interessant, denn sie ist voller Bewegung, im Gegensatz zu dem Stillstand und der Ruhe der vorhergehenden Szenen und stellt durch den Klerus die Apostel und Jünger dar:

> Sequitur in libello memorato: "Sed archidiaconus pacem dat episcopo prior, deinde ceteri per ordinem, et populus. Tunc pontifex rumpit, super altare relinquit, reliquas vero oblationes ponit in patenam quam tenet diaconus."[216]

Der Erzdiakon reicht dem ersten Bischof den Friedenskuss, und dann der Reihenfolge nach der ganzen Priesterschaft und danach der ganzen Gemeinde. Danach bricht der Pontifex ein Stück aus der rechten Seite des Brotes (Prima sancta), das später auf dem Altar verbleibt, und legt den Rest auf die von einem Diakon gehaltene 'patena'. Hierdurch ergibt sich das Doppelbild der Gegenwart Christi im Altar und im Herzen der Gläubigen, das ja durch die 'patena' versinnbildlicht wird.

Der Einbezug des Bischofs ist von grösster Bedeutung, da er in sich das dreifache Bild Christi trägt, und zwar, des zur Rechten des Vaters thronenden Richters, des Auferstandenen unmittelbar nach der Auferstehung, und der Gestalt des Simon Petrus, dessen offizieller Stellvertreter er auch ist.

Nach der ersten Brechung durch den Bischof, folgt fast eine Wiederholung des Herumreichens der 'patena', wie sie während des 'Pater nosters' rückwirkend beschrieben worden war. Die Bedeutung der 'patena' hat sich inzwischen durch die Auferstehung geändert und deutet hier ausschliesslich auf das glaubende Herz der Apostel und Jünger. Hier heisst es:

> ... et post pauca: "Tunc acolyti vadunt dextra levaque per episcopos circa altare; reliqui descendunt ad presbyteros, ut fragant hostias; patena praecedit iuxta sedem, ferentibus eam diobus subdiaconibus regionariis ad diaconus, ut fragant", ...[217]

Das Bild des von der rechten Seite eintretenden Akolyten ist bereits vertraut. Er nimmt die 'patena' vom Bischof entgegen und bringt sie zur Priesterschaft, die das Brot bricht. Priester und Diakone deuten hier auf die sich vorher versteckt haltenden Apostel und Jünger. Die beiden Subdiakone ('subdiaconus regionarius'), die die 'Patena' in die Nähe des Bischofssitzes bringen, deuten auf die beiden Jünger von Emmaus, die später mit den Aposteln und Jüngern das Brot brechen und dabei Christus erkannten.

Nachdem die Fraktion beendet ist, kommuniziert der Pontifex, wonach die Mischung der Gestalten erfolgt. Hierbei hält der Erzdiakon wiederum den Kelch:

> "Expleta confractione, diaconus minor, levata de subdiacono patena, fert ad sedem ut communicet pontifex; qui dum communicaverit, de ipsa quam momorderat, ponit inter manus archidiaconi in calicem. [218]

Durch die Mischung der Gestalten ist die Auferstehung vollendet.

Der Hintergrund der Brotbrechungsszene entsteht durch den Antiphonalgesang des 'Agnus Dei', wodurch die Brotbrechung zusätzlich dramatische Bedeutung erhält. Das 'Agnus Dei' scheint in Verbindung mit der Brotbrechung die ursprüngliche Auferstehungsdarstellung zu sein. Da diese Szene in ihrer besonderen Behandlung, die sie von Amalarius erfuhr, bedeutungsvoll auch für die Geschichte des Dramas ist, soll sie hier eingehend behandelt werden.

Amalarius baut diese Szene im dritten Buch des 'Liber Officialis' zunächst scheinbar nach dem Wortlaut des 'Liber Pontificalis' auf, denn er erwähnt einführend: "Hic statuit ut tempore confractionis domini corporis Agnus Dei a clero et populo decantetur."[219]

Amalarius geht dann auf den Antiphonalgesang ein und bezeichnet ihn in Verbindung mit der Emmausszene als 'typus', wobei der Gesang die Auferstehungsgeschichte erzählt:

> Antiphona sequens, id est vox reciproca, iura fraternitatis custodit, ut unusquisque alterius utilitati studeat, et curet provocare ad gaudia resurrectionis. Quem typum gesserunt illi duo, qui Dominum cognoverunt in fractione panis, et illico perrexerunt Hierusalem et invenerunt congregatos XI et eos qui cum ipsis erant, dicentes: "Surrexit vere Dominus, et apparuit Symoni; et ipse narrabant quae gesta erant in via, et quomodo cognoverunt eum in fractione panis." Illi nempe cantaverunt antiphonam vicissem narrando de resurrectione Domini. [220]

Der Wechselgesang hat hier eine dreifache Funktion, und zwar ist er als Ausdruck von Gemeinschaftssymbolik zu verstehen, hat anagogische Bedeutung, und bringt historisch gesehen die Emmausszene und weitere Erscheinungen des Auferstandenen zur Darstellung. In 'Eclogae' fasst Amalarius ebenfalls klar und deutlich zusammen, dass sich die Brotbrechung auf die Emmausszene bezieht: "Fractio obla-

tarum illam fractionem significat quam Dominus duobus fecit in Emmaus. "[221]
Der eigentliche Schlüssel dieser äusserst dramatischen Stelle ist jedoch im 'Expositio Cod. I.', dem Text also, den Amalarius auf seiner Seereise von Konstantinopel kommend, kurz nach seinen Eindrücken in der Hagia Sophia, verfasst hatte. Mit diesem Text ist uns eine Lebendigkeit erhalten, aus dem die dramatischen Gestalten dieser Szene durch den Wechselgesang erwachsen. Amalarius gibt folgende Einführung:

> ... postquam dixit: "Pro vobis et pro multis effundetur" adiunxit: "In remissionem peccatorum." Intende, dilecte frater, qualibus verbis cantores in eadem hora ostia oris et cordis pulsent: "Agnus Dei, dicentes qui tollis peccata mundi, misere nobis." Quis est occisus, dilecte, in remissionem peccatorum, nisi agnus Dei innocens, qui ut catulus leonis recubuit et ut leo vicit, resurrectione sua dectructa morte nostra?[222]

Die Erfahrung der Sündenvergebung und des neuen Lebens pulsiert ('pulsent') und quillt aus Herz und Mund der Sänger. Hier erhalten die Sänger mit dem Rückgriff auf das Sündenthema offensichtlich chorische Funktion. Dann rechtfertigt Amalarius den Teil der Brotbrechung durch die Schrift:

> Audi, si te delectat, quae convenientia sit evangelii cum praesenti officio. Ipse die qua Christus resurrexit a mortuis, ambulantibus duobus in via, apparuit illis, et interrogavit illos quos sermones invicem proferrent. Respondens unus, qui nomen Cleophas, inter alia dixit ei: "De Jesu Nazareno qui fuit vir propheta potens in opere et sermone coram Deo et omni populo; quomodo tradiderunt eum summi sacerdotis et principes nostri in damnationem mortis, et crucifixerunt eum. Nos autem sperabamus quia ipse esset redempturus Israhel."[223]

Es ist hier offensichtlich, dass Personifizierung der Jünger zur Darstellung des Wechselgesanges gehört. Das Thema der Emmausjünger bringt auch gleichzeitig die Auferstehungsszene am leeren Grab in Sicht, ist eigentlich eine logische Fortsetzung. Danach bezieht Amalarius den Zweifel der Jünger auf sich selbst: "Eum dubitatio, quam habebat de Christi resurrectione, nostram dubitationem signat ..."[224] um sie dann aus der Schrift selbst, aus didaktischen Gründen zu widerlegen. Amalarius führt weiter aus, dass der Zweck des Wechselgesanges dramatisch sei, d.h., die Begebenheiten der Auferstehung zu erzählen und durch Gesang darzustellen. Er schreibt weiter:

> Sed bonus magister in fractione panis dubitationem abstulit et confirmationem intulit; et cantores non statim silent, sed adhuc cantant post Agnus Dei antiphonam ad complendum. Ut bene nosti, antiphona vox reciproca dicitur. Quod illi duo fecerunt qui venerunt, in mansione non certe, sed ad undecim congregatos statim pergentes antiphonam retulerunt.[225]

Diese Ausführungen weisen daraufhin, dass es zu den Darstellungen weiterer Manifestierungen kam. Aus dem Grunde, so scheint es, baut Amalarius im dritten Buch des 'Liber Officialis' die Agnus-Dei Szene auch weiter aus. Er schliesst den 'Missae Expositionis Cod. I' mit Hinweis auf die einzelnen Erscheinungen:

> Potest et ista antiphona quae ad complendum dicitur, que ideo cantatur, sicut nobis videtur, ut digne conservetur sacramentum sumptum in cordibus sumentium, convenire illi loco evangelii, ubi dicit: "Undecim discipuli abierunt in Galilaeam", postquam eis dicit: "Pax vobis ... Abierunt in Galilaeam, in montem ubi eis constitutum erat, et ubi videntes eum adoraverunt; quidam autem dubitaverunt." Qui mons apud nos usque hodie permanet.[226]

Die dramatische Bedeutung dieser Stelle liegt darin, dass Amalarius die Wechselwirkung zwischen Gesang und Darstellung besonders herausstellt: ... 'quid ideo cantatur, sicut nobis videtur'. Die Modulationen werden bei diesen gesanglichen Darstellungen von besonderer Bedeutung gewesen sein. Der äusserst bewegliche Aufbau dieses ausgehenden Teils des liturgischen Dramas lässt auf weitere Darstellungen schliessen. Das erste Buch des 'Liber Officialis' bestätigt eine solche Hypothese, denn während der Osternacht hat das 'Agnus Dei' eine solche Variante und zwar erscheint der Auferstandene Maria Magdalena in Verbindung mit der Gärtnerszene:

> Vice mullierum iterum "'Agnus Dei' reticent cantores. "Agnus Dei", dicit, "qui tollis peccata mundi, miserere nobis." Maria dicebat hortolano: "Domino, si tu sustulisti eum, dicito mihi ubi posuisti eum." Quem credebat furto sublatum, non credebat tollere peccata mundi, ac propterea audivit, quando voluit Dominum tangere: "Noli me tangere, nondum enim ascendi ad Patrem meum."[227]

Nach diesen Belegen ist anzunehmen, dass es von der Brotbrechungsszene mit 'Agnus Dei' bis zum letzten Segen zu Darstellungen der gesamten Auferstehungsgeschichte kam.

Benedictio

Mit dem Letzten Segen löst sich das eschatologische Bild des 'Introits' auf. Der Altar verwandelt sich hierbei in die Nähe von Betanien:

> Etenim Dominus ante ascensionem in caelos duxit discipulos in Bethaniam, ibique bendixit eos, et ascendit in caelum. Hunc morem tenet sacerdos, ut, post omnia sacramenta consummata, benedicat populo atque salutet. Dein revertitur, ad orientem, ut se commendet Domini ascensioni.[228]

Der Diakon spricht nun das 'Ite missa est' das ausschliesslich eschatologische Orientierung und dogmatische Implikationen hat. Es bezieht sich auf die Anrede der Engel an die Apostel: "Hic Iesus, qui assumptus est a vobis in caelum ..." In 'Eclogae' hat das 'Ite missa est' ausschliesslich diese knappe Bedeutung und bezieht sich auf die Anrede der Engel, wobei die christliche Gemeinde die in den Tempel zurückkehrenden Apostel und Jünger darstellt: "Hoc ait sancta ecclesia more apostolico, qui erant adorantes Iesum, et regressi sunt Hierusalem cum gaudio magno."[229] Im 'LO' ist der Segen eschatologischer ausgerichtet und bricht durch Amalarius Ausruf in gewisse Grenzenlosigkeit aus:

> O utinam quando audimus a diacono: "Ita missa est mens nostra ad illam patriam tendat, quo caput nostrum praecessit, ut ibi simus desiderio, ubi desideratus cunctis gentibus nos expectat cum suo tropheo; quatinus sic desiderando aliquando ad eum pervenire possimus, qui ita Patrem supplicat pro nobis: "Volo, Pater, ut ubi ego sum, ibi sit et minister meus."[230]

Der dann folgende zweite Letzte Segen ('de ulteriore Ultima Benedictione') verwandelt die christliche Gemeinde in die Streiter Christi um. Dieser Segen bezieht sich besonders auf die Fastenzeit, und es heisst hier:

> ...in qua milites Christi commendatur pugnae contra antiquum hostem. Si omni tempore necesse est paratum esse bellicosum adversus insdias sive impetus inimicorum, quanto magis in procinctu.[231]

Mit dem Bild des tropologisch-anagogischen Sinnes löst sich das liturgische Drama hier auf. Aber die Verbindung zum 'Introit' - in eschatologischer Erwartung - bleibt und wird zu Anfang des nächsten liturgischen Dramas einführend wieder zur Darstellung gebracht, das Bild der kosmischen Gesamtschau im Zeichen von 'ratio' und des wesentlich allegorischen Weltgefüges wiederholend.

DRAMATISCHE ANALYSE

Zu den Darstellungsmitteln des vierten Aktes, der eine ungeheure Zeitbewältigung und Raumbezogenheit, sowohl des psychischen als auch physischen Raumes andeutet gehören besonders die 'patena', 'Gestik' und 'Bewegung', 'Antiphonal-Gesang', 'Personifizierung' und 'Ortswechsel'. Die Variationsdarstellungen der Auferstehung fallen besonders auf.

GESAMTERGEBNIS

Die bis in Einzelheiten gehende Analyse der liturgischen Darstellungsweise des Amalarius von Metz berechtigt die Schlussfolgerung, dass das liturgische Drama des frühen Mittelalters, eingebettet in den eigentlichen liturgischen Ablauf, beanspruchen kann, ein eigenes, literarisches Gattungswesen, d.h., Drama, innerhalb des christlichen Literaturkorpus, oder überhaupt, zu sein. Seine wesentlichen Merkmale, die eine solche Definition berechtigen, sind wie folgt: Es liegt ihm ein eigener 'Handlungsstoff', das Leben Jesu und die biblische Geschichte sowie die sich daraus ergebende Heilslehre zugrunde. Ferner gehören zu seinen besonderen Kennzeichen 'Raumbezogenheit' und 'Zeitbewältigung', 'Gegenständlichkeit', wie z.B., Altar, Leinentuch, 'sindon', 'sudarium', Kerzen, Weihrauchgefässe, Evangelienbuch, u.a. 'Personifizierung', 'Antiphonalgesang', 'Stille', 'Gestik', 'Bewegung', signifikative 'Zeichen', und allegorische 'Vielschichtigkeit'.

Die besonderen Verdienste des Amalarius sind erstens, die allegorische Interpretationsweise verbunden mit der Zeichentheorie Augustins dramatisch auf die Liturgie angewandt zu haben, zweitens die verschiedenen liturgischen Traditionen aus seiner eigenen Vorstellungsweise heraus miteinander verbunden zu haben, und zwar die byzantinisch-gallo-fränkische und die römische, wie sie im 'Ordo Romanus' festgelegt war. Die Leitmotive 'sindon' und 'sudarium', der doppelschichtige 'Sanktushymnus' und die Figuren des 'Joseph von Arimathäa' und 'Nikodemus' verraten aber den byzantinischen Einfluss. Amalarius scheint seine byzantinischen Beobachtungen unter dem Deckmantel der Inspiration eingeführt und mit den bestehenden Resten der gallischen Liturgie und dem Rahmen des 'Ordus Romanus' verbunden zu haben.

Diese Liturgie, wie sie in dramatischer Darstellungsweise vor unseren Augen in gewisser aesthetischer Formschönheit ersteht, wurde nicht nur aus der Patristik, sondern auch aus der Tradition des römischen Theaters und der bildlich-geheimnisvollen Sehweise der Germanen gespeist. Sie lässt einen ungeheuren Darstellungsreichtum nur noch erahnen.

ANMERKUNGEN

1 Es muss an dieser Stelle darauf aufmerksam gemacht werden, dass die Struktur des römischen 'Missale', zwar auf diesem Aufbau fusst, aber in Länge und Ausbau nur die Potenz übrig behalten hat. Das trifft insbesondere für den <u>Introit,</u> aber auch für die anderen Einheiten, zu.

2 Cf. oben S. 150-152.

3 <u>LO</u> 3., H, 2: 261. Ecclesia est convocatus populus per ministros ecclesiae ab eo qui facit unianimes habitare in domo. Ipsa domus vocatur ecclesia, quia ecclesiam continet. Ipsa vocatur kyrica, qui est dominicalis. ... Ipsa vocatur basilica, id est regalis, a basileo. Basileus rex dicitur, quasi basis populi; laos populus dicitur, basilaus basis populi ...

4 Ibid., S. 262.

5 Ibid., S. 262-64.

6 Ibid., S. 267.

7 Zum Einbezug der "vierten Wand", des Zuschauers also, in die objektive Form der dramatischen Kunst, cf. Gadamer, <u>Wahrheit,</u> S. 103-04.

8 <u>LO</u> 3., H, 2: 274.

9 Cf. das althochdeutsche Gedicht <u>Muspilli,</u> wo auch der Feuerwagen des Elias erscheint, und wo der Grundstoff sich an die Weltuntergangsschilderung einer nordischen <u>Eddasage</u> lehnt.

10 <u>LO</u> 3., H, 2: 274. (Augustin, <u>Enarratio in Ps.</u> LXVII, 24., <u>PL,</u> 36: 828-29).

11 <u>LO</u> 2., H, 2: 274.

12 Cf. oben S. 87-88, n. 155, und S. 90, n. 165.

13 <u>LO</u> 3., H. 2: 274-75. (Matth. 8: 23-34; 1 Cor., 2:2).

14 <u>LO</u> 3., H, 2: 274.

15 Ibid., S. 174.

16 Ibid., S. 274-75.

17 Ibid., S. 275.

18 Ibid., S. 274; cf.

19 <u>LO</u> 3., H, 2: 278.

20 Ibid.

21 Ibid., S. 279.

22 Ibid., S. 280. (Luc., 10:5.)

23 Ibid. (Homilae in Ezechiel, 1.2, hom. 9.8, <u>PL,</u> 76: 1047B).

24 LO 3., H, 2: 280.
25 Ibid., S. 281. (Cant., 3:10).
26 LO 3., H, 2: 281.
27 LO 3., H, 2: 281-82.
28 Ibid., S. 282.
29 Ibid., S. 283-84.
30 Ibid., S. 285.
31 Ibid., S. 285 (Matth. 18:20).
32 LO 3., H, 2: 285.
33 Amalarius hatte in Expositionis Missae, Cod., II. ausdrücklich auf die mehrschichtige Struktur des Sicut erat hingewiesen: "In quo versu varietas multiplicium temporum demonstratur, id est, "sicut erat in principio." praeteritum; "et nunc", praesens; "et semper", futurum aeternum; "secula seculorum", longitudo magna. H, 1: 267.
34 LO 3., H, 2: 286-87. (Luc., 2:13)
35 Ibid., S. 287.
36 Exp. Miss. Cod., I., H, 1: 258.
37 LO 3., H, 2: 187 (Mich., 4:8).
38 Ibid. (Luc., 2:10-11, 14:36).
39 Ibid. (Matth. 28:18).
40 LO 3., H, 2: 288.
41 Ibid., 289.
42 Ibid. (Luc. 24:50).
43 LO 3., H, 2: 290-91.
44 Ibid., S. 291. (Augustin, Enarratio in ps. 126, 3. PL, 37: 1669).
45 Zur Symbolik der Mitte, auf die hier nicht näher eingegangen werden kann, siehe Eliade, Myth of Eternal Return, pp. 12-17.
46 LO 3., H, 2: 292-93. (Act., 13:14-16).
47 Cf. oben S. 87-88.
48 LO 3., H, 2: 294.
49 Ibid., S. 292.
50 Ibid., S. 294-95.
51 Ibid., S. 293.

52 Ibid., S. 295.
53 Ibid., S. 296.
54 Ibid., S. 296.
55 Ibid., S. 297-98.
56 Ibid., S. 299.
57 Ibid., S. 301. (Exod., 19, 32; Dan. 6; Ez., 1, 10, 40-48).
58 Cf. unten S. 226-27.
59 LO 3., H, 2: 301.
60 Ibid., S. 302.
61 Ibid.
62 Cf. oben S. 194.
63 LO 3., H, 2: S. 293.
64 Ibid., S. 305.
65 Cf. oben S. 209-210.
66 LO 3., H, 2: 306. (Epistula 34, ad clerum et plebem de Clerico lectore ordinato 4.5. PL, 4:323BC-324AB).
67 LO 3., H, 2: 307.
68 Ibid., S. 306-311.
69 Ibid., S. 307-08.
70 Ibid., S. 308.
71 Ibid.
72 Ibid., S. 309.
73 Cf. oben S. 169-170.
74 LO 3., H, 2: 310. (Act., 1:1).
75 Cf. oben S. 203-204.
76 LO 3., H, 2: 310-11.
77 Ibid.
78 Ibid., S. 311 (Matth. 25:34).
79 Cf. oben S. 150-152.
80 Miss. Exp. Cod. I et II; H, 1: 258 (Matth., 20:28. Jo. 1:15).
81 Miss. Exp. Cod. I et II; H, 1: 258-59.
82 Ibid., S. 259.

83 Ibid., S. 275-76.
84 Ibid., S. 259.
85 Ibid., S. 259-60. (Matth. 14:28).
86 Ibid.
87 Ibid., S. 260-61 (Luc., 10:21).
88 Ibid., S. 261 (Ps. 97:1).
89 Ibid., S. 274-281.
90 LO 3., H, 2: 311-59.
91 Ibid., S. 311.
92 Ibid., S. 311-12 (Num., 15:2-3).
93 LO 3., H, 2: 313 (2 Par., 29, 25, 27-29; cf. oben S. 226, n. 114.
94 LO 3., H, 2: 313 (Ex., 30:18-20).
95 LO 3., H, 2: 313.
96 Cf. oben S. 74, 83-84, 89-90.
97 LO 3., H, 2: 314.
98 Cf. oben S. 82 ff., 89.
99 LO 3., H, 2: 314 (Enar. in ps. 128,13. PL 37: 1695).
100 LO 3., H, 2: 314.
101 Ibid., S. 314-15.
102 Ibid., S. 315.
103 Ibid., (Matth., 21:9; Marc., 11:10).
104 LO 3., H, 2: 315.
105 Ibid., S. 316.
106 Ibid., S. 317.
107 Ibid.
108 Bei den beiden Gesangsschichten handelt es sich ohne Zweifel um eine Vertiefung des gallischen und byzantinischen Brauches. Cf. oben S. 221, n. 97.
109 LO 3., H, 2: 318.
110 Ibid. (Beda, de Tabernaculo, 1.3.14 PL, 91: 496-97).
111 LO 3., H, 2: 310.
112 Ibid., S. 320-21.
113 Ibid., S. 321.

114 Ibid., S. 322. (II. Par., 29:28-29; Ps. 19:3-5. Cf. oben S. 219, n. 93.

115 Cf. oben S. 221ff.

116 LO 3., H, 2: 373.

117 Im Liber de ordine antiphonarii, H, 3: 102-04, behandelt Amalarius verschiedene biblische Figuren, besonders auch Job und Tobias, Judith und Esther, die drei Jünglinge im Feuerofen, u. a. Die Beschreibung lautet: "Job de gentili populo electus est, Tobias in captivitate meruit probari et probatus inveniri, utrique propter cornam patientiae flagellati, utrique probati inventi per patientiam. Idcirco memoria eorum coniunctim et in uno mense celebratur ... incirco responsorii de Iob et Tobia infirmis in septembri mense canuntur, ut aegrotantes in eo discant iuxta exemplum beatorum patrum Iob et Tobia flagella Dei patienter toleare ..."

118 LO 3., H, 2: 323.

119 Ibid.

120 Ibid., S. 323-24, 331-35, 337.

121 H, 1: 291-338. Cf. oben S. 153.

122 LO 3., H, 2: 323-24.

123 Ibid., S. 324.

124 Ibid., S. 324-25.

125 Ibid., S. 327.

126 Ibid., S. 327.

127 Ibid., S. 327.

128 Ibid. (Luc. 22:25-27).

129 Ibid., S. 327-28.

130 Ibid., S. 328.

131 Ibid. (Gregorius, M. Moralia, 1. XIV, 49, 57. PL, 75: 1068B-1069A).

132 LO 3., H, 2: 329-337. (Der Ausdruck electi hat später die Verurteilung der Schriften Amalarius gefördert. Es scheint jedoch, dass diese Bezeichnung im Sinne von Heiligen/Auserwählten interpretiert werden sollte, und nicht als "Prädestination").

133 LO 3., H, 2: 355.

134 Ibid., S. 329-330.

135 Ibid., S. 329-330 (Beda, In Lucae evangelium expositio, 1.6.22. PL, 92: 599).

136 LO 3., H, 2: 330-31.

137 Cf. oben S. 174ff.

138 Ecl., H, 3: 253 (Luc., 23:28).

139 Ibid.

140 LO 3., H, 2: 331-332 (Jer. 23:23-24).

141 LO 3., H, 2: 333.

142 Miss. Exp. Cod. II, H, 1: 274.

143 Ibid.

144 Cf. unten S. 238, n. 154.

145 LO 3., H, 2: 336 (Luc., 22:43-44).

146 Ibid., S. 331-32 (Jer., 23:23-24).

147 Ibid., S. 336-37 (Matth., 26:46).

148 LO 1., H, 2: 96 (Ordo Romanus I., Suppl., 34. (Andrieu: I.) Michael Andrieu, Les Ordines Romani du haut moyen age. 5 vols. Spicilegium Sacrum Lovaniense Administration, 1931-61). vol. 2 (1948): 3-108.

149 Auffallend ist das Kleidermotiv hier. Cf. zum Motiv des ungeteilten Kleides die gallische Liturgie, oben S. 89-90.

150 LO 3., H, 2: 334-35 (Augustin de Civitate Dei 1.X.c.5. and c.19. PL, 41: 282, 297).

151 LO 3., H, 2: 337-359.

152 Ibid., S. 337.

153 Ibid., S. 339.

154 Cf. oben S. 168ff.

155 LO 3., H, 2: 340.

156 Ibid., S. 340.

157 Ibid., S. 341-42.

158 Ibid., S. 342.

159 Ibid.

160 Ibid., S. 342-43.

161 Ibid., S. 343.

162 Ibid., S. 350.

163 Ibid., S. 344 (Augustin In Ioannis evangelium tractatus, 120.2. PL, 35: 1953).

164 LO 3., H, 2: 344.

165 Ibid., S. 345.

166 Ibid. (Beda In Luc., 1.6. 23. PL, 92: 620C).

167 LO 3., H, 2: 345.
168 Ibid. (Luc., 23:50-53).
169 LO 3., H, 2: 345-46.
170 Cf. oben S. 67-68, 76, 78, 81ff.
171 Cf. oben S. 72, n. 76.
172 LO 3., H, 2: 346.
173 Ibid. (Joh., 19:39-40).
174 LO 3., H, 2: 346-47.
175 Ibid., S. 347 (Joh., 19:6-7). Cf. zum topos des Leichentuches,
176 LO 3., H, 2: 347 (Beda in Luc., 1.6.23., PL, 92:622B).
177 LO 3., H, 2: 348.
178 Ibid., S. 346 (Beda, In Luc., 1.6.23., PL, 92:621A).
179 Cf. oben S. 66-68 und S. 243, n. 168.
180 LO 3., H, 2: 347.
181 Ibid., S. 350-57.
182 Ibid. (Cyprianus Liber de oratione dominica, 27-28, PL, 4:537C-538A).
183 Ibid., S. 349.
184 Ibid., S. 350 (Ordo Rom., II. 11. PL, 78:974C-975A; A: V). Andrieu, Les Ordines, 2: 193-227.
185 Cf. oben S. 81-83.
186 Cf. oben S. 248, n. 183.
187 LO 3., H, 2: 351.
188 Ibid., S. 352.
189 Ibid.
190 LO 1., H, 2: 56-57.
191 LO 3., H, 2: 351.
192 Ibid., S. 353.
193 Ibid., S. 353-54 (Luc. 24:17).
194 Ibid., S. 355.
195 Ibid., S. 357.
196 Ibid., S. 359-72.

197 Ibid., S. 359.
198 Ibid., S. 359-60 (Beda, In Luc., 1.6.24, PL, 29:623C-624A).
199 Cf. oben S. 68, 70ff, 76ff.
200 LO 1., H, 2: 159-60 (Marc., 16:6-8).
201 Ibid., S. 160 (Beda In Marci evangelium expositio 1.4.16., PL, 92:297AB).
202 LO 1., H, 2: 160.
203 Ibid., S. 161.
204 Ibid.
205 LO 3., H, 2: 360.
206 Ibid., S. 361.
207 Ibid., S. 362.
208 Ibid., S. 362.
209 Eclogae, H, 3: 260.
210 LO 3., H, 2: 362.
211 Ibid.
212 Miss. Exp. Cod. I., H, 1: 263-64.
213 LO 1., H, 2: 161.
214 LO 3., H, 2: 364-65.
215 Ecl. H, 3: 258-59.
216 LO 3., H, 2: 362-63 (Ordo Rom., 12-13, PL, 78:975A-C; A:V).
217 LO 3., H, 2: 363.
218 Ibid., S. 363.
219 Ibid., S. 364 (Liber, Pontificalis LXXXVI, edit. L. Duchesne, p. 376).
220 Ibid., S. 365.
221 Ecl., H, 3: 258.
222 H, 1: 263 (Matth. 26:28).
223 Ibid. (Lac., 24:13-21).
224 H, 1: 264.
225 Ibid.
226 Ibid.
227 LO 1., H, 2: 161 (Joh., 20:12-17).
228 LO 3., H, 2: 368.

229 Ecl., H, 3: 263.
230 Ibid.
231 LO 3., H, 2: 370 (John, 17:24, 12:26).

VI. KAPITEL

GESAMTERGEBNIS

Im ersten Kapitel wurde einführend die Religiösität der römischen Tradition herausgestellt, die sich besonders um Kaiser- und Siegeskult konzentrierte. Es wurde hervorgehoben, dass das römische, zu Ehren der Venus geweihte Theater, tief im religiösen Ursprung und Kult des römischen Staates verwurzelt war. Von dieser Grundlage ausgehend, konnte anhand von Querschnittsuntersuchungen der Väterschriften des Ostens wie des Westens, sowie der Synoden- und Konzilerlasse gezeigt werden, dass die Negierung des Theaters dem Kampf gegen 'idololatria' entsprang. Die theologischen Beweggründe dieser negativen Haltung wurden an drei ausgewählten Texten Tertullians besonders herausgearbeitet. Von den Apologeten an, ergab sich aus der Theologie der Väter die Auffassung, dass es sich bei den Göttern der Heiden um gefallene apostate Engelmächte handelte, die, da sie Dichter, Philosophen und Kaiser irregeführt, sich selbst zu Göttern erhoben und die Menschheit in ihre Anbetung verstrickt hatten. Die ganze heidnische Kultur war demnach von einer grossen 'idololatria' durchsogen und Ausdruck nicht der von Gott gewollten wahren Schöpfung, sondern von Falschheit und Perversion. Die Christen dagegen gehörten zu den Häretikern in der römischen Staatsordnung und bedeuteten eine Gefahr für die heilige römische Tradition. Die krasse Negation der Kirchenväter sollte daher nicht als moralische Exhortation allein, sondern als Ausdruck eines Religionskonfliktes betrachtet werden. Diese Auseinandersetzung des römisch-christlichen Religionskonfliktes, die im Streit um den Viktoriaaltar ihre offizielle Zuspitzung fand, wird textlich an der '3. Relatio' des alten Römers Symmachus und den 'Briefen' 17, 18 und 57 des Mailänder Bischofs Ambrosius erhellt. Es konnte weiterhin beobachtet werden, dass sich bald eine Dialektik von zwei Theatern: ein 'theatrum daemonicum und ein theatrum infictitium et spirituale' abzuzeichnen begann. Das Theater des Teufels, wie es von den Apologeten an bezeichnet wurde, fand sein positives Gegenüber in Kirchenbauten und in ästhetisch-objektiven Darstellungsformen der christlichen Liturgie. Das Resultat des ersten Kapitels rückte die krasse Negation des Theaters in ein neues Licht, was gleichzeitig dazu beitrug, auch die liturgischen Darstellungen, die sich um Synaxis und den ersten liturgischen Akt formalisierten, in neuer Sichtweise zu betrachten.

Im zweiten Kapitel werden in chronologischer Folge, mit der jüdischen Synaxis und dem Letzten Abendmahl als Ansatzpunkt, liturgische Texte bis etwa 750 n. Chr. untersucht. Der 'Reisebericht' der Pilgerin Aetheria gehört zu den frühesten Zeugnissen einer Darstellung der Leidensgeschichte an den historischen Stätten selbst. In der Gattung der Kirchenordnungen konnten erste Darstellungen des Letzten Abendmahles und einer hierarchisch-unsichtbaren Ordnung durch 'Positionssymbolik' festgestellt werden. Es fiel auf, dass 'Fächer' vergeistigende Bedeutung erhielten und Cherubflügel andeuteten. 'Sindon' und 'linteum' dagegen stellten seit dem frühesten vierten Jahrhundert in dramatischer Symbolik die Leichentücher Jesu dar. Besonders erhellend war das Material der 'Mystagogischen Katechesen'

von Theodore von Mopsuestia und Narsai, wobei die Erzählkunst und Fantasiekraft
der Syrer die dramatischen Darstellungen der Passion und Auferstehung zu bereichern schienen. Lokales Brauchtum und mystische Erfahrungen kamen in den Darstellungen besonders zum Ausdruck. Auch scheint die liturgisch-dramatische Tradition von Tatians 'Evangelienharmonie' (Diatessaron) beeinflusst zu sein. Die allegorisch-dramatische Evidenz dieser Texte, die auf variierende Weise in der byzantinischen Liturgie, in Gallien und später bei Amalarius von Metz wieder erscheinen, kann wie folgt zusammengefasst werden: 'sindon' und 'linteum', Passion, Grablegung und Passion andeutend; der 'Altar', Jerusalem, Kreuz, Grab, himmlisches Jerusalem, Paradies und den Thron des Allerhöchsten darstellend; 'Personifizierung' der Engel durch Diakone und eine von Diakonen getragene 'Stola', den Dienst für Christus symbolisierend; eine 'Positionssymbolik', dem Letzten Abendmahl, dem Grab Christi im Garten von Joseph von Arimathäa, sowie dem himmlischen Thron entsprechend; der 'gestus allegoricus', eine komplizierte und subtile Gestik, die besonders die Passionsgeschichte andeutend veranschaulicht; 'Stille', die sich auf den Tod Christi, seinen Abstieg in die Vorhölle, auf die Furcht der Frauen und Apostel beziehen kann; 'Abwesenheit' der Juden und anderer, nicht in die Heilsgeschichte passende Figuren und Themen; der 'Grablegungstopos' in Verbindung mit den Figuren von 'Joseph von Arimathäa' und 'Nikodemus'; 'Gesang', 'Kerzen' und 'Weihrauch' und andere Gegenstände. Diese Darstellungsmittel konnten besonders aus der syrischen Liturgie von Edessa und Nisibis erschlossen werden. Aus Antiochien waren die Predigten des Chrysostomus aufschlussreich, da sie auf die Liturgie übertragene Theatermanieren behandelten, die von sich aus die Verwandtschaft von Theater und Liturgie verraten. Die byzantinische Liturgie war, da sie auf verschiedenen Traditionen beruht, äusserst kompliziert. Die Struktur des griechischen Dramas, der syrischen Bildlichkeit, die allegorische Schriftauslegung der Alexandriner, die hierarchische Struktur des Ps. Dionysischen Weltbildes, und der römisch-politische Universalismus finden sich hier zusammen. Besonders hervorstechend sind die räumlichen Dimensionen, die als wesentliche dramatische Komponente gewertet werden müssen, da durch sie vorwiegend die Dimensionen der Heilsgeschichte zur Darstellung kommen. Die Verflechtung von innerer und äusserer Räumlichkeit scheint das byzantinisch-liturgische Drama von den syrischen Darstellungsformen zu unterscheiden. Der liturgisch-dramatische Text des Patriarchen Germanos von Konstantinopel spiegelt einen liturgischen Strukturbau, eingebettet in eine bildliche Weltanschauung, wider. Von den Texten der westlichen Liturgie war hauptsächlich der Text der gallischen 'Missae Expositionis' aufschlussreich. Er verrät besondere Beweglichkeit dieser Liturgie. Obgleich sie in den Radius der östlichen Liturgie gehört, zeigt sie ihre eigenen, an Gesetz, Opfer und Verdienst orientierten westlichen Merkmale auf. Sie ist auch nicht vorwiegend mystisch, sondern eschatologisch ausgerichtet. Ihre weiteren Kennzeichen sind ferner lange und häufige Triumphgesänge, verbunden mit bildlich-figurativen Darstellungen. Das zweite Kapitel schliesst mit einer kurzen Besprechung der römischen Texte, wie der 'Libelli' und der ersten Sakramentarien: 'Leonianum', 'Gelasianum' und 'Gregorianum' und ihrer Verbindung zu den gallischen Mischliturgien ab. Das reichliche Beweismaterial dieses Kapitels konnte die dramatische Wesensform der Liturgie herausstellen, die sich aus der Handlung des Lebens Jesu, vom ersten liturgischen Akt ausgehend, ergab.

Im dritten Kapitel wurde versucht, die Tradition der allegorischen Methode freizulegen. Die Untersuchung dieses perplexen Phänomens, das eine komplizierte und vielschichtige Struktur des Kosmos anzeigt und eng mit der Welt des Zeichens verwoben ist, musste ein Ansatz bleiben. In chronologischer Folge wurden auch hier ausgewählte Texte der griechischen und lateinischen Patristik, unter besonderer Berücksichtigung des 'signum-res-Schemas' Augustins, untersucht.

Das vierte Kapitel führt in die Liturgiereform Pippins und Karls des Grossen ein, gibt einen biographischen Auszug des Amalarius von Metz und bespricht seine Werke in chronologischer Folge. Bei der Analyse seines Frühwerkes, 'Missae Expositionis geminus Codex I et II', das er auf seiner Rückreise von Konstantinopel verfasste, fiel die Aehnlichkeit des Strukturaufbaus mit den untersuchten Texten der byzantinischen und gallischen Liturgie auf. Eine sorgfältige Durcharbeitung des Hauptwerkes 'Liber Officialis' zeigte, dass es auf der Grundlage der 'Missae Expositionis' fusste. Es ging ferner daraus hervor, dass es sich bei Amalarius um einen begabten Menschen mit dichterischen Fähigkeiten handelte, der in poetischer Schau verschiedene Traditionen und neue Anschauungsweisen zu einer aesthetischen Form des liturgischen Dramas zusammenweben konnte. Amalarius war dabei von glühendem Verlangen getrieben, in den Kern der 'ratio', dem Bezugsgrund aller Dinge einzudringen, den Sinn des ersten liturgischen Aktes freizulegen und zur Darstellung bringen. Besondere Beachtung verdient hierbei, dass Amalarius unter dem Deckmantel der Inspiration die Struktur und Bilder der syrisch-byzantinischen Liturgie, besonders den 'topoi-Komplex' der Grablegung mit Joseph von Arimathäa und Nikodemus, mit den lebendigen Resten der gallischen Liturgie und mit dem Rahmen des 'Ordus Romanus' verwoben hat. Sein weiterer origineller Beitrag bestand darin, die vierfache Schriftexegese auf den Gesamtablauf der Liturgie angewandt zu haben. Eine solche Auffassung war bereits in Bedas Verbindung und Definition des vierfachen Schriftsinnes mit dem Altar der Stiftshütte gegeben. Diese Sehweise widersprach weder seinen Eindrücken in Konstantinopel, da diese Liturgie ja bereits in ihrer Bildlichkeit Allegorie impliziert, noch dem 'signum-res-Schema' Augustins. Weiterhin deckte sie sich aber auch mit der organischen Weltanschauung fränkisch-germanischer Stämme, die in Runen und Raunen auch nach einem tieferen Sinn spürten. In diesem Zusammenhang konnte gezeigt werden, dass die Etymologie des Wortes 'Bild' und 'Zeichen' in der althochdeutschen Sprache mit 'bilidi' und 'zeihhan' einer Verbindung mit numinösen Mächten entspricht. Zum Schluss wurde die Verurteilung Amalars an Textbeispielen, die sich besonders gegen die allegorisch-bildliche Ausdrucksweise der dramatischen Liturgie richten, erläutert und die Frage aufgeworfen, ob die Haltung seiner Gegner von Lyon nicht auch tieferen theologischen Beweggründen hätten entsprungen sein können und in Verbindung mit den Problemen des Bilderstreites zu sehen seien, was Agobard dann eigentlich in gewissem Sinn in den Kampf der Kirchenväter gegen das Theater einreihen würde, nur dieses Mal innerhalb der eigenen Struktur.

Das fünfte Kapitel ist eine in Einzelheiten gehende dramatische Analyse der allegorischen Methode und behandelt insbesondere Amalars Frühwerk 'Missae Expositionis Codex I et II', sein Hauptwerk 'Liber Officialis' und sein späteres Werk

'Eclogae de Ordine Romanum'. Hieraus ergab sich, dass aus den Werken des Amalars von Metz ein liturgisches Drama von besonderer Formschönheit erstand. Es war von einer reichen Tradition der östlichen, gallischen und zum Teil römischen Liturgie genährt und war in Verbindung mit der Bildlichkeit der Allegorie harmonisch umgestaltet worden. In seiner Struktur und Bildersprache steht es in enger Verbindung mit anderen Werken der althochdeutschen Dichtung. Weiterhin konnte die reiche, bildhafte Variationsweise des liturgischen Stoffes, und die besondere Beherrschung des Gleichzeitigkeitsprinzips, womit Amalarius die allegorische Gesamtschau in ständiger Verbindung zur Darstellung brachte, herausgearbeitet werden. Das dramatische Prinzip der Wechselwirkung von Gesang und Darstellung war hierbei besonders hervorstechend. Es lässt eine innere Bezogenheit von Gesang und Bildlichkeit oder Zeichenhaftigkeit vermuten, das zum Wesen dieses Dramas gehört.

Aus dem Segensspruch des Letzten Abendmahls hatte sich, verbunden mit dem biblischen Stoff und der Figur Christi, eine neue Wirklichkeit entwickelt, die durch feinste 'Nuancen', symbolisch-allegorische 'Andeutungen', 'Personifizierungen', 'Doppelrollen', 'Gestik', 'Gesang', 'Schweigen', 'Positionssymbolik', 'Ortswechsel', 'Zeitraffung' und 'räumlicher' Bezogenheit immer wieder zu einem neuen, in sich bewegten Gebilde erstand. Diese Darstellungsmittel fügen sich der langen Traditionskette, die im zweiten Kapitel herausgearbeitet werden konnte.

In einer solchen Darstellung scheint das Prinzip der 'Nachahmung' nicht nur als höchste Form des Gottesdienstes, wie Laktanz es bezeichnet hatte, sondern auch als äesthetisches Wesensmerkmal zur vollen Entfaltung gekommen zu sein. Aus dieser Wesensbezogenheit heraus dürfte das liturgische Drama allein schon beanspruchen, als eigene Gattung des christlichen Literaturkorpus bezeichnet zu werden. Wir meinen damit das liturgische Ganze in all seinen varianten Formen, hier insbesondere des Messaufbaus. Die 'Quem-Quaeritis-Tropen', und die sich daraus ergebenden Einzeldramen, stellen nur einen Teil dieses Ganzen dar, sind vielleicht Ausdruck einer anderen Epoche. Aber selbst wenn eine solche wesenseigene Definition einer weiteren Verifikation bedürfte, so glauben wir, es könnte Kriterien anderer Aesthetiken wohl standhalten. Aristoteles hat in seiner 'Poetik' den Stoff oder 'Mythos' als wesentlichsten Bestandteil des Dramas herausgestellt. Aber das hat doch auch Brecht wiederum getan. Und vielleicht kommt Brecht mit seiner Aethetik des epischen Theaters dem Wesen des liturgischen Dramas noch näher, da er ja insbesondere auch die sprechende Gebärde - die Augustin bereits als 'gestus allegoricus' beim römischen Theater herausgestellt hatte - den V-Effekt, und auch das aktive Publikum dem Theater als wesentlich zugehörig betrachtete. Auch die uns erhaltenen ältesten Dramen, die der Aegypter, sind letztlich episch-liturgischer Natur. Aber noch ein anderes Faktum wäre in die Diskussion einzubeziehen. Es konnte festgestellt werden, dass der Gesang zu einem wesentlichen Strukturmittel des liturgischen Dramas gehörte. Jüngste Forschungsergebnisse sehen nun in shamanistischen Riten die Uranfänge des Theaters, da zu ihren Bestandteilen besonders Musik, Gesang, Dialoge, Personifizierungen, ein Publikum und numinöse Mächte gehören. Eine hypothetische Verbindung mit dem liturgischen Drama liegt besonders nahe, wenn man in Betracht zieht, dass sowohl shamanistische Riten zum geistigen Erbe der Germanen, als auch der Gesang zu ihren besonderen Wesenszügen gehörten. Hier tut sich vielleicht ein bisher unbeachtetes Forschungsfeld auf, nämlich Möglichkeiten einer dramatisch-theatralischen Ausdrucksweise der germanischen Welt, die bisher wohl von dieser Seite nicht betrachtet worden ist. Weiterhin hat sich eine andere, neue Verbindung besonders zu den ersten deutschen poetischen Ausdrucksweisen, den althochdeutschen und altsächsischen Evangelienharmonien oder dieser Dichtung überhaupt, aufgetan, deren Metaphern, Symbole und Strukturen vielleicht von seiten des liturgischen Dramas besser erschlossen werden könnten.

Ob man nun das liturgische Drama aus seinen eigenen aesthetischen Normen sprechen lässt und es von daher zu erfassen versucht, wie es in dieser Arbeit getan worden ist, oder andere aesthetische Prinzipien zur Beurteilung heranzieht, es dürfte sich aus dieser Studie ergeben haben, dass das liturgische Drama der westlichen Kirche des neunten Jahrhunderts, wie es uns in den Werken des Amalarius von Metz erhalten ist, als künstlerische Leistung und Ausdruck einer reichen dramatischen Tradition besonders gewertet und damit die Geschichte des Dramas von neuen Gesichtspunkten aus betrachtet zu werden verdient.

APPENDIX

Ein zusätzlicher Text des Grablegungstopos mit Joseph von Arimathäa aus 'Ecologa: De ordine romano', H, 3: 257-58.

... Cum ipsam crucem videt diaconus facere et incipere, calicem exaltare vadit, et tenet calicen simul cum episcopo exaltatum, usque dum dicit: "Per omnia saecula saeculorum" et postea ponit calicem in altare, et involvit eum sudario. Nempe Joseph, accepto corpore Jesu, involvit illud in sindone munda, et posuit illud in monumento suo. Hunc praesentem diaconum propter conveniens ministerium in typo ponimus Joseph, sive generaliter in typo eorum qui casto corde mysteria Christi suscipiunt. Diaconus squidem, qui tenet calicem exaltatum cum pontifice, ponit illum in altare, quia Joseph deposuit de cruce corpus sominicum, et posuit in monumentum. Diaconus, sicut dicimus, involvit cum sudario calicem, quoniam Joseph involvit in sindone munda. In ipso altari, id est in sepulchro, corporale iacet. Per quod intellegitur ipsum linteum maius quo totum corpus Domini tegebatur in sepulchro. Et per illud quod aliquam partem calicis tegit, sudarium intellegimus quod aliquam partem capitis Domini tegebat, et aliquam non tegebat, sicut mos Iudeis est facere. Et remanet in altari, id est in sepulchro, hoc opus, usque dum tria capitula compleantur, id est prologues de oratione sequenti, "Pater noster", et "libera nos, quaesumus, Domini." Etenim tres dies in sepulchro Dominus quievit.

AUSGEWÄHLTES LITERATURVERZEICHNIS

TEXTAUSGABEN

Corpus Christianorum seu nova Patrum Collectio (= CC). Turnhouti, 1953.

Corpus Scriptorum Ecclesiasticorum Latinorum (= CSEL). Wien, 1866.

Corpus Scriptorum Christianorum Orientalium (= CSEO). Louvain, 1951.

Liber Pontificalis. MGH, A. D. 500-1500. Berlin, 1898.

Mansi, J. D. Sacrorum Conciliorum, Nova et Amplissima Collectio (Mansi). 31 vols. Florenz-Venedig, 1757-98. Neudruck und Fortsetzung herausgegeben von L. Petit und J. B. Martin. 60 vols. Paris, 1844-64.

Migne, J.-P. Patrologiae Cursus Completus: Series Latina (= PL). 221 vols. Paris, 1857-66.

---. Patrologiae Cursus Completus: Series Graeca (= PG). 162 vols. Paris, 1857-66.

Monumenta Germaniae Historica. Berlin, 1821 (= MGH).
Abteilungen:
Auctores Antiquissimi. (= Auct. ant.)
Capitularia Regum Fracorum. (= Cap.)
Concilia Aevi Karolini. (Conc.)
Epistolae (= Ep.)
Scriptores. (= SS)
Poetae Avi Karolini. (= Poet.)
Scriptores Rerum Merovingicarum (= SS rer. mer.)

Recueil des historiens des Gauls et de la France. 24 vols. Paris, 1738-1904.

Sources Chrétiennes. Paris, 1942-

ÜBERSETZUNGEN

Ancient Christian Writers: The Work of the Fathers in Translation. Edited by Johannes Quasten et al. New York: Newman Press (Bookshop), 1946-

Ante-Nicene Fathers: Translation of the Writings of the Fathers down to A. D. 325. Edited by Alexander Roberts and James Donaldson. American Reprint of the Edinburgh edition. Revised and chronological arranged with brief prefaces and occasional notes by A. C. Coxe. Grand Rapids, Michigan: Wm. B. Eerdmans Publishing Co., 1950.

The Apostolic Fathers: A New Translation and Commentary. 6 vols. Robert M. Grant, general editor. New York and Camden: Nelson and Sons, 1964-68.

Bibliothek der Kirchenväter (= BKV). Herausgegeben von F. X. Reithmayer, fortgesetzt von V. Talhofer. 79 Bde. Kempten, 1869-88.

Bibliothek der Kirchenväter (= BKV^2). Herausgegeben von O. Bardenhewer, Th. Scherman (ab Band 35 von J. Zellinger) und C. Weymann. 83 Bde. Kempten und München, 1911-

The Fathers of the Church: A New Translation. Editorial Director Ludwig Schopp. New York: CIM Publishing Co., Inc., 1948-

Hefele, Carl-Joseph von, et Leclercq, Henri. Histoire des Conciles. Nouvelle traduction corrigée et augmentée. 22 vols. Paris: Letouzey et Ané, 1908-52.

Loeb Classical Library. Edited by J. E. Page and W. H. D. Rouse. New York: Macmillan Co., 1913-

NACHSCHLAGEWERKE UND WÖRTERBÜCHER

Althochdeutsches Wörterbuch. Bearbeitet und herausgegeben von Elisabeth Karg-Gasterstädt und Theodor Frings. Berlin: Akademie-Verlag, 1962.

Arndt, W. F. and Gingrich, F. W. A Greek-English Lexicon of the New Testament and Other Early Christian Literature; 13th edidon. Chicago: University of Chicago Press, 1971.

Atlas zur Kirchengeschichte: Die christliche Kirche in Geschichte und Gegenwart. Herausgegeben von Hubert Jedin et al. Freiburg: Herder, 1970.

Catholic Encyclopedia. 6th edition.

Dekkers, Eligius. Clavis Patrum Latinorum. Editio altera. Steenbrugis: Abbatia Sancti Petri, 1961.

Dictionnaire d'Archéologie Chrétienne et de Liturgie. (= DACL) 15 vols. Publié par Fernand Cabrol et Henri Leclercq. Paris: Letouzey et Ané, 1907-51.

Encyclopedia Britannica. 1971 edition.

Graff, E. G. Althochdeutscher Sprachschatz. (= Graff). 6 Bde. Repographischer Nachdruck der Ausgabe Berlin 1940. Darmstadt Wissenschaftliche Buchgesellschaft, 1963.

Grimm, Jacob und Grimm, Wilhelm. Deutsches Wörterbuch. 16 Bde. Leipzig: Verlag von S. Hirzel, 1854-1938.

Jerusalem Bible. 1966 edition.

Kluge, Friedrich. Etymologisches Wörterbuch der deutschen Sprache. 20. Auflage bearbeitet von Walter Mitzka. Berlin: Walter de Gruyter & Co., 1967.

Köbler, Gerhard. Lateinisch-Althochdeutsches Wörterbuch. Göttingen: Musterschmidt Verlag, 1971.

Krumbacher, K. Geschichte der byzantinischen Literatur von Justinian bis zum Ende des oströmischen Reiches. 2 Bde., 2 Aufl. New York: Burt Franklin, 1958.

Lewis, C. T. and Short, C. S. A Latin Dictionary. Revised and enlarged edition. Oxford: At the Clarendon Press, 1966.

Lexikon für Theologie und Kirche. (=LThK) Zweite völlig neubearbeitete Auflage. Herausgegeben von Josef Höfer und Karl Rahner. Freiburg: Verlag Herder, 1957-65.

Lidell, H. G. and Scott, R. A. A Greek-English Lexicon. New 9 th edition. Oxford: At the Clarendon Press, 1968.

Manitius, M. Geschichte der lateinischen Literatur des Mittelalters. 3 Bde. München: C. H. Beck, 1911-31.

McKenzie, John L. Dictionary of the Bible. Milwaukee: The Bruce Publishing Co., 1965.

Rahner, Karl und Vorgrimler, Herbert. Kleines Theologisches Wörterbuch. Freiburg, i. Br.: Herder Bücherei, 1967.

Reallexikon für Antike und Christentum: Sachwörterbuch zur Auseinandersetzung des Christentums mit der Antiken Welt. (= RAC) Herausgegeben von Theodor Klauser et al. Stuttgart: Hiersemann Verlags GMBH, 1950-

(Die Religion) in Geschichte und Gegenwart: Handwörterbuch für Theologie und Religionswissenschaft. (= RGG) 3. völlig neubearbeitete Auflage. Herausgegeben von Kurt Galling et al. 6 Bde. Tübingen: J. C. B. Mohr (Paul Siebeck), 1957-62.

Schanz, Martin; Hosius, Carl und Krüger, Gustav. Geschichte der römischen Literatur. Handbuch der Altertumswissenschaft Nr. 8. München: C. H. Beck, 1907-20. Nachdruck, 1959.

Schmid, Wilhelm und Stählin, Otto. Geschichte der griechischen Literatur. Handbuch der Altertumswissenschaft, Nr. 7. München: C. H. Beck, 1929.

PRIMÄR-QUELLEN

Agobard von Lyon.
    Contra libros quattour Amalarii abbatis. PL, 104: 339-350.
    Liber de correctione antiphonarii. PL, 104: 329-340.
    Liber contra eorum superstitionem qui picturis et imaginibus sanctorum adorationis obsequium deferendum putant. PL, 104: 199-228.

Amalarius von Metz. Amalarii Episcopi Opera Liturgica Omnia. (H) 3 vols. Herausgegeben von Ioannes M. Hanssens. Citta del Vaticana: Biblioteca Apostolica Vaticana, 1948).
    Epistula ad Petrum abbatem Nonantulanum. H, 1: 227-31.
    Epistula ad Carolum imperatorem de scrutinio et baptismo. H, 1: 236-51.
    Missae expositionis geminus codex, Cod. I et II. H, 1: 254-81.
    Canonis missae interpretatio. H, 1: 283-338.
    Epistula ad Hilduinum abbatem de diebus ordinationis et quattour temporum. H, 1: 339-58.
    Prologus antiphonarii. H, 1: 359-63.
    "Embolis opusculorum meorum" H, 1: 365-90.
    Liber Officialis. H, 2: 580 Seiten.
    Liber de ordine antiphonarii. H, 3: 13-109.
    Eclogae: De ordine romano. H, 3: 225-65.
    Versus marini. MGH Poeta 1: 426-28.

Ambrosius De Abraham. PL, 14: 441-524.
    De Cain et Abel. PL, 14: 333-380.
    Enarrationes in Psalmo 36. PL, 14: 1011-56.
    Enarrationes in Psalmo 118. CSEL, 62.
    Expositio in evangelium Lucam. CC, 14.
    De Sacramentis et de Mysteriis. CSEL, 73: 1-116.

Anscharii Vita. Recueil des Historians des Gauls et de la France. 6: 304, 598.

Andrieu, Michel. Les "Ordines Romani" du haut Moyen Age. (Andrieu) 5 vols. Spicilegium Sacrum Lovaniense 11, 23, 24, 18, 29. Lovain: Spicicilegium Administration, 1931-61.

Aristoteles Erste Analytik.
    Poetik.
    Rhetorik.
    Aristoteles: Die Lehrschriften. Herausgegeben, übertragen und ihrer Entstehung erläutert von Dr. Paul Gohlke. Paderborn: Verlag Ferdinand Schoeningh, 1951.

Arnobius Adversus Nationes. CSEL, 4.

Augustine De Civitate Dei. CC, 47-48.
    Confessiones. CSEL, 33.

De Consensu Evangelistarum. CSEL, 43.
De Doctrina Christiana. CC 31.
De Epistola 120. CSEL, 24.
De Genesi ad Litteram, liber imperfectus. PL, 34: 220-46.
De Genesi Contra Manichaeos. PL, 34: 173-220.
De Genesi ad Litteram, Libri duodecimus. PL, 34: 246-466.
Johannes Tractatus. PL, 35: 1977-2062.
De Magistro. CSEL, 77: 3-55.
Enarratione in Ps. 103. CC, 40.
Sermo 241. PL, 38: 1133-35.
De Trinitate. PL, 42: 819-1098.
De Utilitate Credendi. CSEL, 25: 1-48.
De Vera Religione. CC, 31.

Basileios der Grosse Liturgia, PG, 31: 1630-56.

Barrow, R.H., Editor. Prefect and Emperor: The Relations of Symmachus, A.D. 384. With translation, introduction and notes. Oxford: At the Clarendon Press, 1973.

Beda der Venerabele De Tabernaculo vasis eius. PL, 91: 393-498.

Bourque, E. Etude sur les Sacramentaries Romains. Studi di Antichitita Christians. vols. 20, 25. Citta del Vaticano: Pontificio instituto di archeologia cristiana, 1949, 1958.

Brisson, Jean-Paul. Hilaire de Poitiers, "Traité de Mystères." texte établi et traduit avec introduction et notes. Sources Chrétiennes. Paris: Les Editions du Cerf, 1943.

Carolus Magnus Capitulare de imaginibus, MGH, Conc., 2.
Epistola generalis (786-800). MGH Cap. 1: 80-81.
Admonitio generalis (23. marzo, 789). MGH cap. 1: 52-66.

Cassiodorus Variarum. MGH auct. ant. 12.
Institutiones. PL, 70: 1105-50.

Cavallin, Samuel J. Vita Sanctorum Honrati et Hilarii Episcoporum Arelatensium. Skrifter utgivna av vetenskaps-Societetem Lund.

Chrysostomus In illud vidi Dominum. PG: 56: 98-107.
Adversus eos qui ecclesia relicta ad circenses Ludos et theatra transfugerunt. PG, 56: 263-270.

Cyprian De Spectaculis (Novatian). CSEL, 3: 1-13.
Epistolae. PL, 4: 194-452.

Clemens von Alexandrien Stromata. In Ante-Nicene Fathers: Translation of the Writings of the Fathers down to A.D. 325. Edited by A. Roberts and J. Donaldson. Grand Rapids, Michigan: Wm. B. Eerdmans Publishing Co., 1950.
Paedagogus. BKV^2
Protreptikos. BKV^2

Connolly, R. Hugh. Didascalia Apostolorum. The Syriac Version translated and accompanied by the Verona Latin Fragment with an introduction and notes. Oxford: At the Clarendon Press, 1929.

---. The Liturgical Homelies of Narsai. Translated from the Syriac with an Appendix by Edmund Bishop. Text and Studies. Vol. 8, no. 1. Cambridge: At the University Press, 1909.

Cooper, James and MacLean, A. J. The Testament of our Lord. Edited and translated. Edinburgh: T. T. Clark, 1902.

Brecht, Bertolt. Kleines Organon für das Theater; mit einem Nachtrag zum Kleinen Organon. Frankfurt a. M.: Suhrkamp Verlag, 1961.

Dix, Gregory. The Apostolic Tradition of St. Hippolytus of Rome. Edited and translated. 2nd edition. Reissued by Henry Chadwick. London: S. P. C. K., 1968.

Egeria. Diary of a Pilgrimage. Translated and annotated by Georg Gingras. Ancient Christian Writers Series. New York: Newman Press, 1970.

Einhardus Annales (ad ann. 814). MGH, SS. 1: 201.

Ellison, A. Die Tragödie "Das Leiden des Erlösers" (Christos Paschon) angeblich vom heil. Gregorius von Nazianz. Aus dem Griechischen übersetzt. Leipzig: Verlag von Otto Wiegand, 1855.

Eucher von Lyon Formulae Spiritalis Intelligentsiae. CSEL, 31: 1-62.

Falls, Thomas B. Justinus Martyr: The First Apology. The Fathers of the Church: A New Translation. New York: Christian Heritage, 1948.

Fisher, C. D. Cornelii Taciti Annalium. Adnotatione critica instruxit. Oxford Classical Texts. Oxford: At the Clarendon Press, 1966.

Florus von Lyon. Opuscula adversus Amalarium. PL, 119: 7-96.

Funk, Francis X. Didascalia et Constitutiones Apostolorum. Paderborn: Ferdinand Schöningh Verlag, 1905.

Gamber, Klaus. Ordo Antiqua Gallicanus. Der gallikanische Messritus des 6. Jahrhunderts. Regensburg: Verlag Friedrich Pustet, 1965.

Germanos Patriarch von Konstantinopel Historia Ecclesiastica et Mystica Contemplatio. PG, 98: 383-454.

Giesebrecht, W. Zehn Bücher fränkischer Geschichte von Gregorius von Tours. Uebersetzt und herausgegeben von W. Giesebrecht. Neue verbesserte Auflage von S. Hellmann. Geschichtsschreiber der Vorzeit.

Goethe, Johann Wolfgang von. Werke. Hamburger Ausgabe in 14 Bänden. Textkritisch durchgesehen und mit Anmerkungen versehen von Erich Trunz. 2. Aufl. Hamburg: Christian Wegner Verlag, 1966. Bd. 1: Gedichte und Epen.

Grant, Robert M. Theophilus of Antioch: Ad Autolocum. Text and translation from the Greek. Oxford Early Christian Texts. Oxford: At the Clarendon Press, 1970.

Gregorius I. Moralia in Job. PL, 75: 515-- PL, 76: 782.
Dialogues. PL, 77: 150-430.

Gregorius von Tours. Opera. MGH, SS, rer. mer., 1.
Historia Francorum, 1: 450.

Gregorius von Nazianzen Orationes. PG, 35: 395-1251.

Gregorius von Nyssa Epistolae. PG, 46: 999-1108.

Hadrian I. Epistola ad Carolus Magnus. MGH, Ep., 3: 626.

Hirzfeld, F. A. Vergili Opera: Aeneidos. Adnotatione critica instruxit. Oxford Classical Texts. Oxford: At the Clarendon Press, 1966.

Hieronymus Prologus de Homiliae in Jeremiam et Ezechielem. PL, 25: 585.

Irenaeus Adversus Haereses. BKV[2]

Isidore de Seville De Viris Illustribus. PL, 83: 1081-1106.
De Ordine Creaturarum de Paradiso. PL, 83: 913-54.
Ecclesiasticis Officiis. PL, 83: 737-826.
Etymologiarum. PL, 82: 74-727.
Sententiarum. PL, 83: 537-738.

Isidorus von Pelusium Epistola 123: Explicatio Ecclesiasticae initiationis. PG, 78: 264-66.

Itinerarium Egeria (Peregrinatio Aetheriae). 5. verbesserte und erweiterte Auflage herausgegeben von Otto Prinz. Heidelberg: Carl Winter Universitätsverlag, 1960.

Juvenal Satires. Loeb Classical Library.

Klein, Richard. Der Streit um den Viktoriaaltar: Die dritte Relatio des Symmachus und die Briefe 17, 18 und 57 des Mailänder Bischofs Ambrosius. Einführung, Text, Uebersetzung und Erläuterung. Texte zur Forschung, Nr. 7. Darmstadt: Wissenschaftliche Buchgesellschaft, 1972.

Klose, Dietrich. Cicero in Catilinam. Herausgegeben und übersetzt von D. Klose. Stuttgart: Reclam, 1972.

Lactantius Divinae Institutiones. CSEL, 19.

Liber Pontificalis. MGH, 1: 51.

Lietzmann, Hans. Das Sakramentarium Gregorianum nach dem Aachener Urexemplar. Münster, i.W.: Aschendorff'sche Verlagsbuchhandlung, 1921.

Leidrad von Lyon Epistula ad Carolum imperatorum. MGH, ep., 2: 541-3.

Le Loir, Louis. Saint Ephrem Commentaire de l'évangele concordant. Version Armenienne traduit. CSCO, 145. Scriptores Armeniaci. t. 2. Louvain: Impremerie Orientaliste, L. Durbecq, 1954.

Maximos Confessor Mystagogia. PG, 91: 657-718.

McCauley, Leo P. and Stephenson, Anthony. The Works of Saint Cyrille of Jerusalem. Edited and translated. 2 vols. The Fathers of the Church: A new Translation. Washington: Catholic University Press of America, 1969.

Morin, Germain. Editor. Sancti Caesarii episcopi Arelatensis Opera Omnia. 2 vols. Maretioli, 1937.

Mingana, A. Theodore of Mopsuestia: Commentary on the Lord's Prayer and on the Sacraments of Baptism and the Eucharist. Woodbroke Studies Nr. 6. Christian Documents edited and translated with a critical apparatus by A. Mingana. Cambridge: W. Heffer and Sons, Ltd., 1933.

Mohlberg, Leo C., Herausgeber. Missale Gothicum: Rerum Ecclesiasticarum Documenta, Series Maior: Fontes 5. Roma: Casa Ediatrice Herder, 1961.

Mohlberg, Leo C., Eizenhöfer, L. und Siffrin, P., Herausgeber. Missale Gallicanum Vetus. Rerum Ecclesiasticarum Documenta Series Maior: Fontes 3. Roma: Casa Ediatrice Herder, 1958.

---. Missale Francorum. Rerum Ecclesiasticarum Documenta Series Maior: Fontes 2. Roma: Casa Ediatrice Herder, 1957.

Mone, J. Lateinische und griechische Messen aus dem 2. bis 6. Jahrhundert. Frankfurt a. M.: C. B. Lizius, 1851.

Moss, C. "Jacob of Serugh's Homelies on the Spectacles of the Theater", Le Muséon. Revue d'Etudes Orientales 48 (1935): 87-112.

Munier, Charles. Les "Status ecclesia antiqua." Edition études critiques. Bibliotheque de l'institute de droit Canonique de l'universite de Strassbourg. Paris: Presses Universitaire de France, 1960.

Muspilli. Bruchstück einer althochdeutschen alliterirenden Dichtung vom Ende der Welt. Herausgegeben von J. A. Schmeller, München, 1832.

Handschrift, Form und Sprache des Muspilli. Herausgegeben von Cola Minis. Philologische Studien und Quellen. Heft 35. Berlin: Erich Schmidt Verlag, 1966.

Oelman, F., Ed. Heraclitus Questiones Homericae. Leipzig: Teubner Verlag, 1910.

Ordo Romanus I. PL, 78: 937-968. (Andrieu: Ordo I.)

Ordo Romanus II. PL, 78: 569-978. (Andrieu: Ordo V.)

Origenes Contra Celsum. BKV^2

In Joannem. PG, 14: 9-740.

De Principiis. In Ante-Nicene Fathers: Translation of the Writings of the Fathers down to A.D. 325. Edited by A. Roberts and J. Donaldson. Grand Rapids, Michigan: Wm. B. Eerdmans Publishing Co., 1950.

Otfrieds Evangelienbuch. Herausgegeben von Oskar Erdmann. Fortgeführt von Edward Schröder. 5. Aufl. besorgt von Ludwig Wolff. Altdeutsche Textbibliothek, Nr. 49. Tübingen: Max Niemeier Verlag, 1965.

Pease, Arthur Stanley. Cicero Naturam Deorum. Critical annotated edition. 2 vols. Cambridge: Harvard University Press, 1955-58.

Philo von Alexandrien.
> De Opeficio Mundi. Loeb Classical Library.
> De Migratione Abrahami. Loeb Classical Library.
> De Vita Contemplativa. Loeb Classical Library.
> Quod omnis probus liber sit. Loeb Classical Library.

Piédagnel, Auguste et Paries, Pierre. Cyrille de Jerusalem: Catécheses Mystagogiques. Introduction, texte critique, et notes. Sources Chrétiennes. Paris: Le Editios du Cerf, 1966.

Plinius Epistula, 10. Abgedruckt bei Carl Mirbt. Quellen zur Geschichte des Papsttums. 4. Auflage. Tübingen: J.C.B. Mohr (Paul Siebeck), 1924.

Plato Apology.
> Protagoras.
> Republic.
> Timaeus.
> Platos Collected Dialogues. Edited by E. Hamilton and H. Cairns. Bollingen Series 71. 4th edition. New York: Bollingen Foundation, 1966.

Prinz, Otto. Itinerarium Egeria. (Peregrinaltio Aetheriae) 5. verbesserte und erweiterte Auflage herausgegeben von O. Prinz. Heidelberg: Carl Winter Universitätsverlag, 1960.

Prudentius Peristephanon. CSEL, 61: 291-431.

Pseudo-Dionysius der Aeropagite. Die Himmlischen und Kirchlichen Hierarchien. BKV[2]

Richardson, Cyril C. Early Christian Fathers. Edited and newly translated. The Library of Christian Classics. New York: Macmillan Company, Paperback, 1970.

Rufinus Tyrannius v. Aquila De Benedictionibus Patriarcharum. CC; 20: 189-222.

Quasten, J., Editor. Expositio Antiqua Liturgicae Gallicanae Germano Parisiensi ascripta. Opuscula et Textus Münster, i.W.: Aschendorffsche Verlagsbuchhandlung, 1934.

Raabe, Richard. Die Apologie des Aristides. Aus dem Syrischen übersetzt. Leipzig: J.C. Hinrich'sche Buchhandlung, 1892.

Salmon, Pierre., Editeur. Le Lectionnaire de Luxeuil. (Paris, Ms. la, 9427). 2 vols. Collectanae Biblica Latina, No. 7 and 9. Roma: Abbaye Saint Jerome, 1944-53.

Salvianus De Gubernatio Dei. MGH, auct. ant., 1: 108.

Schoedel, R.S. Athenagoras Legation and De Resurrectione. Edited and translated with an introduction. Oxford Classical Texts Series. Oxford: At the Clarendon Press, 1972.

Sethe, Kurt. Dramatische Texte zu altägyptischen Mysterienspielen. Untersuchungen zur Geschichte der Altertumskunde Aegyptens. Bd. 10 Leipzig: J.C. Hinrich'sche Buchhandlung, 1928.

Sheldon-Williams, J.P. Ioannis Scotti Eriugenae: Periphyseon (De Divisione Natura) 2 vols. Edited and translated with an introduction. Scriptores Latini Hiberniae, no. 7. Dublin: The Dublin Institute for Advanced Studies, 1968-72.

Sidonius Carmina. PL, 58: 639-748.

Simson, Bernhard. Jahrbücher des fränkischen Reiches unter Ludwig dem Frommen. Leipzig: Verlag v. Duncker und Humblot, 1874-76.

Sophronius Patriarch von Jerusalem Commentarius Liturgicus, PG, 87: 3981-4004.

Sozomenus Ecclesiastical History. A History of the Church in Nine Books from A.D. 324-440. Translated from the Greek by Edward Walford. London: Samuel Bagster and Sons, 1846.

Stern, Henri. Le calendier de 354. Institut Francais d'Archéologie de Beyrouth Bibliothèque Archéologique et Historique, no. 55. Paris: Imprémerie Nationale, Librarie Orientaliste Paul Geuthner, 1953.

Stoicorum Veterum Fragmenta. Edited by H. Arnim. Leipzig: B.G. Teubner, 1905-24.

Tatianus Diatessaron. Uebersetzt und herausgegeben von Erwin Preuschen. Heidelberg: Carl Winter Universitätsbuchhandlung, 1960.

Taylor, John H. "Sancti Aureli Augustini, 'De Genesi ad Litteram, Liber Duodecimus'." Edited with an introduction, translation and commentary. Ph.D. Dissertation, St. Louis University, 1948.

Tertullian Apologeticum. CSEL, 69.
    De Baptismo. CC, 1: 277-95.
    De Paenetentia. CC, 1: 321-40.
    Adversus Marcion. CC, 1: 437-726.
    De Puditia. CSEL, 20: 30-58.
    De Idololatria. CSEL, 20: 30-58.
    De Spectaculis. CC, 1: 227-53.

Thompson, T. On the Sacraments and on the Mysteriis. Edited with an introduction and notes by J.H. Strawley. Revised edition. London: S.P.C.K., 1950.

Troeltsch, Ernst. Gesammelte Werke. 1. Band: Die Soziallehren der christlichen Kirchen und Gruppen. 2. Neudruck der im Verlag J. C. B. Mohr (Paul Siebeck) 1922 erschienenen Ausgabe. Aalen: Scientia Verlag, 1965.

Varro De Lingua Latina. Loeb Classical Library.

SEKUNDÄR-QUELLEN

Abresmann, Rudolph. O. S. A., "The 'Daemonium Meridianum' and Greek Latin Exegeisi", Traditio 14 (1958): 17-31.

Alt, H. Theater und Kirche in ihrem gegenseitigen Verhältnis. Berlin: Plahnsche Buchhandlung, 1840.

Altaner, Berthold und Stuiber, Alfred. Patrologie. Siebte, völlig neubearbeitete Auflage. Freiburg: Verlag Herder, 1966.

Altheim, Franz. Römische Religionsgeschichte. 2 Bde. Baden-Baden: Verlag für Kunst und Wissenschaft, 1951-53.

Allgeier, Arthur. "Der Einfluss des Manichäismus auf die exegetische Fragestellung bei Augustin", in Aurelius Augustinus. Zeitschrift der Görresgesellschaft zum 1500. Todestag des Heiligen Augustinus. Herausgegeben von M. Grabmann und Joseph Mausbach. Köln: Verlag J. P. Bachem, GMBH, 1930.

Altweiler, A. "Hilarius, Bischof v. Poitiers", Lexikon für Theologie und Kirche 5 (1960): 337.

Amiet, A. "Le prologue 'Hucusque' et la table des Capitual du Supplement d'Alcuin au sacramentaire grégorien", Scriptorium 7 (1953): 177-209; 9 (1955): 76-84.

Arnold, C. F., Caesarius von Arelate und die gallikanische Kirche. Leipzig: J. C. Hinrich'sche Buchhandlung, 1894.

Auerbach, Erich. Mimesis. Translated by W. Trask. Garden City, New York: Doubleday & Company, Inc., Anchor Books, 1957.

Axton, Richard. European Drama of the Early Middle Ages. London: Hutchinsons' University Library, 1974.

Bardy, G., "L'Inspiration des Péres de l'église", Recherches de Theologie Ancienne de Mediovale 31 (1964): 5-31.

Baumstark, Anton. Comparative Liturgy. Revised by Bernard Botte. English edition by F. L. Cross. London: A. R. Mowbray & Co., Ltd., 1958.

Baumstark, Anton. "Nichtevangelische syrische Perikopenordnungen des ersten Jahrtausends." Liturgische Quellen No. 1, 1. 2. (1921).

Baumstark, Anton. "Denkmäler der Entstehungsgeschichte des Byzanischen Ritus." Oriens Christianus 3. Ser. 2. (1927): 1-32.

---. Vom geschichtlichen Werden der Liturgie. Freiburg, i. Br. , : Herder & Co. , GMBH Verlagsbuchhandlung, 1923.

Baynes, Normann H. , Byzantine Studies and Other Essays. London: The University of London, the Athlone Press, 1960.

Berg, K. Die Werke des hl. Caesarius von Arles als liturgie-geschichtliche Quelle. Dissertationsteildruck. Pontifica Universitas Gregoriana. Birkeneck: Buchdruckerlehrwerkstätte, 1946.

Bieber, Margaret. "Kuchenformen mit Tragödienszenen", Programm zum Winkkelmannfeste der Archäologischen Gesellschaft 75 (1915): 1-31.

---. Die Denkmäler zum Theaterwesen im Altertum. Berlin und Leipzig: Walter de Gruyter and Co. , 1920.

Bishop, Edmund' "The Liturgical Reforms of Charlemagne: Their Meaning and Value", Downside Review 38 (1919): 1-16.

---. "The Genius of the Roman Rite." In Liturgica Historia. Oxford: At the Clarendon Press, 1918.

Bishop, W. C. "The African Rite." Journal of Theological Studies 13 (1922): 250-77.

Blair, Peter Hunter. The World of Beda. New York: St. Martin's Press, 1971.

Bornert, R. , O. S. B. "Explication de la liturgie et interpretation de l'Ecriture chex Maxime le Confesseur." Studia Patristica 10 (1970): 323-27.

Boshof, Egon. Erzbischof Agobard von Lyon: Leben und Werk. Köln und Wien: Böhlau Verlag, 1969.

Bourke, Vernon J. Augustin's Quest for Wisdom. Milwaukee: The Bruce Publishing Company, 1945.

Brand, C. E. Roman Military Law. Austin: University of Texas Press, 1968.

Braun, Joseph. Der christliche Altar. München: G. Koch & Co. , 1924.

---. Liturgisches Handlexikon. Regensburg: J. Kösel und F. Pustet Verlag, 1924.

Braunfels, Wolfgang. Karl der Grosse. 5 Bde. Düsseldorf: L. Schwann Verlag, 1965-68.

---. Die Welt der Karolinger und ihre Kunst. München: G. D. W. Calloway, 1968.

Brightmann, F. E. "The Historia Mystagogia and other Greek Commentaries on the Byzantine Liturgy." Journal of Theological Studies", 9 (1908): 248-67, 387-97.

Brightmann, F. E. Liturgies Eastern and Western. London: At the Clarendon Press, 1896.

Brinkmann, H. "Die Eigenformen des mittelalterlichen Dramas in Deutschland." In Studien zur Geschichte der deutschen Sprache und Literatur. 2 Bde. Düsseldorf: Pädagogischer Verlag Schwann, 1965.

---. "Das religiöse Drama im Mittelalter", Wirkendes Wort, 9 (1959): 257-74.

Brody, Alan. The English Mummers and their Plays: Traces of Ancient Mystery. Philadelphia: University of Pennsylvania Press, 1969.

Brown, Peter L. M., Augustine of Hippo: A Biography. Berkeley: University of California Press, 1967.

---. The World of Late Antiquity A. D. 150-750. History of European Civilization Library. New York: Harcourt: Brace Jovanovich, Paperback, 1971.

---. Religion and Society in the Age of Saint Augustine. London: Faber and Faber, Ltd., 1972.

---. "Aspects of the Christianization of the Roman Aristocracy." The Journal of Roman Studies. 61 (1971): 80-101.

Burkitt, F. C. "The Early Syriac Lectionary System", Proceedings of the British Academy 10 (1921-23): 301-338.

---. "The Old Lectionary of Jerusalem." Journal of Theological Studies 24 (1923): 415-425.

Bunting, Marie de Chantal, O. S. U. "Liturgy and Politics in Ninth Century Gaul." Ph. D. Dissertation, Fordham University, 1967.

Büttner, H. "Bonifatius und die Karolinger." Hessisches Jahrbuch für Landesgeschichte 4 (1954): 21ff.

Cabaniss, Allen. Amalarius von Metz. Amsterdam: North Holland Publication Co., 1954.

---. "The Personality of Amalarius." Church History 20 (1951): 34-41.

---. Liturgy and Literature. University City, Alabama: University of Alabama Press, 1970.

Cabrol, Fernand. Les Origines Liturgiques. Paris: Letouzey et Ané, 1906.

---. "Le Book of Cerne. Les Liturgies celtiques et gallicanes et la liturgie romaine." Revue des questions historique 56 N. S. 32 (1904): 210-222.

---. "Mozarabic." Dictionnaire d'Archéologie Chrétienne et de Liturgie 12 (1935): 390-491.

---. "Charlemagne et la liturgie." Dictionnaire d'Archéologie Chrétienne et de Liturgie 3 (1913): 807-823.

Capelle, Bernard. S. Beda Venerabilis. Romae: S.E.L.E.R. Herder, 1936.

Cargill, Oscar. Drama und Liturg. New York: Columbia University Press, 1930.

Carpe, William D. "The Vita Canonica in the Regula Canonicorum of Chrodegang of Metz." Ph.D. Dissertation, The University of Chicago, 1975.

Carpenter, Marjorie. "Romanos and the Mystery Plays of the East." Philological Studies in Honor of Walter Miller. The University of Missouri Studies 11, No. 3 (1936): 21-51.

Casel, Dom. "Neue Zeugnisse für das Kultmysterium." Jahrbuch für Liturgiewissenschaft 13 (1933): 99-171.

---. "Das Mysteriengedächtnis der Messliturgie im Lichte der Tradition." Jahrbuch für Liturgiewissenschaft 6 (1926): 113-204.

---. "Glaube, Gnosis, Mysterium." Jahrbuch für Liturgiewissenschaft 15 (1941): 155-305.

Casper, E. Geschichte des Papsttums. 2 Bde. Tübingen: J.C.B. Mohr (Paul Siebeck), 1930-33.

Chambers, E.K. The Medieval Stage. 2 vols. Oxford: At the Clarendon Press, 1903.

Chadwick, O. John Cassian: A Study in Primitive Monasticism. 2nd. edition. Cambridge: University Press, 1968.

Charles, Lucille, H. "Regeneration through Drama at Death." Journal of American Folklore 59 (1946).

Theochardis, Georgios J. "Beiträge zur Geschichte des Byzantinischen Profantheaters im 4. und 5. Jahrhundert, hauptsächlich auf Grund der Predigten des Johannes Chrysostomus, Patriarchen von Konstantinopel." Ph.D. Dissertation, München, 1942.

Cochrane, Charles N. Christianity and Classical Culture: A Study of Thought and Action from Augustus to Augustine. Oxford: At the Clarendon Press, 1940; reives 1944; reprint edition, Oxford: Oxford University Press, Paperback, 1957, 1968.

Collins, Fletcher, Jr. The Production of Medieval Church-Music-Drama. Charlottesville: University of Virginia Press, 1972.

Connolly, R.H. "Jacob of Serugh and the 'Diatessaron!'" Journal of Theological Studies 8 (1907): 581-590.

Cornford, Francis M. The Origin of the Attic Comedy. Edited with a foreword by Theodore Gaster. Ist edition 1914. Garden City, N.Y.: Doubleday & Company, Inc., Paperback, 1961.

Cottas, Vénétia. Le Théatre a Byzance. Paris: Librairie Orientaliste Paul Geunther, 1931.

Courcelle, Pierre. Recherches sur les Confessiones de S. Augustine. Paris: E. De Boccard, 1950.

Craig, Harden. English Religious Drama of the Middle Ages. Oxford: At the Clarendon Press, 1955.

Creizenach, W. Geschichte des neueren Dramas, 5 Bde. Halle, a.S.: Max Niemeyer Verlag, 1893-1816.

Cullman, Oscar. Urchristentum und Gottesdienst: Abhandlungen zur Theologie des Alten und Neuen Testamentes. Zweite vermehrte und veränderte Auflage. Zürich: Zwingli Verlag, 1950.

Curtius, Ernst Robert. European Literature and the Latin Middle Ages. Translated by W. Trask. New York: Harper & Row, Publishers, 1953; Paperback, 1963.

Danielou, J. Bible et Liturgie. Paris: Edition du Cerf, 1951.

Dawson, Christopher. The Making of Europe. Cleveland and New York: World Publishing Company, 1970. Meridian Book. First Printing, 1956.

Delhaye, Ph. "Les idées morales de Saint Isidore de Seville." Recherches de Théologie ancienne et mediévale 26 (1959): 17-49.

Dix, Dom Gregory. The Shape of the Liturgy. Westminster: Dacre Press, 1945.

Dölger, F. "Europas Gestaltung im Spiegel der fränkisch-byzantinischen Auseinandersetzung des 9. Jahrhunderts." In Byzanz und die europäische Staatenwelt. Ettal: Buchkunstverlag, 1957.

Dörrie, Heinrich. "Spätantike Symbolik und Allegorese." In Früh-Mittelalterliche Studien 6 (1973): 1-12.

Doerries, H. Das Selbstzeugnis Kaiser Konstantins. Abhdl. d. Ak. d. Wiss. in Göttingen. Phil. hist. Kl. 3. F. Nr. 34. Göttingen: Vandenhoeck & Ruprecht, 1954.

Duchesne, Louis. Christian Worship: Its Origin and Evolution. A Study of the Latin Liturgy up to the Time of Charlemagne. Translated by M.C. Mc Clure. 5th edition. London Society for Promoting Christian Knowledge. New York: The Macmillan Co., 1919.

---. Fastes Episcopoux de Ancienne Gaule. 3 vols. Paris: E. de Boccard, 1915.

Duchrow, Ulrich. Sprachverständnis und Biblisches Hören. Tübingen: J.C.B. Mohr (Paul Siebeck), 1965.

Dumézil, Georges. La Religion Romaine Archaique. Bibliotheque Historique Collection les Religions de l'Humanité. Paris: Payot, 1966.

Dumville, David N. "Liturgical Drama and Panegyric Responsory from the Eight Century? A Re-examination of the Origin and Content of the Ninth-Century Section of the Book of Cerne." Journal of Theological Studies, N. S. Pt. 2 23 (1972): 374-406.

Dunn, E. C. , Editor. The Medieval Drama and its Claudien Revival. Washington: Catholic University of America, 1970.

Eadie, John E. , Editor. The Conversion of Constantin. Europe an Problem Studies. New York: Holt, Rinehardt and Winston, Paperback, 1971.

Edwards, Otis Carl, Jr. "Barbarian Philosophy: Tatian and the Greek Paideia." Ph. D. Dissertation, University of Chicago, 1971.

Ehrhardt, Arnold A. T. , Politische Metaphysik von Solon bis Augustin. 3 Bde. Tübingen: J. C. B. Mohr (Paul Siebeck), 1959.

Elbogen, Ismer. Der jüdische Gottesdienst in seiner geschichtlichen Entwicklung. 4. Auflage. Hildesheim: Georg Olms Verlagsbuchhandlung, 1962.

Eliade, Mircea. Patterns in Comparative Religion. 4th Edition. Translated by Rosemary Sheed. Cleveland: World Publishing Company: Meridian Books, 1967.

---. The Myth of Eternal Return or, Cosmos and History. Bollingen Series Nr. 46. Originally published in French: Le "Mythe de éternel retour: archétypes et répetition." Paris: Librarie Gallimard, NRF, 1949. Translated by W. Trask. Princeton: Princeton University Press, 1954. Published under the title: Cosmos and History. New York: Harper Torchbooks, Paperback, 1959. 2nd printing with corrections, Princeton, 1965. First Princeton/Bollingen Paperback, 1971.

---. Shamanism. Translated by W. R. Trask. New York: Pantheon Books, 1964.

Ellard, Gerard. Master Alkuin Liturgist. Chicago: Loyola University Press, 1950.

Federer, Alfred. "Kulturgeschichtliches in den Werken des heil. Hilarius v. Poitiers." Stimmen aus Maria Maria Laach 81 (1911): 30-45.

Fendt, L. Einführung in die Liturgiewissenschaft. Berlin: Alfred Töpelmann, 1958.

Fischer, Ursula. "Karolingische Denkart: Allegorese und Aufklärung. Dargestellt an den Schriften Amalars von Metz und Agobard von Lyons." Ph. D. Dissertation, Göttingen, 1957.

Flanigan, Clifford C. "The Roman Rite and the Origins of the Liturgical Drama." University of Toronto Quarterly 43 (1974): 263-84.

Fletcher, Angus. Allegory. The Theory of a Symbolic Mode. Ithaca: Cornell University Press, 1964; Paperback, 1970.

Fortescue, A. "Cherubicon." Dictionnaire d'Archéologie Chrétienne et de Liturgie 3 (1921): 1281-86.

---. "Liturgie." Catholic Encyclopedia, 1910 edition. S. v.

Funk, Francis X., Die Apostolischen Konstitutionen: Eine literar-historische Untersuchung. Rottenburg, a. N.: Verlag von W. Bader, 1891.

Franz, A. Die Messe im deutschen Mittelalter. Freiburg, i. Br.: Verlag Herder, 1902.

Gadamer, Hans-Georg. Wahrheit und Methode. 3. erweiterte Auflage. Tübingen: J. C. B. Mohr (Paul Siebeck), 1972.

Gamber, Klaus. Domus ecclesiae. Regensburg: Pustet Verlag, 1968.

Gamer, Helena M. "Mimes, Musicians and the Origins of the Medieval Religious Plays." Deutsche Beiträge 5 (1965): 9-28.

Gardiner, Harold C., S. J. Mysteries End: An Investigation of the Last Days of the Medieval Religious Stage. New Haven: Yale University Press, 1946.

Gams, Pius Bonifatius. Die Kirchengeschichte von Spanien. Regensburg: Druck und Verlag von Joseph Manz, 1874.

Geertz, Clifford. The Interpretation of Cultures: Selected Essays. New York: Basic Books, 1973.

Geiselmann, J. R. Die Abendmahlslehre an der Wende der christlichen Spätantike zum Frühmittelalter. München: Max Hueber Verlag, 1933.

Geyser, Joseph. "Die erkenntnistheoretischen Anschauungen Augustins zu Beginn seiner schriftstellerischen Tätigkeit." In Aurelius Augustinus. Die Festschrift der Görresgesellschaft zum 1500. Todestag des Heiligen Augustinus. Herausgegeben von M. Grabmann und Joseph Mausbach. Köln: Verlag J. P. Bachem, GMBH, 1930.

Gibbon, Edward. The Decline and Fall of the Roman Empire. 2 vols. First printed in London 1776-78 in 6 vols. New York: Modern Library, n. d.

Goodspeed, Edgar J., History of Early Christian Literature. London: Georg Allen and Unwin, Ltd., and Toronto: University of Toronto Press, 1942. Revised and enlarged by Robert M. Grant. Chicago: The University of Chicago Press, Phoenix Book Paperback, 1966.

Goppelt, Leonard. Typos. Gütersloh: Verlag C. Bertelsmann, 1939.

Grant, Robert M., The Letter and the Spirit. London: S. P. C. K., 1957.

---. Augustus to Constantin: The Thrust of the Christian Movement into the Roman World. New York: Harper and Row Rublishers, 1970.

---. "The Chronology of the early Greek Apologists." Vigilae Christianae 9 (1955): 25-33.

Griffe, E. "Aux origines de la liturgia gallicane." Bulletin de litterature écclesiastique 52 (1951): 17-43.

---. La Gaule Chrétienne. 2 vols. Paris: Editions Picard % Co., 1947-57. 2nd vol. revised and augmented. Paris: Letouzey et Ané, 1966.

Gregoire, H., et al. Persecutions dans l'empire romain. 2nd ed. Letters et de sciences morals et politiques, Memoires, Academie Royale de Belgique. Bruxelles: Palais des Academies, 1964.

Haendler, G. Epochen Karolingischer Theologie: Eine Untersuchung über die Karolingischen Gutachten zum Byzantinischen Bilderstreit. Berlin: Evangelische Verlagsbuchhandlung, 1952.

Haller, Johannes. Das Papsttum: Idee und Wirklichkeit. 5 Bde. 2. Auflage. Esslingen am Neckar: Port Verlag, 1962.

Hanson, John Arthur. Roman Theater-Temples. Princeton Monograph in Art and Archeology, No. 33. Princeton: Princeton University Press, 1959.

Hanson, R. P. C. Allegory and Event. London: SMC Press, 1959.

Hardison, O. B., Jr. Christian Rite and Christian Drama in the Middle Ages: Essays in the Origin and Early History of Modern Drama. Baltimore: Johns Hopkins Press, 1965.

---. "Gregorian Easter Vespers and Early Liturgical Drama." In The Medieval Drama and Its Claudelian Revival. Edited by E. C. Dunn, T. Fotitch and B. M. Peebles. Washington: Catholic University of America Press, 1970.

Harnack, Adolf. Mission und Ausbreitung des Christentums in den ersten drei Jahrhunderten. Vierte, verbesserte und vermehrte Auflage. 2 Bde. Leipzig: Hinrich'sche Buchhandlung, 1924.

Hatlen, Theodore W. Drama: Principles and Plays. Edited with an introduction by Th. Hatlen. 2nd edition. Englewood Cliffs, N. J.: Prentice Hall, Paperback, 1975.

Hauck, Albert. Kirchengeschichte Deutschlands. 5 Bde. Leipzig: J. C. Hinrich'sche Buchhandlung, 1903-06.

Hefele, Carl Joseph. Conciliengeschichte. 2. verbesserte Auflage. Freiburg, i. Br.: Herder'sche Verlagsbuchhandlung, 1877.

Heiler, Friederich. Altkirchliche Autonomie und Päpstlicher Zentralismus. München: Verlag von Ernst Reinhardt, 1941.

Heinemann, I. Altjüdische Allegoristik, Breslau, 1936.

Heitz, Carol. Recherches sur les rapports entre architecture et liturgie à l'époque carolingienne. Paris: S. E. V. P. E. N., 1963.

Helgeland, John. "Christians and Military Service", Ph. D. Dissertation, The University of Chicago, 1973.

Herzog, Reinhart. Die allegorische Dichtkunst des Prudentius. Dissertation Kiel, 1964. Zetamata, Nr. 42. Monographien zur klassischen Altertumswissenschaft. München: C. H. Beck'sche Verlagsbuchhandlung, 1966.

Hill, Dorothy. "The Temple above Pompey's Theater." The Classical Journal 39 (1944): 360-365.

Hoffmann, Dietram. Die geistige Auslegung der Schrift bei Gregor dem Grossen. Münster-Schwarzacher Studien, Bd. 6. Münster-Schwarzach: Vier-Türme Verlag, 1968.

Holl, Adolf. Die Welt der Zeichen bei Augustine: Religionsphänomenologische Analyse des 13. Buches der Confessiones: Wiener Beiträge zur Theologie, Nr. 2 Wien: Verlag Herder, 1965.

Holmes, T. Scott. The Origin and Development of the Christian Church in Gaul. London: Macmillan & Co., 1911.

Huhn, Joseph. "Bewertung und Gebrauch der Heil. Schrift durch den Kirchenvater Ambrosius", Historisches Jahrbuch der Görresgesellschaft 77 (1958): 387-96.

Hutton, William H. The Church of the Sixth Century. London and New York: Longmans, Green and Co., 1897.

Hunnigher, B. The Origin of the Theater. The Hague: M. Nijhoff, 1955.

Jackson, B.D. "Theory of Signs in St. Augustine's 'De Doctrina Christiana'." In Augustine: A Collection of Critical Essays. Edited by R.A. Markus. Garden City, N.Y.: Doubleday & Co., Inc., Anchor Book, 1972.

Jaeger, Werner. Early Christianity and Greek Paideia. Cambridge, Mass.: Harvard University Press, 1961.

Jones, A.H.M. The Later Roman Empire 284-602: A Social, Economic and Administrative Survey. Oxford: Basil Blackwell, 1964.

---. Constantine and the Conversion of Europe. Revised edition. New York: Collier Books, 1962.

Jürgens, Heiko. Pompa Diaboli: Die Lateinischen Kirchenväter und das Antike Theater. Tübingen Beiträge zur Altertumswissenschaft, Nr. 46. Stuttgart: Verlag W. Kohlhammer, 1972.

Jungmann, Joseph A. Die Stellung Christi im liturgischen Gebet. Münster, i.W.: Aschendorff Verlag, 1925.

---. The Mass of the Roman Rite: Its Origin and Development. Translated by F. Brunner. 2 vols. New York: Benziger, 1951-55.

---. Early Liturgies to the Time of Gregory the Great. Translated by F. Brunner. Notre Dame, Indiana: University of Notre Dame Press, 1959.

Kallis, A. "Griechische Väter." In Reallexikon für Antike und Christentum s.v. "Geister" (Dämonen), Bd. 9, Nr. 68-69 (1974-75): 700-715.

Karg-Gasterstädt, Elisabeth. "Aus der Werkstatt des althochdeutschen Wörterbuchs. ahd. bilidi." Beiträge zur Geschichte der deutschen Sprache 66 (1942): 291-308.

Kelly, John N. D. Early Christian Creeds. London and New York: Longmanns Green and Co., 1950.

Kindermann, Heinz. Theatergeschichte Europas. 3 Bde. Salzburg: Otto Müller Verlag, 1957. Bd. 1: Das Theater der Antike und des Mittelalters.

Kirby, Ernest Theodore. Ur-Drama: The Origins of the Theater. New York: New York University Press, 1975.

Klauser, Theodore. Kleine Abendländische Liturgiegeschichte. Bonn: Hanstein, 1965.

---. "Die Austauschbeziehungen zwischen der römischen und fränkischen Kirche vom achten bis elften Jahrhundert." Historisches Jahrbuch 53 (1933): 170-77.

Klein, Richard. Symmachus: Eine tragische Gestalt des ausgehenden Heidentums. Impulse Forschung Nr. 2. Darmstadt: Wissenschaftliche Buchgesellschaft, 1971.

Köhne, Joseph. "Die Schrift Tertullians 'über die Schauspiele' in kultur- und religionsgeschichtlicher Beleuchtung." Ph. D. Dissertation, Breslau, 1929.

Kolping, Adolf. "Amalar von Metz und Florus non Lyons." Zeitschrift für katholische Theologie 73 (1951): 424-64.

Korger, Mathias A. "Grundprobleme der Augustinischen Erkenntnislehre. Erläutert am Beispiel von 'De Genesi ad Litteram'." Recherches Augustiniennes 2 (1962): 33-57.

Kottje, R. "Einheit und Vielfalt des kirchlichen Lebens in der Karolingerzeit." Zeitschrift für Kirchengeschichte 3-4 (1965): 323-342.

Krause, W. Die Stellung der frühchristlichen Autoren zur heidnischen Literatur. Wien: Verlag Herder, 1958.

Kretzmann, P. E. The Liturgical Element in Earliest Forms of Liturgical Drama. University of Minnesota Studies in Language and Literature, No. 4. Minneapolis: University of Minnesota Press, 1916.

La Piana, George. "The Byzantine Theater", Speculum 11 (1936): 171-211.

Lasko, Peter. The Kingdom of the Franks: North-West Europe before Charlemagne. Library of Medieval Civilization. New York: McGraw-Hill, Paperback, 1971.

Leclercq, Henri. "Germain de Paris (letter attribuéesa Saint)." Dictionnaire d'Archéologie Chrétienne et de Liturgie 6 (1924): 78-85.

List, Johannes. Studien zur Homiletik Germanos I. von Konstantinopel und seiner Zeit. Texte und Untersuchungen zur Byzantinischen-Neugriechischen Philologie, Nr. 29. Athen: Verlag der Byzantinischen-Neugriechischen Sprache, 1939.

Longworth, Robert. The Cornish Ordinalia: Religion and Dramaturgy. Cambridge, Mass.: Harvard University Press, 1967.

Lot, Ferdinand. The End of the Ancient World and the Beginning of the Middle Ages; First published in 1927. Translated into English 1931. Published with new material in the United States by Glanville Downey, 1961. New York: Harper and Row, Publishers, Harper Torchbook Paperback, 1965.

Lubac, Henri de. Exégése Médiévale: les quatre sense de l'Ecriture. 2 vols. Paris: Aubier, 1959.

---. "Typologie et allegorisme." Recherches de science Religeuse 24 (1947): 180-226.

Maas, Fritz. "Von den Ursprüngen der rabbinischen Schriftauslegung." Zeitschrift für katholische Theologie 52 (1955): 145.

Macaigne, R. L'Eglise merovingienne et l'Etat pontifical. Paris: E. de Boccard, 1929.

Mahr, Augustus Carl. Relations of Passion Plays to St. Ephrem the Syrian. Columbus: Wartburg Press, 1947.

Malden, R.H. "St. Ambrose as an Interpreter of Holy Scripture." Journal of Theological Studies 16 (1914-15): 509-522.

Malnory, A. Saint Cesaire eveque d'Arles 503-43. Paris: E. Bouillon, 1894.

Markus, R.A. "St. Augustine on Signs." In Augustine: A Collection of Critical Essays. Edited by R.A. Markus. Garden City, N.Y.: Double Day & Co., Anchor Books, 1972.

Marrou, Henri I. Saint Augustine et la fin de la culture antique. Paris: E.De. Boccard, 1938.

Manley, John. "Literary Forms and the New Theory of the Origins of Species." Modern Philogy 4 (1906-07): 383-97.

Mayer, Bernard. "Alkuin zwischen Antike und Mittelalter." Zeitschrift für katholische Theologie 81 (1959): 306-50.

Mayer, Cornelius Petrus. Die Zeichen in der geistigen Entwicklung und Theologie des jungen Augustins. Dissertation Würzburg, 1969. Cassiciacum Nr. 24 Würzburg: Augustin Verlag, 1969.

McNalley, Robert E. The Bible in the Early Middle Ages. Woodsstock Papers, Nr. 4. Westminster, Md.: The Newmann Press, 1959.

McNeill, John T. The Celtic Churches: A History A.D. 200-1200. Chicago: University of Chicago Press, 1974.

Meril, E. du. Origines Latines du theatre modernes, 1849.

Michael, W.F. "Das dt. Drama und Theater vor der Reformation." Deutsche Vierteljahresschrift 31 (1957): 106-153.

Mirgeler, Albert. Rückblick auf das abendländische Christentum. Mainz: Mathias Grünewald Verlag, 1961.

Momigliano, Arnaldo. The Conflict between Paganism and Christianity in the Fourth Century: Essays. Oxford: At the Clarendon Press, 1963.

Morin, Germain. "La question de deux Amalaire", Revue Bénédictine 16 (1899): 419-421.

---. "Amalaire, equisse biographique", Revue Bénédictine 9 (1892): 337-51.

Morin, Germain. "Encore la question des deux Amalaire", Revue Bénédictine 11 (1894): 241-43.

Murphy, F. X. "Rufinus Tyrannius v. Aquileja." Lexikon für Theologie und Kirche 9 (1964): 91-92.

Müller, Albert. "Das Bühnenwesen in der Zeit von Konstantin bis Justinian." Neue Jahrbücher für das Klassische Altertum 23 (1909): 36-55.

Müller, H. F. "Pre-history of the Medieval Drama, the Antecedents of the Tropus and the Conditions of their Appearance." Zeitschrift für Philologie 4 (1925): 545-

Mullins, Sr. Patrick Jerome. The Spiritual Life according to St. Isidore de Seville. Ph.D. Dissertation. The Catholic University of America. Studies in Medieval and Renaissance Latin, Languages and Literature. Vol. 13. Washington: The Catholic University of America Press, 1940.

Murray, Gilbert. Euripides and His Age. London: Thornton Butterworth, Ltd., 1927.

Murin, Michael. The Veil of Allegory. Chicago: The University of Chicago Press, 1969.

Nat, P. G. van der. 'Apologeten und lateinische Väter.' S. v. "Geister (Dämonen)." In Reallexikon für Antike und Christentum Vol. 9. Nos. 68-69 (1974-75): 715-61.

Nikel, G. Der Anteil des Volkes an der Messliturgie des Frankenreiches. Forschungen zur Geschichte des innerkirchlichen Lebens. Innsbruck: Druck und Verlag F. Rauch, 1930.

Nicoll, A. Masks, Mimes and Miracles. New York: Cooper Square Publications, 1963.

Nöldechen, E. "Tertullian und das Theater." Zeitschrift für katholische Theologie 15 (1895): 161-203.

---. "Tertullian und das Spielwesen", Zeitschrift für wissenschaftliche Theologie 37 (1894): 91-125.

Oesterley, W. E. The Jewish Background of the Christian Liturgy. Oxford: At the Clarendon Press, 1925.

Ogilvy, J. D. A. "Mimes, Scurrae, Histriones: Entertaining of the Middle Ages." Speculum 38 (1963): 603-19.

Ostrogorski, G. Geschichte des Byzantinischen Staates. 2. Aufl. München, C. H. Beck, 1963.

Otto, W. Die Karolingische Bilderwelt. München: Selbstverlag des kunsthistorischen Seminars der Universität München, in Kommission bei Max Hieber, 1957.

Pascal, R. "On the Origins of the Liturgical Drama of the Middle Ages." Modern Language Review 36 (1941): 187-201.

Patzelt, E. und Vogel, C. Die Karolingische Renaissance. Graz: Akademische Druck- und Verlagsanstalt, 1969.

Pelland, Giles. Cinq études d'Augustin sur le début de la Genése. Recherches théologie Nr. 8. Paris: Desclee, 1972.

Pepin, J. Mythe et Allégorie les origines grecques et les contestationes judeochrétiennes. Paris: Presses Universitaires de France, 1947.

Piganiol, A. L'Empire Chrétien. Paris: Presses Universitairs de France, 1947.

Porter, W. E. The Gallican Rite. Alcuin Club Edition. London: A. R. Mowbray & Co., Ltd. and New York: Morenhouse Gorham Co., 1958.

Potter, Robert. The English Morality Plays: Origin, History and Influence of a Dramatic Tradition. London: Routledge and Kegan Paul, 1975.

Probst, F. "Die Antiochanische Messe nach den Schriften des heil. Johannes Chrysostomus dargestellt." Zeitschrift für katholische Theologie 7 (1883): 250-307.

Quasten, Johannes. "Oriental Influences in the Gallican Liturgy." Traditio 1 (1953): 55-78.

Rado, P. "Verfasser und Heimat der Monemessen." Ephemerides liturgicae 42 (1928): 58-65.

---. "Das älteste Schriftauslegungssystem der alt-gallikanischen Kirche." Ephemerides liturgicae 45 (1931): 9-25; 100-15.

Rahner, Hugo. "Pompa diaboli: Ein Beitrag zur Bedeutungsgeschichte des Wortes πομπή pompa in der urchristlichen Taufliturgie." Zeitschrift für katholische Theologie 55 (1931): 239-73.

Reich, Hermann. Der Mimus. 1 Band in 2 Teilen. Berlin: Weidemannsche Buchhandlung, 1903. 1. Bd. 1. Tl.: Die Theorie des Mimus.

Reine, Francis J. The Eucharistic Doctrine and Liturgy of the Mystical Catechese of Theodore of Mopsuestia. Ph.D. Dissertation. Catholic University of America Studies in Christian Antiquity, Nr. 2. Washington: The Catholic University of America Press, 1942.

Ricoeur, Paul. The Symbolism of Evil. Translated by Emerson Buchanan. Boston: Beacon Press, Paperback, 1967.

---. "Philosophy and Religious Language." The Journal of Religion 54 (1974): 71-85.

Robbins, Frank E. The Hexameral Literature. A Study of Greek and Latin Commentaries on Genesis. Ph.D. Dissertation. Chicago: University of Chicago Press, 1912.

Roetzer, Wunibald. Des heil. Augustinus Schriften als liturgiegeschichtliche Quellen. München: M. Hueber Verlag, 1930.

Sahre, R. "Amalarius von Metz." Enzyklopädie für protestantische Theologie und Kirche 1 (1896): 428-30.

---. "Amalarius von Trier." Enzyklopädie für protestantische Theologie und Kirche 1 (1896): 430-31.

Salaville, Pére Sévérin. An Introduction to the Studies of Eastern Liturgies. Adapted from the French with a preface and some additional notes by M.T. Barton. London: Lauds & Sons, Ltd., 1938.

Satre, Jean-Paul. The Psychology of Imagination. 2nd edition. Translated by Bernard Frechtman. New York: Washington Square Press, Inc., 1968.

Saunders, Catherine. "Alters on the Roman Comic Stage." Transactions of the American Philological Association 42 (1913): 91-103.

---. "The Site of Dramatic Performances at Rome in the Times of Plautus and Terrence." Transactions of the American Philological Association 44 (1913): 87-97.

Schade, L. Die Inspirationslehre des heil. Hieronymus. Biblische Studien Nr. 15. Freiburg, i. Br.: Herder'sche Verlagsbuchhandlung, 1910.

Scholz, Heinrich. Glaube und Unglaube in der Weltgeschichte. Leipzig: J.C. Hin' richsche Buchhandlung, 1911.

Schneider, F. Rom und der Romgedanke im Mittelalter. München: Drei-Türme-Verlag, 1926.

Schwietering, J. "Ueber den liturgischen Ursprung des mittelalterlichen Spiels." Zeitschrift für deutsche Altertumswissenschaft 62 (1925): 1-20.

Seibel, Wolfgang. Fleisch und Geist beim heil. Ambrosius. Ph.D. Dissertation München. Münchener Tehologische Studien Nr. 2. Systematische Abteilung Bd. 14. München: Kommissions Verlag Karl Zink, 1958.

Séjourne, Dom Paul. Saint Isidore de Seville. Etudes de Théologie Historique. Paris: Gabriel Beauchesse, 1929.

Simpson, Otto von. Sacred Fortress: Byzantine Art and Statescraft in Ravenna. Chicago: University of Chicago Press, 1948.

Siegfried, Carl. Philo von Alexandrien als Ausleger des Alten Testaments. Jena: Verlag von Hermann Dulf. 1875.

Smalley, Beryl. The Study of the Bible in the Middle Ages. Oxford: Basil Blackwell & Mott Ltd., 1952. Paperback second printing. Notre Dame, Indiana: University of Notre Dame Press, 1970.

Southern, R.W. The Making of the Middle Ages. New Haven and London: Yale University Press, Paperback, 1969.

Steuart, Dom Benedict. The Development of Christian Worship. London and New York: Longmans Green and Co., 1953.

Staiger, Emil. Die Kunst der Interpretation: Studien zur deutschen Literaturgeschichte. Zürich: Atlantis Verlag, 1953.

Sticca, Sandro. Editor. The Medieval Drama. Albany: State University of New York Press, 1972.

Stiglmayer, J. "Eine syrische Liturgie als Vorlage des Ps. Aeropagiten." Zeitschrift für katholische Theologie 35 (1909): 383-85.

Strauss, Gerhard. Schriftgebrauch, Schriftauslegung und Schriftbeweis bei Augustin. Beiträge zur Geschichte der biblischen Hermeneutik. Tübingen: J.C.B. Mohr (Paul Siebeck), 1959.

Stumpfl, R. Kultspiele der Germanen als Ursprung des mittelalterlichen Dramas. Berlin: Junker und Dünnhaupt, 1936.

Smolden, William L. "The Origins of the Quem Quaeritis Trope and the Easter Sepulchre Music Dramas as Demonstrated by their Musical Settings." In The Medieval Drama edited by Sandro Sticca. Albany: State University of New York Press, 1972.

---. "The Melodies of the Medieval Dramas and their Significance." In Medieval Drama. Edited by Jerome Taylor and Alan Nelson. Chicago: University of Chicago Press, 1972.

Szondi, Peter. Theorie des Modern Dramas. 4. Auflage. Frankfurt, a.M.: Suhrkamp Verlag, Paperback, 1967.

Tate, J. "The Beginning of Greek Allegory." Classical Review 41 (1927): 214-215.

Taylor, Lili Ross. "The 'Sellisternium' and the 'theatrical pompa'." Classical Philology 30 (1935): 122-30.

Taylor, Jerome and Nelson, A.H., Editors. Medieval English Drama: Essays Critical and Contextual. Chicago: University of Chicago Press, 1972.

Thibaut, J.B. L'ancienne liturgie gallicane, son origines et sa formation en provence aux V et VI siecles sons l'influence de Cassian et de Cesaire d' Arles. Paris: Maison de la bonne presse, 1929.

Thompson, Alexander H., Editor. Bede: His Life, Times and Writings. Essays in Commemoration of the Twelfth Century of His Death. Introduction by Lord Bishop of Durham. Oxford: At the Clarendon Press, 1935.

Tisdel, F. M. "The Influence of popular Customs on the Mystery Plays." Journal of English and Germanic Philology 5 (1803-05): 323.

Tunison, J. S. Dramatic Traditions of the Dark Ages. Chicago: University of Chicago Press, 1907.

Vööbus, Arthur. History of the School of Nisibis. CSCO vol. 260. Subsidia t. 26. Louvain: Secretariat du Corpus SCO: 1965.

---. The Statutes of the School of Nisibis. Edited, translated and furnished with a commentary. Papers of the Estonian Theological Society in Exile. Stockholm: ETSE, 1962.

---. History of Asceticism in the Syrian Orient: A Contribution to the History of Culture in the Near East. CSCO 183, 197, Subsidia t. 14, 17. Louvain: Secretariat du CorpusSCO, 1958, 1960.

---. Literary, Critical and Historical Studies in Ephrem the Syrian. Papers of the Estonian Theological Society in Exile, Nr. 10. Stockholm: ETSE, 1958.

---. Neue Angaben über die textgeschichtlichen Zustände in Edessa in den Jahren ca. 326-340. Ein Beitrag zur Geschichte des altsyrischen Tetraeevangeliums. Papers of the Estonian Theological Society in Exile. Stockholm: ETSE, 1951.

---. Liturgical Traditions in the Didache. Papers of the Estonian Theological Society in Exile, Nr. 16. Stockholm: ETSE, 1958.

---. "Regarding the theological Anthropology of Theodore of Mopsuestia." Church History 33 (1964): 115-124.

---. "Theodore of Mopsuestia." In Encyclopaedia Britannica, S. V.

---. "Theological Reflections on Human Nature in Ancient Syrian Traditions." In The Scope of Grace: Essays on Nature and Grace in Honor of Joseph Sittler. Edited by Phili J. Hefner. Philadelphia: Fortress Press, 1964.

Vogel, Cyrille. "Le developpement historique du culte chrétien en occident. Resultate et problems." In Problemi di storia delle Chiesa l'Alto Medioevo. Milano: Vita et Piensiero, Pubblicazione delli Universita Cattolica del Sacro Curo, 1973.

---. "La reforme cultuelle sons Pépin de Bref et sons Charlemagne." In E. Patzelt - C. Vogel, Die Karolingische Renaissance. Graz: Akademische Druck- und Verlagsanstalt, 1965.

---. "Les échanges liturgiques entre Rome et les pays francs jusquà l'époque de Charlemagne." dans Le chiese nei regni dell' Europa occidentale ei Loro Rapporti con Roma sino alto 800. Les Settimane di studi del centro italiano di Studi sull' alto medioevo 7. Spoleto: Presso la sede del centro, 1960.

Vogt, J. Zur Religiosität der Christenverfolger im Römischen Reich. Sitzungsberichte der Heidelberger Akademie der Wissenschaften. Phil. Hist. Kl. Jhdg., 1962. I. Abhdnlg. Heidelberger: C. Winter Universitäts-Verlag, 1962.

---. "Constantin der Grosse", Reallexikon für Antike und Christentum 3 (1967): 306-379.

Walls, A. F. "A Note on the Apostolic Claim in the Church Order Literature." Texte und Untersuchungen 64 (1957): 83-92.

Wasselynck, René. "Les 'Morals in Job' dnas le ouvrages de morale du haut Moyan age latin." Recherches de Theologie Ancienne de Mediovale 31 (1964): 5-31.

Waszink, J.H. "Varoo, Livy and Tertullian on the History of Roman Dramatic Art." Vigilae Christianae 2 (1948): 224-242.

Weber, P. Geistliches Schauspiel und kirchliche Kunst in ihrem Verhältnis erläutert an eine Ikonography der Kirche und Synagoge. Stuttgart: Ebner & Seubert, 1894.

Weismann, Werner. Kirche und Schauspiele im Urteil der lateinischen Kirchenväter unter besonderer Berücksichtigung von Augustin. Cassiciacum 27. Würzburg: Augustinus Verlag, 1972.

Wey, Heinrich. Die Funktion der bösen Geister bei den griechischen Apologeten des zweiten Jahrhunderts nach Christus. Winterthur: Verlag P.S. Keller, 1957.

Wickham, Glynne. The Medieval Theaters. London: Weichenfels und Nicolson, 1974.

Wiegand, Fr. "Das Homiliarium Karls des Grossen auf seine ursprüngliche Gestalt hin untersucht." Theologische Studien und Kritiken 75 (1902): 188-205.

Wilmart, A. "La réforme liturgique de Charlemagne." Ephemerides liturgicae 45 (1931): 186-207.

---. "Expositio Missae." Dictionnaire d'Archéologie Chrétienne et de Liturgie vol. 5, pt. 1 (1922): 1014-1027.

Winterfield, Paul von. Deutsche Dichter des lateinischen Mittelalters. München: C.H. Beck Verlag, 1922.

Woerdemann, Jude. "The Source of the Easter Play." Orate Fratres 20 (1945-46): 262-71.

Wolfson, Harry Austryn. Philo. 3rd. printing revised. Cambridge, Mass.: Harvard University Press, 1962.

Woolf, Rosemary. The English Mystery Plays. Berkeley and Los Angeles: University of California Press, 1972.

Young, Karl. The Drama of the Medieval Church. 2 vols. Oxford: At the Clarendon Press, 1933.

---. "Officium Pastorum. A study in the Dramatic Developments with the Liturgy of Christmas." Transactions of the Wisconsin Academy of Sciences 17 (1914): 299-395.

---. "The Dramatic Associations of the Easter Sepulchre." University of Wisconsin Studies in Languages and Literatures 7 (1920).

www.ingramcontent.com/pod-product-compliance
Lightning Source LLC
Chambersburg PA
CBHW071234230426
43668CB00011B/1430